宣传

观念、话语及其正当化

第二版

刘海龙 著

中国大百科全书出版社

图书在版编目（CIP）数据

宣传：观念、话语及其正当化/刘海龙著．—2版．—北京：中国大百科全书出版社，2020.1

ISBN 978-7-5202-0628-0

Ⅰ．①宣…　Ⅱ．①刘…　Ⅲ．①宣传工作—研究—中国　Ⅳ．①D64

中国版本图书馆CIP数据核字（2019）第248092号

责任编辑　王　廓
封面设计　乔智炜
责任印制　李宝丰
出版发行　中国大百科全书出版社
地　　址　北京市阜成门北大街17号　　**邮政编码**　100037
电　　话　010-88390093
网　　址　http://www.ecph.com.cn
印　　刷　北京君升印刷有限公司
开　　本　710毫米×1000毫米　1/16
印　　张　26
字　　数　399千字
印　　次　2013年1月第1版　2020年1月第2版　2025年5月第8次印刷
书　　号　ISBN 978-7-5202-0628-0
定　　价　78.00元

本成果受到国家社会科学基金
（项目批准号：17AXW011）
资助

序一

宣传是人类最常见的传播现象之一，有着古老的历史。近现代以来，尽管宣传一直是政治学、新闻学、传播学研究的热点，但由于宣传现象的复杂性，并没有形成严整的学术理论体系，有时候，在一些基本问题上也存在着争议和分歧。比如，有的学者把宣传看作是说服性传播（persuasive communication），但休斯敦大学的加斯·S. 乔威特教授在他的《宣传与说服》一书中则认为说服性传播是互动的行为和过程，而宣传有明显的单向灌输性和强制性，两者不能等同。

尽管宣传研究有很大的难度，但由于宣传活动客观存在于我们的社会生活中，无时无刻不在对社会的政治、经济、文化产生着重大的影响，这种研究是十分必要的。尤其是在大众传播高度普及、自媒体飞速勃兴、宣传活动越来越呈多元和复杂态势的今天，研究宣传的本质，其演进的历史、特点和规律，不但具有学术价值，而且具有很强的现实意义。

在中国，宣传同样是近现代最值得关注的传播现象之一，然而遗憾的是，对这一问题的系统研究并不多见。目前常见的宣传研究（经常以其他名称出现）多集中在“术”的研究上，探讨具体宣传效果的多，探讨学理的少。造成这一现象的原因比较复杂。它既与研究对象本身的复杂性有关，也与政治意识形态的制约有关，甚至还受到学术研究中的意识形态的影响。

因此，对一个学者来说，选择宣传作研究对象，有可能两头不讨好：既要承担一定的政治风险，又要面对学术界的科学检验。选择的这个题目，需要很大的学术勇气，当然，光有匹夫之勇还不够，还需要找到有价值的研究问题。

前面提到，宣传研究分为“术”和“学”，一个是应用，一个是学术，对应的是两个人群：宣传专家和宣传学者。相比较而言，专家更关注宣传技术，学者则更关注这个领域的关键概念和基本问题。前者面向实际应用，后者则面向科学发展；技术问题随社会不断变化，而关键概念和核心理论则具有一定的稳定性。当然，这两者并没有高下之别，两者都必须建立在扎实的基础之上。如果不对研究对象和基本概念做出清晰的界定，整个学科或研究领域肯定无法健康发展。宣传研究也是一样，如果连“宣传是什么”的问题都没有搞清楚就高谈阔论宣传，许多言说的有效性首先就值得怀疑。

越基础的问题，对研究者的要求越高。除了学术底蕴的要求外，更重要的是在这个浮躁的时代，耐得住寂寞。基础研究一般都比较“冷门”，短期的社会影响力不如热点应用研究大，但它却有长期持久的价值。

刘海龙博士的新著《宣传：观念、话语及其正当性》一书，正是挑战了这样一个领域。呈现在读者面前的这本书，既体现着他对宣传学基础理论研究的执着和兴趣，也是他肯坐冷板凳，踏实静心在文献的瀚海中撷英的辛勤劳作的结晶。

在学界，当前讨论比较多的一个话题是：传播研究如何和中国现实相结合？我认为，刘海龙博士的这本《宣传：观念、话语和正当性》对此作了有益的尝试。在本书中，作者把注意力放在了宣传研究最基本的问题上：宣传概念从哪里来、人们如何定义和谈论宣传、宣传行为本身是否正当合理等。这是为更进一步的宣传研究在做场地清理工作。此外，作者从话语分析的角度，提出了自己的独到观点，对宣传与现代性的关系、宣传的正当性标准、宣传伦理等的分析和论述，都有不少创新之处。这本书尽管有不少篇幅旁涉西方宣传观念的起源与变化，但始终立足于中国，力图搞清楚中国宣传观念的来龙去脉，并寻找解决中国问题的借鉴。这本书从本土问题切入，由于思路比较开阔、挖掘较深，不少结论超越了中国的语境，具有了一定的普遍性。不仅把一个“冷门”课题变成了“前沿”，也把一个本土研究变成了全球性研究。

在如何进行传播研究和宣传研究上，刘海龙博士的这本著作也做出了自己的思考。学术界在呼唤社会科学研究要打破学科界线，进行跨学科研究，这种看法有一定道理。学术研究应当以问题为中心，而不是以人为设置的学科为中心；社会的发展常常快于学科的发展，现有单个学科内的知识结构未必能够满足时代需求。同时，现有的学科大多是特殊历史条件形成的，学术研究体制化的逻辑和现实世界的逻辑未必契合。像宣传这样的问题，涉及面广，仅从某个学科出发来研究，肯定会显得力不从心。

学科交融说起来容易，但具体怎么“交融”，还有许多值得探讨之处。最直观的做法是把不同学科的学者组织在一起，合作研究，这是一种有效的模式。但做研究，尤其是人文社会科学的研究，和理工科研究还是有所不同。人多势众、资金充足不一定就能出一流成果。如果学者本人能够把自己训练成具有跨学科视野和能力的研究者，可能效果会更好。

新闻学和传播学虽然学科不大，可是内部也有比较严重的跑马圈地、壁垒森严的现象。不同子学科之间，如新闻学和传播学、新闻传播史和新闻传播理论、中国新闻传播研究和外国新闻传播研究，纵然鸡犬之声相闻，但深入交流不够。和外学科的交流就更受限制。目前的传播研究中最常见的跨学科研究模式是把传播研究生硬地和某个其他领域嫁接在一起，在传播学前面加上个名称，变成 ×× 传播学。尽管这种现象从一个侧面说明了传播学的社会影响在扩大，但毕竟这种方式的跨学科研究还显得过于初级和粗放。

刘海龙博士虽然是传播学专业出身，但这本《宣传》却没有画地为牢，而是以问题为中心，从宣传的话语与正当性这个看似很小的问题切入，别开生面，深入开掘，打破了传播与新闻、史与论、中与外、思想史和政治史等研究领域的界线，向读者展示了宣传研究内涵的丰富性、宣传观念与社会背景之间的复杂关系。

当然，这并不意味着这本书在以上这些方面就做得尽善尽美。比如作者也承认，由于宣传涉及社会的方方面面，还有不少领域（尤其是国际关系、文学艺术、教育等领域）在这本书只是点到，未深入探讨。同时视野开阔、时间跨度大的特点既让本书优点突出，同时也造成了个别地方论证较简略、观点还有待推敲的弱点。

一项学术研究成果，最重要的价值之一在于它能否提出新的问题、带来新的角度、激发更多学术讨论。作为一个青年学者，刘海龙博士的这部著作可能还存在这样那样的问题，但是以上述标准看来，它还是充满了创新和锐气，是一部不可多得的传播理论专著。

本书源于作者2008年完成的博士论文，当时得到了论文评阅人和答辩委员的一致好评。但作者并没有满足于原封不动地将论文出版，而是利用国外访学等各种机会不断修改完善，寻找新的叙述角度和材料，和原来的论文相比，给人更多惊喜。更难能可贵的是，尽管作者讨论的问题很严肃，但文字却丝毫没有学究气，可读性很强。我相信不仅新闻传播专业的研究者和学生会对这本书感兴趣，从事新闻、广告、公关、宣传工作的专业人士，乃至一般读者都可以从中得到新的启发。正如作者所说，宣传是现代性的影子，如果我们无法摆脱它，就必须了解它。

郭庆光

2012年9月

修订版前言

2007年开始写作《宣传：话语、观念及其正当性》的时候，关于宣传的学术研究在国内基本还是个无人问津的地带，彼时受到舶来的传播学的影响，许多学者脑中只有“传播”概念，“宣传”已经像是个应该被历史淘汰的老古董。[①]但是我却感觉到理论构成的观念世界与现实世界之间存在巨大反差。许多传播现象如果换个角度来看，不过就是宣传的旧瓶装新酒。就像对外宣传可以变成国际传播、对外传播、公共外交，商业宣传可以变成广告、公关，甚至策略性传播，政治宣传可以变成政治传播、修辞。概念听上去越来越高大上，方法越来越“科学”，符号的升级换代造成了进步的幻象。尤其是随着新媒体技术的发展，去中心化的、去权威化的传播方式让每个人都有了话筒，资本与技术营造的乐观主义情绪感染了学者，宣传似乎也随着“大众传播”一道随风而逝。

不过最近几年当外来理论和技术带来的新鲜感逐渐退去，对宣传的反思又开始多起来。可能受到本书抛砖引玉的影响，国内也开始有一些学者讨论宣传，尤其是中国语境下的宣传成为一些有志于做本土传播研究的学者比较关注的问题。[②]国外学术界这些年除了传统的宣传史、政治宣传的研

① 前几年美国传播学者卡茨提出一个传播学领域可以“退休”的概念清单，这里面虽然没有“宣传”，可是大家知道，这个概念早在20世纪40年代就入土为安，“墓木拱矣”。

② 例如，王怡红：《宣传研究的概念考察——兼评刘海龙的宣传研究》，《新闻界》（20），2014，27–35；叶俊：《从实用主义到观念反思：中国宣传研究的三次高潮——兼论宣传研究转型的两条路径》，《全球传媒学刊》（4），2015，95–104；方师师：《社交媒体操纵的混合宣传模式研究》，《现代传播》，40（10），2018，149–156。

究外，对于新媒体条件下，尤其是社交媒体上的计算宣传、审查等现象开始显现出越来越大的兴趣。①

其实正如本书所提出的，只要各类权力追求理性化管理、追求传播效率的根本动机没有变化，只要我们无法摆脱现代性的宿命，宣传就会如影随形地存在。如果不能正视它，不是无知便是自欺。但是如何认识宣传，则是一个复杂的问题。从观念史的角度入手是一个比较便捷的路径。为了更好地展开对宣传的批判，本书把重点放在了宣传观念的正当性问题上。也就是说，为什么我们不喜欢宣传，但是却允许其存在，甚至接受它？在众多宣传观念的支持者或者反对者看来，宣传为什么是合理的，或者为什么不合理。讨论宣传观念史的好处在于我们不必急于下结论，而是兼听多方意见后，再做出自己的判断。

对于观念史方法的使用，史学界有过激烈的争论。洛夫乔伊倡导的观念史是想捕捉那些人类思想中稳定的核心单元观念。难能可贵的是，他主张进行跨时间和跨空间的长时段的比较研究，展示出观念在不同文化中的扩散与流变。洛夫乔伊的另一个值得注意的建议是放开视界，将眼光投向那些二三流的思想家甚至普通人的思想，因为一流思想家的观念常常超越其所处时代，并不能反映时代的特征。②这与法国年鉴学派从阁楼走进地下室，研究社会心态史③，以及近年来王汎森所提出的研究“作为生活方式的思想”④有异曲同工之妙。

当然，剑桥学派对于传统观念史的批评也不无道理。传统观念史用当下的思维模具去剪裁历史，忽略了文本的生产者本身的能动性、意图与文

---

① 例如：Gillian Bolsover & Philip Howard. Chinese computational propaganda: automation, algorithms and the manipulation of information about Chinese politics on Twitter and Weibo, *Information, Communication & Society*, DOI: 10.1080/1369118X.2018.1476576, 2018. Samuel C. Woolley & Philip N. Howard (Ed.). *Computational propaganda: political parties, politicians, and political manipulation on social media*. New York, NY: Oxford University Press, 2019. Margaret E. Roberts. *Censored: distraction and diversion inside China's Great Firewall*. Princeton, NJ: Princeton University Press, 2018.

② ［美］阿瑟·O. 洛夫乔伊：《存在巨链》，张传友、高秉江译，北京，商务印书馆，2015。

③ ［英］彼得·伯克：《法国史学革命：年鉴学派，1929—1989》，刘永华译，北京，北京大学出版社，2006。

④ 王汎森：《思想是生活的一种方式——兼论思想史的层次》，《思想是生活的一种方式》，北京，北京大学出版社，2018。

本所在的语境。传统观念史所说的单元观念建构了一个并不存在的客观的、不变的观念实体，因此关于此观念的知识本身十分可疑。[①] 不过历史研究并不是、也不可能做到严格的科学还原，剑桥学派过于严格的标准如果被推到极致，不敢越雷池半步，也束缚了学术的想象力。例如很多研究把精力都集中于短时段和经典文本以及作者的诠释上，却对于更长的时段思想、跨文化的思想和普通人的日常思想缺乏关注。

近年来阿米蒂奇提出剑桥学派的研究视野不断萎缩，有退化到短期主义的危险。他呼吁要重新回到长时段和大尺度的研究中来，研究人类的思想中的大观念（big idea），在连续的语境中把握观念延续、发展与变化。[②] 这不是建立在柏拉图主义理念论基础上的传统观念史（history of ideas），而是一种“观念中的历史”（history in ideas）。这里要讨论的观念不是游离于世界之外的观念，更不是存在于一个理念论世界中的观念。“它们是在不同的时期被反复讨论和不断塑造的焦点问题，而且每一次的讨论都是有意识的——或者至少是可以被证明的——和之前的以及之后的讨论相联系。即便假设条件不断地改变，这些观念在历史的长河中都有着同样的名字，因此可以被连接起来。同时通过与过去对话，以及偶尔与未来对话，积累了许多含义并以此保持联系。”[③] 例如他在《内战：观念中的历史》一书中就研究了从古罗马开始至20世纪的“内战”观念在2000年中的发展历史。

和第一版相比，修订版中在研究方法问题上更加自觉。本书对传统的观念史与思想史研究方法有一定的修正。首先在研究中并没有无中生有地建构一个后设的“宣传”观念，而是把人们明确产生了宣传观念后的20世纪作为宣传观念史研究的起点，这就克服了传统观念史研究可能导致的以今度古的观察者的思维定势 (observer’s mental set)。其次在观念的研究中尽可能做到跨越语境的考察，不仅对比在不同文化中宣传观念的演变与交流，同时还在中国20世纪的制度转换中对比宣传观念的变与不变。在这样的纵横

---

① ［英］昆汀·斯金纳：《观念史中的意涵与理解》，《思想史研究》第一卷，桂林，广西师范大学出版社，2005。

② David Armitage. What’s the big idea? Intellectual history and the Longue Durée. *History of European Ideas*, 38(4), 2012, 493–507.

③ ［美］大卫·阿米蒂奇：《内战：观念中的历史》，邬娟、伍璇译，北京，中信出版集团，2018，xv–xvi。

对比之中，试图发现观念史中“连续中的断裂”与“断裂中的连续”。[①] 具体来说，宣传观念在跨国旅行的过程中，改变了中国既有的宣传观念，产生了断裂，同时又与中国的语境结合，构成连续性；中国的宣传观念在不同的制度与群体中存在差异，但同时在诸如国家至上等方面又存在连续性。在不同语境、不同视点的相互映射与借鉴下，立体的宣传观念才能够被建构起来。最后，观念史并不是观念自然史或者观念演化的通史，平铺直叙地按时间顺序罗列不同时期的观念演化过程会忽略观念变化过程中的断裂，忽视观念的特殊性。观念是主角，而不是历史事件的附庸。在写作本书第一版的过程中，虽然未阅读过阿米蒂奇的《内战》，但是却采用了和他一样的方法，选取了几个关键时空条件下的宣传观念加以考察，力图显示这一观念在不同社会语境中的变化。

细心的读者可能会发现，修订版的章节顺序有所调整，回到了大家熟悉的先西方后中国的排列。在第一版里，为了体现全球的视角，虽然重点是中国的宣传观念，但在结构上却把中国视为全球的一个组成部分，穿插在世界宣传观念的发展脉络中，力图从全球范围内宣传观念的脉络来看中国宣传观念的流变。但是也有不少读者反映，这样的安排让他们眼花瞭乱，缺乏一个易于把握的明晰的线索。这说明第一版中有意的“陌生化”策略可能并不符合读者的接受习惯，因此在修订版中，仍然使用了传统的叙事结构，以中国为主角，以世界为背景，先描述场景，后描述行动者。但是这样的结构并不意味着中西的二元对立，相反，本书一直在强调中国的宣传观念非常明显地受到外来因素的影响，即徐中约提到的中国近代以来来自北方和南方两种制度和文化的影响。中国宣传观念的冲突，其根源也多数要追溯到来自北方大陆的苏俄观念与来自南方海洋的英美观念的交锋。而且在今天中国的宣传观念作为中国模式的一部分，也在向世界输出。除了向第三世界，也在向发达国家输出。比如最近话题性的纪录片《美国工厂》（*American Factory*, 2019）就体现得淋漓尽致。因此，从全书来看，依然坚持了全球观念史的视角，希望调整后的结构在更符合读者接受习惯之余不至于产生什么副作用。

---

① 刘海龙：《重访灰色地带：传播研究史的书写与记忆》，北京，北京大学出版社，2015。

在本次修订中，最大的变化可能是对线性历史观的反思与超越。在第一版中，借用并发展了已故的宣传史学家菲利浦·泰勒（Philip Taylor）所提出的两个概念："一体化宣传"与"科学的宣传"，分别将他们与来自北方大陆的苏俄影响，与来自南方海洋的英美影响联系在一起。大致上可以看到这两种宣传观念在20世纪初同时进入中国后同台竞技，在20世纪后半叶"一体化宣传"定于一尊。国家垄断了所有信息渠道，并在政治社会化的过程中使宣传渗透到文化艺术、教育、体育等日常生活的各个方面，建立起一个庞大的宣传体制。改革开放之后，随着中国逐渐融入全球化进程，一体化宣传开始松动，进入21世纪之后，科学的宣传观念初见端倪，开放一定话语空间，借助社会科学的研究加以柔性治理。于是在第一版的结论里提出了中国宣传观念正在由一体化宣传走向科学的宣传的观点。现在看来，"从……到……"的句式具有比较明显的线性历史观的特征。事实证明中国宣传观念的变化不是简单的线性替代，而是非线性的叠代，是在之前的观念的基础上修补和叠加，呈现螺旋型的发展轨迹。有时看似回退，但可能是升级换代，或者看似创新，其实并未完全脱离原来的底色。

因此，修订版使用了"宣传观念1.0"和"宣传观念2.0"，分别指代"一体化宣传观念"和"科学的宣传观念"，使用"宣传观念3.0"来指代在前两者基础上叠代产生的兼具前两种宣传观念的特征，但同时又在新技术和管理条件下的新型宣传观念。

说到新技术的作用，新版同时修正了新技术对宣传观念演化的影响。在第一版中对这个问题并没有做深入探讨，对于技术与宣传观念的关系的判断也有明显的线性色彩，似乎是新媒体技术就会促进宣传观念从一体化宣传向科学的宣传发展。修订版则呈现一个更复杂的图景。媒介技术的发展一方面使得传播呈现去中心化、难以管理的特征，但另一方面又使得个人的隐私数据被掌握在少数人手中。机器计算能力的大幅提升（即通常所说的文学化的人工智能）使得少数人对所有人的管理不再是一个令人望而却步的任务。《1984》里描绘的冷冰冰的监控世界固然令人恐惧，但是《美丽新世界》中通过科学温柔的控制可能才是我们要真正担心的。福柯描述了权力放弃对思想的控制，转向身体和人口的控制，但是在大数据与社交媒体的环境下，韩炳哲所说的“精神政治学”又重新实现了对思想的操控。[①] 算法的进步使得一体化宣传在科学式宣传的基础上复兴，这不能不说是技术发展带来的一个意外的后果。它也展示出宣传观念演化的复杂的非线性特征。我相信，在修订版里所提到的一些零星的现象只不过拉开了这一进程的幕布而已。希望借本书的提醒，公众必须对这一变化做好充分准备。

此次修订版的出版依然得到了中国大百科全书出版社郭银星老师的大力支持，于淑敏老师为本书的编辑付出了大量精力，特此致谢！当然最值得感谢的还是广大读者，他们对本书的关注和厚爱是这一研究继续下去的主要动力。

作者谨识

2019 年 10 月 21 日

① ［德］韩炳哲：《精神政治学》，关玉红译，北京，中信出版集团，2019。

目录

导言：宣传话语及其正当化过程

“你别忘了，魔鬼是位老者，要认识它，你们得变老。……如果你想驱除这个魔鬼，你就不能像今天人们所常做的那样，从它身边逃之夭夭。而是必须从头到尾看透它的伎俩，以便发现它的长处和弱点。”

马克斯·韦伯《学术与政治》

“也许哲学还可以扮演反权力的角色，条件是面对权力的时候，它不再宣扬哲学的法则，条件是哲学不再把自己当作预言，或者当作立法。它赋予自己的职责是分析、清理、揭示，因此也强调围绕权力所展开的斗争，在权力关系的内部的争夺者的战略，所运用的战术，以及进行抵抗的焦点。总之，其条件是哲学提出权力问题的时候不再使用善或恶的词汇，而是使用存在与否的词汇。”

米歇尔·福柯《权力的减速器》

宣传观念的变迁

1924 年 1 月 27 日，广东高等师范学校礼堂，来聆听总理孙中山的《三民主义》演讲的两千多国民党干部与学生将这里挤得水泄不通。这一系列演讲从 1 月持续到 8 月底，共 16 次，是孙中山自 1905 年正式提出三民主义以来最后一次系统地阐释这一政治纲领，这次演讲的记录也成为国民党钦定的三民主义的标准文本。① 在演讲一开始，孙中山便说：“这次革命党改组，所用救国方法，是注重宣传，要对国人做普遍的宣传。”②

1929 年，胡适、罗隆基、梁实秋等自由派知识分子组成“平社”，以《新月》杂志为阵地，以英美自由主义理论和民主理论为资源，抨击国民党的训政体制，要求实现宪政和人权。梁实秋在 1929 年 5 月 10 日的《新月》第 2 卷第 3 号发表《论思想统一》，他提出：宣传是“以空空洞洞名词不断地映现在民众眼前，使民众感受一种催眠的力量，不知不觉地形成了支配舆论的势力，这便是宣传。对于没有多少知识的人，宣传是有功效的，可以使得他精神上受麻醉，不知不觉的受了宣传的支配”。③

1936 年，日本侵略华北的野心已经昭然若揭，文化侵略步伐也日益加快。燕京大学新闻学系教授梁士纯通过文章和演讲介绍宣传对抗战的积极意义。在《实用宣传学》一书的开头部分他写道：“因为报章和杂志的编者以及一般演说家对于社会上所有各种的事业或运动，未必都能一一注意，所以提倡这些事业或运动者，不得不从事于宣传，以唤起舆论的赞助。……吾国的宣传事业，目前还在幼稚的时代，但在社会日趋近代化的进程中，宣传的事业将日见其重要，并能促成社会的进步，那是可以断言的。”④

1940 年，时任西南联大社会学教授的潘光旦因不满政府提出的“宣传也是一种教育”的口号以及政治宣传渗入高等教育，发表了《宣传不是教育》一文。文章开头就提出：“我在这篇文字里，准备向热心从事宣传的人进一解：宣传实在不是教育，不宜与教育混为一谈，教育工作是越多越好，宣传工作是越少越好，一件用一张嘴或一支笔来做的工作，要真有教育的价值，是值得向大家提倡，那就不客气地叫它做教育就是了，大可不必要用宣传的名称；兵役的教育就是一例，那些瞧不起宣传的人，对宣传工作取怀疑态度以至于厌恶态度的人，是很有他们的理由的。”⑤

---

① ［美］史扶邻：《孙中山：勉为其难的革命者》，北京，华侨出版社，1996，第 211 页。

② 孙中山：《国父全集》（一），秦孝仪主编，台北，近代中国出版社，1989，第 3 页。

③ 梁实秋：《论思想统一》，1929 年 5 月 10 日《新月》第 2 卷第 3 号（见欧阳哲生编：《胡适文集》第 5 卷，北京，北京大学出版社，1998，第 557–563 页）。

④ 梁士纯：《实用宣传学》，上海，商务印书馆，1936，第 5 页。

⑤ 潘光旦：《宣传不是教育》，《潘光旦文集》（第 5 卷），北京，北京大学出版社，1997，第 391–396 页。

1942年2月8日，延安大礼堂，毛泽东作《反对党八股》的报告。这个报告后来被作为延安整风中的重要文献载入史册——但是当时党的机关报《解放日报》只在第三版的下半版很不重要的位置刊发了一条短消息报道此事。毛泽东在报告中谈到传播的效果与影响时说："什么是宣传家？不但教员是宣传家，新闻记者是宣传家，文艺作者是宣传家，我们的一切工作干部也都是宣传家。比如军事指挥员，他们并不对外发宣言，但是他们要和士兵讲话，要和人民接洽，这不是宣传是什么？一个人只要他对别人讲话，他就是在做宣传工作。"①

2011年3月5日下午，中央电视台的梅地亚"两会"新闻中心，全国政协十一届四次会议在此召开记者会，主题为"政协委员谈公共外交"。曾担任中共中央对外宣传办公室主任、国务院新闻办公室主任的全国政协委员赵启正在回答《中华合作时报》记者提出的"是否可以将新华社的CNC，《环球时报》的英文版称为外宣媒体"时说："第一，现在我们不大用外宣这个词，你找一本英文字典来解释的话，它是强词夺理的意思，在中文里没有问题，但是编字典的人，历史上就编错了，你现在没有办法改回来，所以我们是对外传播。在写成外文的时候不要写成对外宣传。"②

* * *

什么是宣传？为什么社会需要（或不需要）宣传？

从以上几个历史片断可以看出，对这两个问题，不同时代的中国精英有不同的回答。我们自然会提出以下问题：他们所谈论的宣传是否是一个概念？为什么会存在不同？他们对宣传的正当性是如何认识的？

这些便是本书要探索的主要问题。换句话说，这本书是"宣传"这个词语的传记。

对于宣传，今天的民众普遍存在抵触心理。但是对于20世纪初的社会精英来说，宣传则是一个刚刚被发现的新型武器。它威力强大，但又不易控制，令人又爱又恨。在第一次世界大战期间，"宣传"（propaganda）这个

---

① 毛泽东：《反对党八股》，《毛泽东选集》第3卷，北京，人民出版社，1991，第838页。

② 人民网文字直播：http://live.people.com.cn/note.php?id=858110304081532_ctdzb_003。

曾经只在宗教文献中偶尔见到的生僻词汇被重新发现，进入日常用语。一战时美国负责宣传的乔治·克里尔（George Creel）写书介绍战时宣传的成果，名为《我们如何出售美国》，充满自豪。1928年后来被称为“公共关系之父”的爱德华·伯内斯（Edward Bernays）在名为《宣传》的书中提出，国家的真正权力掌握在“隐形政府”的手中，宣传是他们的权力，政治家要学习商业宣传术才能提高自己对社会秩序的控制。芝加哥大学政治学博士生哈罗德·拉斯维尔（Harold Lasswell）以《世界大战中的宣传技巧》作为自己博士论文的题目，并于1927年出版此书，对宣传这个新事物首次进行了严肃分析。

然而到二战前夕，“宣传”一词却转而成为一个贬义词。“我传播，你说服，他宣传”，“宣传”被只用于敌人身上。至冷战时期，宣传更成为美苏两个阵营之间相互指责的由头。到今日，在政治正确的领域内，尽管宣传实践并未消失，正如赵启正所观察到的那样，“宣传”已经变成一个具有负面意义的词，渐成禁忌，很少为人提起。然而这只是表面现象，在现实生活中，旨在影响大众的宣传实践并未停止。它们不断地以新的形式和新的规则出现，诞生了学者所说的“新宣传”。

为什么宣传不会消失？为什么这种社会观念经过一百多年，竟发生了如此巨大的变化？哪些因素影响了人们对宣传的想象？

要理解中国的宣传观念变迁，首先有必要对其变化的国际语境作一回顾与分析。

19世纪末中国被迫卷入现代世界政治体系。与此同时，各种意识形态在中国展开了激烈的争夺，除了战争等极端形式之外，对普通民众心与脑的征服技术也日益进化，西方现代的宣传观念也进入中国。中国在20世纪后半期也成为一个现代的“宣传国家”（propaganda state）。宣传活动受人的观念支配，因此，要理解中国百年来的宣传，须先理解观念的变迁。近代史研究者徐中约观察到，近代中国主要在两个方向上与欧洲世界碰面，一是来自北方的俄国，二是来自南方的英美。[①] 在中国宣传观念的变迁中，这

---

① 徐中约：《中国近代史：1600—2000》（第6版），计秋枫等译，北京，世纪图书出版公司，2008，第85页。

两股力量的影响也十分明显。19世纪末期对欧美革命及日本明治维新心仪的中国知识分子力图通过宣传救亡图存，先宣传变法，继而激变而为鼓吹革命。在苏俄的指导下，作为共产国际分支机构的中国共产党从建党伊始，就把宣传作为工作重心之一。20世纪20年代国民党的改组，明确将苏俄式的宣传组织工作作为典范。国共两党皆奉苏俄宣传模式（本书所说的"一体化宣传模式"）为圭臬。国民党对这一模式的背离和共产党对这一模式的强调影响了国共内战的最终结果。共产党的胜利标志着苏俄宣传观念在中国的地位被进一步确认。一直到20世纪末这一状况才发生变化。近年来随着中国进一步开放，不论是对国内还是国外，苏俄宣传观念已难以奏效。以政府公共关系、危机管理、新闻发言人等新宣传方法为主的美国模式（本书所说的"科学的宣传模式"）逐渐得到重视，并有逐渐取代一体化宣传模式的趋势。

当然，中国的宣传模式不是两种宣传模式的简单移植。中国的政治精英结合国情，对它们进行了灵活的创造性转化。我们可以看到，今天中国的宣传模式已经将二者结合在一起并超越了它们。因此要理解中国宣传的现实和历史，除了回溯自20世纪以来影响中国宣传观念变迁的国际语境之外，更需要深入研究中国政治文化精英的宣传观念变化的历程和脉络。

宣传的概念、观念与话语

正如罗宾·乔治·柯林伍德所说，一切历史皆是思想的历史。如果不能还原历史中行动者的所思所想，我们就无从真正了解外在历史事件的逻辑和意义。如果没有对人的活生生的思想的想象与重建，我们了解的历史只是干巴巴的编年史，历史的遗骸。它们是外在于人的生活世界的。因此理解什么是宣传，首要的是对在现代人心中重演宣传参与者的思想，即宣传思想史的研究。

研究宣传思想，最大的障碍之一是宣传话语的多变和难以捕捉。不妨先考察一下这组概念：洗脑、灌输、再教育、思想改造、思想（政治）教育、新闻管理、公共关系、危机管理、策略性传播、宣传性广告（advocacy advertising）、形象管理、政治营销、公众外交、心理战、大众说服（mass persuasion）、意识形态霸权、宣传运动（campaign）、社会动员、心理操纵（psychological operation）、共识制造（making consent）、意识操纵（spin）、信息操纵（disinformation）、国际传播、对外传播（宣传）、文化帝国主义、文化侵略、和平演变……其中有些概念带有负面意义，有些则是中性的甚至含有正面意义，并且它们的感情色彩还会随着文化的变化而发生变化。第一章还将对宣传概念作进一步讨论，这里列举这些概念，是想提出一个耐人寻味的问题：为什么宣传的话语如此复杂多变？

深层原因恐怕还要到社会环境中寻找。宣传刚诞生时，曾被看作维护民主的武器。但是自由知识分子们很快就意识到，为了追求传播效率，宣传侵犯了个人的自由，更为关键的是，这种侵犯并不是通过外在的强迫，而是在言论自由的旗帜下，在接受者意识不到的情况下，改变了个人的信息环境或选择的标准，使其自愿产生了宣传者需要的观点和行为。在他们看来，这动摇了民主制度的两个重要前提：理性的公民和观点的自由市场。如果公民的自由选择受到了某种力量的控制，那么民主就变成了建筑在沙滩上的建筑。再加之二战时期纳粹德国率先建立了大众教育与宣传部，并积极开展宣传活动，在英语里，宣传（propaganda）这个词慢慢地带上了负面感情色彩。但是避免使用一个概念容易，彻底消灭一种已经深深扎根于现代社会的实践却很困难。于是以前面列举的那些概念和话语大量出现，它们虽然与“宣传”划清界限，但都指向了“宣传”的所指。[①]失去了能指的宣传符号自由漂浮，不断寻找与新能指结合的机会。为了区分以新面目出现的宣传和原来令人厌恶的宣传实践，一种新的知识出现了。公共关系理论、广告理论、民意研究理论、传播理论、政治理论都是这个知识体系的一部分。具有讽刺性的是，当宣传作为一个能指成为禁忌时，带来的却是作为所指的宣传的解放与话语的增殖。因此，对“宣传”概念的压抑，带来的不是宣传话语的减少，反而是相似概念和知识的大量涌现。在这个过程中，作为一种知识的宣传话语正式诞生。

---

① 这里使用了语言符号学里索绪尔创造的一对概念。所指是一个事物所产生的心理再现，能指是一个事物或理念所对应的声音、字形或图像等表征物。

这个现象与米歇米·福柯（Michel Foucault）在对性话语进行考察后发现的结果非常相似。在中世纪的教会道德观念的专制之下，性成为一种禁忌，除了以繁衍后代为目的的性行为之外，其他的均处于道德的高压之下，甚至连谈论性也成为禁忌。但是福柯却发现，这一禁忌非但没有使有关性的话题消失，相反，各种围绕着性的其他话语大量增殖，它们以训诫、科学、道德、神话、通俗故事等方式出现。最后的结果是出现了一个性话语的大爆炸。[①] 当宣传本身成为禁忌的时候，围绕着宣传的正当性（legitimacy）和有效性（effectiveness）的话语大量出现。有的是论证它存在的必要性和正当性，有的是讨论它与既有法律的关系，有的是散布对宣传的恐惧、宣传对民主制度的危害，有的是对其进行科学的测量，有的是发展出新的方式来谈论宣传……这些话语形成了一张异常复杂的宣传话语的网络。本书的任务之一，就是将这些交错话语背后的脉络进行整理，重新思考这些曾经让人困惑、愤怒以及恐惧的问题。

也许有人会提出，刚才列举的某些概念，已经不是真正意义上的宣传，而是更正面的东西。这就引出一个有趣而重要的问题：我们是否能够透过概念术语的表象发现观念的实质？是否存在着一个居于多变的宣传话语背后的基本的、稳定的、重复出现的、可辨识的一般宣传观念？

我们可以观察到，宣传话语在演化的过程中，不断地修正自身，由简单粗暴走向精细节制，变得越来越不像最初的模样。与此同时，社会环境对宣传的约束作用也在不断增强，法律和职业伦理将不正当宣传纳入约束范围，公众对宣传具有了一定的免疫能力，文化习惯也使得一些极端做法无法轻易得手。但是，对大众的心与脑（mind and brain）、情感与理智进行控制的企图和做法不但没有消失，甚至还在加强。只要个人的选择存在自由，传播者为了追求传播效率最大化而实施的宣传就一直会存在。因此作为现代观念的宣传有其存在的必然性，在不同的文化和国家都有其存在的土壤。

对个人乃至社会的控制方式有两种：一是通过外在因素的强制或制约，比如军队、警察、监狱等国家机器、经济条件、以法律为代表的正式规则，二是通过对内在观念的控制。在第二种方式里，有比较稳定和具有可预见

① ［法］米歇尔·福柯：《性经验史》，佘碧平译，上海，上海人民出版社，2000。

性的道德规范，同时还有一种偶然性较小、更为直接的方式——宣传。理想的宣传，是通过信息的传播、文化习俗，使接受者自愿地主动地按照宣传者设计的方式思考和行动。随着民主制度在全球的普遍建立，大量的社会决策——政治的或商业的——都由公民个人自主做出。在这种情况下，要得到公民的支持，则需要传播者作出巨大的努力。最原始的方法是信息的自然扩散，即俗话所说的“酒好不怕巷子深”。此外还可以通过教育和道德等系统的潜移默化来达到目标。但是对于追求效率的现代社会来讲，上述方式显然太随意、时间成本耗费巨大，投入产出严重不成比例。

对现代性（modernity）的研究中作出里程碑贡献的德国学者马克斯·霍克海默（Max Horkheimer）和西奥多·阿多诺（Theodor Wistuqrund Adorno）认为，现代社会追求的是通过科学的规律和数字，将人类的一切社会活动变成可以精确管理的泰勒式工厂，每一分钱都要物尽其用。面对着充满戒备的消费者、持不同政见的选民、异文化的敌对民众，为了在最短的时间内，克服各种困难，使用最少的信息达到最好的传播效果，社会精英们必须对信息传播的每个环节精心管理。本书将向读者展示，现实中的情况远非这里描述的这么简单，宣传也不是一个简单的说服活动，有时宣传也会和第一种武力控制或长期的教育活动并用。但总的来看，越来越自由的民众和野心越来越大的社会精英，这两个条件最终决定了现代宣传会以不同的形式继续存在下去。本书认为，无论人们喜欢与否，作为现代治理术的一部分，宣传，或者说通过精心计算的信息传播操纵大众行为的方式已经成为现代性的重要标志之一。一劳永逸地消除宣传几乎不可能，重要的是如何通过制度、伦理和公众的媒介素养驯化宣传。

宣传研究者们还经常发现，不仅宣传者需要宣传，接受者也需要宣传在复杂的现实中寻找方向、建立身份认同甚至提供人生的意义，比如雅克·埃吕尔（Jacques Ellul）所说的大众社会条件下大众的原子化，伯内斯所提出的大众理性能力的欠缺所导致的大众对宣传的需求。[①] 受众是影响宣传的重要因素，但不是决定因素。受众可以抵御个别的说服活动，但是在作

---

① Jacques Ellul. *Propaganda: the Formation of Men's Attitude*, translated by Konrad Kellen and Jean Lerner, New York, NY: Alfred A. Knopf, 1965. Edward L. Bernays. Propaganda, New York, NY: Horace Liveright. 1928.

为社会体制的宣传之下却很难幸免。此外，只要宣传者控制个人选择的目标没有变化，就必然会针对人性的弱点研究出新的宣传方式影响受众。在宣传者与被宣传者的博弈之中，宣传不断改进升级。公众对宣传防御能力的提高只能带来更加科学化的宣传，而不是宣传的消失。

因此，我们可以把"宣传"视为观念史学家阿瑟·奥奇·洛夫乔伊（Arthur O. Lovejoy）所说的单元—观念（unite-idea）。洛夫乔伊认为在人类的思想中存在着一些具有稳定性的底层结构，它们超越了历史，构成了人类思想和行为的基本模式。它们或者是含蓄的或未被清晰表达的前提预设，或者是各种人们存在共识的命题、原则，或者是一代人或一个共同体不言自明的理论倾向、逻辑手法、方法论假定。而在这些人们熟知且流行的思想风尚中，最基本的便是不能够再细分的单元—观念，它们是人类思想的基本结构。通过研究这些单元—观念在不同语境和时间中的演变，我们便能够提纲挈领地把握人类思想的基本线索。①

洛夫乔伊设置的这个实体性的单元—观念给思想史研究带来了方便，他自己在《存在巨链》中便以"存在"这一单元—观念为切入点，痛快淋漓地将西方形而上学思想历程作了精辟总结。不过这一方法也带来了一些难解的问题，其中最突出的便是预设一个隐藏于人们心中，跨越时空和不同社会领域的"观念"，仿佛这一"思想习惯"可以自动揭示现实中的各个概念、话语及实践。但是实际上我们甚至不能确定这一看不见摸不着的观念是否存在。

思想史研究的剑桥学派代表人物昆廷·斯金纳（Quentin Skinner）认为洛夫乔伊设置的这个具有实体性的永恒观念是一个错误。他认为洛夫乔伊的错误不仅在于以当前为参照，预先设定了某种"观念"的"基本意涵"，认为这种意涵基本保持不变，而且他假定这种"基本意涵"（各个著作家都为此作出"贡献"）必然存在。② 因此他主张要从具体的语境入手，除了文本的字面意涵外，更重要的是弄清楚作者在写作文本时的意图。

不过如果仔细阅读洛夫乔伊的主张，会发现斯金纳对观念史的批评也

---

① Arthur O. Lovejoy. *The Great Chain of Being*. Cambridge，M A: Harvard University Press，1936. pp.7–15.

② Quentin Skinner. *Visions of Politics*，Vol. 1. New York，Cambridge University Press，2002. pp.84–85.

有简单之嫌，除了按照语境与作者意图还原文本的意涵外，思想史的价值还在于“使这一资料的各部分参与到新的组合和关系中去，并且从不同的目的、立场出发去观察它”[①]。也就是说穿透文本的表象，找到隐藏在话语之下的暗流，揭示表面上没有联系的现象之间的同构性，给人以新知。其实洛夫乔伊并非没有意识到观念史把不相关事物武断地并列在一起的风险，但是他认为思想史研究的价值在于描述那种弥漫在社会中的含蓄的前提假设和未被意识到的群体思维习惯。

近年来，美国思想史研究者又对剑桥学派倡导的严格的语境研究进行了反思，认为这种过于强调细究文本语境与作者意图的做法，束缚了研究者的手脚，导致他们只能将研究对象限制在短时段和经典文本上，而不敢挑战“大观念”(Big Idea) 的研究。这样，思想史的研究就变成了对一个一个具体文本及其意图的研究，历史的火车只能由一节一节互相不连通的“闷罐车厢”构成，而无法让人在车厢之间自由通行。有鉴于此，近年来思想史研究又开始重新回归到年鉴学派的布罗代尔所倡导的对长时段（*Longue Durée*）的研究。比如美国学者阿米蒂奇提出思想史要注重在“连续的语境中”（serial contextualism）关注长时段的“大观念”。当然，这种跨时段历史（transtemporal history）并不是对洛夫乔伊的简单回归，而是在批判了他将观念抽象化、实体化的基础上，又吸收了剑桥学派的观点，认为不存在一个绝对不变的单元观念，而是存在着多个具体的、语境化的、相互竞争的观念及话语。所以这种大观念的研究不是传统的观念史（history of ideas），而是观念中的历史（history in ideas）。因此，研究者必须关注观念发展的一些关键时刻，在特定语境中解释它们，同时又揭示出不同时刻的观念间的延续、变形、分化、伪装、断裂，从而全面地展现观念发展的历史过程。[②]例如阿米蒂奇本人就研究了从古罗马一直延续到今天的“内战”观念在不同时期不同语境中的变化过程，从而揭示出此观念的分歧与争议之处。[③]

斯金纳的正确之处在于指出了宣传话语的多变性，如果我们认为通过

---

① Arthur O. Lovejoy. *The Great Chain of Being*. Cambridge，MA: Harvard University Press，1936. p.4.

② David Armitage. What's the big idea? Intellectual history and the *Longue Durée*. History of European Ideas, 2012, 38(4), 493 - 507.

③ ［美］大卫·阿米蒂奇：《内战：观念中的历史》，邬娟、伍璇译，北京，中信出版集团，2018。

发现一个宣传的单元—观念就一劳永逸，就忽略了宣传观念本身未充分展开的部分。不同的主体通过其宣传话语和实践，都在丰富着我们对于宣传观念的理解。因此应当把宣传观念看作一个路标或显影剂，让它引导我们深入到每个宣传话语的具体语境中，了解说话者在文本之下的真实意图及其话语行为。这反过来会有助于我们对多样的宣传实践的认识。

宣传实践的不断进化和宣传话语的爆炸，给宣传观念的研究带来了很大挑战。我们想通过观念和符号去定位宣传活动，却发现不仅宣传本身和人们谈论宣传的方式在变化，就连宣传话语和宣传实践之间的联系也充满着不确定性。我们有时使用不同的概念去谈论相同的事物，有时使用相同的概念去谈论不同的事物，有时概念与事物之间甚至无法一一对应。

在思想史研究中，还有一个重要的研究路径——“概念史”。这一研究范式起源于德国，其主将是编写《历史基本概念——德国政治和社会语言历史辞典》的赖因哈特·科塞雷克（Reinhart Koselleck），强调通过考察概念意义的变化，阐释作为语言现象的概念与社会的相互作用。该学派认为，概念既折射出社会史，同时也影响社会的发展。概念是“问题的纪念碑”和“思想的出口”，通过查考词义的延续、变化或出新，可以呈现“衍续的、重叠的、沉积的、新增的含义之深层结构”，以此揭示社会发展的过程。[①]由于宣传概念的褒贬随时变化，它会经常从单个概念变形和衍生出概念群、语义网络和意义论证，仅仅考察一个概念就显得不得其法，必须找到将这些概念、语义网络和论证聚合在一起的黏合因素。在这个地方，概念史与观念史殊途同归。

因此，不论是观念史、思想史还是概念史，并非势同水火，彼此皆有可借鉴之处。本书将以观念史考察为纲，但会放弃洛夫乔伊的单元—观念不可变的非历史的论断，将宣传观念及其话语放到具体的语境中加以考察，阐明宣传观念及宣传概念群、语义网络与社会的相互编织过程。

不仅如此，宣传本身还生产着一种特殊的知识，为自己的正当性进行辩护。宣传观念从产生开始，就不断地将自己中性化、去政治化。如果不

---

① 方维规：《概念史八论——一门显学的理论与实践及其争议与影响》，《东亚观念史集刊》第4期，2013。

首先去除宣传话语对自身的遮蔽，就无法真正接近宣传本身。

因此，要搞清宣传观念的内涵，不得不从宣传话语入手，研究宣传的能指和所指如何在某个语境中，偶然地结合在一起。用福柯的话来说，就是寻找话语的断裂之处，从话语的破绽中揭示看似严密的宣传知识体系和宣传观念中所隐含的权力关系。

需要说明的一点是，宣传话语的变化与宣传实践的变化未必完全同步。有时宣传实践的变化会滞后于宣传话语的变化，因此表面上轰轰烈烈的宣传活动背后，未必一定有宣传观念的更新。宣传话语的转变可能早在之前已经令人毫不察觉地发生了转型。比如“文化大革命”时期的宣传举世瞩目，但真正影响“文化大革命”宣传的观念和话语的转换却发生于20世纪五六十年代。有的时候宣传话语的转换又会落后于宣传实践，比如20世纪初公共关系活动先出现，然后才有艾维·李（Ivy Lee）、伯内斯等人将此行为正当化，改变公众观念。本研究关注的是宣传观念和宣传话语，而不是宣传活动本身，尽管会将后者作为宣传话语的背景加以介绍，但与一般宣传史所关注的对象还是有所不同。

选择宣传话语而不是宣传本身作为研究对象，还有另一层考虑。由于宣传效果和伦理充满不确定性，很难作出预测，所以宣传实践对主观判断的依赖性很强。在很大程度上，宣传观念就决定着宣传的实践，而不是相反。当宣传被认为是一种无损于个人自由或民主政治的实践时，宣传活动便被认为是正当的和必要的，在社会中畅通无阻；但是当人们对宣传的正当性产生质疑时，宣传活动便会以其他的形式曲折地渗透进正常的传播活动。例如中国长期以来不对新闻与宣传作区分，宣传被作为一个中性词而不是贬义词使用，学界也多从正面肯定宣传的必要性，因此，宣传可以公开存在，几乎成为“传播”的同义词。但是改革开放之后，中立的“传播”概念被引进，宣传逐渐具有了负面意义。这个时候宣传开始向更隐蔽的方式转变，公共关系和形象塑造成为常见的宣传操作技术，简单的宣传逐渐让位于以中立形式出现的“新宣传”。

同样，如果人们把宣传仅仅定义为一种带有明显垄断性的说服性活动，那么很多情况下宣传就成为少数国家的专利；但是如果人们把宣传定义为某种意识形态的霸权，那么许多看似中性的传播活动就会引起人们的警惕。

人在将世界符号化的同时，符号的意义也左右着人的行为。对宣传的研究和关于宣传的话语同时反作用于宣传活动，甚至在某些时候决定着宣传的面貌，以致宣传行为与宣传话语之间的界线越来越难区分。因而脱离宣传话语"客观地"研究宣传活动已经不可行。所以退后一步，从宣传话语入手研究宣传是一个更具操作性的途径。

诺曼·费尔克拉夫（Norman Fairclough）认为，整合了语言学和社会学的话语分析应该包括三个维度：文本维度、话语实践维度和社会实践维度。① 文本维度主要研究文本的语言，悬置其他因素，仅从文本意义与结构出发，对其进行语言学的分析。

话语实践维度则关注文本的生产过程与解释过程。这个层面的研究不仅关注某个特定文本，而且将它与同时期的或不同时期但属于同一体系的文本进行对比，揭示它们之间的联系与差异。具体到宣传观念分析，则是对不同时代相似的宣传观念，以及同一时代不同群体的宣传观念的理念进行对比，同时将文本与实践进行对比，研究这一话语和不同个体的实践如何进行协商妥协，这些理念受到了抵制还是被接受等。

社会实践维度则把文本与更宏观的社会结合，研究话语的社会效果。它关心的是该话语及围绕着它形成的实践对整个社会结构与社会的不同系统产生了何种影响，社会其他系统如何反作用于该宣传理念。所以尽管本书的考察重点是宣传观念及话语而不是宣传实践，但是会围绕着某些特定宣传话语及观念，讨论其产生的社会环境及其对宣传实践的影响。这么做还有另一个重要的理由：社会学家吉登斯认为，尽管人的行动是有意识的，但是行动者能够用言语明确表达出来的意识只是其中的一部分，还有不少行动受实践意识支配。后者是人们知晓却无法言说的意识，常常表现为不假思索地对惯例或常识的遵从，是受训练的身体的直接反应。② 如果不考察这些宣传实践，便不能揭示实践意识中隐藏的这部分默会知识（tacit knowledge）和观念。

---

① ［英］诺曼·费尔克拉夫：《话语与社会变迁》，殷晓蓉译，北京，华夏出版社，2003，第 4 页。

② ［英］安乐尼·吉登斯：《社会的构成》，李康、李猛译，北京，生活·读书·新知三联书店，1998，第 65-76 页。

谁在说话：宣传话语的构成

“宣传”是一个客观实在，而“宣传的话语”则是人们对宣传现象的社会建构。具体来说就是人们如何定义、谈论、评价宣传，也包括人们定义、谈论、评价宣传时所使用的话语结构。这些话语结构并不外在于社会，所以它们同时还要关注宣传话语与社会群体之间的互动关系。

卡尔·曼海姆（Karl Mannheim）在他的知识社会学理论中尤其强调以概念为切入点考察不同观念与社会语境的关系。在他看来，任何个人所具有的观念都不可单纯从心理学或个人生活史的角度加以解释，必须要放在思想产生的社会集体行动中分析。同一词语的含义不仅会随着时代（时间）的更替而发生变化，同时也会因不同的说话者（空间）而有所不同。因为每个人都只能以先入为主的特定时代和群体的视角理解世界。这一特殊的思维模式不仅会以不同的方式结构现实，甚至连什么事物可以进入思考域，或以何种方式提问本身也受到这一“视角”的限制。如果不对思想观念与特定语境和关联群体之间的关系进行详细的说明，我们所得到的就只是一些思想的碎片，而无法赋予这些思想以任何可靠的意义。①

尽管本研究也会涉及如何宣传更有效、存在哪些宣传技巧等操作性问题，但本书无意成为另一本宣传技巧手册或宣传史。我关注的是人们是如何思考和谈论哪种宣传更有效，人们认为存在哪些宣传技巧以及如何进行宣传的问题。质言之，本研究关注的不是宣传是什么，而是关注人们如何思考和谈论宣传。

说到话语，首先会涉及主体问题：谁在说话？

后结构主义认为，话语的主体并不是说话者，它并不是一个具体的个人或群体，而是某种社会结构。本研究不拟采取这么极端的立场，我的目的也不是讨论宣传话语背后抽象的话语结构，而是经验性地讨论宣传话语中的传播伦理和政治传播的议题。为了考察的方便，按照说话者的不同，我将宣传的话语分成四类：日常话语、操作话语、政策话语和学术话语。

宣传的日常话语是指普通公众对于宣传的看法。普通公众是宣传的主要

---

① ［德］卡尔·曼海姆：《意识形态与乌托邦》，黎鸣等译，北京，商务印书馆，2000，第 54–55 页。

对象，他们关于宣传的话语影响着宣传的效果，也间接影响宣传的操作话语和规范话语。普通公众的宣传话语多来源于亲身经历和直觉，既有朴素的真知灼见，也容易受到较专业的话语的影响。尽管随着信息传播技术的发展，普通公众的协商讨论能力大为增加，但是因为缺乏体制的保证，他们关于宣传的话语总体上仍处于私人状态，具有自发性也比较分散。虽然他们可以“用脚投票”，但是对于更加体系化的宣传（如意识形态教育），普通公众分散的、私人的自发话语所产生的抵抗作用仍然有限。

操作话语主要指从事信息传播的实际工作的人员对于宣传的看法。这部分话语的主体又可以分成两个群体：第一是以特定客户为服务对象的专门从事宣传工作的从业人员，如公关、广告、政府宣传、公共外交等行业的人员；第二是以公众为服务对象的媒体工作者。第一个话语群体主要关注的是宣传的正当性和宣传的效率。宣传效率涉及宣传技巧与传播效果，由于本研究关注的不是宣传而是宣传的话语，因而这部分话语不是本书重点讨论的对象——本书最关注的是这一群体关于宣传正当性的看法。20世纪初就有不少自由主义者对宣传的正当性提出质疑，认为这种行为将公众看作不成熟的儿童，无视公民的理性，欺骗和诱惑民众，妨碍了公众真正的自治。面对尖锐的批评，宣传从业人员艰难地捍卫了自己的立场，并使宣传工作逐渐职业化。令人注意的是，在中国当前的“宣传”受到普遍质疑的情况下，它又以新的形式（如公共关系和公共外交）重新进入主流话语。我们必须放弃非黑即白的简单善恶观念，重新审视宣传与现代社会之间的关系。

宣传的操作性话语的另一部分主体——媒体工作者也是本书重点考察的对象。第一个原因是本书作者来自新闻和传播专业，受视野的限制，无法深入地讨论其他领域的宣传现象（比如文学艺术领域）。另一个原因是新闻工作的专业化是在宣传的合理性得到怀疑的背景下产生的，它是对宣传最有力的挑战。在西方，特别是第一次世界大战后，新闻专业主义通过定义新闻和宣传，用操作性程序将宣传与新闻工作区分开来，实现了自己的独立。[①]但是随着20世纪后半叶社会科学研究者不断地揭示政治经济和意识形态对

① ［美］Michael Schudson:《探索新闻：美国报业社会史》，何颖怡译，台北，远流出版事业公司，1993。

新闻的影响，新闻工作者所建立起来的专业主义幻象逐渐消失，这道新闻与宣传之间的防火墙也面临危机。中国也产生了具有自身特色的新闻专业主义。它在20世纪三四十年代初具雏形，20世纪中期在与党的宣传体制的冲突中受挫。新闻专业主义话语与宣传话语妥协，形成了一套独特的观念。

宣传的政策话语主要由政府及专业组织发出。在很多情况下，政府是宣传的主体。在多元化的社会中，孤立的说服性传播（如商业广告、公关）的不良后果可以被其他传播有效地平衡，但是宏观的宣传体制却有能力对公共生活造成重大影响。政府和管理者既能够动员体制的力量进行大规模的宣传活动，同时也能调整既有宣传体制。宣传的政策话语受到其他三种宣传话语的影响，在许多时候与上述几种话语处于对抗状态。政策制订者并不是从一开始就知道宣传的潜在后果和管理方式，中国20世纪50年代宣传政策话语的形成，就是在与新闻专业主义话语的冲突中逐渐确立的。今天，这一政策话语又面临着新的危机，以现代民主法制观念为框架的新的宣传话语正在形成之中。类似的，冷战后美国宣传政策话语也面临着调整与重新合法化的问题，国际传播、公共外交、政府公共关系、形象管理、策略性传播等概念应运而生，通过新的话语策略，实现了宣传活动的正当化。

最后一种宣传话语是学术话语，它主要来自以学术为业的研究者。当然，把学者与其他话语主体截然分开是不现实的。大量研究证明，在学术场域之中，把知识和权力完全脱钩的“神秘化”倾向并不可取。① 比如冷战时期大量的所谓“宣传研究”，就渗透着各自阵营的意识形态，它们本身也可被视为一种特殊的宣传。但另一方面，学术话语在学术伦理与研究程序的制约之下，又具有一定的独立性和批判性。20世纪初期现代宣传甫一登场，研究者就对其进行了研究和批判，既诞生了在社会科学的框架内进行“科学”研究的传统（如拉斯维尔），也诞生了在人本主义和马克思主义的框架内进行批判的传统［前者如约翰·杜威（John Dewey）、沃尔特·李普曼（Walter Lippmann），后者如葛兰西、席勒］。而且也正是宣传的学术话语，在冷战结束后执着地把被神秘化的“宣传”概念又重新从意识形态

① 比如：［法］米歇尔·福柯：《规训与惩罚》，刘北成、杨远婴译，北京，生活·读书·新知三联书店，2003。［法］皮埃尔·布尔迪厄：《科学之科学与反观性》，陈圣生等译，桂林，广西师范大学出版社，2006。

的泥淖中打捞出来，让人们注意到众多令人眼花缭乱的现代宣传背后，一直隐藏着一个西美尔所说的社会形式。

作为一个先导性研究，本书重点关注后三种宣传话语，但这并不意味着完全不涉及宣传的日常话语，本书将尽可能立体地反映后三种话语交织后对日常话语的影响。当然，要阐明这一“效果历史”，还需要另外一个专项研究才能完成。

本研究认为，上述四种宣传话语并不是静态的存在，它们会在政治场域、文化艺术场域、新闻场域中、外来文化与本土文化的冲突中相互作用。话语的冲突与竞争始终是本研究关注的焦点，甚至有的时候这一冲突会被有意识地加以突出（比如在关于中国的宣传话语部分）。本书并不追求所谓客观地再现，而是更关注不同宣传话语的结构及其正当性，正如曼海姆所说，只有在不同的社会观念相互冲突时，才会打破理所当然的绝对性，它们各自的偏见和不足才会再清晰地显露出来。[①] 其他人眼中客观中立的传播会在带有偏见的眼中成为宣传。偏见就像 3D 眼镜，只有戴上它才能看到立体震撼的宣传景观，否则眼前只是一片模糊的影像。正是由于党派的偏见，才产生了宣传及宣传话语，如果忽略了思考视角的差异，我们也就失去了研究宣传话语的最鲜活的对象，宣传观念也就风干成了一个个的教条。如果我们能够意识到纯粹的、客观的甚至正确的关于宣传的观念不存在的话，那么在这一时刻，不同观念和话语中由于时代与利益群体造成的“不足”反而成为对研究有益的工具。这种动态的相互映射为我们获得关于宣传的更加综合的知识提供了新的视角。

宣传的正当性问题

对人文社会科学研究者来说，最难回答的不是内行提出的专业层面的问题，而是普通民众的困惑。从第二次世界大战之后，在西方民众的观念里，对宣传的印象基本是单向地灌输弥天大谎（big lies）。由于“文化大革命”

---

① ［德］卡尔·曼海姆：《意识形态与乌托邦》，黎鸣等译，北京，商务印书馆，2000，第 300-311 页。

的影响，中国普通民众对宣传也有所觉悟，再加之近年来商业宣传的狂轰滥炸，丑闻不断，中国民众对宣传（至少是对抽象的“宣传”概念①）的看法也发生了变化。这引出了一个有趣的问题：在日常生活中个人如果说谎或者为了自己单方面的利益操纵他人，必定会引起诚信危机，受到道德谴责，但是在社会层面，为什么公众会对他们并不信任的大规模宣传活动（包括政治的和经济的）采取容忍态度呢？

掌握权力的政治、商业精英可以利用法规甚至强制力保证宣传的顺利进行，但是在现代政治环境下，任何社会体制如果没有被统治者同意，都无法长久存在。在宣传实践的背后还存在一种特殊类型的知识，为其提供支持。这种知识除了从不同角度对宣传现象进行建构外，还有另外一个共同的特征——对宣传的正当性作出解释和辩护，这构成了宣传的正当化过程。正是这个过程，使宣传能够以不同的形式继续存在下去。

正当性（legitimacy）是由德国社会学家马克斯·韦伯（Max Weber）提出的概念，用来说明政治权威性的来源。韦伯认为，政治的权威性不是制度必然赋予的，当然更不是通过武力强迫实现的，它必须依赖统治者和被统治者共同的信仰，或者说每种支配形式都应包含最起码的自愿服从的成分。②社会学中的正当性与法学中的合法性不同。后者认为只要符合法律条文和程序的行为就是正当的，而前者则认为正当性不是制度本身定义的。一个政策即使符合法律程序，但是不被大众接受，同样不具有正当性。因此正当性源于被统治者内心对统治者的认可。按照这个思路，韦伯提出了三种形式的正当性：卡里斯玛型（有特殊魅力的领导人）、传统型（遵循习惯）和理性—法律型（符合法律程序）。韦伯因此开创了一个从社会学角度研究权威性来源的新思路。美国政治社会学家利普塞特把正当性正式引入政治社会学，他接受了韦伯的看法，认为政治稳定取决于经济和政治制度的正当性与有效性。这里所说的有效性指政绩。正当性则指政治制度所具有的

---

① 调查发现，普通人经常不能把抽象概念与具体社会现象联系在一起。比如同一个受访者，当被问及是否支持言论自由时，会毫不犹豫地回答“是”。但是当被问及是否支持限制网络上某类型信息时，有的就会违反前面的回答，而选择支持。

② ［德］马克斯·韦伯：《支配的类型》，《韦伯作品集 II》，康乐等译，桂林，广西师范大学出版社，2004。

一种能力，这种能力能产生并保持这样的信仰：现有的政治体制最符合社会需求。[①]

但是也有人批评他们的论述过于模糊：正当性究竟是一个客观标准还是主观标准？[②]如果在一个暴君统治的国家里，通过垄断信息、展开宣传让被统治者认可这种实际上对自己不利的暴政，这样的权力是否具有正当性？如果一个民粹主义政权具有很好的政绩，让子民物质生活幸福，但是却剥夺公民个人的基本权利，实施集权统治，这样的权力是否具有正当性？[③]这些并不是学院式的假设，而是现实中存在的现象。如果承认它具有正当性，则违反了正当性本身的内涵；如果否认其正当性，就等于承认了正当性具有客观标准，也就否定了韦伯的定义。

政治社会学家大卫·比瑟姆认为韦伯和利普塞特的正当性概念过于主观，应该增加其他条件。他认为应该用三个维度来定义和衡量正当性，分别是规则、信仰和行动。换句话说，一个正当性的权力必须同时满足三个条件，一是要符合规则（法律有效性），二是这些规则符合共享的信念，具有合理性，三是表达出来的同意（expressed consent）进行合法化。[④]

尽管在政治正当性的定义问题上存在着争议，但政治社会学家和哲学家对这个概念依然十分感兴趣。因为他们意识到了立法权可能被某些权力滥用，转而试图从经验性的公众意见或更高的道德准则来判定政治权威是否合理。政治权力如此，语言和观念也是如此。我们接受某种观念或知识，除了因为教科书和专家这么说以外，还因为我们认可该知识的权威性，从内心相信该知识是合理的。因此知识社会学也借用这个概念讨论现实的社会建构。

宣传的目的是通过传播手段对个人进行操纵。从日常道德判断来看，该行为不具有充分的正当性。但是事实上宣传却一直以新的面貌出现，这说明

---

① ［美］利普塞特：《政治人：政治的社会基础》，北京，商务印书馆，1993，第53页。

② David Beetham. *The Legitimation of Power*. London，UK: Macmillan，1991. P.8–9.

③ 这一假设其实是所谓的证成性（justification）和正当性之间的不同。前者看重的是权力的效用和目的，后者看重的则是权力的来源和谱系。前者是洛克式的，后者是康德式的。这两个概念的区别详见 A. John Simmons. Justification and Legitimacy. *Ethics*，Vol. 109，No. 4（Jul.，1999），pp. 739–771. 周濂：《现代政治正当性基础》，北京，生活·读书·新知三联书店，2008。

④ David Beetham. *The Legitimation of Power*. London，UK: Macmillan，1991. p.20.

宣传者在与被宣传者的协商过程中，使宣传的对象接受了这种行为，维持了既有体制。日常伦理规则与现实的矛盾不禁使人产生这样一个疑问：宣传话语究竟是如何维持其正当性的？这个问题不仅涉及掌权者通过暴力机器对既有体制的控制，同时更重要的是知识的生产如何为这一体制服务。这里所说的知识不仅指狭义的知识（如学者的研究成果），也包括政策制定者和专业人士的说明和辩护，以及大众传媒和意见领袖的报道及言论。

伯格和卢克曼（Peter L. Berger and Thomas Luckmann）在《现实的社会建构》里提出了这样一个问题：为什么人们会自愿接受关于某一客体的知识，建立起共享的社会意义？换句话说，社会是如何将主观的意义客观化的。他们将主观意义的客观化分为两个步骤。其一是将零星的行为习惯化和体制化，通过在互动中建立彼此承认的社会典型（typification），赋予生活世界秩序与意义。这是一个将主观意义客观化的过程。但是这个过程仅限互动者之间，如果要使这个客观化过程固定下来，并且被其他人接受（获得主体间性），还需要第二个步骤：对这个体制化的过程进行解释和说明，即将它再次客观化。这个过程被称为正当化（legitimation）。它是对体制化的行为作出认知上的解释和价值约束的知识生产过程，其功能是维护既有的体制。①

伯格和卢克曼把正当化分成了四个层次。第一层是语言上客观化，即对某一对象进行命名。一旦被命名，对象就成为一种不用解释的理所当然的存在，因此这是一种不证自明的正当化。当有了“宣传”这个概念时，人们便假定了这一现象的存在。第二个层次是初级的理论前提。这是一种指涉日常经验层面的具体事例。比如当人们听到“宣传”这个概念，并能够把它与日常生活中的某个具体实践联系起来，产生诸如“广告就是宣传”、“宣传就是撒谎”等具体的判断，便完成了这一层次的正当化。第三个层次是解释性理论。这标志着形成了比较系统、理性、抽象的关于某个对象的知识。比如对宣传和非宣传的清晰界定、对宣传的社会功能的总结、对宣传为什么会存在的归因等。最后一个层次是符号宇宙。它意味着把前面三个部分

---

① Peter L. Berger and Thomas Luckmann. *The Social Construction of Reality: A Treatise in the Sociology of Knowledge*, Garden City, New York, NY: Anchor Books, 1966.

的正当化过程整合成一个整体，形成一个从概念到日常经验，再到抽象认识的自洽的知识体系。人类所有关于宣传的经验都可以在这个知识体系中得到完美的解释。[①]

宣传的正当化不是单向的过程，它必须回答来自大众的质疑。权力精英既要应付现有符号宇宙（symbolic universe）内部的异端分子，同时还要通过生产新的知识，用一套与现有符号宇宙兼容的理论解释因符号宇宙之外另一种现实的存在而产生的矛盾。当然，宣传的正当化过程不是一个单纯的挑战—适应过程，而是一个辩证的过程。在将既有宣传体制合法化的同时，如果这种体制和观念无法通过简单的话语策略维持现状时，也会通过改革体制本身来生产新的知识。在这个过程中，宣传观念和实践本身也在与时俱进。

在韦伯的政治正当性概念中，宣传是一个令人不安的漏洞。因为民众对权威的信念有可能受到宣传的左右，所以它很难成为评价权威是否合理的终极标准。宣传可以制造政治正当性，但是宣传本身的正当性也充满争议。对宣传的正当化过程，也就是对产生政治权威正当性手段的正当化过程。从宣传概念出现以来，对宣传的批评之声不绝于耳，正因为如此，宣传行为才会频频改名换姓，用不同的概念来转移人们的注意力，与印象中的宣传“划清界限”。说到底，宣传（主要指政治宣传）的正当化是在个人自由和国家利益之间寻找一个可以被精英和公众均可接受的中间点。但是随着环境的变化，这个中间点的位置处于不断地协商之中。宣传正当化也就成为一个不同话语相互争夺的动态过程，随之产生的知识也会以不同形态出现。

宣传研究的传统

宣传概念的产生和专门的宣传研究虽然产生于20世纪初，但是对宣传现象的关注古已有之。两千多年前古希腊亚里士多德的《修辞学》就可视为对宣传技术的早期讨论。他一反苏格拉底对修辞和文学的厌恶，把修辞

① Peter L. Berger and Thomas Luckmann. *The Social Construction of Reality: A Treatise in the Sociology of Knowledge*，Garden City，New York，NY: Anchor Books，1966，p.94–96.

放到了和辩证法相同的地位。他从演讲者的品格（ethos）、演讲内容的逻辑（logos）和对受众的感情诉求（pathos）三个方面论证了一个成功的宣传所应具备的条件。从亚里士多德以降，西方关于宣传说服的研究主要在修辞学的框架内进行，一直到大众媒体的普及和激进社会运动的兴起，研究者们才开始关注传播、舆论、群众心理等现象，为现代宣传研究奠定了基础。

印刷术发明之前，口头传播占统治地位，修辞术在不同的文化中均受到重视。中国先秦时期处士横议，要在议论国是中说服君主，在会盟出使中折冲樽俎，必须具有高超的修辞和说服技术。这一时期积累了大量实践经验。《韩非子·说难》中提出，说服君主时最大的困难并不是传播者的才智、修辞和胆识不足，而在于接受者难以捉摸（“凡说之难：在知所说之心，可以吾说当之”）。除了修辞之外，要注意察言观色，捉摸受传者的真正喜好和意图。尽管如此，韩非子还是对说服效果作了比较悲观的估计，认为要说服这些难以捉摸的“顽固受众”非常困难，稍不留意就会触到人主喉下的逆鳞。韩非只讨论了说服的一个基本原则，并没有对具体的技术进行说明。和古希腊相比，中国古代不仅缺乏专门的研究者（苏秦、张仪的老师鬼谷先生可能是这方面的专家，但是他没有可信的成果流传），而且也没有留下系统的论述，总的来说，中国古代对说服及宣传的研究不像古希腊那样自觉。

尽管先秦的儒家不乏孟轲这样的辩才无碍的宣传家，但在儒家的传统里，对说服持否定态度。《论语》中多次出现“巧言令色鲜矣仁”的论断。儒家更加强调道德“教化”的作用，对宣传与教育并不严格区分。这种观念对中国近现代的宣传观念影响颇深，它轻视修辞，注重对于民众价值观的塑造，但是对于“化性起伪”（《荀子·性恶篇》）的具体操作方案，论者却付之阙如。现存古籍中说服的材料主要还是集中在修辞与人际间说服。尽管人际间说服也是宣传的延伸，但是宣传研究更关注的是群体说服或大众说服，所以这些研究严格来说也不是宣传研究。

不论是西方还是东方，20世纪之前的宣传活动均处于一种“原始”状态，现代的宣传体制还未有意识地被建立起来，自然对宣传的研究也处于“原始”状态。这一切在进入20世纪之后发生了根本变化。

大致说来，20世纪以来的宣传研究可以分为以下几个领域：（1）反宣传研究，（2）宣传史研究，（3）宣传效果研究，（4）批判的宣传研究。

反宣传研究主要是20世纪30年代以来对宣传负面危害有所警惕的学者们所进行的研究，目的是提高公众素质，发现识别宣传的技巧，削弱宣传的影响，代表是美国1937年成立的宣传分析学会（the Institute for Propaganda Analysis）。[①] 这部分研究和近年以来的媒介素养研究，其背后的思路是一脉相承的。

宣传史研究是宣传研究中的一个传统领域，冷战期间，由于宣传研究与政治宣传本身很难区分，洁身自好的传播研究者纷纷离开宣传研究领域。在其他宣传研究领域相继被撂荒的时期，宣传史研究仍然吸引了不少历史研究者。他们以经验的个案研究为中心，对人类历史上那些与今天的宣传活动有相似特征的事件进行研究。这部分研究者尤其注重探讨宣传与政治的关系，试图从政治体制、政治活动的角度解释各类宣传活动对社会的影响。该领域产生了一些比较知名的宣传通史成果。[②]20世纪90年代以来，随着美国各类军事行动和局部战争增加，个案研究不断升温。这类研究多以历史记载、政府档案和当事人的回忆录作为材料，过于依赖文本诠释，在方法上并无多少创新之处，容易陷入经验现象的简单堆积。但是在目前的宣传研究中，这是最被学术界承认的一个领域。

宣传效果研究以拉斯维尔《世界大战中的宣传技巧》为滥觞。但随着宣传概念的负面色彩增加，这部分研究逐渐转为传播效果研究。拉扎斯菲尔德对选举宣传的研究、霍夫兰对电影在新兵训练中说服效果的研究、说服研究、议程设置、沉默的螺旋、培养分析、第三人效果等都是宣传效果研究的继续。这一类研究遵循严格的实证验证程序，注重研究本身的合理性论证。但另一方面注重细节、忽视宏观宣传体制，被批判的宣传研究批评为只见树木不见森林。

批判的宣传研究认为宣传效果的实证研究只能讨论宣传直接的、短期的、可测量的影响，无法真正揭示现代宣传的影响。现代社会的宣传不再是简单的鼓动，而是转向了针对人们认识论的“前宣传”，甚至有的学者用

---

① Clyd R. Miller. For the Analysis of Propaganda. *The Public Opinion Quarterly*, Vol. 2, No.1(1938).

② 比如 Oliver Thomson. *Easily led: a history of propaganda*, Phoenix Mill, UK: Sutton Pulishing, 1999. Philip M. Taylor. *Munitions of the Mind: A history of propaganda from ancient world to the present era*. Manchester, UK: Manchester University Press. 2003.

“意识形态”这样的概念来称呼这种宣传。当然，这些概念因为“定义模糊”和“不可证伪”，也受到了效果研究者的批评。批判的宣传研究主要关注的不是宣传的效果，而是宏观宣传体制。他们想要揭示的是某种政治体制对民众选择自由的限制，以及这种体制对公众自治的影响。批判的宣传研究既有新马克思主义者，也有自由主义者。在当今的文化研究、传播政治经济研究中经常可以看到批判的宣传研究的影子，但是这些学者因为对“宣传”概念存在刻板印象，大多也不愿简单地将自己所研究的这些现象称之为宣传。

在冷战的国际背景下，中国同其宣传一样具有神秘色彩，这导致 50 年代至 80 年代美国的东亚研究中有不少对中国宣传的专题讨论。在朝鲜战争中，中国对美军战俘的宣传引发了美国国内的“洗脑恐慌”①，一批从心理学角度对这种强制性说服的研究应运而生，其中利夫顿（Robert Jay Lifton）的《思想改造与极权主义心理学》② 最为详细地研究了新中国成立初期的思想改造。侯服五（Franklin W. Houn）、喻德基（Friderick T.C. Yu）和刘平邻（Alan P. L. Liu）等通过二手资料，描述了新中国建国初的宣传体制，并认为其效果显著。③ 马丁·怀特（Martin K. Whyte）从小群体心理的角度，论证了中共建国初期的宣传为什么十分奏效，突破了简单的现象描述。④ 而朱谦撰写和编辑的系列著作对中国 20 世纪 80 年代以前的宣传作了多个视角的讨论。当然，由于受到冷战意识形态及资料数据获取困难的限制，这些研究多未能将中国宣传的复杂性充分展现出来。

---

① Edward Hunter. *Brain-washing in Red China: the calculated destruction of men's minds*. New York, NY: Vanguard Press, 1951.

② Robert Jay Lifton. *Thought Reform and the Psychology of Totalism: A Study of "Brainwashing" in China*. New York, NY: Norton, 1961.

③ Franklin W. Houn. *To Change a Nation: Propaganda and Indoctrination in Communist China*. New York, NY: Free Press of Glencoe, 1961. Friderick T.C. Yu. *Mass Persuasion in Communist China*. New York, NY: Praeger, 1964. Alan P. L. Liu. *Communications and National Integration in Communist China*. Berkeley, CA: University of California Press, 1971.

④ Martin K. Whyte. *Small Groups and Political Rituals in China*, Berkeley, CA: University of California Press, 1975.

而新一代对中国和西方有更切身了解的华人学者，如李金铨[①]、赵月枝[②]等则以局内人的身份，对20世纪80年代以后市场冲击下的中国宣传（传播）体制作了更深入地观察，对冷战的思维框架有所纠正。而后随着中国的进一步开放，学术交流更加自由，更新一代的欧美学者也有条件直接进入中国进行研究，成果更加多元。近年来比较突出的有丹尼拉·斯托克曼（Daniela Stockmann）和阿－玛丽·布莱迪（Anne-Marie Brady）。前者认为中国媒介市场化不仅没有动摇原有的宣传体制，反而强化了威权政治[③]；后者则专注于研究中国宣传体制在新时代的与时俱进，也认为随着中国的改革开放、融入世界，其宣传体制和效果不仅没有削弱，反而愈加强大。[④]

相比于西方学者，中国人自己的宣传研究长期以来处于尴尬地位：宣传实践丰富而理论研究少，经验总结多而严肃的学术探讨少。

20世纪初期西方宣传研究引入中国，但是影响范围有限。笔者看到的最早的宣传研究是季达的《宣传学与新闻记者》（1932）。该书系统地总结了西方关于宣传与国际政治方面的研究成果，并且结合中国的现实进行了分析。[⑤]30年代因抗日战争爆发，宣传研究出现一个高潮。但这个时期的宣传研究以实践为取向，缺乏理论探讨。40年代宣传理论研究有深入之势，出现了个别学术研究突破，但在当时的政局下，学界实无暇顾及这类题目。

中华人民共和国成立后，宣传受到重视，各级宣传组织和宣传网络逐步建立，宣传体制逐渐完善。但是由于宣传工作与政治斗争结合得过于紧密，没有给学术研究提供空间。在一本回顾20世纪宣传学研究的书中研究

---

① Chin-Chuan Lee（ed.）*Voices of China: The Interplay of Journalism and Politics*. New York，NY: Guilford Press，1990. Chin-Chuan Lee（ed.）*China's Media*，*Media's China*. Boulder，CO: Westview Press，1994. Chin-Chuan Lee（ed.）. *Power*，*Money and Media: Bureaucratic Control and Patterns of Communication in Cultural China*，Evanston，IL: Northwestern University Press，2000. Chin-Chuan Lee（ed.）*Chinese Media*，*Global Contexts*. London，UK: Routledge，2003.

② Yuezhi Zhao. *Media*，*Market*，*and Democracy in China: Between the Party Line and the Bottom Line*. Champaign，IL: University of Illinois Press，1998. Yuezhi Zhao. *Communication in China: Political Economy*，*Power*，*and Conflict*. New York，NY: Rowman & Littlefield Publishers，2008.

③ Daniela Stockmann. *Media Commercialization and Authoritarian Rule in China*. New York，NY: Cambridge University Press，2013.

④ Anne-Marie Brady. *Marketing Dictatorship*. Rowman & Littlefield Publishers，New York，NY: 2008. Anne-Marie Brady(ed.) *China's Thought Management*. New York，NY: Routledge，2012.

⑤ 季达：《宣传学与新闻记者》，广州，暨南大学文化部，1932。

者提出："在改革开放以前，中国大陆还没有出版过真正的宣传学著作。"①

改革开放之后，中国的宣传研究和美国一样也出现了分化，一些宣传研究并入新引进的传播研究之中，但是还有一部分 研究者仍然使用"宣传学"概念。在80年代曾经出现过一个宣传学研究的高潮。王中的《论宣传》和甘惜分的《谈新闻与宣传》对"宣传"概念进行了探讨，郭志坤的《先秦诸子宣传思想论稿》从宣传角度对中国先秦思想家的文本进行了重新诠释，林之达的《宣传科学研究纲要》系统地提出了宣传学研究的概念与范围，李良荣、高冠钢、裘正义的《宣传学导论》引入了传播学的理论分析宣传现象，安徽人民出版社出版的《实用宣传学辞典》对已有的宣传文件和研究成果进行了汇编。但总的来讲，这一时期的研究缺乏社会科学研究的学术规范，虽然出版了大量与宣传有关的书籍，但多为手册之类的实用教程，学术研究质量普遍不高。

进入90年代之后，宣传研究的范围开始扩大，扩展到市场营销、公共关系、国际传播等领域，学术规范有所提高，出版了一些具有标志性的研究成果，如林之达的《中国共产党宣传史》、刘建明主编的《宣传舆论学大辞典》，戴元光主编的《现代宣传学概论》、邵培仁主编的《20世纪中国新闻学与传播学·宣传学和舆论学卷》。这个时期同时也是传播学发展最快的时期。宣传概念的感情色彩也经历了一个由正面走向负面的过程，研究者纷纷转向传播研究，宣传研究者逐渐稀少，除了一些官方的文件和培训教材外，该领域成果数量下降，逐渐萧条。

除宣传研究以外，近年来政治传播研究逐渐开展，不少题目涉及宣传问题，比较主要的有许静的《大跃进运动中的政治传播》、谢岳的《当代中国的政治沟通》。同时历史研究也产生了不少可为宣传研究借鉴的成果，比如澳大利亚历史学家费约翰（John Fitzgerald）的《唤醒中国：国民革命中的政治、文化和阶级》（*Awakening China: Politics, Culture, and Class in the Nationalist Revolution*）、高华的《红太阳是怎样升起的》、朱鸿召的《延安日常生活中的历史》、齐慕实（Timothy Cheek）的《邓拓：毛时

① 邵培仁主编：《20世纪中国新闻学与传播学·宣传学和舆论学卷》，上海，复旦大学出版社，2002，第16页。

代的中国文人》（*Propaganda and Culture in Mao's China: Deng Tuo and the Intelligentsia*）、裴宜理（Elizabeth J. Perry）的《安源：发掘中国革命之传统》（*Anyuan: Mining China's Revolutionary Tradition*）中都有与宣传相关的内容。

从宣传研究的演变可以看出，无论是中国还是西方，宣传研究都受到"宣传意识形态"的影响，研究者常常自己陷入被建构的宣传概念之中，无法客观地看待这个现象。在西方，在法国学者埃吕尔宣传理论和批判理论的影响下，20世纪80年代后，宣传研究领域逐渐复兴。而在中国，研究者们仍未能透过话语的迷雾实事求是地对待这一课题，究其原因，主要在于对来自西方的和中国近现代的宣传话语缺乏批判地分析。

对于"宣传"概念（而非宣传现象）的分析，早期的学者多从语义学的角度进行研究，比如费罗斯在《宣传：一个词的历史》一文中，对这个词意义的变迁从词源与社会语境的角度进行了分析。[①] 但是这类研究由于方法单一，很快就走到尽头。大量的宣传研究对于宣传概念的讨论总是匆匆完成，然后把主要精力转向经验性事件的历史研究。这造成宣传研究者使用的宣传概念互不相同，在一些根本问题上缺乏共识，很难建立对话的平台。

近年来已经有研究者意识到，在宣传的概念建构上，学术界还存在很多问题。斯坦利·康宁汉姆（Stanley B. Cunnigham）2002年出版了《重建宣传的理念》（*The Idea of Propaganda: A Reconstruction*）一书，试图就宣传概念本身展开研究工作。他认为自己所进行的研究是"宣传哲学"的研究。他从三个维度解析宣传概念：作为词语或描述的宣传、作为意义或理念的宣传、作为实在的宣传。他认为宣传即认识论，它塑造着公众对世界的认知框架。[②]

康宁汉姆主张重新回到原点的思路非常值得我们回味。他进行了一个基础性工作，从本体论、认识论和价值论的角度，阐释了宣传的理念。但是抽象的哲学层面的探讨只是研究的第一步。任何一个概念或理念的形成并不只是客观、抽象的推理过程，要全面地理解它，必须结合历史语境和社会语境，多维度地描述围绕着这个概念形成的话语以及这些话语变迁与社

---

① Erwin W. Fellows. 'Propaganda': history of a word. *American Speech*, vol 34, No 3 (Oct. 1959).

② Stanley B. Cunnigham. *The Idea of Propaganda: A reconstruction*. Westport, CT: Praeger. 2002.

会变迁之间的关系。只有这样，才能把宣传研究的对象和宣传研究的话语区分开，重新评估宣传研究的学术遗产，规划宣传研究的方向，促进我国学术界对这一既有本土性同时又具有全球性领域的重新关注。

这正是本研究的起点。

宣传研究是否也会沦为宣传？

造成宣传的定义之难的多种原因中，如何保持宣传研究的客观性也许是让人最头痛的问题。阿列克斯·艾德尔斯坦（Alex S. Edelstein）在《一体化宣传：从大众文化到通俗文化》中提出：新宣传在现代生活中无处不在，甚至自己的宣传研究也是宣传。[①] 艾德尔斯坦并不是第一个表达类似观点的学者。在冷战时期，意识形态对立国家的"宣传研究者"们就经常通过学术研究，攻击敌对国家。揭露对方对宣传的研究本身成为另一种形式的宣传，这是宣传研究中经常出现的问题。

这促使我们关注宣传研究的知识社会学问题。宣传研究本身并没有豁免权，知识与权力之间存在着千丝万缕的联系。宣传研究者需要不断对自己的研究进行反思，把各种前提假设重新进行"客观化"——从这个意义上说，对宣传话语的研究就是对关于宣传的知识与权力的关系所作的一次梳理。

但是同样需要注意的是，真理再向前踏出半步就会走向谬误。承认宣传研究不是一尘不染，并不意味着走向反面。如果根据"所有的传播皆是宣传"的前提，就否定宣传研究的意义，那么从形式逻辑的角度来看，上述判断就构成了一个无法解决的悖论。因为断定"所有研究皆宣传"这句话本身也是学术研究的结论，如果它本身也是宣传，如何能证明这句话本身的合理性呢？这就像提着自己的头发要把自己从地上提起来一样，在逻辑上犯了"自我毁灭"的谬误。因此这个过于绝对化的判断等于走向了不可知的虚无之境。

从经验的层面看，学术研究本身也是一种自我解放的实践。追求纯粹客

---

① Alex S. Edelstein. *Total Propaganda: From Mass Culture to Popular Culture*. Mahwah，NY: Lawrence Erlbaum，1997.

观知识这种观念，本身就意味着对研究缺乏反思，它意味着对知识与社会之间的复杂关系选择性失明。研究的目的不是发现绝对真理，而是通过不断地反思与对比，提供新的知识或作出批判。尽管研究者不一定能完全摆脱意识形态的影响，但是在纯粹客观的知识和宣传之间依然存在着许多中间地带，通过知识的积累，我们会离宣传那一端越来越远。法国学者埃吕尔在《宣传》一书中便跳出了对敌对国家宣传加以指责的怪圈，将宣传视为一个现代技术社会的普遍现象加以审视，提供了一个成功的范例。

否定宣传与学术不可分并不意味着宣传对学术研究没有影响。相反，作为正当化的重要途径之一，学术研究一直受到宣传的侵蚀。权力为了自身的畅通无阻，不仅占据了实践领域，而且还企图将学术领域变成其殖民地。因此，宣传研究也为反思知识与权力的关系提供了一个宝贵机会。对宣传话语的反思，可以起到福柯所说的“权力的减速器”的作用。通过反思权力的恶，来追求学术的独立。

结构与主要内容

总结起来，本书对于20世纪以来所产生的宣传观念和话语的研究主要解决以下几个问题：

（1）宣传观念在不同的语境中是如何产生与发展的？

（2）影响了现代宣传体制的关键宣传话语及观念是什么？

（3）这些关键的宣传话语及观念是在何种语境或场域中产生的？从横向和纵向的角度来看，这些宣传话语与其他宣传话语之间是否存在模仿与冲突？

（4）宣传话语是如何对其正当性进行论证的？如何评价宣传中的传播伦理问题？

本书不打算对整个宣传观念作通史性的梳理，而是准备通过考察宣传观念发展中的一些关键时期和关键话语，尤其是话语的断裂之处，完成上述目标。具体来说，这样一个宣传观念及其正当性的散点透视将包括以下内容：

第一章将对宣传概念的起源及其与中国有关的概念旅行作简单考察，然后对宣传的外延提出一个操作性的定义，为本书的研究对象划定边界。

第二章以第一次世界大战时产生的总体战观念为起点，讨论宣传概念在 20 世纪初的出现。宣传观念给民主制度提出了两个挑战：非理性人观念对理性人假设的挑战，以及观点的垄断和操纵对观点自由市场的挑战。第二章将讨论第一个挑战，第三章将讨论第二个挑战。这两章将揭示自由主义和进步主义知识分子在宣传面前所采取的双重标准。通过考察宣传专业主义者的正当性论证及其实践，展示现代民主体制是如何自相矛盾地接受"宣传和民主可以共存"的理念和现状的。

第四章将以俄国社会主义革命为例，讨论宣传与革命的话题。令我感兴趣的是为什么同样的"一体化宣传"既可以获得政权却又会导致其衰亡？同时，苏俄有哪些宣传观念影响了中国？

第五章将目光转向在西方世界"臭名昭著"的德国纳粹的宣传，揭示这一宣传观念与英美宣传观念的联系。同时本章质疑了将"极权主义宣传"与现代其他宣传割裂开的做法，指出了去妖魔化的"极权主义宣传"与现代性的联系。纳粹宣传其实是一些我们十分熟悉的宣传观念在特殊语境下的产物。

第六章从知识社会学的角度，分析了从旧宣传观念向新宣传观念的转变，为讨论中国现代宣传观念的转型提供了语境。这一章试图通过西方学者关于新宣传的研究揭示当代宣传的复杂性及其同现代性的共生关系。

在深描了 20 世纪全球宣传观念变化的语境后，第七章转到本书的重点——中国的宣传观念。本章描述了太平天国运动、晚清维新变法运动及广东时期的国民革命中宣传的观念如何从朦胧走向明确，苏俄的"一体化宣传"如何最终成为中国近现代革命的主旋律之一。在"唤醒民众"的观念指导下，自由散漫的中国人被塑造成精神和肉体上十分标准的宣传对象。

第八章以中国近现代知识分子为对象，考察上一章中产生的政治宣传观念的社会后果。近现代的救亡运动，尤其是抗日战争，使中国的宣传话语分化成自由主义的、宣传专业主义的、学术的和媒体专业主义的几个部分。这一章试图解决一个问题：为什么苏俄的"一体化宣传"观念会在竞争中战胜美国的"科学的宣传"观念？

第九章从延安时期中国共产党的宣传观念中追溯现代中国宣传观念的源头。本章以毛泽东的宣传观念为重点，研究了它产生的基本逻辑。第十章以20世纪50年代中国宣传观念的扩张与冲突为主题，探讨了中华人民共和国初期宣传的体制化和正当化过程。描述了这一体制如何在多种观念和实践的冲突中逐渐建立起来，重点讨论了当代新闻媒体的宣传体制是如何在多次冲突与妥协中产生的。

第十一章至第十二章探讨了20世纪90年代之后中国的宣传观念如何完成了从宣传观念1.0到3.0的转型，总结导致其转型的多种因素及这一正在悄然发生之中的转型所表现出的一些特征。在这些因素之中，重点探讨了国家、市场、数字技术、全球化对中国宣传观念演变的影响。宣传观念3.0不是对一体化宣传观念和科学的宣传观念的否定，而是对这两种宣传观念的吸收与超越。

结语部分将从经验回到理论，讨论本研究得出的三个结论：（1）宣传观念是现代性的产物，是现代社会治理术观念的一部分。（2）存在着两种宣传技术："一体化"宣传术与"科学的"宣传术，前者以塑造理想的个体为目标，后者以输出理想的大众行动为目标。从发展趋势来看，"一体化"的宣传观念和模式逐渐被"科学的"宣传观念和宣传模式所代替。在有些特殊条件下，这两种宣传观念和模式还会融合成更具有影响力的宣传观念及宣传模式。（3）现代宣传是否具有正当性取决于是否能在传播效率（或社会团结）与公民个人自由之间实现合理的平衡。除此之外，这一章还将尝试提出一个有关宣传伦理的命题。

第一章 宣传：暧昧而重要的概念

“宣传”概念的产生

本书的主角是“宣传”概念。不同的语境会孕育出相异的宣传概念，首先要考察它在不同语境中的产生。与此同时，由于宣传的传染性（敌对双方一方使用宣传，另一方被迫要使用相同的宣传），宣传概念会从原产地输出到不同的文化中。宣传概念在不同文化间的旅行是一个有趣的过程，我们可以观察到它在另一种语境是如何被抗拒、协商、接纳、改造和实践的。

英语中的“propaganda”一词起源于拉丁文，有播种、繁殖之义，是一个与农业生产相关的词语。这个词的第一次出现是在1622年，罗马教皇格里高利十五世（Gregory XV）成立了圣道传信部（Sacra Congregatio de Propaganda Fide，the Sacred Congregation for the Propagation of the Faith），针对宗教改革运动，传播天主教教义。①

西方的宣传概念来自宗教，直到近代才逐渐进入政治领域。1718年，宣传在英语中首次使用。在19世纪的美国，“宣传”最早被赋予政治含义。1843年，字典开始将非宗教意义写入这个词条。②第一次世界大战前，宣传这个词很少被使用。1911年的《不列颠百科全书》并未收入“propaganda”

---

① 罗马天主教“圣部”之一，负责世界各地的传教事业，1949年前中国天主教会也归其管辖。

② Erwin W. Fellows. ‘Propaganda’: history of a word, *American Speech*, vol 34, No 3 (1959).

这个词条，仅有一条关于“propagate”的小词条。

第一次世界大战中，协约国采用了大规模的宣传活动，加之战后参与宣传人员的大肆宣扬，宣传引起人们的广泛关注。自由知识分子对宣传的批判和与之相关的争论随之而起，这个词也就顺理成章地进入到日常词汇之中。20 世纪初崛起的广告、公关等活动也以宣传自居，把它引向商业领域，以致政治宣传反过来向商业宣传学习[①]，所谓“政治营销”（political marketing）就是一个典型的例子。从宗教到政治再到商业，宣传概念的含义变迁从一个侧面反映了社会权力的转移。

宣传概念闪亮登场，其背后并非完全没有阴影。1627 年，教皇乌尔班八世（Urban VIII）建立了一个专门研究和训练宣传员（传教士）的学院——Collegium Urbanum。对于天主教来说，宣传这个词带有正面感情色彩，但是对于其他教派来说，宣传则代表着歪曲事实和传播错误的思想。因此，在其他信徒看来，宣传这个概念就具有了相反的感情色彩。尤其是当他们发现对立的一方也在使用与其相同的技巧在征服人心的时候，宣传概念就开始让人感觉不那么舒服。苏俄成立的宣传部和纳粹德国成立的大众教育和宣传部，使得在意识形态上与他们对立的英美等国放弃了具有积极意义的宣传概念，把它变成了一个完全负面的词汇，专门用于指称敌方的传播和说服活动。

苏珊·朗格（Susanne K. Langer）曾说：“词语提供思维的形式，你所看到的基本上由你能命名的东西所决定。”[②] 朗格的形式论与语言学家本杰明·李·沃尔夫（Benjamin Lee Whorf）的看法比较接近，认为词语本身决定着思维的对象甚至思维的模式。美国哲学家理查德·罗蒂（Richard Rorty）的看法略有不同，他更强调词汇的实用性，认为人对原有词汇的不满会导致库恩所说的范式革命。他说：“在艺术、科学、道德和政治思想中，凡革命性的成就往往是因为有人了解到我们所用的两个或更多个语汇正彼

---

① 公共关系奠基人之一爱德华·伯内斯在《宣传》一书中指出，宣传虽起源于政治，但却由商业宣传发扬光大，政治宣传反而落后。所以政治宣传要向商业宣传学习。见 Edward L. Bernays: *Propaganda*. New York，NY: Horace Liveright. 1928，p.110。

② Barry Alan Marks. *The idea of propaganda in America*. unpublished doctoral dissertation. Univ. of Minnesota.，1957. p.vi.

此干扰，于是发明一套新的语汇来取代两者。”①

换句话说，正是由于“宣传”概念的发明（确切地说是再发现），人类的宣传活动发生了质的变化。在此之前一直存在的现象因为被命名而从幕后走上前台。因为有了宣传这个词，过去被忽略而分散的经验被放在一起加以谈论。“宣传”这个词将一类过去我们无法命名和谈论的现象从黑暗中召唤出来。人们像是突然发现了一块社会生活中的新大陆，开始公开谈论这种利用象征符号操纵大众的技术。“宣传”一词的出现，为权力精英们打开了一扇通向社会控制和社会秩序的大门，大量知识开始在它的身边聚集，其中既有来自欧洲大陆的群体心理学、弗洛伊德心理学和大众社会理论，也有新出现的民意调查技术、舆论学和传播学。

“宣传”概念的旅行

关于宣传概念，我们还能观察到另一个现象：一旦它产生，便迅速地进入其他文化。在第一次世界大战前后，不同的国家都开始使用这个概念替代之前的其他概念。比如在20世纪之前中国人的概念里，基本没有人在现代意义上使用“宣传”概念。包括20世纪初中国最著名的宣传家梁启超也很少使用“宣传”这个概念，他更倾向于用“教化”“浸润”和“向导”这些中国传统的概念。

从汉语起源上看，“宣”最早指帝王的大室②，后引申为广大、普遍之意，常与政府高层的命令向下传达有关，“传”则有转授予、转达、递送之意。汉语中“宣传”二字合用最早见于《魏略·李孚传》：“孚言：今城中强弱相陵，心皆不定，以为宜令新降为内所识信者宣传明教。”《三国志·蜀书·彭羕传》（“先主亦以为奇，数令羕宣传军事，指授诸将，奉使称意，识遇日加。”）和《三国志·蜀书·马忠传》（“见大司马蒋琬，宣传诏旨，加拜镇南大将军。”）中亦可见二字并列的用法。可见最迟至东汉末年，“宣传”二字已经在汉语中成为一个固定搭配。尽管中国古代并不缺乏现代意义上的宣

① ［美］理查德·罗蒂：《偶然、反讽与团结》，徐文瑞译，北京，商务印书馆，2003，第22页。

② 《说文解字》：“宣，天子宣室也。”段玉裁注“盖谓大室”。

传行为，但这里所说的“宣传”指政令发布，与现代汉语中的“宣传”概念并没有直接联系。有研究者指出，与西方及现代的“宣传”不同，古代中国的“宣”不偏重于讯息，而偏重于抽象的恩威与德泽，其主体往往是王室。“宣”的主要目的不是说服，而是“德化”。因此，“宣”在中国文化里一直具有正面含义，这也导致今天的“宣传”概念仍具有积极意义。[①] 现代汉语中的“宣传”一词最早是由西方传教士或其中国助手从英语的 propaganda 翻译而来，后来由日本的辞书收录，得到推广和巩固，赋予新的意义，再重新传回中国。

根据早期研究汉语外来词的研究者刘正埮、高名凯、麦永乾、史有为编撰的《汉语外来词词典》，“宣传”一词系日语对英语“propaganda”的翻译。

> 宣传：对群众说明讲解，使群众相信并跟着行动。【源】【日】宣伝 senden［古代汉语《北齐书·元文遥传》：“文襄征为大将军府功曹，齐受禅，于登坛所受中书舍人，宣传文武号令。”意译英语 propaganda］[②]

19 世纪末 20 世纪初，由于甲午之战后掀起的学习日本的热潮，通过留日学生的翻译，大量的日本词汇进入汉语。[③] 而这些词汇中，有相当一部分是日语用汉字翻译的欧洲词语。根据早期汉语外来词研究者高名凯和刘正埮的研究，这些从日语而来的借词可以分成三类：（1）只见于古代日语，而没有出现在古汉语中的由汉字组成的复合词，如人力车、场合。（2）古汉语原有的词汇被日语借来“意译”西方词语，但意义与古代汉语中原来的意思已经完全改变了，如革命、文化。（3）古汉语没有对等词的词，但日语用汉字的组合去意译欧美语言的词，再由汉语加以改造而成为现代汉语的外来词，如种族、美术。按照刘正埮等人的考证，“宣传”一词应该属于第二种情况，借用汉语原有的词汇来意译西方词语。精通日语的周作人也持此观点，他在《药堂杂文集》的《宣传》一文中谈到“普罗巴甘”（propaganda）

① 潘祥辉：《宣之于众：汉语“宣”字的传播思想史研究》，《新闻与传播研究》，2018 年第 4 期。

② 刘正埮、高名凯等编：《汉语外来词词典》，上海，上海辞书出版社，1984，第 370 页。

③［美］任达：《新政革命与日本：中国，1898—1912》，李仲贤译，南京，江苏人民出版社，2006。

的翻译时说："中国从前恐怕译作传教传道之类吧，宣传的新译盖来自日本，从汉文上说似是混合宣讲传道而成，也可以讲得过去，在近时的新名词中不得不说是较好的一部类了。"[①]

但是近年来的另一些研究发现，有相当一部分过去被认为是来自日语的外来词，其实来自明末清初来中国的西方传教士对西方词汇的翻译，不过这些新词没有在中国普及。但是这些新的词汇后来被翻译西书的日本人注意到，并收入日语辞典。[②]19 世纪末 20 世纪初的中国留学生重新引入中国时，忽略了这些词汇"出口转内销"的原产地身份，将其当成日本发明的词汇了。

史有为对照了 19 世纪中期中国和日本出版的字典，发现在 propagate 一词的翻译上，中国出版于 1847—1848 年的《英汉字典》译成"传教"，出版于 1866—1869 年的《英华字典》译成"宣传"。而同一时期的日本出版的《英和对译袖珍辞书》（1862，屈达之助编）将其翻译为"弘メル"，《附音插图英和字汇》（1873，柴田昌吉・子安峻编）将其译为"弘ル，傳ル"。他根据一些类似的例子（如审判、使徒、天主、基督、受难、天主教、默想、真理）推测，日本对这些欧洲词汇的翻译受到了中国的影响。[③]

仅从语言本身来看，史有为的看法大致正确。但是如果结合我们前面提到的一个现象，情况又要比他说得更复杂。就 propaganda 一词来说，早期来中国的基督教主要受前面提到的圣道传信部（Sacra Congregatio de Propaganda Fide）的管理，该机构的名称正是宣传一词的来源，所以翻译不可避免。同时，这个词又属于宗教常用词，和史有为考察的那些宗教词汇一样，它很早就有了汉语译名。西方传教士对这些词的翻译时间早于日本，汉语中的"宣传"一词应该最早出自中国，而非日本。但当时除了 propagate 译为"宣传"外，propaganda 的词义应该仅限于宗教传道的意思。比如当时在广学会编的《万国公报》1875 年《汉口伦敦会近事》里写道："汉口伦敦耶稣圣会设堂宣传福音已有十五年矣，然奉教受洗礼者不过五百余人而

① 周作人：《宣传》（1940），《周作人散文全集》（8），钟叔河编，桂林，广西师范大学出版社，第 434 页。

② 见［意］马西尼：《现代汉语语汇的形成：十九世纪汉语外来词研究》，黄河清译，上海，汉语大词典出版社，1997。

③ 史有为：《汉语外来词》，北京，商务印书馆，2000，第 168–169 页。

已。"[①] 可见一直到 19 世纪末，汉语中的"宣传"一词的意义主要还是限于宗教领域。然而在 20 世纪初期一战前后，英语中的 propaganda 一词的意义发生了变化，从狭窄的宗教意义，转向了政治和商业。比如哈罗德·拉斯维尔所写的第一本研究战争宣传的《世界大战中的宣传技巧》(1927)，公共关系之父爱德华·伯内斯为了推广公共关系而著的《宣传》(1928)，心理学家都伯的《宣传：心理和技巧》(1935)，都是在政治和商业意义上使用这个词的。[②]

也就是说，当汉语的"宣传"一词从中国南方的传教士编撰的字典旅行到日本时，还是"传道"的意思。但是它在客居日本期间，所对应的英语 propaganda 的意义发生了变化。当它在 20 世纪初"衣锦还乡"的时候，已经改头换面，具有了政治、商业的新意义，别是一副模样。

宣传概念的"出口转内销"，从一个侧面说明中国固有的政治文化中缺乏现代的宣传观念。中国的政治传统中不乏制度化的宣传活动，既有全国统一的官方信息传递系统确保政令上传下达，也有民间的文教礼乐活动维护统一的意识形态，甚至在改朝换代的大规模战争中还会出现局部的政治动员。但是由于缺乏现代化的传播媒介，没有制度化的宣传体制，甚至尚不具备现代民族国家的观念，以今天的眼光来看，大部分民众尚处于宣传所及的范围之外，即梁启超所谓的"只知有个人而不知有国家"的状态。民众接受的意识形态，是通过长期缓慢而自然的渗透而形成，很难将其归功于某个具体的措施或体制。

中国现代宣传话语的产生，与中国先进知识分子追求国家独立与富强的目标，不断唤醒民众的过程息息相关。在这个过程中，中国摆脱传统社会，走上现代化道路。宣传既是现代化的结果，也是现代化的推动力量。在这一语境中，宣传概念在中国的登场，一直伴随着鲜花与掌声，与宣传在西方被质疑和批评形成鲜明对比。

---

① 见《万国公报》，1875 年，第 356 期，第 28 页。

② [美] 哈罗德·拉斯维尔：《世界大战中的宣传技巧》，张浩、田青译，展江校，北京，中国人民大学出版社，2003。Edward L. Bernays. *Propaganda*. New York，NY: Horace Liveright. 1928. Leonard William Doob. *Propaganda: It's heir psychology and technique*. New York，NY: Henry Holt and company，1935.

宣传在汉语中的符号和意义变化，只是宣传概念旅行的一个例子。到目前为止，我们只考察了语言学层面的概念旅行，按照后殖民主义文学批评家爱德华·萨义德（Edward Waefie Said）所提出的理论旅行的方式，还需要考察理论旅行过程中主方和客方的社会语境，以及理论旅行的效应。

> 第一，需要有一个源点或者类似源点的东西，即观念赖以在其中生发并进入话语的一系列发轫的境况。第二，当观念从以前某一点移向它将在其中重新凸显的另一时空时，需要有一段横向距离，一条穿过形形色色语境压力的途径。第三，需要具备一系列条件——姑且可以把它们称之为接受条件，或者作为接受的必然部分，把它们称之为各种抵抗条件——然后，这一系列条件再去面对这种行色匆匆移植过来的理论或观念，使之可能引进或者得到容忍，而无论它看起来可能多么地不相容。第四，现在全部（或者部分）得到容纳（或者融合）的概念，在一个新的时空里因为它的新用途、新位置而发生某种改变。[①]

萨义德所讨论的是理论，但作为一种特殊知识的宣传观念也有着相似的旅行过程。要清晰地说明这一过程，需要说明宣传产生的语境、旅行的渠道、接受的语境和协商改造。这也是本书其他章节所要讨论关注的内容。但是在正式进入宣传观念与话语的考察之前，我们先需要对研究对象——宣传的要素与概念进行界定。

宣传的要素

宣传研究之所以充满争议，其中一个重要原因是“宣传”符号的能指始终处于漂浮状态。因为宣传概念在产生后不久即背上了恶名，为了继续生存下去，它不断地通过改变名称，划清与之前宣传的界线。这些名称包括用来指责敌方宣传的负面词汇，如洗脑、炒作、意识形态霸权、编造（spin）、

---

① ［美］爱德华·W. 萨义德：《世界·文本·批评家》，李自修译，北京，生活·读书·新知三联书店，2009，第401页。译文略有改动。

信息操纵（disinformation）、文化帝国主义、文化侵略、和平演变等，也包括用来指称己方宣传的中性或略带正面色彩的词汇，如灌输、再教育、思想改造、思想（政治）教育、新闻管理、公共关系、危机管理、广告、策略性传播、宣传性广告（advocacy advertising）、形象管理、政治营销、公共外交、心理战、大众说服（mass persuasion）、宣传运动（campaign）、社会动员、心理操作（psychological operation）、共识制造（making consent）、国际传播等。这就给研究带来了难题。如果只关注以"宣传"名称出现的实践，会遗漏大量重要的宣传现象，同时也会陷入意识形态的泥淖之中。因此，为了讨论的方便，我们先需要对宣传现象本身作简单考察。

需要说明的是，宣传现象不是一成不变，它在社会压力下向着更隐蔽、更迂回、更科学的方向发展，下述考察的目的只是为了廓清宣传概念的外延，在宣传与宣传的话语之间建立某种联系。

划定宣传的界线常常会面临两难选择。如果把宣传的概念定得过于狭窄，比如"宣传是欺骗性传播"与"宣传是政治说服"，会使我们对于宣传的理解仅仅停留在简单的是非判断上，使研究缺乏启发性。但是如果把宣传的概念定义得过宽，比如"宣传是说服性传播"，"宣传是有意图的传播"、"宣传是通过符号或行为影响群体"，又会把过多相关的社会现象纳入宣传分析之中，把宣传研究和政治研究、社会学研究、传播研究，甚至历史研究混为一谈，因此需要在这两种倾向之间取得平衡。

总的来说，宣传包括以下六个重要的元素：（1）宣传主体；（2）明确的宣传意图；（3）操纵象征符号；（4）受众是群体而非个体；（5）塑造认知方式或对现实的认知；（6）影响态度和行为。接下来我们对这些特征进行简略说明。

1. 正在消失的宣传者?

宣传要有宣传者，这似乎是天经地义的事，比如德国纳粹时期的戈培尔、萨达姆政府的新闻部长萨哈夫都是知名的宣传者。广告代理商和公关公司都是宣传者。在中国，宣传由各级宣传部负责，他们是宣传者。但是文化取向的研究者提出，除了这些外在的说服动员活动之外，作为一种意识形态，宣传也可以无影无形却无处不在。这一宣传概念既吸取了福柯式权力的弥散特征，又借鉴了葛兰西的“意识形态领导权”（霸权）的特征。这种观点认为，宣传所提倡的认知结构和对世界的认识，建立在普通人心理的某种共同结构和常识之上，每个人都是潜在的宣传者。有人称之为“没有宣传者的宣传”，甚至有学者认为一切传播活动皆宣传。①

这种“泛宣传”的观念固然新奇，也颇具启发性，但是将宣传者“神秘化”，并不能帮助我们进一步地理解这一社会现象。当一个概念所描述的对象无所不在，可以用来解释一切，或者虚无缥缈，无法准确界定，也就成为波普尔所说的“不可证伪”的概念。如果一个概念无法证伪，就无法对其展开有效讨论，因为无论什么判断都无法被经验所证伪。本书不打算走这么远，仍然坚持认为宣传具有明确的主体——这个主体可以是个人，也可以是群体或组织。对于社会最具影响的，是作为一种宏观社会体制的宣传，因此组织是我们研究的主要对象。对宣传研究产生过关键影响的法国哲学家埃吕尔就把宣传定义为：“有组织的群体所使用的一系列手段，其目的是通过心理操纵，使大众中的个体达到心理上的一致，团结在一起，积极地或被动地参与该群体的行动。”②

有了主体，才能讨论宣传的伦理和责任，讨论宣传的正当化。同时，有了主体，才可能分析宣传的意图——是否具有明确意图是把宣传与其他传播活动区分开的重要标志。

2. 宣传具有明确意图的大众说服

关于宣传是否具有意图，在宣传研究中存在严重分歧。早期的研究者多数把意图作为一个非常重要的因素加以强调。比如乔威特和奥唐内尔（Carth s. Jowett & Victorial O'Donnell）在一个引用率颇高的定义中提出，宣传就是“有计划地、系统地建构感知、操纵认知和指导行为，进一步强化符合宣传

① Alex S. Edelstein. *Total Propaganda: From Mass Culture to Popular Culture*. Mahwah，NJ: Lawrence Erlbaum，1997.

② Jacques Ellul. *Propaganda: the Formation of Men's Attitude*，translated by Konrad Kellen and Jean Lerner. New York，NY: Alfred A. Knopf，1965. p.61.

者目的的某种反应”（the deliberated and systematic attempt to shape perceptions, manipulate cognition, and direct behavior to achieve a response that furthers the desired intent of the propagandist）。[①] 英国的宣传研究专家菲利浦·泰勒也持同样的看法，他认为宣传就是“有意图地说服人们按照理想的方式思考和行动”（deliberate attempt to persuade people to think and behave in a desired way）。[②]

但是20世纪90年代以来，随着“新宣传”概念的兴起，不少学者把宣传看作现代社会普遍存在的文化现象，甚至模糊了宣传者和宣传对象的区别（“没有宣传者的宣传”）。他们认为在这一前提下，宣传的意图不再必要。在现实中我们也能遇到这样的情况，一个对自己的信念笃信不疑的新闻记者，即使在“客观”报道事实的时候，也会不经意地掺入某种倾向，影响他人。这就是所谓的“意料之外的后果”，就像黑格尔所说的“理性的狡计”一样，现实效果与主观意图脱节。那么，这样的传播能被称之为宣传吗？

要解答这个问题，需要重新考虑“影响”的性质。传播学者埃利休·卡茨曾根据传播者和接受者对于影响的知晓情况对人际影响做过一个分类（见表1–1）。[③]

表1–1　人际影响的类型

		影响者	
		有意图	无意图
被影响者	知晓	说服（Persuade）	模仿（Imitate）
	不知晓	操纵（Manipulate）	传染（Contagion）

① Carth S. Jowwett and Victorial O'Donnell. *Propaganda and Persuasion*. 3rd ed. Thousand Oaks, CA: Sage.1999. p.6.

② Philip M. Taylor. *Munitions of the Mind: A history of propaganda from ancient world to the present era*. Manchester, UK: Manchester University Press.2003. p.6.

③ Elihu Katz. Introduction to the Transaction Edition. Lazarsfeld's Legacy: The Power of Limited Effects. In *Personal Influence: The Part Played by People in the Flow of Mass Communication*. New York, NY: the Transaction Publishers, 2005.

当影响者有意影响被影响者，被影响者在了解影响者动机的基础上，心悦诚服，愿意接受其观点，这就是我们通常所说的说服过程。相反，当影响者有明确动机，但被影响者在并不了解其真实目的情况下接受影响者的观点，甚至按其指示行动，这一过程我们称之为操纵。这两种情况均是我们通常所关注的宣传现象。

而当影响者无意影响他人的情况下，根据被影响者是否意识到自己被别人所影响，我们可将其分别称为模仿和传染。在这两种情况下，传播者均不必对影响负责任，也不是我们所谈论的宣传现象。

当然，上述模型仅限于人际传播和群体传播，宣传研究更关注的不是微观的说服行为（尽管在经验层面，它们也十分重要），而是宏观的宣传体制。正如我们在刚才关于宣传者的讨论中提到的那样，宣传体制并不神秘，它不是某种弥漫的、无形的东西，而是一个有组织的群体及其活动规则。宣传者为了增加可信性，使社会控制更加有效，经常隐瞒或伪装自己真实的身份或意图。这种伪装从反面说明宣传者的行为是有意图的——宣传是为了实现该组织的目标。

对于那些缺乏明确的操纵者，也缺乏明确意图的宏观的传播现象，可以把它列入文化或其他社会互动类别，本文不将其作为宣传现象考察。

这种做法可以把宣传同传播区分开。经典意义上的传播（communication）是一种双向交流，需要考虑受传者的利益。而宣传则主要是为了实现传播者的目的，即使是在意义的接受过程中，宣传者为了更好地实现自己的意图，会照顾受传者的接受习惯和偏好，但是他并不会把受传者的利益和自己的利益等而视之。例如现代的公关、广告虽然提倡“双向沟通”，宣传的目标也越来越间接，但其最终目的仍然是实现传播者的意图和利益，还是典型的宣传现象。正如西方谚语所说的：如果一个东西看上去像鸭子，走起来像鸭子，叫起来像鸭子，那它就是鸭子。

乔威特和奥唐内尔正是依据上述理由，把宣传与说服作了区分——他们认为说服要考虑受传者的利益，而宣传不会。[①] 这种区分试图把合乎伦理的

---

① Carth S. Jowwett and Victorial O'Donnell. *Propaganda and Persuasion*, 3rd ed. Thousand Oaks, CA: Sage.1999. pp. 27–35.

说服与不合乎伦理的说服（宣传）区分开，具有一定价值。但是在本书中并不对这两种传播活动进行区分，在他们所说的说服行为中，即使传播者考虑了受众的利益或接受习惯，其最终的目的还是为了实现自身利益。可以把它看成是在社会民主化之后宣传策略的一种进步，但正如导言里所讨论的，正是民主化，使得宣传必不可少，并且变得更加隐蔽。因此归根结底，它还是一种宣传活动。

强调宣传的目的性，有利于讨论宣传的责任与道德问题：宣传不是一个中立的行为，应该对宣传作出道德评价。隐瞒或伪装自己真实的身份或意图本身就是欺骗行为。社会之所以对上述行为见惯不惊，正说明了宣传对自身正当化的成功。为什么大众会习惯于此，这也是本书所提出的疑惑之一。对宣传意图的认定同时有助于区分宣传研究与传播研究，使宣传研究更具有批判性。

3. 通过操纵象征符号（symbol）进行

宣传研究的先驱者之一拉斯维尔在《世界大战中的宣传技巧》一书中对宣传作了这样的定义："宣传仅指通过重要的符号，或者更具体一点但欠准确地说，就是通过故事、流言、报道、图片以及社会传播的其他形式，控制意见。宣传关注的是通过直接操纵社会暗示，而不是通过改变环境中或有机体中的其他条件，控制舆论和态度。"① 他突出了宣传中"符号操纵"这个特征。

人是符号的动物，我们对世界的认识主要是通过象征符号完成。象征符号是后天习得，意义和现实之间的对应是社会的产物。换句话说，象征符号、所指（现实）和意义之间的关系看似必然，实际却是社会实践的产物。符号具有替代性，在这个过程中，符号有时会摆脱现实中的所指，与其他符号建立起联系。比如在中国人的观念里，"龙""长城""黄河"这些符号就经常和"中华民族"这个符号联系在一起。但是它们之间的联系并不是现实的，而是观念中的。用符号学家艾柯著名的比喻，人类所使用的符号

---

① ［美］哈罗德·拉斯维尔：《世界大战中的宣传技巧》，张浩、田青译，展江校，北京，中国人民大学出版社，2003，第 22 页。

就是一部字典，字典中的每个词用字典里的其他词解释和指代。我们理解的世界是符号与符号之间的相互指代，而不是符号与现实之间的联系。

符号除了指代实际事物之外，还在对比之中制造差异和等级。比如说起“白”，人们会联想到纯洁无瑕，说起“黑”，则联想到肮脏堕落，无形之中会赋予与“白”相联系的概念（如人种）以更优越的位置，与“黑”相联系的概念则会低人一等。此外，不同的概念还具有不同的感情色彩，这也会影响我们对事物的态度。

第三，随着人类对身外世界的了解范围越来越大，亲身经验的比例就会越来越低，李普曼所说的拟态环境（pseudo-enviroment）在很大程度上决定着普通人对世界的认知。[①]这也给宣传提供了可乘之机。符号操纵不仅是说谎，还包括歪曲、省略、重复、逻辑谬误、转移和联系、意义赋予等多种方式。

我们经常提到的“弥天大谎”（big lies）就是对符号的歪曲甚至捏造。人们常常认为宣传就是谎言，但是除了积极的造假行为以外，消极地阻止信息发布也是常见的符号操纵。早在17世纪就被弥尔顿攻击过的预先审查（censorship）、中国“文化大革命”时的“语录体新闻”、攻击对方时有意地断章取义，都是省略的操纵方式。重复也是重要的符号操纵，“谎话讲一千遍就会变成真理”。传播效果的实证研究发现，仅仅简单的重复也能造成受传者对传播内容的好感。[②]逻辑谬误是利用大众思维的盲点，使用类比、非黑即白的二元对立模式、混淆因果、混淆充要条件、忽略第三方变量等方式，造成受众判断失误，得出错误结论。转移和联系则是指在符号与符号之间建立并不必然的联系，比如在某一符号与刻板印象、感情因素（恐惧诉求、寻找替罪羊等）、令人喜爱或憎恨的对象（如明星、可爱的儿童、优美的环境、邪恶的人物）之间建立联系，使人们对某一符号的认知或感情转移到另外一个事物之上。意义赋予则是通过将某个符号的意义或语境进行改造，使其在受众心目中产生不同的理解，比如把“亏损”叫作“负赢利”、“撤退”叫“转进”（引发正面感情），把“遗产税”叫作“死亡税”（引发负面感情），把“气候变暖”叫作“气温变化”（混淆是非）——当然，“宣传”

---

① 见［美］沃尔特·李普曼：《公众舆论》，阎克文、江红译，上海，上海人民出版社，2002。

② Charles U. Larson. *Persuasion: Reception and Responsibility*，10th edtion. 北京，北京大学出版社，2004，第88页。

概念被妖魔化也是通过意义赋予来攻击对方的一个例子。

美国伦理学家法兰克福发现，当今社会的宣传对符号的操纵又有了一个新的特征。它既不积极地歪曲真相，也不消极地遮蔽真相，而是无视真相、王顾左右而言他地“扯淡”。它并不涉及真假，因为实质上它什么也没有说。在现代的政治、商业宣传中，假大空的官话套话盛行，它们既不传递任何实质性的信息，也不对现象进行判断，只是在重复一些无关紧要的陈词滥调。这种看似无伤大雅的“废话”后果却十分严重，甚至超过了欺骗，因为前者至少还承认真相，而后者则完全转移了受众对真相的关切，让公众变得麻木不仁。[①] 在遇到危机事件的新闻发布会上，经常可以看到这种情况。在日常的仪式性政治宣传中，也可以观察到这一现象。这可以被视为一种新的符号操纵方式。

法兰克福的发现使我们对宣传的形式和内容有了新的认识，除了内容与现实不符之外，形式本身也可能成为宣传。没有必要非此即彼地争论究竟宣传是一种形式还是内容，这两者本身是不可分离的。

近年来随着恐怖主义的增多，另一种形式的宣传——行为宣传（propaganda of the deed）引起了人们的注意。研究者们对“何为符号表达”判断不一。一派学者认为，行为与符号存在区别，行为直接产生社会后果，而符号则不会（“语言不会杀人”），否则宣传的范围将会扩展到所有人类行动。另一派学者认为，这些行为除了直接的目的外，真正的目标是向更多的人传达某种信息，它也是一种符号，属于宣传范畴。

关于行为与表达之间的界线的争论，一直缺乏共识。在美国法律界就曾经围绕焚烧国旗是否违反法律进行过讨论，认为该行为无罪的一方提出的理由就是焚烧国旗是一种思想表达，没有造成实质危害，而思想表达不应该受限制。在最高法院（1990）和参议院投票（1995，2006）中，这一看法以微弱优势胜利。

虽然这些行为不是符号，但是通过媒体的报道，它们就具有了象征意义。以九一一事件为例，其主要目的不是杀害美国公民，而是通过戏剧化的事件引起世人关注或者恐惧，宣传目标远远大于杀害人质的目标。事实

---

① ［美］哈里·法兰克福：《论扯淡》，南方朔译，南京，凤凰出版集团译林出版社，2008。

上它确实起到了极大的宣传效果。恐怖主义是现代传媒体制与政治体制共同产生的一个怪胎，尽管许多国家制订了报道恐怖事件的规则，英国撒切尔夫人在任期间甚至禁止 BBC 报道北爱尔兰恐怖袭击事件，因为对恐怖事件的报道仍然间接地传递了恐怖分子的诉求。因此，如果一个行为表达的目的性超过了行为本身的目的性（比如游行）就可以算作宣传，而如果行为的目的性超过了表达的目的性（如刺杀），则不属于宣传。

本书所关注的宣传，主要是宏观体制层面的符号操纵，行为宣传虽然也是宣传的一部分，但对本书要讨论的问题来说并不是最重要的部分。

4. 受众是群体而非个体

宣传的目标是说服大众，而不是针对个别人。宣传之所以引起人们关注，原因是它利用现代传播技术，实现了前所未有的高效的大众操纵和动员。尽管古代也存在宣传活动，但是由于技术的限制，影响范围十分有限，速度也较迟缓。进入 20 世纪之后，随着广播电视等大众电子媒介的出现，心理学、社会学等社会科学研究的进步，大众动员变得越来越容易，影响也更加深远。中国几千年传统社会的价值观在 20 世纪发生了迅速转变，从这一变化中可以明显看出现代宣传的动员能力之强，已经远非传统教化所能企及。

中国的一些宣传研究者把重点放在了古代士人对君主的说服上，这一形式固然是宣传必经的原始阶段，但是其对象仅为一人。韩非子在《说难》之中总结的规律，也多针对人际说服，缺乏对群体心理的研究。自从勒庞的《乌合之众》问世以来，人们开始意识到群体说服与个体说服具有完全不同的规律。① 现代的传播效果研究（如沉默的螺旋②）和心理分析（如法兰克福学派对威权人格的研究③）证明了群体压力、个人的群体归属感在群体宣传中扮演着极为重要的角色。群体成员之间的相互影响，相互激发，会大大

① ［法］古斯塔夫·勒庞：《乌合之众：大众心理研究》，冯克利译，北京，中央编译出版社，2000。
② ［德］伊丽莎白·诺尔-纽曼：《民意——沉默螺旋的发现之旅》，第 3 版，翁秀琪译，台北，远流出版事业公司，1994。
③ ［奥］威尔海姆·赖希：《法西斯主义群众心理学》，张峰译，重庆，重庆出版社，1990；［美］埃里希·弗洛姆：《逃避自由》，刘林海译，北京，国际文化出版公司，2002。

提高宣传的效率。中国“文化大革命”初期对红卫兵的宣传动员中便可以看到群体压力的影响。①

尽管宣传的主要对象是群体而非个体，但是成功的宣传体制却是建立在个体的某些普遍特征之上。首先个人不再以传统共同体的方式存在，而以个人主义的孤立状态存在。个体之间的链条非常微弱，大众媒体在群体联系中扮演着重要角色。个人既想保持个性独立，又想与他人保持一致；既感觉自己微不足道，无力改变什么，同时又被教育和媒体煽动，不愿意接受现状，努力使自己的生命具有意义。这些矛盾使个人产生心理焦虑，宣传所提供的幻想或仇恨成为个人发泄焦虑的最佳渠道，让他们以为只要解决眼前的这个问题，一切不如意就会迎刃而解。此外，现代民主制度和商业制度要求个体不断地在众多选择中作出决策，由于时间、信息资源和能力限制，普通人在面对这些选项时常常感到力不从心。而宣传则因为随处可得，答案简单，黑白分明，为个人提供了一把打开这些心结的万能钥匙。②

现代社会为宣传塑造了合适的个体，大众传播等为宣传提供了无孔不入的渠道，因而宣传的效果也就比传统社会更加明显。

5. 宣传的效果是塑造认知方式或对现实的认知

不论宣传以何种形式出现，其最终目标是达到预想的效果。正是这种效果意图，将宣传与其他传播形式区别开来。正如德国纳粹时期的宣传部长戈培尔所说：“我们说话的目的不是为了表达，而是为了达到某种效果（We do not talk to say something，but to obtain a certain effect）。”③

早期的宣传研究将注意力放在态度及行为之上。人们倾向于认为宣传是一种短期的动员活动，它的目的是改变受众态度并最终产生宣传者希望看到的行动。20 世纪 30 年代至 40 年代对选举宣传的研究和军队中新兵思

---

① ［美］阿妮达·陈（陈佩华）：《毛泽东的孩子们——红卫兵一代的成长与经历》，史继平等译，天津，渤海湾出版公司，1988。

② Jacques Ellul. *Propaganda: the Formation of Men's Attitude*. translated by Konrad Kellen and Jean Lerner. New York，NY: Alfred A. Knopf，1965. p.138–160.

③ Jacques Ellul. *Propaganda:the Formation of Men's Attitude*. translated by Konrad Kellen and Jean Lerner. New York，NY: Alfred A. Knopf，1965. p.x.

想教育的研究都把重点放在了态度和价值观上，这成为当时宣传研究的主流。[①] 这类研究发现了许多与以前关于第一次世界大战宣传的研究完全不同的结论。在科学话语的协助之下，实证研究最终战胜宣传研究。而且后者曾一度被前者贬低为“魔弹论”而打入学术冷宫。

随着社会心理学的认知转向和社会科学研究方法的多元化，近年来的宣传研究越来越强调宣传对认知模式和环境认知的影响。埃吕尔认为，美国实证的宣传研究把注意力过多地放在宣传短期的可测量的外在影响，忽视了长期的、潜移默化的影响。真正有效的宣传是他所说的“整合性宣传”（propaganda of integration）。这种宣传不改变宣传目标群体对于具体对象的看法，而是致力于改变宣传对象的认知基模（cognitive schemas）。这类宣传不像传统宣传那样希望看到立竿见影的直接效果，而是为了以后的鼓动做铺垫，因此他也把这种宣传称之为“前宣传”（pre-propaganda）。[②]

随着宣传操作方式越来越隐蔽，整合宣传在今天越来越常见。斯坦利·康宁汉姆模仿尼尔·波兹曼（Neil Postman）所提出的“媒介即认识论”，提出了“宣传即认识论”的论断。[③] 他认为宣传的特征并不在于传播者是否说谎，而在于宣传会使宣传对象产生错误的认知，信任传播者，并接受传播者描述世界的逻辑。简而言之，就是令受众习惯于通过宣传者所设定的认识世界的框架。

20 世纪 60 年代之后，传播效果的实证研究在经历了认知转向后，也得出了大量相似的结论，像议程设置、培养分析都认为大众传播给受众营造了一个人工的媒介环境，导致受众对于世界的看法接近于媒介设置的内容而非现实。

6. 态度与行为在宣传中的地位

早期的宣传研究强调态度和行为，但是 60 年代以后的传播效果实证研

---

① Carl I. Hovland，Arthur A. Lumsdaine，Fred D.Sheffield. *Experiments on Mass Communication*. Princeton，NJ: Princeton University Press，1949.

② Jacques Ellul. *Propaganda: the Formation of Men's Attitude*. translated by Konrad Kellen and Jean Lerner. New York，NY: Alfred A. Knopf，1965.

③ Stanley B. Cunnigham. *The Idea of propaganda: A reconstruction*. Westport，CT: Praeger. 2002. p.97.

究却证明，传播在改变个人认知方面效果非常明显，但在改变个人的态度和行为上，却能力有限。尽管如此，宣传者还是更愿意看到态度和行为方面的效果。和一般的传播不同，态度和行为在宣传的效果评估中占有非常重要的位置。那么在宣传效果中，认知、态度和行为究竟孰轻孰重？

俄国社会主义者普列汉诺夫对宣传与鼓动进行了区分，他认为宣传主要集中在认知和态度的塑造，即针对文化精英进行的“思想工作”，而鼓动更重视行为，是针对下层民众进行的行为动员。但是也有研究者认为，这种区分在现实中缺乏操作性，其为二者常常合二为一。①

宣传是否具有强大的效果，一直是不同研究范式之间争论的焦点问题。经验学派的研究者把宣传研究者所提出的宣传具有强大效果的论断称之为“魔弹论”，宣传研究者则把经验学者的“弱效果理论”讥笑为“只见树木不见树林”与“实验室里的呆子”。二者之间的分歧除了认识论方面的差异外，还有两个值得注意之处。

第一个分歧是宏观与微观的分歧。宣传研究者关注宏观体制，而经验学派的传播学者关注微观效果。宣传研究认为要理解宣传的效果，必须将历史背景和整个社会环境都考虑在内，不能从个人层面来研究宣传的效果，只有从更宏观的社会体制层面，才能真正说明其效果。而经验研究者则试图剥离不同语境下的特殊条件，研究单一变量在理想条件下的结果。

另一个分歧之处在于对“决定”的解读。强调态度、行为的研究者倾向于宣传在“最终时刻决定”个人的态度或行为输出，而强调认知的研究者倾向于宣传“最初时刻决定”个人的态度或行为输出。“最终时刻的决定”意味着宣传会直接产生宣传者希望看到的结果，而“最初时刻的决定”意味着宣传限制了宣传对象态度和行为的选择范围，但无法保证一定会产生所需要的结果。如果用一个不恰当的比喻来说明的话，前者是牛顿力学式的机械决定观，而后者是量子力学式的概率决定观。

如果采取“最终时刻的决定”观，态度与行为就在宣传中具有重要的地位；如果采取“最初时刻的决定”，态度和行为就没有认知那么重要，但是

---

① Peter Kennez. *The Birth of Propaganda State: Soviet Methods of Mass Mobilization, 1917-1929*, New York, NY: Cambridge University Press, 1985, p.8.

宣传会促成态度和行为朝着某个方向发展。

本书虽然倾向于“最初时刻的决定”，但并不认为态度和行为在宣传的结果中无关紧要，毕竟它们是区分宣传与普通传播的重要因素之一。

宣传的层次

根据以上对宣传元素的分析，暂时给宣传下这样一个操作性定义：宣传是宣传者有意图地操纵象征符号，塑造群体的认知方式和对现实的认知，进而影响其态度和行为的信息传播体制。

宣传与一般传播现象存在区别，但在一定程度上，两者又有重合之处。之前的研究者要么过于强调宣传和其他现象之间的差异（比如乔威特和奥唐内尔把宣传与说服截然分开①），要么完全抹杀宣传与传播的区别（比如艾德尔斯坦认为所有传播皆宣传②）。本文认为，宣传与其他传播现象之间不是简单的二元对立，也不是毫无差异，而是一种光谱式的过渡关系。这种关系如图 1–1 所示。

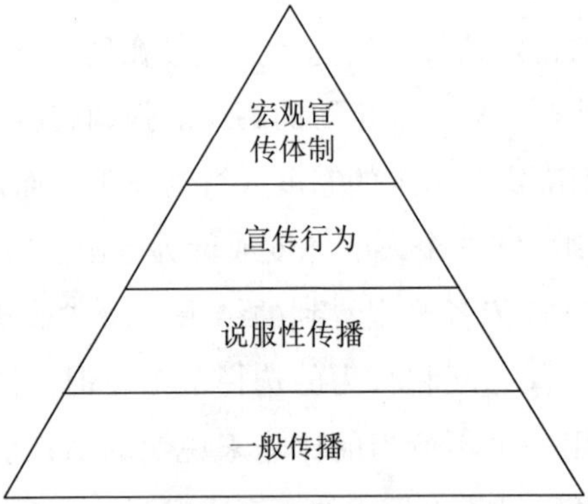

图 1–1 宣传的层次

① Canth S. Jowett and Victorial O'Donnell. *Propaganda and Persuasion*, 3th ed. Thousand Oaks, CA: Sage, 1999.

② Alex S. Edelstein. *Total Propaganda: From Mass Culture to Popular Culture*. Mahwah, New Jersey: Lawrence Erlbaum, 1997.

最基础的，也是最为常见的，是一般传播行为，涵盖所有传播行为，既包括有意图的传播，也包括无意图的传播。按照一般对于传播的定义，这种形式的传播是双向的，传播者要实现传受双方利益的最大化。在此基础上，如果一般的传播行为中，传播者试图通过传播活动，改变或控制信息接受者的态度和行为，就进入说服性传播的范围。如果说服性传播的对象是较大的群体，就进入宣传的区域。如果宣传行为不是偶然的，而是在宏观的社会体制（institution）下众多宣传者进行的长期的、协同的宣传活动，就进入宏观宣传体制的层面。

这个渐变式的分类体系把宣传与传播之间的联系与区别用量变到质变的模型，进行了简单地描述。本书所讨论的宣传，主要集中在宏观的宣传体制层面。令大多数宣传研究者感兴趣的，不是某种具体的说服技巧是否有效，而是为什么宣传会成为现代社会无法摆脱的一部分，这其中是否有某种必然性，能否通过体制改造，规范这类行为，建立起透明的传播体制。

上述认识是逐渐建立的，早期的研究者只是把宣传作为一种说服的技巧来研究，比如拉斯维尔的《世界大战中的宣传技巧》，并没有涉及社会宏观体制的研究，拉扎斯菲尔德和霍夫兰更加沉迷于中观或微观的说服效果层面。和同时代的人相比，李普曼是当时少有的涉及社会整体信息环境问题的人，但他仍是从认识论和社会心理学的角度来讨论宣传的不可避免。直到埃吕尔那里，才清晰地论证了宣传与现代性之间的关系。当然，他得出了悲观的结论，认为现代社会不可能摆脱宣传的影响。

研究者们之所以关注宏观宣传体制，还因为该层次的宣传对社会的影响巨大。学者们经常将20世纪称之为“宣传的世纪”。在这一百年里，宣传影响了两次世界大战和许多局部战争，世界分成两个对立阵营展开以宣传为主要形式的“冷战”。当然，对于中国来说，宣传既唤醒了民众，改变了近代中国的半殖民地状态，使中国独立并走向富强，同时又给生活在20世纪六七十年代的中国人带来过浩劫。今天资本主义体系在全球的胜利，伴随着新一轮的意识形态布道。在大公司消费主义的大旗下，公关、广告改变着每个人的生活。这些宣传活动，不是孤立的群体说服，而是在一定的宏观宣传体制支配下产生的社会结构。因此，本书的后面部分将以宏观宣传体制为中心，讨论20世纪以来关于宣传的观念及将宣传的正当化过程，这一讨论会辐射到宣传概念图的下层部分，它们共同构成了本书所说的宣传概念。

第二章 非理性人的发现：宣传观念的兴起

总体战与现代宣传的诞生

宣传现象古已有之，但是只能将它们称为宣传的前身或者雏形。现代意义上的宣传概念肇始于第一次世界大战。原因如下：第一，现代的宣传诞生于与之前不同的政治制度中。第一次世界大战的交战国大都是资本主义国家，已经建立了现代的民主制度。以美国为例，19 世纪末 20 世纪初的进步主义运动（包括其中的新闻记者“揭黑运动”），使公众对于政府与大公司的不义已经有所认识。工人和左派把战争看成是“富人的战争”，阻止国家参战。在这种情况下，战争进程是否顺利取决于能否说服国内大众，必须在不被大众觉察的前提下，巧妙地操纵他们心甘情愿地支持政府政策。因此必须进行有计划的、大规模的、专业的大众说服活动。

第二，第一次世界大战的宣传系统地使用了新兴的大众媒介系统。世界大战时期，大众报纸是最主要的大众媒体，当时美国的报纸正处于发行量的巅峰。电影产业也成为传播新闻和意识形态的重要媒介。虽然与今天相比还比较落后，却已经建立了真正的大众传播体系，这是之前任何一个时代所不具备的。

第三，第一次世界大战中的宣传是现代国家第一次大规模的宣传活动。为了争取美国参战，英国精心策划，积极地影响美国的精英和媒体。德国则通过在美国的民间组织和公司，敦促美国保持中立。美国在参战初期，针对当时国内由长期孤立主义造成的反战情绪和对政府政策的普遍怀疑，立即成立了公共信息委员会（the Committee on Public Information，CPI），统一管理国内外的宣传。该委员会由资深报人乔治·克里尔负责，所以又被称为克里尔委员会。英国在经过了长期的多头管理之后，1918 年成立了由北岩子爵负责的宣传政策委员会（Propaganda Policy Committee）管理宣传工作。①

第四，不同国家针对对方公众的宣传活动，引起精英们的关注。为了使本国政府的决策保持理性，他们一方面对所谓的“宣传”进行揭露和预警，另一方面也对大众的非理性表示失望。这些经验和感受在一战后成为他们继续讨论的问题，形成了民族主义的、自由主义的、专业主义的、社会科学的宣传话语，提出不同的对策。宣传成为一战后的热门话题。宣传概念由此进入人众视野，关于宣传正当性的争论也在 战后成为 个永恒的公共话题。

最后，也是最重要的，与之前的战争相比，第一次世界大战最大的变化是战争方式的演进。德国国防军第二号指挥官埃里希·鲁登道夫在战后提出了“总体战”（total war）的概念。鲁登道夫认为，克劳维茨所说的那个“战争多样性”时代已经过去。国家首脑不顾人民意愿进行的所谓“内阁战争”，即政府以其军队进行的战争已经不复存在。总体战不只是政府的行为，而且要动用整个民族的力量，因为这种战争是针对民族的而不是政府的。《战争论》中所谓“战争是政治的继续”与“战争是政治的工具”等论断已经过时。虽然战争和政治服务于民族的生存，但是战争也是民族生存意志的最高体现，因此，政治应该为战争服务。②

总体战是现代民族国家的必然产物，在民族主义的话语体系中，国家代表全体人民，国家的利益就等于民族的利益。为了动员全民族参战，大众说服必不可少。宣传在总体战中扮演着重要角色，目的的正当性代替了手段的正当性。为了实现整个民族的目标，政府限制了公民部分言论自由，名正言顺地控制国内所有传播媒介，对内和对外进行大众说服，甚至撒谎也在所不惜。

---

① ［美］哈罗德·拉斯维尔：《世界大战中的宣传技巧》，张浩、田青译，北京，中国人民大学出版社，2003，第 28–30 页。

② ［德］埃里希·鲁登道夫：《总体战》，戴辉先译，北京，解放军出版社，2005，第 14 页。

更重要的是，这种整体式的宣传模式也影响了和平时期的宣传观念。总体战以民族生存为目标，不拘泥于战场的对抗，国家动用一切可能的资源争取战争的胜利。统治者以整个民族的利益为诉求，将信息传播活动变成战争宣传的一部分，并将这种大规模政治宣传行为合理化。这种思维方式也改变了宣传的模式。宣传由简单的说服性传播，走向动员一切社会力量和方式的总体宣传。新闻、广告、教育、学术、娱乐、艺术、语言……都被纳入宣传的范围，出现了总体（一体化）宣传（total propaganda）。如果总体宣传缺乏制约，公民的自由就将受到威胁。民族（国家）利益与公民自由的矛盾，成为20世纪宣传话语的中心问题。

潘多拉的盒子一旦打开，注定20世纪的其他时间以及其后的时代，都将受到一体化宣传的影响。

“我发布真相，他宣传谎言”

第一次世界大战之所以是新旧宣传观念的分水岭，除了战争宣传行为的升级外，更重要的是人类观念的变化。从精英到普通人开始意识到自己所在的信息环境正在被某种人为力量操纵。曾经被启蒙政治家赋予了神圣性的公众意见正在成为一个任人左右的非理性冲动。在战争的初期，英、德两国为了争取美国精英和公众意见的支持，均在美国国内开展了积极的宣传活动。最早引起美国人警觉的是德国的宣传。

1915年2月1日，《纽约时报》曝光了前一天华盛顿召开的一个“全美德国—美国社团联盟”会议。这次会议通过了若干决议，希望向美国人进一步说明保持中立的意义并督促其中立。《纽约时报》的社论用了一个耸人听闻的标题《这个国家的德国宣传》（The German Propaganda in This Country），并在其后对这个组织及其活动进行了系统追踪报道，引起了公众的警惕。该联盟成为首个被公开贴上“德国宣传”标签的组织，导致国会启动了对该组织的调查。《普罗威登斯新闻报》（*The Providence Journal*）的编辑约翰·拉桑（John Rathom）撰写的以此为题材的长篇系列报道影响更大。但是正如全美德国-美国社团联盟的报纸《祖国》的编辑乔治·萨尔韦斯特·维瑞克

（George Sylvester Viereck）所说的那样："这些曝光来得太迟了。"该联盟的大量宣传文章已经进入美国媒体，影响了美国民意。①

正是从这些新闻媒体的报道片段开始，"宣传"成为美国公众谈论的对象。而且由于美国人对一战中与德国交战的英国具有天然的亲近感，对德国宣传的报道中不由自主地加入了负面色彩。就在同年7月24日，一位在美国从事商业活动的德国人亨里克·阿尔伯特（Heinrick Albert）的公文箱被跟踪他的美国秘密特工拾到。这些所谓"阿尔伯特文件"显示德国有计划地在美国开展宣传，更引起了轩然大波。《纽约世界报》第一天报道的大标题是《特工信件告诉你德国在美国如何影响民意、封锁协约国、让自己获得武器》，描述德国如何投入大量金钱控制美国媒体的细节。这些报道把德国在美国的宣传、游说与间谍活动并列在一起均称为宣传，进一步强化了公众对宣传的恐惧与反感，也使"宣传"概念从一开始就具有了一丝邪恶的色彩。

除了对德国宣传保持警惕外，美国的反战分子在英国的活动中发现了同样的邪恶气息。美国左派的工人运动领袖德布（Eugene V. Debs）在美国参战以前就提出，美国并不是在为正义而战，协约国（英、美、法、俄等）与同盟国（德、奥等）的战争意图本质上并没有什么不同，他们都是为了掠夺，民众受到了欺骗。②从战后披露的各种虚假信息来看，美国的民众和美国政府都受到了英国精心策划的心理战的影响。英国宣战伊始，就切断了德国和美国之间的海底电缆，垄断了美国与欧洲之间的所有信息往来。当美国的路西塔尼亚（Lusitania）被德国潜艇击沉时，德国与墨西哥签订无限制潜水艇战联盟的泽默曼（Zimmermann，德国外长）秘密电报被英国发现时，英国政府都曾有意歪曲事实，用一面之词煽动美国政府和公众对德国产生仇恨。③

美国的揭黑记者兼战争记者欧文（Will Irwin）也发现，前英国驻美国大使布赖斯（James Bryce）对德国在比利时暴行所作的调查（《布赖斯报告》）

① Barry Alan Marks. *The idea of propaganda in America*, unpublished doctoral dissertation. Univ. of Minnesota, 1957. p.1–4.

② Michael Sproule. *Propaganda and democracy*. Cambridge, New York: Cambridge University Press, 2005. P.1–3.

③ Philip M. Taylor. *Munitions of the Mind: A history of propaganda from ancient world to the present era*. Manchester, UK: Manchester University Press.2003. pp.177–183.

漏洞百出，不仅没有证人的交叉质询，而且诉诸感情，在一些细节上大做文章，企图煽动公众的情绪。[①]

但是美国公众对于英国的宣传的觉察远不如对德国的那么敏锐。一直到战后，甚至到50年代，英国宣传的细节才被逐渐揭露出来。对于美国公众来说，他们怀着理想主义参加世界大战，但是战后才发现自己被利用。英国看上去并不那么正义，而德国也不像之前想象的那么邪恶。知识分子们的失望与愤怒之情溢于言表，正如刘易斯·甘乃特（Lewis S. Gannett）在《国家》（*The Nation*）上发表的一篇文章的标题所表达的那样："他们都在说谎（They All Lied）。"[②]

研究美国宣传观念史的利奥·马克斯（Leo Marx）认为，虽然英德两国同时向美国人展开宣传攻势，但美国最终接受英国宣传、警惕德国宣传的原因除了英美两国语言和文化上的亲缘关系外，更重要的是英国切断了德国的海底电报电缆，控制和审查了美国得到的欧战信息。参战初期德国曾试图用邀请美国记者报道的方式来减少误会，但是英国却对美国记者发出的电报进行严格审查，删掉或编辑一切对自己不利的信息。美国对这种做法提出抗议，也未得到理睬。第三个原因是英国的"宣传"比较低调，德国的宣传则引人注目。曾任北岩子爵（一战期间负责英国宣传）副手的坎贝尔·斯图尔特（Campbell Stuart）在描述英国战时宣传的书中，毫不隐讳地将自己称为宣传家（propagandist），并且认为评价宣传的唯一标准不应该是道德标准，而是能否达到效果。要做到成功的宣传，就必须隐藏信源和传播渠道。[③]

英国的一战宣传具有现实主义的色彩，注重实效，手法灵活，不受道德规则牵绊。相对而言，德国的宣传虽然高调，但从事后来看，却缺乏统一领导，且风格过于理性，比较僵硬，效果不如协约国的。[④]具有讽刺意味的

---

① Michael Sproule. *Propaganda and Democracy*. Cambridge，New York: Cambridge University Press，2005. pp.7–8.

② Lewis S. Gannett. They All Lied. *The Nation*，Vol.115(October 11，1922)，pp.353–357.

③ Campbell Stuart. *Secrets of Crewe House: The Story of a Famous Campaign*. New York，NY: Hodder and Stoughton，1920.

④ 希特勒在《我的奋斗》里也批评德国一战时的宣传是为宣传而宣传，过于关注内容的逻辑性，忽略了宣传的真正受众与最终目的（见第五章）。

是，尽管英国的宣传谎言并不少，却标榜自己的宣传之所以成功是因为“说了真话与事实”，而将德国宣传失败的原因归结为发布虚假信息或半真半假的信息。[①] 类似地，负责美国一战宣传的克里尔仅认为自己在传播事实，而且不承认自己是宣传家。作为一名知名揭黑记者，克里尔认为CPI的传播活动并不应该被称为“宣传”，因为该委员会发布的是事实。他认为“宣传”一词应该是指德国那种欺骗和歪曲事实的做法。在他看来，宣传与传播之间的界线在于是否如实地向公众传递信息。

在第一次世界大战中，宣传概念产生了第一次重大分化。与信息、事实、真相相联系的publicity（公开发布信息）逐渐从propaganda（宣传）概念中分离出来。在下一章将会谈到，公共关系的出现，进一步强化了“发布”概念的正当性，使其替代了之前的“宣传”概念。“我发布真相，他宣传谎言”。在早期的宣传观念里，“宣传”与“事实”“真相”等概念经常同时出现。各方都标榜自己是事实和真相的唯一拥有者。但随着反思性的增加，近些年来上述宣传话语被多元真相逐渐替代。宣传者不再宣称自己掌握真相，而只是企图提供事实的另一个维度。这两种观念中间已经经历了一场宣传范式的大革命了。

宣传恐慌及反思

19世纪末到20世纪初的进步主义运动，尤其是赫赫有名的新闻界“揭黑运动”（muckraking）[②]，使美国民众通过大众媒介（主要是报纸），了解到政治和商业运作背后的腐败与黑暗，对政府的政策表示怀疑。在管理者看

---

① Campbell Stuart. *Secrets of Crewe House: The Story of a Famous Campaign*. New York，NY: Hodder and Stoughton，1920.

② 也称“扒粪运动”。持进步主义立场的揭黑记者被当时的总统西奥多·罗斯福在1906年4月14日所作的一次演讲中称之为“扒粪者”（muckraker）。这个词来自班扬的《天路历程》中的一段描述。罗斯福用来指那些只顾低头关注清扫肮脏东西而不抬头关注真相的新闻工作者。尽管他肯定揭黑的必要性，但认为新闻工作者不能枉顾事实，肆意攻击。这是一个带有污辱性的称呼，作为政府和公司管理者，当然不欢迎这些报道。遗憾的是，中国一些学者没有弄清楚语境，不加引号地用这个词指称揭黑报道。

来，这些公众意见的领袖随时可以利用大众媒体掀起民意巨浪，影响社会运行。中产阶级这种“多变”的立场使整个社会充满混乱。但是另一方面，在民主体制的约束下，管理者们又不得不依赖公众意见。在政治和经济精英的眼中，公众意见成为他们决策中要重新加以审视的关键因素。

早在美国参加第一次世界大战之前（1917 年初），伍德罗·威尔逊（曾经在普林斯顿大学任历史教授）总统的学生亚瑟·波拉德（Arthur Bullard）就将自己写的《动员美国》（*Mobilising*[①] *America*）送给他。波拉德吸取了进步主义新闻运动的教训，建议总统要重视民意：“胆怯的顾问会要求秘密地行动，但是政府要公开（publicity）。只有知道如何做才能鼓舞我们和动员民意。”[②] 他提出的做法就是有计划地向大众提供源源不断的信息。

1917 年 4 月 6 日，美国正式宣布参战。战争的支持者沃尔特·李普曼也迅速参加陆军。李普曼向威尔逊总统提交了一份计划，建议成立战时“宣传局”（Publicity Bureau），一间“政府行动信息的采播中心”，集中艺术家、知识分子、新闻工作者及其他媒介专家的智慧进行战争动员和宣传。[③]

4 月 14 日，威尔逊总统设立公共信息委员会（the Committee on Public Information，CPI），并任命乔治·克里尔担任主席。任命克里尔是一个微妙的决定。克里尔之前是一位进步主义新闻记者，因揭露政府和公司腐败而成名。他同时也是威尔逊竞选时的早期支持者之一。威尔逊已经预料到自由主义者对宣传的反对，有意派了一位来自进步主义阵营的知名人物担任此职位。

作为一位反对宣传的自由主义斗士，克里尔之前不仅对大公司持批评态度，而且对它们的宣传也不遗余力地予以攻击。在“拉德劳大屠杀”（Ludlow Massacre）[④] 发生后，公共关系先驱艾维·李为洛克菲勒家族服务，平息公众的愤怒。克里尔在《哈泼杂志》上撰文，不仅抨击洛克菲勒家族，而且也质疑李的公关行为。具有讽刺性的是，克里尔本人一旦负责美国的

---

① 原文如此。

② Authur Bullard. *Mobilising America*. New York，NY: Macmillan，1917，p. 63.

③ Ibid，p.108.

④ 1914 年 4 月 20 日，科罗拉多州国民警卫队在洛克菲勒家族的授意下，袭击正在罢工的煤矿工人营地，造成 14 人（一说 20 余人）死亡。科罗拉多州的煤矿大多为洛克菲勒家族所有。此事导致了公众对洛克菲勒家族不满的总爆发。

战争宣传，在国家利益至上的原则下，他的传播伦理标准产生了180度的大转变。

虽然之前从事新闻工作，克里尔却不仅注重新闻发布、自办报纸，而且重视使用演讲、电影、电报、无线电、海报、标志牌等所有可能使用的媒体进行宣传。

克里尔委员会使用的媒介和方法中，最有特色的要数由7.5万个义务工作者组成的“四分钟演讲者”（Four-Minute Men）。这些演讲者是来自各个阶层的民意领袖，他们经过筛选和统一培训后，在电影院和剧场的幕间休息和其他社会集会中会跳上讲台，向自己社区的居民发表简短的（一般为四分钟）演讲。这弥补了大众传播的不足，使该委员会的宣传渗透到社会网络之中。[①] 克里尔还针对不同群体的特征，招募“青少年四分钟演讲者”和“有色人种四分钟演讲者”等。不仅如此，克里尔委员会还深入中小学校，把教育也纳入国家宣传之中。CPI的教育分部在两年之内把7500多万份宣传材料分发到各级学校，教师们以此为材料进行授课和讨论。

正如斯图尔特·埃文所说，CPI的成立，意味着进步主义与处于战争中的政府合作。曾经质疑宣传的自由义者成为新的宣传家。但是这些自由主义者并不认为自己在从事宣传工作，而是以他们之前所倡导的公开发布（publicity）名义工作。[②] 战后克里尔还出版了一本书《我们如何为美国做广告》描述CPI的战时工作。[③] 从书名上可以看出，克里尔将卖肥皂的技巧引入了政治宣传：“（公共信息）委员会带有非常明显的广告宣传特征，我们毫不犹豫地向广告业的专业人士寻求意见和帮助。”[④]

将政治宣传与商业营销并列，看上去使前者更加中性，但这并没有使CPI的工作具有合理性。战后克里尔对自己工作夸张的总结引来了许多人的质疑。一些人提出，大众到底是在为自己作战，还是在为大发战争财的资本

---

① 类似的做法在苏联和中国也曾经存在过，见第九章中国50年代宣传网。

② Barry Alan Marks. *The idea of propaganda in America*, unpublished doctoral dissertation, Univ. of Minnesota, 1957. p.17.

③ George Creel. *How We Advertised America: The First Telling of the Amazing Story of the Committee on Public Information that Carried the Gospel of Americanism to Every Corner of the Globe*. New York, NY: Harper & Brothers, 1920。

④ Ibid, p.7.

家和政府作战。与此同时，一些英国和美国在战争宣传中制造的谎言也逐渐被揭露出来。其中最有影响的当属庞松比（Arthur Ponsonby）在1928年出版的《战时的谎言》（*Falsehoods in Wartime*）。[①] 在这本印刷了6次的畅销书中，他用大量文件，逐条考证每一个战时谎言的来龙去脉。他仔细地区分了谎言和半真半假的谎言，有意的谎言和无意的谎言。这其中最有名的要数协约国（英、美、法、俄）报道德国用士兵的尸体制造油脂、猪饲料和肥料的新闻，这导致了世界舆论对德国的谴责。还有一种说法认为这则新闻描述的行为因与东方价值观相冲突，激怒包括中国在内的亚洲国家，促使他们对德宣战。在这个案例中，宣传家们故意把德文中的“Kadaver”（尸体，仅指动物尸体，不用于人）翻译成英文的“corpse”（尸体，尤其指人的尸体）。这条1917年发布的假新闻直到1925年才在一次英国下院的辩论中被揭发出来。[②]

庞松比书中还提到一个广为流传的新闻，德国士兵在比利时残酷地割掉了一位英国少女的姐姐的乳房，但后来发现这是一位17岁的患有歇斯底里症的英国少女杜撰出来的。而一位比利时安特卫普的传教士被倒吊着作为钟锤的新闻则是报纸在不断转载新闻中造成的严重失实。最初的新闻只不过是“安特卫普陷落时钟楼响起了钟声”而已。而当时在美国国内引起民众愤怒的运输平民的路西塔尼亚（Lusitania）被德国潜艇击沉的事件则被证明只是一场精心策划的顺势而为的宣传。路西塔尼亚号确实运输有军火，而且德国事后也未向击沉该船的士兵颁发奖章。这些细节只是CPI为了增加宣传效果而加入的调味剂。庞松比写道：“1914至1918年间有意编造的谎言超过了历史上的任何一个时期。”

除了制造假新闻以外，战时的信息发布者还精心地使用信息发布技巧来左右人们的认知。比如丘吉尔在任海军大臣时，如果遇到坏新闻，一般会压着不发，一直等到有好新闻时，才把它们公布出来。[③] 这样一些做法在

---

① Arthur Ponsonby. *Falsehood in War-Time*, New York, NY: E.P. Dutton and Company, Inc., 1928.

② Carth S. Jowwett and Victorial O'Donnell. *Propaganda and Persuasion*, 3rd ed. Thousand Oaks, CA: Sage.1999. p.163.

③ 哈罗德·拉斯维尔：《世界大战中的宣传技巧》，张浩、田青译，北京，中国人民大学出版社，2003，第97页。

战后仍然存在于信息流通之中，这逐渐引起了一些自由主义者的不满甚至恐慌。杜威等人发现，战争结束后，政府仍然在利用同样的手法操纵民意，控制人们的思想。他们已经见过了宣传的强大效果，如果政府继续使用战时宣传技术控制民意，民主制度将面临重大威胁。杜威将这种做法称之为“新家长制作风”（the New Paternalism），认为它妨碍了思想的自由流通。杜威认为分散的原子化的大众很容易被国家、商业机构通过大众媒介控制。在此条件下，人们虽然能够形成表面上的一致意见，但是这并不是真正民主。杜威认为，民主不是一个结果，而是一个过程；民主的前提是一个社群能够自由地交流，并且按照自己的直接经验，达成共识。然而在宣传的影响下，人们的意见并不来自理性地判断和直接经验，而是在外部力量的影响和“强制”下形成的。因此，在这种基础上形成的社群是虚假的和表面的。杜威主张，应该通过教育，让公民具备理性的判断能力，识别宣传和事实，这样才能够实现真正的心灵自由和智力上的成熟。

战时谎言的警钟一旦向公众敲响，他们开始变得敏感起来。一些历史学者举一反三地审视历史上的类似时刻，开始质疑究竟历史学家接触的材料有多少是事实，有多少是宣传；有多少宣传被写进历史书。1934 年，美国历史学会将“宣传史”作为需要进一步研究的题目之一。宣传观念的兴起，使美国的历史研究者具有反思性，一些神话被逐渐打破。比如对美国革命前以山姆·亚当斯为首的革命宣传进行批评，并进一步对美国革命中辉格党的宣传进行解析，同时历史学家们对英帝国的态度也有所改变，英国国王的暴君形象逐渐被正常统治的君主形象所代替。总之，历史学家们对美国独立革命是一场民族主义革命的传统观点开始有所怀疑，而倾向于把革命的原因归结为宣传，一些精英的煽动引起了普通美国民众对英国的仇恨，进而引发革命。[①] 第一次世界大战中的宣传，也改变了美国知识分子对历史的看法。

对世界大战宣传的反思，也延伸到对进步主义者和自由主义知识分子角色的重估。研究者们注意到，在战前积极揭露政府和大公司宣传的进步

---

① Barry Alan Marks. *The idea of propaganda in America*, unpublished doctoral dissertation, Univ. of Minnesota, 1957. p.165-176.

主义者在战争中却成为自己曾经反对的意识操纵者，他们使用同样的技巧，积极地传播对自己有利的信息甚至谎言，同时对那些不利于自己的信息进行审查。为什么进步主义者会产生如此巨大的转变？除了国家利益和理想主义情怀之外，更重要的是他们对大众缺乏信任。他们坚信自己的判断正确，但却对大众接受这种判断缺乏信心。如果说启蒙时代发现了理性人的话，那么19世纪与20世纪之交则发现了人非理性的一面。

非理性人的发现

宣传对20世纪初占主流地位的自由主义的民主观念提出了两个挑战。第一是对理性人的前提假设提出了质疑，第二是对观点自由市场的理念构成了威胁。关于第二点我们留待下一章讨论，本章主要关注第一个挑战。

从传播、说服、宣传到宏观宣传体制是一个渐变的过程（见第一章）。20世纪之前，人们更加关注个人和小群体层面的说服活动，修辞与人际说服技巧受到重视。在真正的大众媒介产生之前，宣传体制主要建立在人际网络之上，形成和解体需要相当漫长的时间，纪律也比较松散。只有在以廉价报纸、电影和广播为代表的“大众媒介”（mass media）产生之后，大众说服的效率才得以迅速提高。

法国的心理学家古斯塔夫·勒庞（Gustave Le Bon，1841–1931）认为，19世纪末20世纪初的社会出现了一个明显的特征——群众的兴起。与之前多数对大众的批评者不同，也和批判法国大革命中大众的米什莱（Jules Michelet）、泰纳（Hippolyte Taine）等人不同，勒庞打破了精英—大众的二分法，认为所有人都可能成为集群的一部分，未来将是大写的集群的时代。但是无论多么理性的个体，一旦成为群体的一员，思考能力将与独处时判然不同，只能表现出平均的民族特性，按照无意识的民族心理行事，不再用社会规范压抑自己，听从感情，缺乏理性，容易受到符号的暗示和受群体感染。用勒庞的话来说，群众是“通过图像进行思维”。

勒庞认为，个体一旦聚焦成为群众，便失去了理性。他们只接受形象、词语和套话。他们相信表面的幻象，不相信逻辑论证，认为只要通过重复，改变符号在群众心中的形象，群众就会乖乖地接受控制者所说的一切。群众虽然主宰着世界，但是如果缺乏领袖，他们就像是没有了头羊的乌合之众。对女性充满歧视的勒庞说，群众像女人[①]一样，臣服于强权，鄙视懦弱。具有坚定意志的群众领袖只要敢于坚持、重复自己的主张，通过群体的传染向个人施加压力，群众一定会相信领袖所说的一切。底层大众所接受的主张最终也反过来影响上层公众。[②]

与勒庞的看法相似，韦尔弗莱德·特罗德（Wilfred Trotter）在《和平与战争中的羊（牧）群本能》（*The Instincts of the Herd in Peace and War*, 1916）中提出了“羊群本能”的概念。他认为个体需要不断地获得群体的认可与友情，通过从众和融入群体，弱小的个人才能补偿天生的孤独感和焦虑。虽然和勒庞一样，特罗德也诉诸本能，但是勒庞认为个体，尤其是处于中上阶级的个体还是具有理性的，只不过在聚焦成群众时，无意识的民族本能主宰了个人的判断，而特罗特则认为即使是在个体状态下，这种羊群的本能依然存在。[③]

弗洛伊德在很多方面认同勒庞对集群特征的观察，但是他认为勒庞对集群特征形成原因的解释缺乏说服力。在《群体心理学与自我分析》中，弗洛伊德将集群分成了两类：一类是比较稳定的长期的集群（如民族、阶层、职业等），另一类是暂时性的集群（比如革命期间临时形成的暴民）。勒庞只重点讨论了后者。弗洛伊德想要发展一种理论，同时解释这两种集群中成员之间的关系如何形成，以及成员与领袖之间的关系如何形成。弗洛伊德根据精神分析理论推导出：这一切源自“力必多”（libido），即包含在“爱”的名称下关乎本能的能量。[④]集群中的个体之所以形成了相互之间的联系，是因为他们把本能的力必多转移到了群体成员身上。弗洛伊德还通过对幼年时对父母的身份认同（自居作用或自我认同）的观察，得出群体成员也相互形成身份认同。当他们把典范的自我置于自我之上的时候，个人对群

---

① 希特勒在他的论述里，表达了类似的性别歧视。见第七章。

② ［法］古斯塔夫·勒庞：《乌合之众：大众心理研究》，冯克利译，北京，中央编译出版社，2000。

③ Stuart Ewen. *PR! A Social History of Spin*. New York: Basic Books，1996. pp.136–138.

④ ［奥］西格蒙德·弗洛伊德：《群体心理学与自我分析》，载《论文明》，北京，国际文化出版公司，2000，第 172 页。

体的忠诚就会进入一个非理性的状态。

和勒庞一样，弗洛伊德也认为集群存在退化现象，呈现某种原始的特征，他移用了对部落式生活的分析，认为人们因为相互妒忌，转而追求平等。他们树立某个领袖，是为了使彼此之间建立某种联系，公平地得到领袖的爱。在弗洛伊德看来，集群容易释放被压抑了的破坏心理、相互感染、受语言暗示，是因为他们在群体中恰如受到了催眠一般，将领袖放到自己父母的位置上，从而本能地服从。他把暗示定义为“一种不以知觉和推理为基础，而是以爱的联系为基础的确信”。[①]

除了具体对群体心理进行讨论外，弗洛伊德对于宣传观念最大的影响是他对潜意识的发现。[②]这打破了理性人的神话，揭示出人类非理性的脆弱一面，为现代宣传的出现提供了理念依据。同时也为宣传技术的发展提供了新的思路。

勒庞和弗洛伊德的理论悲观而且独断，他们和早期的社会学家将大众传播理想化为人类沟通的桥梁的看法不同，他们更现实地揭示出新的大众传播中隐含的风险：民众更容易被一个遥远的符号操纵者所左右，他们对人性的洞察揭示出大众传播阴暗的一面。这些看法影响了20世纪初以启蒙大众为己任的进步主义学者和揭黑记者，也预言了宣传时代的来临——后来者将不断地用“宣传”的概念讨论勒庞和弗洛伊德提出的命题。

其实以后知之明看，勒庞的学说缺乏原创性，明目张胆地将法国学者泰纳、西盖勒、塔尔德的成果据为己有。而且他的整合也不高明，拼凑出一个漏洞百出的群众心理体系。更重要的是他不惜牺牲学术研究的基本逻辑，通过恐吓大众来赢得声誉。勒庞用大写宣称我们已经进入“群众的时代”（THE ERA OF CROWDS），任何人都是群众的一员，都可能在群众的心理同一律中迷失自己。这打破了之前精英主义群众理论所设定的“我们”与“他们”之间的界线（这意味着读者自己就是群众的一员，这是大部分缺乏反思的读者未必意识到的推论）。但是究竟何为“群众”，勒庞在他的著作里从未给出过令人信服的定义。他认为群众就是像群众一样进行思考、符合

① ［奥］西格蒙德·弗洛伊德：《群体心理学与自我分析》，载《论文明》，北京，国际文化出版公司，2000，第219页。

② ［奥］西格蒙德·弗洛伊德：《精神分析引论》，高觉敷译，北京，商务印书馆，1997。

群众心理同一律的群体。这种同义反复，正符合他笔下的群众领袖驾驭群众的手段——简单重复。所以约翰·麦克莱兰认为："《群众心理学》的重点不在于大众心理学，其重要性也不在于大众心理学，它本身就是大众心理学的一番实践。"[①] 换句话说，正是《乌合之众》等一系列著作的成功，证明了大众心理的存在。阅读着《乌合之众》频频点头、自以为洞悉了网络暴民心理的读者并不一定意识到，自己的阅读行为才真正地展现和承认了自己作为乌合之众一员的特性。

勒庞把一切群众心理归结为"无意识"，匿名性、传染性、暗示性等都是无意识的体现，似乎群众社会或大众社会是一个不可避免的宿命；但另一方面，他又宣称可以科学地控制大众。可以说勒庞身上具备了现代社会工程师的大部分特征：先卖弄专业术语，危言耸听，然后再开出药到病除的药方。

但是也有一些乐观的学者意识到，以报纸为主的大众媒介变革将会改变群众的非理性状态。法国社会学家加布里埃尔·塔尔德（Jean Gabriel Tarde，1843—1904）在1901年出版的《民意与集群》（*Opinion and Crowd*）中提出，传统的社会只存在临时聚焦起来的集群（crowd），有了报纸之后，19世纪诞生了新的群体——公众（public）。公众是"纯粹精神上的集体，由分散的个体组成，他们没有身体上的接触，他们的组合完全是精神关系上的组合"。[②] 这些分离而分散的个体通过现代化的传播技术——报纸结合在一起。这种结合的最重要的功能就在于它形成了民意（public opinion）。在他看来，"民意是一种评论，是短暂的、或多或少合乎逻辑的成串判断。……是在同一时期里被同一个国家、同一个社会里的人多次重复的判断"。[③] 民意是被大多数社会成员认可的评论，这种意见的扩散依靠报纸。与当时的许多学者不同，塔尔德认为报纸把分散的意见和分散的人群联系在一起。尽管报纸也会增加冲突，但是从长远来看，报纸最突出的贡

---

① ［英］约翰·麦克莱兰：《群众与暴民：从柏拉图到卡内蒂》，何道宽译，上海，复旦大学出版社，2014，第248页。

② ［法］加布里埃尔·塔尔德：《传播与社会影响》，特里·N. 克拉克编，何道宽译，北京，中国人民大学出版社，2005，第214页。

③ ［法］加布里埃尔·塔尔德：《传播与社会影响》，特里·N. 克拉克编，何道宽译，北京，中国人民大学出版社，2005，第232页。

献就是它对文明和理性的影响。[①]

塔尔德的观点得到了美国芝加哥学派的库利、杜威、帕克等人的响应，帕克在德国学习期间的博士论文题目就是《群体与公众》。但是第一次世界大战之后，这种对现代大众传播的乐观情绪逐渐被新的悲观情绪所代替。

制造同意

沃尔特·李普曼一战时从事过陆军的宣传工作，战前战后都从事新闻工作，是20世纪最著名的新闻人之一。他的名著《公众意见》（*Public Opinion*）完全否定了塔尔德的观点。他认为现代的大众媒体（当时主要是报纸）不仅不能促进理性的判断，反而使大众更容易被操纵。他是从受众和媒介两个方面来证明这一观点的。

首先，个体没有足够的时间、兴趣和能力来充分了解外部世界。更重要的是，李普曼认为在人性中存在着一个不可避免的缺陷——普通人会根据刻板印象（stereotype）来认知世界。所谓刻板印象是在文化、语言、个人经历等影响下，人们头脑中形成的对外界事物的固定看法。人们在处理信息前并不是白纸一张，而是根据已有的刻板印象而不是现实来进行判断。他形象地说，我们看过了某次美丽的黄昏日落，但是一旦想起印象中的这次日落，头脑中浮现的还是客厅里挂着的油画所描绘的那个情景。只要不断地灌输，就会形成或改变刻板印象。这种印象一旦产生，人们就会依赖它们来选择性地认知、判断和记忆。李普曼有一个精辟的见解："多数情况下我们并不是先理解后定义，而是先定义后理解。"[②]

除了个体的非理性之外，大众媒体也很难给我们提供关于外部世界的全面信息。不仅新闻工作者自己存在刻板印象，更重要的是由于时间紧迫、篇幅有限、能力有限而且现实过于复杂，新闻报道根本无法反映真相，充其量只能反映地上的表象，地下复杂的根系永远无法进入媒体的视野。正

---

① ［法］加布里埃尔·塔尔德：《传播与社会影响》，特里·N. 克拉克编，何道宽译，北京，中国人民大学出版社，2005，第232页。

② ［美］沃尔特·李普曼：《公众舆论》，阎克文、江红译，上海，上海人民出版社，2002，第67页。

如李普曼提出的著名的比喻：大众媒体就像探照灯，只能照亮很小的区域，光柱之外，仍是一片漆黑。因此，大众媒体反映的世界只是“拟态环境”，而不是现实本身。李普曼区分了外部世界、拟态环境和我们头脑中关于世界的图像。过去我们认为头脑中关于世界的图像来自外部世界，但是李普曼认为随着大众传播媒介的兴起，这个图像越来越多的来自这个拟态环境。李普曼引用柏拉图在《理想国》里的那个洞穴寓言，把大众媒介的信息比作墙上的影子，这些被缚的普通大众只能根据影子的节奏起舞，却永远看不到洞外真实的世界。

当然，这个虚拟的环境并不是偶然形成的。李普曼注意到宣传对于新闻报道的影响。信息审查（censorship）是造成媒体歪曲地反映现实的原因之一。“如果没有某种形式的审查制度，这个世界就不可能存在严格意义上的宣传。为了进行某种宣传，就必须在公众与事件之间设置某些屏障。”[①] 一战末期李普曼在参与欧洲十四点和平计划的制订与宣传中，观察到新闻工作者在报道这一事件时的草率，后者根据自己的想象填补空白，热衷于传播谣言。这些都让年轻的李普曼意识到，由于大众媒体经济上依赖广告，缺乏制度保证其获得真相，所以它无法承担起民主社会里发现真相的重任，充其量只能反映那些已经被揭示出来的真相。[②] 他在战后撰写的《自由与新闻》中曾经一度主张媒体的报道要专业化与客观化，但是到了写作《公众意见》时，他放弃了这个观点，将希望寄托在另外一套“专家治国”的体制上。

李普曼还发现，象征符号具有神奇的力量，词语本身可以脱离现实，直接作用于普通人的刻板印象，唤起他们的情感。这就进一步恶化了公众的信息环境，并为少数人的控制提供了机会。这些不指向任何事物的抽象的象征往往是权威人物通过宣传植入大众的头脑。因此，通过精心安排符号，就可以“制造同意”。“谁抓住了这些能够将目前的公众感情包含起来的象征，谁就控制了制定公共政策的大多数机会。象征是形成一致和加以利用的工具。”这种制造同意的古老技术并未像人们所预言的那样随着民主的出现而消失，反而因为技术的发达而得到极大改善。[③]

---

① ［美］沃尔特·李普曼：《公众舆论》，阎克文、江红译，上海，上海人民出版社，2002，第 35 页。

② 见［美］罗纳德·斯蒂尔：《李普曼传》，于滨等译，北京，新华出版社，1982。

③ ［美］沃尔特·李普曼：《公众舆论》，阎克文、江红译，上海，上海人民出版社，2002，第 198 页。

李普曼发现，远看比较民主的体制，近看却漏洞百出。宣传不仅可以轻易操纵信息环境，而且可以通过象征符号，改变刻板印象，操纵大众对外部世界的感知。正如他在《幻影公众》一书中写的那样：

> 现在，个体的公民越来越像一个坐在后排的看客，他必须关注面前发生的神秘事件，但又不可能保持绝对清醒。他知道他正在被发生的事件所影响。他得时时遵守法规条例，每年照章纳税，周围还时不时会发生战争，这一切提醒他，他正在社会环境中随波逐流。

但是这些公共事件肯定和他毫不相干。它们发生在一个遥远的地方，被幕后一个不知名的权力操纵着——如果它们是可以被操纵的话。作为一个私人性的人（a private person），他根本不能确定发生了什么，谁在操纵，以及他将被引向何方。①

“看客”的意象不断地出现在李普曼的笔下，在此书的另一处他说：“今天处于私人状态的公民给人的感觉更像是一个坐在后排的观众，本应对舞台上那些让人难以理解的事物保持专注，但却没法让自己不打瞌睡。”李普曼认为，以大众媒体为代表的技术不仅没有像塔尔德所说的那样形成理性的公众，反而使得大众更容易受到“无名权力”的左右。李普曼这些看法深受英国政治学家格雷厄姆·沃拉斯（Graham Wallas）的影响。后者在《政治中的人性》中认为，传统的政治理论高估了人的理性。他提醒人们关注政治中的非理性特征，舆论并不像之前的自由主义者所说的那样是人民真正的呼声。那些可见的群体，只是国家中的一部分，真相和人们的呼声无法被发现。②

从19世纪末的大众报刊高速成长开始，到20世纪初，随着传播技术的发展，尤其是电影和收音机的普及，传统的社会结构正在发生变化。大众传播和大众消费时代拉平了由塔尔德所说的文化差异。人们印象中理性而文质彬彬的中产阶级“公众”逐渐消失。传统的由人群聚焦而成的群众

---

① Walter Lippmann: *The Phantom Public*. New York: Har- court，Brace & Co.，1925，p.13.

② ［英］格雷厄姆·沃拉斯：《政治中的人性》，朱曾汶译，北京，商务印书馆，1995。

也逐渐被大众媒体的受众所替代。在心理学家、社会学家、政治学家那里，之前对于"公众"（public）与"群众"（crowd）的区分逐渐就被无所不包的"看客"或"大众观众"（mass audience）所取代。

"紧张的自由主义者"与宣传

在一战的宣传中，最让人不解的是战前对宣传持批评态度的自由主义知识分子在战争爆发后却成为宣传的积极支持者。从李普曼的思想发展和经历中，可以找到一些解惑的线索。

在一战前，李普曼曾有一年时间从事过揭黑新闻报道工作，也参与《新共和》的编辑事务，可算是一个比较典型的进步主义新闻工作者。① 进步主义者以民主作为追求目标，揭露政府及公司腐败与不公正现象。对于他们而言，这些权力机构的最大问题是欺骗公众，逃避监督。信息公开（publicity）成为进步主义者的核心诉求。

但是部分进步主义者也有一个致命的弱点，那就是以启蒙者自居。像李普曼一样，他们将公众视为缺乏理性思考能力的个体。正如李普曼在《公众意见》中提出的那样，由于信息环境的缺陷和公众能力的不足，公众意见缺乏理性，而在此基础上的民主体制也变成了沙滩上的房子，岌岌可危。为了挽救民主制度，李普曼认为正确的决策要比公民个人的权利更重要。他建议首先在政府不同的部分建立一套收集一手准确信息（他称之为"有机信息"）的专门机构，以代替现实中由大众媒体制造的片面的"拟态环境"。与此同时，为了克服普通公民精力和能力的不足，李普曼构想由一批专家根据全面的"有机信息"，理性地作出判断。这样就能保证实现他心目中的真正的"民主制度"。② "如果舆论想要发出声音，就必须利用新闻界加以组织，而不是像今天的情况那样由新闻界加以组织。" ③ 通过设计一个"看客"与"行动者"分离的体制，李普曼解决了他提出的"草率的公众意见"难题。

① 见［美］罗纳德·斯蒂尔：《李普曼传》，于滨等译，北京，新华出版社，1982。

② 见［美］沃尔特·李普曼：《公众舆论》，阎克文、江红译，上海，上海人民出版社，2002。

③ 同上，第 24 页。

这个体制并非向壁虚构，它源于李普曼一战期间在军队宣传部门的经验。在参与欧洲十四点和平计划的起草与宣传的秘密项目时，他目睹了一群来自不同行业的专家如何根据官方提供的完备信息为巴黎和会制订出理性对策的过程。这种决策方式给他留下了深刻的印象。①

李普曼精心设计的制度避免了因宣传或群众的非理性导致的决策失误，但是另一方面，专家作出的决策如何让公民接受，在他的蓝图里却没有细述。可以预料，即使公民不需要对每个决策负责，但为了满足熊彼特式的民主体制最起码的条件，公民至少需要在不同的政治候选人之中作出选择。因此专家政府还必须向公众宣传这些“科学决策”。这些决策的正确性自然不容怀疑，问题的关键就是怎样提高传播效率，让大众接受它们，宣传就成为顺理成章的解决之道。

上述立场表明李普曼这类自由主义知识分子对于下层民众的不信任。从19世纪开始，大批欧洲移民进入美国。同时伴随着城市化与工业化的潮流，社会秩序出现了混乱。这些具有异质文化和教育水平较低的新移民成为中产阶级眼中的“群氓”。如果把国家重大决策交给他们，肯定会天下大乱。为了保持良好的社会秩序，由精英来决策，再说服不能理解这些政策的大众似乎就成了最好的选择。

尽管进步主义者崇尚理性，但是对人性的悲观看法，使他们面临着一种两难。如果赋予大众选择的自由，国家会受到反民主宣传的操纵（比如前面提到的对德国宣传的恐惧）；如果使大众接受民主的观念，就必须同样使用宣传操纵的手法来达到目的。在专家和公众、目的和手段、理想主义与现实主义的两难之间，他们的言与行处于矛盾状态。

对李普曼的看法，当然不乏反对者。哲学家约翰·杜威就是其中最有代表性的一位。他与李普曼在民主的定义和公民的能力两个问题上，都存在很大分歧。杜威认为民主不是一个结果，而是过程；不是去寻找正确答案而是建立起伟大的共同体。他也不同意李普曼对于公众能力的悲观看法。他认为公众之所以容易被操纵或无法作出理性判断，不因为他们的能力不足，而是因为社会没有为公众提供足够条件，使他们发挥自己的能力。关于杜

---

① 见［美］罗纳德·斯蒂尔：《李普曼传》，于滨等译，北京，新华出版社，1982。

威对李普曼的批评，留待下一章讨论宣传与民主问题再详细展开。

除了李普曼之外，美国政治学家哈罗德·拉斯维尔代表着自由知识分子的另一种选择。如果说李普曼是从国家内部民主体制的角度来思考宣传的话，拉斯维尔则主要是在国家间关系的层面来谈论宣传。李普曼关注的是公民的能力与信息环境，拉斯维尔关注的则是国家安全与个人自由的问题。

在个人自由和国家安全之间，拉斯维尔毫不犹豫地选择了后者。他认为面对混乱的国际秩序，首要的任务是保证国家安全，维护民主制度。宣传不是洪水猛兽，相反，它是一个可以被民主国家用来巩固自身的有力武器。因此他主张将宣传作为一个中立的事物进行科学研究。他的博士论文《世界大战中的宣传技巧》就是一次试图摆脱意识形态影响，单纯探讨宣传技术的成功尝试。[①] 他也因此成为宣传研究的权威和传播学者施拉姆心目中"传播学"的奠基人之一。在拉斯维尔的倡导之下，开展了以内容分析为主要方法的宣传分析和世界注意力结构的研究，并在二战期间，组织来自不同领域的学者在国家图书馆研讨大战中的宣传问题。他不仅进行科研，还积极地与政府、国会和司法机构合作，为他们培训宣传分析师，建立判断何为宣传的司法标准等。

拉斯维尔是一个深受杜威影响的进步主义者。他服膺李普曼的"民主必须以理性的公众意见为基础"的见解，但并不赞成李普曼的消极态度。拉斯维尔的老师，芝加哥大学政治学家爱德华·梅里亚姆（Edward Merriam，1874—1953）不仅对他选择世界大战中的宣传作为研究对象起到重要影响，而且把这个研究作为其后进行的"公民培养研究"（Studies in the Making of Citizens）的基础。然而作为追求自由主义的进步主义者，拉斯维尔的选择又显示出他们的另一个特征：在国内事务中持进步主义者看法的知识分子，在国家对外扩张或面临国家安全时，他们又使用双重标准来要求自己。

美国作家、记者和律师麦克莱什（Archibald MacLeish）对像李普曼、拉斯维尔这些自由主义者"以自由终结自由"的做法提出了质疑，他发明了一个名词来称呼他们——紧张的自由主义者（Nervous Liberals）。由于对

---

① ［美］哈罗德·拉斯维尔：《世界大战中的宣传技巧》，张浩、田青译，北京，中国人民大学出版社，2003，第97页。

公众能力过分怀疑和悲观，或者对国家安全的强调超越了个人自由，这些自由主义者的选择违背了自己的初衷。正如麦克莱什所担心的那样，反宣传只是表面上反对宣传的影响，但并未否定宣传的逻辑。对言论自由和民主最大的威胁不是来自敌方的宣传，而是来自自由主义者内部。[①]因此对宣传的最初恐惧逐渐消退之后，人们首先要反思和辩论的问题是：宣传与民主能否共存？

---

① Brett Gary. *The Nervous Liberals*. New York: Columbia University Press，1999，p.132.

第三章　宣传与民主

从 Propaganda 到 Publicity

1928 年，公共关系理论的奠基人之一爱德华·伯内斯出版了一本名为《宣传》(*Propaganda*) 的小册子，试图向公众说明公共关系的合理性及其运作规律。在当时，公共关系和宣传还是同义词。但是这本书并没有引起多大关注。而同一年出版的一本揭露战争宣传的书——《战时的谎言》(*Falsehoods in Wartime*) 则在短短的时间里，重印六次，成为人们谈论的焦点（见第二章）。[1] 具有讽刺意味的是，八十多年之后，只有少数研究宣传史的学者才会提到《战时的谎言》，但是《宣传》却仍然在再版。这两本书前后不同的命运，折射出不同时代公众对于宣传的印象和态度。经过伯内斯的辩护，尽管不太情愿，公众终于还是接受了后来更名为"公共关系"的宣传的正当性。本章将回顾公众的这一转变过程，描述宣传与民主关系的重构过程。

"宣传"概念对自由主义民主理论提出了两个挑战：一是理性人的前提，二是观点自由市场的观念。关于第一个挑战，上一章已有分析。在 20 世纪初，除了杜威等少数学者对"大众非理性"的论断持怀疑态度外，当时的学术界和舆论领袖们均对大众的理性持悲观态度。社会的变迁和技术的发展，

---

① Arthur Ponsonby. *Falsehood in War-Time*, New York, NY: E.P. Dutton and Company, Inc., 1928.

造成了西班牙学者加塞特所说的“大众的反叛”现象。[①] 进步主义知识分子对这一潮流也表示担忧，为了维护社会秩序，他们中的不少人认可了宣传的正当性。这是除了第一次世界大战外，宣传观念兴起的另一个原因。

宣传概念对自由主义民主理论的第二个挑战是“观点自由市场”的观念在宣传面前处于尴尬境地。为了反对宣传，一些知识分子抛弃了这一观念。相反，宣传者为了论证自己的正当性，又拾起了这一观念作为挡箭牌。

观点自由市场（marketplace of idea）的比喻是自由民主理论的核心观念之一。17 世纪英国作家约翰·弥尔顿在《论出版自由》中虽未使用“观点自由市场”这个概念，但已经比较完整地阐述了这一原则。他认为上帝赋予人类理性，让他们能从繁杂的信息中去伪存真，但前提是要保证正确的和错误的信息都得到传播。因此他反对任何形式的书报审查，因为这种做法低估了公民的理性，傲慢地以审查官个人之见代替了公众的集体判断。[②]

1919 年美国大法官小奥利弗·温德尔·霍尔姆斯（Oliver Wendell Holmes Jr.）在涉及 1918 年通过的《1917 年间谍法案》修正案（又称《1918 煽动法案》）的案件中再次表达了这一观念，反对将反战言论作为煽动性言论定罪。他认为美国的《宪法第一修正案》中包含着公平对待所有言论，让其自由流通的观念。

宣传观念的出现，尤其是一战时期国家主导的宣传，以非常时期作为理由，抛弃了观点自由市场的理念。战争结束后，大公司意识到公众意见的重要性，开始学习使用同样的技术操纵民意。政府与公司具有雄厚的实力，在一定程度上他们可能垄断观点市场。作为以宣传为业的早期公共关系从业者来说，他们首要的任务就是打消公众的敌意，证明这种垄断的正当性。

公共关系的先驱艾维·李把“公开发布”（publicity）当成公共关系的精髓，把公共关系看作“免费的发布”（free publicity）。在进步主义时代，公众无论是对政府还是大公司的决策不民主都十分不满，他们希望能够让这些决策透明公开，因此“publicity”（公开、透明）就成为一个正面色彩的词。但是在现实中间，公众要求的公开透明逐渐被权力掌握者控制的公

① ［西］奥尔特加·加塞特：《大众的反叛》，刘训练等译，长春，吉林人民出版社，2004。

② ［英］约翰·弥尔顿：《论出版自由》，吴之椿译，北京，商务印书馆，1958。

开发布取代，后者只向公众提供他们需要公众知道的信息。二者虽然都叫 publicity，但立场与主体已经有了明显不同。艾维·李正是利用了 publicity 这个词义的模糊之处，找到了一个公众与权力能够结合（articulation）在一起的观念，建立起话语领导权（hegemony）。

李将他所说的发布与传统的新闻代理（press-agentry）作了区分。后者只是与媒体搞好关系，获得版面发布客户的信息。但前者则不仅向公众提供信息，而且要宣传客户的基本政策和理念。[①] 关键在于不能以自我为中心，要尊重新闻工作者对新闻价值的判断。如果找不到客户信息与公众兴趣的结合点，即使这些信息在媒体上刊登出来也是一种浪费。李把发布比作“双行道”，除了将客户的信息发布给公众外，还要让客户了解公众的兴趣。

李意识到公众对“宣传”一词的反感，但并没有找一个合适的词来代替它。在他眼中，“发布”与“宣传”也只是用词不同而已。[②] 他是最早提出，公关宣传（发布）人员应该是发布事实的从业者。他以两起诉讼为例，认为要传达对自己一方有利的信息，只要找个速记员，把庭审过程记录下来提供给编辑，让他们自己去取舍即可。加工后的信息反而会适得其反。但同时，他也认为发布的内容不可能是全面的事实，因为不存在客观的“全面事实”，由于篇幅和能力的限制，也无法提供包含所有事实的报道。

李并不认为公关宣传会破坏观点的自由市场。它只是众多信息渠道中的一种，只要新闻工作者保持开放，善加利用，它对公众还是有利的。公众也可以从这些“事实”中，各取所需，找到自己感兴趣的内容。因此，新闻工作者不必敌视“新闻工程师”（news engineer）或“发布人”（publicity man）[③]。但是李也承认宣传中存在邪恶的成分，他认为最好的解决办法就是交代信源，并认为只要交代了信源的宣传，就是正当的宣传。[④] 为了约束从业者，李还提出了最早的公共关系从业者的道德准则。和伯内斯相比，李对公众的理性充满信心，并且号召客户和“发布人员”尊重新闻工作者的

---

① Ivy Lee. *Publicity: Some Things That It Is and Is Not*. New York，NY: Industries Publishing Company，1925，p.7–8.

② Ibid，p.22.

③ 这些都是李对公关从业者的称呼，当时还没有公共关系从业人员这个概念。

④ Ivy Lee. *Publicity: Some Things That It Is and Is Not*. New York，NY: Industries Publishing Company，1925，p.25.

价值选择。

李希望在客户的宣传与公众的利益、需求之间找到一个中间地带。一方面说服客户尊重新闻价值，提供事实。另一方面又说服新闻工作者和公众，公平地对待公关信息，不要求全责备。然而李的立场注定是两头不讨好。不仅进步主义新闻工作者不认同他的看法，大公司的客户也一直不接受李的观念。他们雇佣李的主要目的是控制已经造成的损失（damage control），而不是提供公众希望了解的事实。①

在实际操作中，李的暧昧态度并没有使他真正成为传递“事实”的“双行道”。在为洛克菲勒家族服务过程中，尤其是在为1914年“拉德劳大屠杀”（Ludlow Massacre）进行危机公关时，李使用了大量不实的信息。在李接受国会听证调查时，承认他所提供的“真相”只不过是把洛克菲勒公司提供给他的“真相”编辑成适于刊登的新闻稿而已。“我并不对这些事实负责，除了把它们编辑在一起并将其修改成适合刊登的形式外，我没有任何其他义务。我的事实只是根据魏尔波恩（Welborn）先生的言论。我没有理由怀疑这些言论是虚伪的。”② 由于李在此事件中向新闻界发布了大量不实信息，美国左翼作家辛克莱（Upton Sinclair）称他为“毒药李”（Poison Lee）。李去世后不久，还因为曾替纳粹德国的IG Farben公司进行亲德宣传而受到国会调查。

李所倡导的“双行道”观念在实施中也充满困难。往往是从客户到公众的单向宣传占主导，如果存在由下往上的信息流动，也仅限于通过舆论调查等手段，像用温度计一样测量民意，为宣传作必要的准备。其思维方式仍然是以发布者作为中心。

作为一个宣传家，李希望用“提供事实”来为宣传的正当性进行辩护。然而矛盾的是，李一方面认为自己有传播事实的义务，另一方面却认为自己的责任只是传递客户提供的信息而不是核实这些信息。在1925年的一次演讲中，他认为不存在真正全面的事实。即使我们看到相同的事件，我们所提供的事实也不会完全相同。没有客观的事实，“每个人只能提供对事实

---

① Stuart Ewen. *PR! A Social History of Spin*. New York，NY: Basic Books，1996，p.82.

② Stuart Ewen. *PR! A Social History of Spin*. New York，NY: Basic Books，1996，p.80.

的诠释”[1]。

由于从事过新闻报道工作，李还未能摆脱新闻工作者的思维方式，在他那里，新闻的伦理与宣传的伦理处于矛盾状态。相比之下，深谙心理学的伯内斯则放弃了“提供事实”这种观念。他认为，公共关系宣传不是“提供事实”，而是制造现实（reality）。

制造现实与设计同意

爱德华·伯内斯的观点是宣传及公共关系理论的一个重要转折。在他之前，宣传的支持者们均未能阐明宣传与民主的关系，或者像李那样未能提供有力的论点，伯内斯是第一个明确地提出宣传与民主可以共存的宣传家，奠定了现代宣传的理论基础。

伯内斯的论证是从政治学和心理学两个方面展开的。在政治学维度，伯内斯认为现代民主社会的选择过于多样，无论对于统治者来说，还是大众来说，都造成了某种程度的混乱（chaos）。宣传正是通过建立某种共识来使混乱变得有秩序。社会也因此得以更顺利地运行，而不至于由于分歧而崩溃。[2] 因此，必须由“隐形政府”（unseen government）来统治，才能使民主社会能顺利地运行。

事实上，这些隐形政府一直在暗中控制着大众的选择。我们自以为是在作自由选择，其实都受到了他人的影响。[3]

> 操纵大众共同的习惯和观点，这种想法和技术是民主社会的重要组成部分。那些操纵着社会的看不见的机制的人，那些隐形的管理者，才是我们社会真正的统治者。

---

① Ivy Lee. *Publicity: Some Things That It Is and Is Not*. New York，NY: Industries Publishing Company，1925，p.22.

② Edward L. Bernays: *Propaganda*. New York，NY: Horace Liveright. 1928，p.37.

③ Ibid，p.61.

我们被看不见的人所统治，我们的心灵被他们塑造，我们的趣味被他们决定，我们的思想被他们的暗示所操纵。我们民主社会只能以这种方式被组织起来，这是最合理的结果。如果人类大多数成员要像一个良性运转的社会一样生存下去的话，他们就必须通过这种方式相互协作。……在我们日常生活的方方面面，不论是政治还是商业领域，不论是社会行为还是我们的道德思想，我们都被一小群人所主宰……这些人了解大众的思维过程和社会规律，是他们牵动着控制公众心灵的提线。①

伯内斯在第一次世界大战时曾在克里尔委员会下的外国新闻部门服务，这一段经历使他和李普曼一样意识到，精英与大众之间的关系是一种控制与被控制的关系——李普曼也曾在《公众意见》中提到过“隐形政府”（invisible government）这个类似的概念。伯内斯以此为前提，不断地向精英们推荐一种新的统治方法——通过传播的领导。②他观察到，一战之后，这种新的通过改变民意来进行领导的方式从政治宣传扩展到各个行业。这种领导方式是通过信息的发布，改变心与脑，是民主社会中最理想的社会控制方法。因为它建立在公民的自由选择之上，并不违反民主的基本原则。

在伯内斯那里，对秩序的强调超过了对个人权利的强调。这种看法是保守主义者对进步主义强调自由权利的一种反动。甚至就在进步主义内部，也有一种恢复秩序的声音。这些声音和19世纪末20世纪初美国移民增加、失业率较高、工会势力变强、犯罪率居高不下等社会背景分不开。

伯内斯论证宣传正当性的第二个论据来自心理学。在上一章我们介绍了20世纪初心理学家们对非理性人的发现。巧合的是，伯内斯正是其中一个重要人物——弗洛伊德的侄子。伯内斯关于大众的观点来自勒庞、特罗德、弗洛伊德、沃拉斯和李普曼。在伯内斯眼中，大众缺乏理性、易被暗示支配，破坏性强，对社会秩序非常危险。驯服大众是一个理所当然的任务。

特罗德和勒庞总结说，群体的心灵并不根据客观世界本身进行思考。它们用冲动、习惯和感情代替了思想。在作决定时，它们的第一

① Edward L. Bernays: *Propaganda*. New York，NY: Horace Liveright. 1928，p.9.

② Edward L. Bernays，*The Engineering of Consent*，*Annals of the American Academy of Political and Social Science*，Vol. 250，*Communication and Social Action* (Mar.，1947)，pp. 113–120.

冲动通常是追随信任的领袖。这是大众心理学中最确定的原则之一。[①]

伯内斯的学说中充满着极强的精英意识。他会通过巧妙的修辞，让读者也具有“我们少数人”的优越感。这种优越感使得他从不会因为传播伦理方面的问题而烦恼。为伯内斯立传的作者泰伊评论说，伯内斯的舅舅弗洛伊德利用心理分析来治疗病人的痛苦，“伯内斯则利用心理分析结果，掠夺消费者自由决定的意识，帮助他的客户预估及操纵消费者的想法和行为”。[②]伯内斯承认这一点，但也进行了辩解。他认为面对混乱的世界，公众也需要降低外界环境的复杂性，因此帮助他的客户把这些重要的信息传递给公众，便促进了双方的了解。只要各种宣传活动能够“公开竞争”，它就不会造成严重的社会后果——面对错误的宣传，我们必须发动更多的宣传。尽管宣传具有负面含义，但伯内斯认为它是一个中性概念，取决于谁使用和如何使用。因此把自己写的讨论公共关系原理的书命名为“宣传”。[③]

伯内斯把心理学和宣传都看作精确的科学。他认为只要通过科学的程序和方法，就可以顺利地达到“设计同意”（engineering the consent）的目标。[④]与艾维·李所倡导的“提供事实”不同，伯内斯认为“新宣传”不是简单、直接地诉求，而是间接地制造现实环境和形象来创造有利于客户的行为环境。比如他要推销钢琴，并不会直接去宣传某个品牌的钢琴，而是在媒体上找人撰文，鼓吹每家的起居室应该留出一个“钢琴角”，让人们有接近音乐的机会。同时他认为要作调查，找到被宣传事物的关键环节，尤其是寻找它与其他新兴社会观念的联系。伯内斯策划的一个有名案例就是让女性主义者像自由女神像一样手举香烟，在纽约第五大道游行。他巧妙地把香烟与新兴的女性解放运动联系在一起，改变了香烟的形象。和钢琴的案例一样，他认为并不需要专门地促销某一个具体的品牌，只要制造一个有利于该商品的现实环境，该品牌的产品的销路就会自然上升。

---

① Edward L. Bernays. *Propaganda*，New York，NY: Horace Liveright. 1928，p.73.

② ［美］赖瑞·泰伊：《公关之父伯内斯》，刘体中译，海口，海南出版社，2003，第 126 页。

③ Edward L. Bernays. *Propaganda*，New York，NY: Horace Liveright. 1928.

④ Edward L. Bernays. *The Engineering of Consent. Annals of the American Academy of Political and Social Science*，Vol. 250，*Communication and Social Action*（Mar.，1947），pp. 113–120.

研究者们注意到，伯内斯的学说有不少地方深受李普曼的影响。[①]他的第一本阐述公关理念的书《透视民意》（*Crystallizing Public Opinion*）出版于1923年，正是李普曼《公众意见》出版的次年。该书基本沿袭了李普曼的思路，也认为公众意见缺乏理性。在精英主义的立场上，他也与李普曼相当一致。只不过李普曼提倡专家治国，用正确的信息和专业的判断来代替草率的公众意见，而伯内斯则未加批判地把“看不见的政府”当作理所当然的统治者，却不问他们的身份与正当性。同样地，他将宣传看作“整顿混乱”（organizing the chaos）的重要手段，但有意忽略了“谁的秩序”“何种秩序”这类更关键的问题。

尽管伯内斯对宣传正当性的论证因为刻意为之的暧昧而存在缺陷，但是它却是宣传观念发展中的重要转折点。首先，他明确地证论了宣传与民主之间可以共存。他认为宣传只是众声喧哗之中的一种，通过宣传，可以降低现实的复杂性。不同的群体都可以通过宣传发出自己的声音，并不存在垄断言论市场或者违反传播伦理之处。毕竟宣传的自由也是表达自由的一部分。

其次，和拉斯维尔相似，他也将宣传视为科学。不同的是，前者把宣传看作一个学术研究对象，而他把宣传看作一项专业技能或一种基于群体心理学的中性技术。只要理解了群体心灵运作的机制及其动机，就可以轻松地控制大众。[②]

最后，以中立的商业专业服务出现的公共关系咨询渐渐地淡化了“宣传”的负面印象。伯内斯认为第一次世界大战的宣传工作具有开创性，影响了市场营销的方式。第一次世界大战后，许多战争宣传手法被商家学习并创造性地应用于市场领域。到二三十年代，商业领域将宣传技术发扬光大，反而远远地把政治宣传甩在了后面，伯内斯甚至建议政治宣传要向商业宣传学习。[③]在伯内斯和其他人的努力之下，公共关系逐渐作为一个专业被社会接受。与此同时，伯内斯所说的“宣传”以“公共关系”的名义，以一种中性的、专业的服务的新形象提供了一种正当性的论证。

---

① Mark Crispin Miller. Introduction. In Edward L. Bernays. *Propaganda*, New York, NY: Horace Liveright. 2005, p.16.

② Edward L. Bernays. *Propaganda*, New York, NY: Horace Liveright. 1928, p.71.

③ Ibid, p.110.

然而从艾维·李和伯内斯的公关咨询业务开始，就不断因为他们的业务掩盖了真相而争议声不绝。随着公关和广告宣传的活动范围从商业活动扩展到政治领域，这种中立的专业主义“宣传”也面临正当性危机。从海湾战争、波黑战争再到伊拉克战争，不断地出现交战国雇佣公关公司，歪曲事实影响公众意见的丑闻。[①]专业主义话语并不能完全为宣传提供正当性的保护伞。

公众真正的问题

李普曼在《公众意见》中雄辩地论证了大众容易被宣传左右，从而造成自由主义民主难以实现。与他同时代的美国哲学家约翰·杜威对其论述也表示钦佩。在发表在《新共和》的一篇书评中，杜威称李普曼的《公众意见》可能是“诉诸文字的对民主的最有效的控诉”。[②]充满理想主义的杜威承认受李普曼理论的启发，却并不认同李普曼那过于现实主义的观点。他同意李普曼对公众缺陷的批评，却不认可李普曼对这些缺陷的判断。他认为李普曼把民主的症状当成了重大缺陷。他更不同意李普曼的以专家决策和新的宣传来替代宣传的解决方案。他在一系列后来称之为《公众及其问题》的演讲中充满激情地说：“这个世界由于领袖和权威而导致的苦难远超过由大众导致的。……最需要的是改善辩论、讨论和说服的方法和条件。那才是公众面临的问题。”[③]

詹姆斯·凯瑞把杜威的这一系列演讲看作对李普曼的反驳，并把李、杜之辩诠释为新闻和传播研究史上的一次重要“事件”。[④]事实上，杜威所针

---

① 参见张巨岩：《权力的声音——美国的媒体和战争》，北京，生活·读书·新知三联书店，2004。高木徹：《战争广告代理店》，东京，讲谈社，2002。

② John Dewey. Public Opinion. *New Republic*，May 3，1922.

③ John Dewey. *The Public and Its Problems*. New York，NY: Henry Holt and Company，1927，p.69。

④ ［美］詹姆斯·凯瑞：《作为文化的传播》，丁未译，北京，华夏出版社，2005，第49–66页。近年来也有学者提出，这个所谓争论的“事件”其实并不存在，而是凯瑞建构起来的一个叙事［见Michael Schudson. The “Lippmann–Dewey Debate” and the Invention of Walter Lippmann as an Anti–Democrat 1986–1996. *International Journal of Communication* 2（2008），pp.1–20.］，杜威在不少地方提到李普曼和他的“个体主义”，虽然没有直接针对李普曼本人，但也针对与他类似的现实主义观点。在宣传观念上，这个特征表现得尤其突出。

对的是一战后“民主现实主义”的一股思潮，李普曼是其中一员。上一章提到的拉斯维尔也是这个思潮中的代表，后者提出的“预防政治”也希望由社会学家充当治疗师向精英进言献策，然后由精英“重新制定指导思想”，以控制政治冲突。杜威把这种战时管理方式在战后的继续称之为“仁慈的家长制”（benevolent paternalism）。这种观念的信条是：“事实是建立公众意见的基础，而公众意见最终决定社会行为，那么让我们通过编辑和剪切事实，来维护世界民主。”[①] 杜威对“民主现实主义”思潮的批评显示出两种民主观念和宣传观念的对立。

杜威和李普曼一样，都觉察到现代科技对于社会的负面影响。李普曼看到了因为大众传播媒介的发展带来的个人视野空间的变化，造成了个人关于世界的想象不再局限于可直接经验的世界。普通人关于世界的信息，有大部分来自大众媒体所营造的拟态环境。杜威也看到社会转型所带来的问题。普通人的生活受到技术（杜威更愿意使用“机器”）、遥远的政治决策、大众媒体、宣传等因素的入侵，世界变得越来越复杂，越来越难以理解和把握。用德国社会学家滕尼斯的术语来说，发生了一个由“共同体”向“社会”的转型。杜威使用了沃拉斯发明的概念，把这样一种状态称为“大社会”（Great Society）。[②] 相互依存的关系组成了空间广大而又非人格化的网络。整个大陆结合成一个国家，人们彼此并不认识，但又要行使某种民主权利，在并不熟悉的候选人和无法理解的政策中作出选择。人们还使用着不了解的人所生产的物品，同时也为那些不了解的人提供产品和服务。这些间接的联系对彼此的生活产生了深远的影响。换而言之，普通人被抛入一个复杂的“大社会”中。最典型的例子就是刚结束的世界大战，一个遥远地区的事件，改变了每个人的生活。

李普曼虽然无奈，但作为一个现实主义者，他把这种状态作为前提接受下来，并在此基础上讨论其影响。杜威虽然意识到“大社会”的不可避免，但他并不满足于此。在他看来，“大社会”只是一个未完成的过渡阶段，它的归宿应该是“大共同体”（Great Community）。在这个共同体里，复兴北

---

① ［美］罗伯特·威斯布鲁克：《杜威与美国民主》，王红欣译，北京，北京大学出版社，2010，第291–303页。

② Graham Wallas. *The Great Society.* New York，NY: Macmillan，1914，p.3–19.

美大陆新的乡村自治。公民彼此了解，清楚共同体面临的问题，平等深入地协商与沟通，具有共同的利益，达成共识，在此基础上彼此协作，我为人人，人人为我。

上述目标看上去非常理想，但是杜威认为既然它曾经实现过，那么今天要探讨的就是这一理想的实现需要具备什么条件。杜威提出了两个康德式的问题：公众如何成为可能？民主如何成为可能？他认为，要在新的技术条件下实现这一理想，首先必须建立起有效、理性的沟通机制。让公民在充分享有信息的条件下，展开理性讨论，最后达成共识，形成政策。他认为做到了这一点，也就实现了民主。

可以看出，杜威眼中的公众和李普曼的有很大差别。李普曼眼中的公众只存在两种极端状态：要么是全能的（omnicompetent），要么是无能的。既然公众不是全能的，那么他们就只配当看客，由专家来替他们决定一切。[①]杜威的看法则刚好相反，他认为公众有能力作出符合自己利益的决策。但是前提是拥有良好的交流条件。“只有秘密、偏见、倾向、歪曲、宣传，以及纯粹的无知被调查和公开所代替，我们才能分辨出大众的智力是否能够对社会政策作出判断。”[②]杜威认为目前公众出现非理性的判断，真正要责备的不是公众而是误导他们的传播条件。而且他还发现，李普曼理论中的个体是彼此孤立的（杜威所说的“个体主义”），而共同体中的个体通过与其他成员沟通、协商，作出理性的判断，弥补了孤立个体的不足。“一个观念如果没有被传播、共享和不断表达，就只是独白，而独白是破碎的、不完美的思想。”[③]简言之，杜威认为公众的不足只是症状，而不是病因。这一症状是民主化要治疗的起点，而非病危通知书。

在这个前提下，杜威强烈反对那种为了特殊群体的利益，打着公共关系和广告等“市场手段”，以及有意误导公众的宣传活动。他认为，“我们正在逐渐被受雇于人的所谓公关代理人（publicity agents）所推销的意见所统治”这些人发展起了一套不同寻常的手段，利用了大众身上对他们有利

① John Dewey. *The Public and Its Problems*. New York: Henry Holt and Company，1927，p.158.

② Ibid，p.209.

③ Ibid，p.218.

的惰性、偏见和感情倾向。这些技术和手段妨碍了自由的求知和表达。”[①] 在杜威看来，不论这些宣传打着何种旗号，都破坏了事实和观点的自由传播与流通，也就剥夺了公众实现伟大共同体的机会。

杜威所说的民主是作为一种生活方式的民主而不是作为一种政治体制的政治民主。因此，民主不是李普曼所定义的作出正确的决策，民主和真正共同体的生活是同一对象的不同表达而已。[②] 因此，在杜威看来，李普曼所说的先专家决策，再通过宣传让公众接受，不但不能实现真正的民主，反而是一种“社会病态”。

在专家的分工问题上，杜威和李普曼也存在分歧。在李普曼的理论中，专家是一群高高在上，通晓玄机的精英。他们的任务就是根据来自社会各个机构的未经歪曲的第一手数据，输出正确的决策，让大众接受。杜威则认为不论专家的结论如何正确，都不能代替公众自己的决策。就像穿鞋子一样，鞋子合不合脚，只能由穿鞋的人说了算。身为专家的鞋匠根据穿鞋人的感受对鞋进行改进，解决问题，却不能越俎代庖替穿鞋人作判断。他甚至把依赖少数专家来制订国家政策比作寡头统治。杜威认为专家的责任主要是解决两个问题。既然目前民主的问题是公众不能作出判断，专家首先要做的就是要向公众提供更全面、准确的信息。其次，专家要把专业抽象的知识用普通大众可以理解的方式传达给他们，促进民主对话，帮助公众作出更理性的决策。总而言之，杜威认为专家和社会科学不应只与精英相结合，而应与公众和大众媒体相结合。

在杜威看来，宣传向公众提供误导信息，同时影响了思想的自由流通，剥夺了公众发展自己，建立伟大共同体的机会。作为自由主义者和参与民主的支持者，杜威坚决反对任何形式的政治和商业宣传，他所说的“公众的问题”主要就是针对各种形式的宣传扰乱信息环境而言的。但是杜威也看到了宣传与民主之间微妙的关系。他发现因为现代的民主制度是建立在公众意见的基础之上，政府不得不征求被统治者的意见。为了更顺利地获得被统治者的同意，宣传技术不断精进。[③] 他隐约地暗示了宣传与现代政治

① John Dewey. *The Public and Its Problems*. New York，NY: Henry Holt and Company，1927，p.169.

② Ibid，p.148.

③ Ibid，p.181.

体制之间的因果关系，但是却没有能更进一步探讨宣传与民主间的内在联系。在杜威看来，真正的民主，也就是他说的伟大共同体的生活和宣传是完全水火不容的。这种过于理想主义的态度，使他错过了更进一步反思民主的机会。

杜威理论中的另一个遗憾是忽略了对科学与宣传关系的讨论。杜威对技术的乐观主义压倒了悲观主义。他认为科技在大社会的产生中起着重要的作用。尽管他意识到机器对现代生活中的人性构成了威胁，但还是对科学的积极作用充满信心，并希望通过科学的调查与方法，为公众找到一条通向理性意见的途径。然而杜威忽略了现代宣传正是建立在科学精神之上。现代社会科学以人的思考、决策过程和感情为研究对象，再根据科学的社会调查结果，精心制订方案。科学的精神渗透到现代宣传的每一个环节。科学把社会对象化和概念化，抽象出诸如认知、理解、感情、收视率、购买意向等概念，创造出宣传的对象与效果衡量标准。现代宣传早已经不单纯是一门艺术而更像是一种精确的技术。可以说没有科学，便没有现代宣传。

保护和教育公众

要解决公众面临的问题，除了改进外部条件外，公众的感情习惯和思考习惯也需要完善。这就意味着要改进教育的方法与目标。关于教育与民主的关系，杜威谈得很多。[①] 他认为关键的一点在于培养不迷信盲从的习惯，掌握正确的求知方法。[②] 因此进步主义者们除了对宣传者进行道德讨伐外，还采纳了杜威的建议，希望对缺乏正确思考习惯的大众进行教育。埃德温·克拉克与罗伯特·梭利斯（Edwin Clarke and Robert Thouless）等学者试图找出一种正确的思维方式（straight thinking），替代本能的、错误的思维方式（crooked thinking）。他们希望通过强调科学的逻辑推理、使用经验方法检验论点和论据之间的关系、辨别信源、反思思维过程，减少公众错误的判断。

古德温·华生和爱德华·格拉瑟（Goodwin Watson and Edward Glaser）

---

① ［美］约翰·杜威：《民主主义与教育》，王承绪译，北京，人民教育出版社，2001。

② ［美］约翰·杜威：《我们如何思维》，伍中友译，北京，新华出版社，2010。

在此基础上提出批判性思维（critical thinking）的概念。华生认为在思考和判断的过程中应当保持开放，这样才能创造一个理想的世界。他提出了一个包含六个方面的测试方法，检验信息中的六种不良倾向。这六种不良倾向分别是：

（1）用人们厌恶的概念或名称指称有争议的宗教或经济事务中的不同派别；（2）在有争议的宗教或经济事务中，把那些持不同观点但却真诚的、有能力的人诬蔑为不真诚、缺乏能力的人；（3）选择有利于自己的证据支持某种偏见，有意忽略那些能得出不同结论的证据；（4）谴责自己所厌恶的群体的某种行为，尽管这些行为有可能会得到其他群体的理解和赞同；（5）对于不同论点，不论它们是否具有很强的说服力，如果它们与某种主观偏见相符就都认为它们说服力很强，反之则认为它们的说服力很弱；（6）把群体中部分个体的特征扩展到整个群体。①

这些研究成果迅速地被应用到当时的成人教育、消费者教育和新闻记者培养之中。② 一直到今天，批判性思维研究仍是一个具有生命力的大众教育，美国的研究生入学考试（GRE、GMAT）仍将批判性思维作为重要的组成部分加以考察。

这些早期“思维科学”的开创者们无意中触及了宣传的一个非常重要的特征——宣传是一种认知结构。宣传并不一定是赤裸裸的谎言，也可能通过利用普通民众认知的缺陷，或者有意改造民众的认知结构，使其作出有利于宣传者的认知和判断。最关键的是，这种貌似合理的推理得出的结论让人们自以为理性，并不认为自己被控制，从而对自己的观点坚信不疑。

宣传分析学会与反宣传教育

自由主义知识分子对宣传的批判从思想界扩展到社会。30 年代末期，

① Michael Sproule. *Propaganda and democracy*. Cambridge，New York：Cambridge University Press，2005. p.98.

② 中文比较早引进的这类书籍是英国斯泰宾著、吕叔湘翻译的《有效思维》（商务印书馆 1997 年版），这本书正是写于 20 世纪 30 年代。

美国出现了更为正规的反对宣传运动，其中最有影响的组织是“宣传分析学会”（the Institute for Propaganda Analysis）。该组织成立于1937年，由一批学者组成。学会发起人是成人教育的领导者马瑟（Kirtley Mather）、消费者协会发起人费里恩（Edward A. Filene）、具有反宣传立场的记者米勒（Clyde R. Miller），第一任会长是坎特里尔（Hadley Cantril），成员包括林德、杜布、比尔德、李等人（Robert S. Lynd，Hadley Cantril，Leonard Doob，Charles Beard，Alfred McClung Lee）。该协会的宗旨是帮助公民识别和分析宣传。[①] 他们创办了一本名为《宣传分析》（*Propaganda Analysis*）的期刊，目标受众是新闻工作者、教育工作者、政府官员和意见领袖。这本刊物在第一年订户就接近六千份，产生了较大影响。[②]

首任会长坎特里尔把宣传定义为：“个人或组织有意设计的意见或行动，以影响其他个人或群体的意见或行动，达到事先安排的对宣传者希望达到的目的。”他认为，宣传之所以产生效果，有以下几个原因：（1）日常语言中许多词汇带有强烈的感情色彩，容易被人利用，在事实和这些模糊的感情之间建立起不必然的联系；（2）我们对自己不够自信，为了让自己不在人前显得无知，便匆忙地接受一些现成的结论；（3）我们为了保持自己的地位或优越感，容易受他人利用，特别是在种族或民族问题上。[③]

为了不受宣传的影响，坎特里尔主张首先要能够识别宣传家所使用的技巧或目的，其次，要了解自己的偏见，了解我们周围使我们不假思索地接受或拒绝某些观点的环境因素，那些让我们感觉自己具有特殊地位的因素，深刻地理解与反思自己。[④]

宣传分析学会的李夫妇（Alfred McClung Lee and Elizabeth Briant Lee）合编了《宣传的完美艺术》，以当时影响巨大的库格林神父[⑤]的宣传为实例，提出了著名的常用宣传技巧，它们分别是辱骂法、光环法、转移法、证词法、平民百姓法、洗牌作弊法、从众法。这种分类和解说简单易懂，成为

---

① Clyd R. Miller. “For the Analysis of Propaganda. *The Public Opinion Quarterly*，Vol. 2，No.1 (1938).

② Michael Sproule: *Propaganda and democracy*. Cambridge ; New York : Cambridge University Press，2005，pp.132–133.

③ Hadley Cantril. Propaganda Analysis. *The English Journal*，Vol，27，No 3 (1938).

④ Ibid.

⑤ 关于库林格神父的介绍，可以参见《光荣与梦想》一书。

当时美国许多学校反宣传教育的教材。①

以杜威和宣传分析学会为首的自由主义者，从民主和思想自由的立场出发，对美国第一次世界大战后的宣传提出了批评，主张从教育入手增强公民批判性思维的能力，使他们对宣传"免疫"。宣传分析学会深入各类学校，甚至大学进行反宣传教育，有的学校还专门开设了相关课程。但是以后知之明来看，指望用这样一种简单的运动方式进行反宣传教育，很难一蹴而就地取得预想的效果。而且这种反宣传模仿了宣传的方式，进一步模糊了宣传与教育的界限。事实上，宣传专家们确实也在有意模糊二者的区别。例如伯内斯就把宣传看作教育的补充，认为宣传可以在大众走出校园后，继续为他们提供生活的指导。②如果宣传教育不能真正解放大众的认知结构，只是为了短期目标，向他们灌输教条，就会和宣传分析协会的工作一样走向自己的反面。

随着美国加入第二次世界大战，国家安全和国家利益成为压倒一切的问题，这场反宣传运动很快就因得不到资金支持而被迫终止。颇具讽刺意味的是，坎特里尔和杜布等学者转而成为美国政府第二次世界大战宣传机构中的核心成员，成为宣传的积极鼓吹者。

宣传与民主的共存

美国在两次世界大战之间关于宣传与民主关系的争论，在第二次世界大战爆发之后逐渐无人问津。激烈反对宣传的声音被更大规模的宣传所淹没。

宣传在第二次世界大战争中发挥的正面作用一扫一战后宣传的邪恶形象。在这个暧昧的关键点，伯内斯等公关和广告代理人积极辩护。最终公众理所当然地接受了宣传与民主可以共存的观念。仔细地考察这一时期的社会

① Alfred McClung Lee and Elizabeth Briant Lee. *The fine art of Propaganda: a study of Father Coughlin's speeches*. New York，NY: Harcourt Brace and Company，1939.

② Edward L. Bernays. *The Engineering of Consent. Annals of the American Academy of Political and Social Science*，Vol. 250，*Communication and Social Action* (Mar.，1947)，pp. 115.

语境，可以发现除了伯内斯等人的鼓吹外，还有其他三个重要因素共同造成了这一局面。一是传播效果研究中“有限效果理论”的提出和“顽固受众”的发现；二是反宣传话语中的反智主义及精英治国观念和民主化进程相互矛盾；三是宣传在战争和政治中的正面作用改变了公众对宣传的印象，同时也使公众对宣传恐惧脱敏。

20 世纪 30 年代，移民到美国的奥地利社会学家保罗·拉扎斯菲尔德在洛克菲勒基金会的赞助下，开始研究当时新兴的广播媒体。据他回忆，当时他是美国唯一一位专门从事大众传播研究的学者。在他担任哥伦比亚大学社会学系教授期间，他将洛克菲勒基金会资助的广播研究所（Radio Research Office）更名为应用社会学研究所（Bureau of Applied Social Research，BASR），并招募了许多青年学者和博士研究生从事传播效果的研究。

从 1937 年拉扎斯菲尔德负责普林斯顿的广播研究所开始至 50 年代淡出传播研究领域，他和研究所同事的研究成果主要有调查广播剧《火星人入侵》为何会导致社会恐慌①，探讨选民投票决策的《人民的选择》②，研究人际影响和大众传播效果关系的《人际影响》③，参与斯托弗负责的美国陆军研究中的研究设计，默顿等人研究广播宣传效果的《大众说服》④，赫佐格通过深度访谈研究日间广播剧听众使用与满足的《借来的经验》⑤，科尔曼、卡茨

---

① Cantril，Hadley. *The invasion from Mars: a study in the pscyhology of panic*. Princeton: Princeton Univ. Press，1940. 严格来说，坎特里尔并不属于应用社会学研究所的成员。事实上，他是最初洛克菲勒基金会普林斯顿广播研究项目的倡导者和负责人，他推荐拉扎斯菲尔德负责此项目，并在此期间与哥迪特、赫佐格完成了关于火星人入侵的广播剧的研究。但后来因为他与拉扎斯菲尔德的矛盾，退出了该项目。广播研究所也随拉扎斯菲尔德迁至哥伦比亚大学。从研究方法和理念来看，坎特里尔与后来应用社会所基本一致，所以勉强可以算作哥伦比亚学派的外围成员之一——尽管他并不是该校和该所的成员。

② Lazarsfeld，Paul，Berelson，Bernard and Gaudet，Hazel: *The People's Choice: How the Voter Makes Up His Mind in a Presidential Election* . New York: Columbia University Press，1948.

③ Katz. Elihu，and Lazarsfeld，Paul: *Personal Influence: The Part Played by People In the Flow of Mass Communication*. Glencoe，IL: Free Press. 1955.

④ Robert Merton，Marjorie Fiske and Alberta Curtis. *Mass Persuasion: the social psychology of a War Bond Drive*. New York: Harper & Brothers Publishers.1946.

⑤ Herta Herzog. On Borrowed Experience. *Studies in Philosophy and Social Science*，11(1)，65-95. 1941.

和门泽尔进行的药品扩散中的社会网络研究[①]，勒纳等人对中东社会观念转型的《传统社会的消逝》[②]，克拉珀总结性地提出"有限效果理论"的《大众传播的效果》[③]等。这些独树一帜的成果使得当时的哥大社会学系名声大振，形成了传播学研究中的所谓"哥伦比亚学派"。

从30年代的研究开始，拉扎斯菲尔德便坚持使用实证的方法，并且影响了社会学的研究范式。尽管米尔斯等人后来将其讥笑为"抽象的经验主义"[④]，但这种研究方法一直到今天仍然是社会科学中主要的研究方法之一。在这些以抽样调查为主的研究中，拉扎斯菲尔德等人发现大众传播没有之前人们所预料的那么有效。普通人的态度和行为并不会因为选举或广告宣传而被改变，相反，大众更容易受到自己所在的小群体的影响。在人际网络中，少数活跃的"意见领袖"在大众传播和自己的追随者之间充当中介，按照群体的价值观，对大众传播的信息进行过滤。美国心理学家霍夫兰等人在陆军进行的电影说服实验，也发现了这一现象。[⑤]

卡茨等人根据这些发现，建构了一个由强效果到弱效果转变的叙事。他把大众传播的模式分为传统与现代两种。传统的大众传播"模式"的主张有两点：（1）原子化的大众；（2）讯息造成直接、迅速的行为后果。他认为该模式的理论基础是19世纪欧洲的心理学。这些心理学家认为城市化和工业化社会导致传统人际关系崩溃，遥远的非人际的控制加剧。[⑥]

在有据可考的文献中，这是第一次将大众传播研究明确地划分为新旧两个时代。旧时代是"皮下注射论"（据考证这一概念最早也是卡茨提出

---

① James Coleman, Elihu Katz and Herbert Menzel. Medical Innovation: A Diffusion Study. Inidianapolis: The Bobbs-Merril Company, Inc. 1966.

② Daniel Lerner.The Passing of Traditional Society: Modernizing the Middle East. Glencoe, IL: Free Press. 1958.

③ Joseph T. Clapper. *The Effects of Mass Communication*. New York, NY: Free Press. 1967.

④ ［美］C. 赖特·米尔斯：《社会学的想像力》，陈强、张永强译，北京，生活·读书·新知三联书店，2001，第1–24页，第54–81页。

⑤ Carl I. Hovland, Arthur A. Lumsdaine, and Fred D. Sheffield. *Experiments on Mass Communication*, Princeton, NJ: Princeton University Press, 1949.

⑥ Elihu Katz and Paul Lazarsfeld. *Personal Influence. The Part Played by People in the Flow of Mass Communication*. Glencoe, IL: Free Press. 1955, pp.16–17.

的[①]），后来又被称为“魔弹论”。新时代则是以哥伦比亚学派开始的经验研究为代表的大众传播效果有限论。但是有趣的是，卡茨并没有清楚地指出谁是旧模式的代表人物。进一步考察发现，其实他暗示的就是前面提到过的在一战后批评宣传的学者。他们使用勒庞、弗洛伊德等欧洲心理学者的学说（这是卡茨所说的“旧模式”的典型特征），论证宣传的危害。而哥伦比亚学派的研究则证明上述担心完全是多余的。大众不像想象的那么容易被人左右，社会网络的影响使得大众传播媒体的信息不会直接作用于每一个个体，而是要经过一些态度相对稳定的意见领袖的过滤，这大大减弱了宣传的效果。拉扎斯菲尔德等人对1940年美国总统选举的宣传效果研究便是一个很好的证明。研究发现，有49%的选民从选举开始到结束从未改变过自己的投票意向，有43%的选民在选举中发生过动摇，但最终仍坚持了最初的选择。全体选民中，只有8%的选民最终改变了自己的投票意向。因此他们认为，大众传播的主要效果并不是改变受众的态度和行为，而是强化其既有态度和行为。[②]

“有限效果理论”（也称“弱效果理论”）成为20世纪40—60年代颇为主流的媒体效果理论。这一理论对于反对宣传的人来说，是一颗定心丸。固有的生活方式和本地小群体的价值观会对宣传的影响产生抵御作用，这导致人们又重新对公众的理性恢复了信心。

除了社会结构和文化上的理由外，反宣传中对非理性的大众的描述也引起了公众的反感。反宣传运动的支持者多数以精英自居，带有强烈的启蒙者的心态。这种等级观念和反智主义使他们与大众保持着距离。而且反宣传运动本身对政治和媒体都持一种怀疑态度，这种愤世主义（Cynicism）也会影响公众，使他们产生消极的政治冷漠状态。最后，反宣传的支持者们因为具有精英意识，常常会像李普曼那样对参与民主失去信心，回到专家治国或精英治国的传统。这种将公众架空为看客的民主观也遭来诸多质疑。

---

① Deborah Lubken. Remembering the Straw Man: The Travels and Adventures of Hypodermic. In *The History of Media and Communication Research: contested memories*. David W. Park，Jefferson Pooley (Ed.). New York: Peter Lang，2008.

② Paul Lazarsfeld，Bernard Berelson and Hazel Gaudet. *The People's Choice: How the Voter Makes Up His Mind in a Presidential Election* . New York，NY: Columbia University Press，1948.

二战后参与民主、多元民主等思潮的兴起，均对这种“傲慢的民主观”进行了批判。

公众对宣传与民主共存的接受，除了社会观念的转变外，现实中宣传的正面作用，尤其是积极的动员作用，在新经济政策的推广和反法西斯运动中都起到了较好的示范作用，让公众相信宣传也可以维护民主体制。

美国参加第二次世界大战后，之前不少批评宣传的自由主义知识分子在国家利益的感召下，纷纷加入宣传机构或宣传研究机构。前面提到的宣传分析学会的不少学者就加入了战争宣传的队伍。拉斯维尔则在洛克菲勒基金会的支持下，主持大众传播研讨班，研究联邦政府如何利用传播，应对日益临近的战争。① 战争爆发后，拉斯维尔担任了华盛顿的宣传信息内容的分析，他同时还为政府部门提供宣传技巧的培训。拉斯维尔还担任了政府审判宣传者的专家证人，为审判有关美国国内共产主义者、德国国家社会主义者和美国法西斯主义者在美国的宣传案子提供帮助。②

美国政府领导人的示范作用也促进了公众对宣传态度的转变。他们开始在国内大规模地使用宣传来改变个人形象，向公众推荐其政策。总统罗斯福就是其中成功的典型。罗斯福赞成进步主义的价值观，主张用事实和理性进行说服。他利用当时最新的传播技术——收音机进行的炉边谈话正是这个原则的体现。他的每一次谈话看似随意，实则精心写作。这一策略让听众倍感亲切，心甘情愿地接受他的教育。他认为 20 世纪初的学者们提出的公众与集群的区别毫无意义，他更倾向于把他们看成是平等的通情达理的个体，而以“人民”（the people）来指代所有人。

但另一方面，罗斯福也非常了解大众非理性的一面，利用形象、象征符号等进行潜意识的说服。在同一个人身上，既体现了信任大众理性的杰斐逊主义的价值观，也体现了怀疑大众能力主张精英治国的汉密尔顿的价值观。③

罗斯福在 39 岁那年（1921 年）因病导致双腿瘫痪，一直坐在轮椅上。

---

① ［美］E. M. 罗杰斯：《传播学史》，殷晓蓉译，上海，上海译文出版社，2001，第 229–233 页。

② Brett Gary. *The Nervous Liberals*. New York，NY: Columbia University Press，1999，pp.85–129，pp.208–244.

③ Stuart Ewen. *PR! A Social History of Spin*. New York，NY: Basic Books，1996，p.240.

但是他和他的助手非常注意塑造一位身心健全的健康政治家形象。一律不允许记者拍摄他坐在轮椅上需要他人帮助的照片。这形成了一个固定的文化，以致记者之间也会相互提醒。这导致在一般公众眼中，似乎根本意识不到他们的总统是一位残疾人。在对报纸上发表过的几千张有罗斯福的政治卡通画上，没有一张显示他的残疾或以此为中心话题。[①]

罗斯福非常重视与媒体的关系，除了每日阅读专人为他写的媒体简报外，还专门雇用了一个记者团队为其处理和媒体的关系。在他任上，记者能够随便接近总统。他经常邀请记者参加国宴和其他招待活动，让记者感到自己的地位上升。如果媒体对他有不利报道，他很少直接批评记者，而是严厉批评媒体的发行人，把他们看作工商阶层的代言人。

罗斯福还深刻地认识到图像的威力。为了宣传一系列遭到工商阶级强烈反对的新政，罗斯福主持建立了自己的宣传渠道——工厂改善部（Works Progress Administration）和农场社保部（Farm Security Administration，FSA）[②]。其中尤以 FSA 的工作最为出色。在塔格梅尔和斯塔克（Tugmell & Stryker）[③]的影响下，FSA 通过一种带有纪实风格的摄影，反映美国下层农民和工人的生活状况。这些照片真实质朴，有意使用和当时彩色广告图片反差很大的黑白照片，具有强烈的视觉冲击，并且确立了一种新的影像风格。这些照片后来不仅在全国巡回展览，而且结集出版，造成了强烈的社会反响。在接受这些图片的美学风格的同时，公众第一次意识到下层劳动阶层的工作生活状况如此恶劣，在感情上认同了这个群体，同时也间接地扩大了新政的接受程度。[④]这种间接的宣传深得伯内斯所说的“制造环境”的宣传术精髓，比简单地鼓吹新政效果更好。

民主政治体制将现代宣传整合进自己的实践中，改变了进步主义者们对宣传的态度。随着二战的结束，战前一度被各界追捧的法西斯主义意识

---

① Stuart Ewen. *PR! A Social History of Spin*. New York，NY: Basic Books，1996，p.244.

② 其前身是再安置部（the Resettlement Administration）。

③ 具有讽刺意味的是，对工商业阶层有强烈反感的左翼摄影师 Stryker 后来因经济问题，被勒克菲勒的标准石油公司雇用，进行完全相反的图像宣传。

④ Stuart Ewen. *PR! A Social History of Spin*. New York，NY: Basic Books，1996，p.263–285.

形态被否定[①]，人们恢复了对民主的信心。再加之大众传播有限效果理论的出现，之前对宣传的恐惧逐渐消失，表达自由的原则又被重申。宣传与民主可以共存的观念逐渐建立。

---

① 关于 20 世纪 30 年代法西斯主义对美国自由左派的巨大影响，见 Jonah Goldberg. *Liberal Fascism: The Secret History of the American Left, From Mussolini to the Politics of Meaning*, Doubleday, 2007.

第四章　宣传与革命

苏联宣传观念与中国革命

促成现代宣传观念出现的社会因素有两个，除了第一次世界大战外，苏俄社会主义国家的建立也是诱因之一。苏俄的宣传观念是列宁的宣传理论与俄国现实结合的产物。在这一观念的指导之下，俄国布尔什维克发明了一体化宣传体制，建立起了全世界首个高效的全国性宣传动员系统，保证了俄国革命的成果和苏维埃政权建立初期的政治稳定。布尔什维克领袖列宁对宣传工作尤其重视，他是这一新型宣传观念的提出者和实践者。

苏联的宣传可以分为三个阶段：革命阶段、政权初步建立阶段与政权维持阶段。革命阶段的宣传以揭露、批评、动员鼓动为特征。列宁在宣传问题上提出了两个重要的观念：一是通过宣传建立党组织的设想，将思想的统一视为建立党的精英组织的重要手段；二是针对大众提出了将革命意识从外部灌输给他们的观点。

由于苏维埃政权初步建立阶段面临着党内思想不统一、内战和经济崩溃等问题，在列宁的坚持下，建立起了权力集中的宣传系统，保证了苏维埃政权的稳定。但是在进入第三个阶段后，随着形势的变化，革命时期和内战时期的宣传观念不仅没有与时俱进，反而倒退，对统一性的强调替代了早期相对自由的讨论。尤其是斯大林时期，个人崇拜与言论控制达到顶峰，建立起了极权主义的宣传制度。赫鲁晓夫时期的“解冻”虽然有所缓和，但对于宣传体制的问题仍没有找到合理的解决方案。在这个时期，美苏之间的冷战使得宣传成为美苏全球争霸的前线。

戈尔巴乔夫在当政期间对列宁确立的宣传观念进行了重大调整。通过长期严密宣传而被掩盖的社会矛盾突然公开化乃至爆发，导致整个思想控制系统全面瓦解。在意识形态较量中，昔日的社会主义大国轰然倒塌。

苏俄的宣传观念对包括西方在内的全世界的宣传观念影响深远。中国的资产阶级革命和社会主义革命深受苏联的影响。苏联的宣传观念不仅直接影响了中国共产党的宣传观念，对20世纪20年代“以俄为师”的国民党宣传也产生了不小的影响。苏俄的宣传观念中尤以列宁在建党和夺取国家政权期间的宣传观念对中国的资产阶级革命和社会主义革命影响最大。为了探索中国现代宣传观念的源头，本章将重点对苏维埃革命前后的宣传观念进行探讨。

在苏俄宣传观念的确立过程中，列宁起到至关重要的作用。他提出的许多观念和制度，成为后来苏俄体制的基础。列宁本人具有一定的民主意识和宽容性，表面上看似乎斯大林所建立的严苛宣传体系是对列宁的“背叛”，但如果考察后来苏俄宣传体制的主要走向，除了斯大林与列宁迥异的个性产生的差异外，它们基本没有脱离列宁的设计，在逻辑上可以说是一脉相承。列宁在革命前后对自己的宣传观念有非常详细的阐述，这给我们提供了一个追溯苏俄宣传观念建立和发展的最佳切入点。

宣传与职业革命组织

“整体地揭露”

按照列宁在革命前（1902年）的划分，俄国社会民主主义运动的历史可以分成三个时期。[①] 第一个时期（1884—1894）是胚胎发育时期。这一时

① 《列宁选集》第三版第1卷，北京，人民出版社，1995，第455-458页。

期也被他称为“合法马克思主义”的蜜月时期。[①] 在这个时期，马克思主义的宣传主要集中在理论的传播上。由于有学术理论研究的伪装，沙皇政府并没有对其给予重视，革命的马克思主义理论忽然打开了一条出现于受检查的刊物上的道路。列宁曾评论说：“用来说明这个理论的语言虽然是伊索寓言式的，但终究是一切‘感觉兴趣的人’都可以理解的。”[②] 比如沙皇政府禁止出版《共产党宣言》这类看似具有煽动性的小册子，但是却允许大部头的《资本论》公开出版。《资本论》的俄文译本出现在该书德文版出版后的第五个年头（1872 年），是该书第一个外国译本。这个时期的合法马克思主义的理论多受德国伯恩施坦的影响，强调非暴力的社会改革理论。这些理论在知识分子和大学生中有相当多的追随者，但是对一般民众却没有什么吸引力。

列宁所说的俄国社会民主主义运动的第二个时期（1894—1898）是童年期和少年期。政党出现，对民众的影响增大，作为社会运动的社会民主主义开始出现。这个时期知识分子开始摆脱民粹派的影响，转向对工人的宣传。

俄国 19 世纪 60 年代，同时接受了社会主义和传统农业社会主义影响的知识分子成为最早的民粹主义者。以俄国最早的社会主义者赫尔岑为代表，这一批出身于中下阶层的知识分子反对自由主义和资本主义，认为农民如果接受社会主义思想教育，俄国的农业合作形式的农村村社就可以成为新社会的基础。这样俄国就可以避免资本主义的痛苦，直接从封建社会过渡到社会主义社会。

在此理论的指导下，19 世纪 70 年代俄国出现了“到民间去”的运动。民粹主义知识分子们纷纷走向农村宣传社会革命。[③] 但是农民对于抽象的政治概念不感兴趣，并且对这些反复向他们灌输离奇思想的人持敌视态度。农民只想得到较多的土地和一般地改善物质条件。他们大多认为沙皇是支持他们对付贪婪地主和贪官污吏的慈父和恩人。他们很难接受革命推翻沙皇

① 《列宁选集》第三版第 1 卷，北京，人民出版社，1995，第 303 页。

② 《列宁选集》第三版第 1 卷，北京，人民出版社，1995，第 455–458 页。

③ ［美］尼古拉・梁赞诺夫斯基、马克・斯坦伯格：《俄罗斯史》（第七版），杨烨、卿文辉主译，上海，上海人民出版社，2007，第 427–429 页。

的思想。一些农民甚至直截了当地把从城市里来的陌生人当作反对沙皇父亲的煽动者交给当地的警察。到民间去的运动最后以失败告终。理想化的"善良农民"形象也在一夜之间破灭了。[①]

民粹主义者中的激进分子在宣传鼓动失败之后，转向恐怖主义。早在60年代民粹主义中的一支"民意党"就开始恐怖活动。从1878年开始一个由三四十人组成的"民意党"使用暗杀的方式来鼓动民众，引起社会的注意。列宁的哥哥亚历山大·乌里扬诺夫因为恐怖活动被政府处以死刑。

列宁在1902年所说的第三个阶段（1898年以后）是混乱、瓦解和动摇时期。根据列宁的总结，这一时期俄国的社会主义运动中产生了马克思主义的社会民主党人与社会民主党中的"经济派"（列宁有时又将他们称之为"工联主义""无政府主义"）的对立。后者企图仅仅在经济上反对沙皇制度，单纯通过工会组织，谋求渐进的经济改革。他们追求斗争的合法性，强调广泛民主，反对建立职业的秘密组织进行暴力推翻现有制度的革命。

俄国马克思主义政党面临两个主要问题：一是在一个马克思和恩格斯不曾重点讨论过的落后的社会里如何进行革命的问题，一是什么样的党的组织最有希望取得成功？更具体地说，就是在合法与非法斗争中，党的力量应该如何配置？

正是在这一时期，列宁系统、集中地对他的宣传观念进行了阐述。列宁是苏联的缔造者，他对于宣传的论述在很大程度上塑造了苏联宣传的体制。

列宁发表于1902年的小册子《怎么办？》对他一年前发表在《火星报》的文章《从何着手？》进行了详细地阐释，在与各种不同观点交锋中，列宁表达了他的宣传观念。列宁认为，俄国的社会民主主义革命要成功，仅通过工人组织自发的经济领域的斗争无法成功，必须依靠有正确的马克思主义理论指导的职业革命家组织。他认为工人不可能自发地产生社会民主主义的意识，这种意识只能从外面灌输进去。工人阶级自身只能形成工联主义的意识。而科学的社会主义学说是在有产阶级的有教养的人即知识分子创造的哲学、历史和经济的理论中成长起来的。

① ［美］M. K. 杰瓦诺夫斯基：《苏俄史》，山西师范学院《苏俄史》翻译组译，临汾，山西师范学院，1982，第52–53页。

经济主义者推崇揭露工人经济方面的不合理现象的宣传，但是列宁认为，要使工人的阶级意识真正觉醒，上述宣传远远不能达到革命的目的。要完成工人的政治教育工作，必须对沙俄的专制制度进行全面的揭露。列宁提出：

> 只说明工人在政治上的压迫是不够的（就像只是向工人说明他们的利益与厂主的利益相对立的事实还不够一样）。必须利用这种压迫的每一个具体表现来进行鼓动。既然这种压迫是落在社会中各个不同的阶级的身上，既然这种压迫表现在生活和活动的各个不同的方面，包括职业、一般公民、个人、家庭、宗教、科学以及其他等等方面，所以我们如果不负起责任组织对专制制度的全面政治揭露，就不能完成我们发展工人的政治意识的任务，这难道不是显而易见的吗？[①]

列宁所说的阶级意识类似于库恩提出的范式，要实现工人阶级意识的觉醒，必须使工人能够用这种意识批判地分析所有社会问题，发现压迫与不合理。他认为只有这种整体的认知框架转换，才能真正为革命作好准备。因此，宣传要达到最佳效果不应只是就事论事，而是要突破经济领域的局限，对工人所生活的世界进行全面的再现。

在宣传观念上，列宁主义提出了宣传是对个人意识的整体改造和整合宣传观点。如果说之前的资产阶级的意识形态的扩散还是自发的或无意识的话，列宁在马克思的意识形态概念的基础上，明确地意识到社会主义的宣传必须让工人重新认识面前的整个符号宇宙，将整个世界按照工人阶级的意识和认知框架重新建构，建立起一个可以解释所有现象的、前后一致的意识形态。这种整体的宣传观念在苏联建国后得到了全面实施。当然，这种整体宣传观念也是一把双刃剑，它的有效性来自每个局部的宣传都能够在现实中得到证明。其背后的逻辑是：要么全盘接受，要么全盘拒绝。如果符号宇宙不同部分的意义都能保持一致，那么宣传的效果将非常明显。可是如果不同部分的意义相互抵牾，就会令宣传效果大打折扣。要保持强大

① 《列宁选集》第三版第1卷，北京，人民出版社，1995，第343页。

的宣传效果，就必须对社会的所有信息进行控制。

世界的复杂性被简单化为几条固定的规律。与整个体系相矛盾的细节被视为最大的威胁。有时为了否定一个局部例外的真实性，需要编造更多的谎言来配合。甚至如汉娜·阿伦特所说的，还会按照人们相信的观念来改变那些矛盾的现实。[①]这使得社会管理成本大为增加。所以它在增加传播效率的同时，也埋下了隐患。苏联后来的解体，在某种程度上就是这种整体宣传模式不堪重负，最终失去公信力的结果。

在第一章讨论宣传的概念时曾提到“行为宣传”的概念。列宁专门将自己的宣传观念与民意党人的宣传观念区分开来。他不仅认为恐怖手段不能真正瓦解现有政府，而且认为这种恐怖手段本身不足以“激发”工人运动。因为现实的各种丑恶现象并没有真正地激发起工人的行动。所以和经济主义一样，恐怖主义的行为宣传本身也是崇拜工人自发性的一种表现。真正应该做的是通过整体揭露，把工人义愤的细流汇集到一起，形成洪流。[②]

理论研究、宣传和鼓动

列宁还为全面揭露设计了具体的操作手法。他认为必须同时采用宣传与鼓动两种手法，全面地揭露沙俄制度的不合理性。列宁对这一对概念的区分受到了俄国马克思主义先驱普列汉诺夫的影响。普列汉诺夫曾提出：宣传员给一个人或几个人提供许多观念，而鼓动员只提供一种或几种观念，但是他把这些观念提供给一大群人。[③]

列宁进一步解释了普列汉诺夫的这种区分。他举例说：宣传员讲到失业问题的时候，就应当解释危机的资本主义本质，指出危机为什么在现代社会中是不可避免的，说明必须把现代社会改造为社会主义社会等等。总之，他应当提供“许多观念”，多到只有少数人（相对地讲）才能一下子

---

① ［美］汉娜·阿伦特：《极权主义的起源》，林骧华译，北京，生活·读书·新知三联书店，2008，第587页。

② 《列宁选集》第三版第1卷，北京，人民出版社，1995，第361-362页。

③ 转引自《列宁选集》第三版第1卷，北京，人民出版社，1995，第351页。

全部领会。

对于鼓动员的工作，列宁继续举例说，当他讲到这个问题（失业问题）时，却只要举出全体听众最熟悉的最显著的例子。譬如举出某某失业工人的家属饿死，贫困加深等等事实，并竭力利用大家都知道的这种事实向群众提供一个观念，即富者越富和贫者越贫的这种矛盾是多么不合理，并竭力激起群众对这种极端不公平的现象的不满和愤恨。全面地说明这种矛盾的工作，则留给宣传员去做。

列宁将宣传定义为针对社会精英的理性说服行为，而将鼓动则定义为针对普通群众的感情煽动行为。列宁和普列汉诺夫的这一区分成为苏联关于宣传的一个官方定义。《苏联大百科全书》将共产主义宣传定义为："一种建立在科学基础上的脑力行为系统。它分为宣传与鼓动。"

宣传与鼓动所使用的媒体也有所区别。列宁认为宣传员的活动主要是文字的，鼓动员的活动则主要是口头的。在他看来，文字媒介适宜于说明复杂的原理，同时文字阅读者的理解能力也较强。口语媒介则适宜于传达感情强烈的信息，不适于传达理性的充满歧义的复杂信息。在列宁眼中，口头鼓动只是一种权宜之计，真正有效的宣传是文字媒体的宣传。基于这种认识，在革命成功之后，布尔什维克建立了以口头传播为基础的农村宣传网络。与此同时，苏维埃政府大力开展农村的扫盲活动，试图在口语鼓动中，加入文字媒体的宣传。

英美的宣传研究者比较重视列宁关于宣传与鼓动的区分。[①]但是在列宁的宣传系统中，宣传的构成并不局限于这两个部分。事实上，对于列宁来说，除了这两个角色外，在阶级意识的宣传中，还有一个重要的角色——理论研究者。列宁在《怎么办？》中论述"到居民的一切阶级中去"进行宣传揭露时提出："我们应当既以理论家的身份，又以宣传员的身份，又以鼓动员的身份，又以组织者的身份'到居民的一切阶级中去'"。[②]关于组织者的身份将在下面详细讨论。上面这段话将理论家、宣传员和鼓动员并列，看似矛盾，因为列宁所说的宣传员是通过文字工作，将"许多观念"传达到

---

① Carth S. Jowwett and Victorial O'Donnell. *Propaganda and Persuasion*, 3rd ed. Thousand Oaks, CA: Sage.1999.

② 《列宁选集》第三版第1卷，北京，人民出版社，1995，第366页。

能够领会的少数人那里，按照这个描述，宣传员顺理成章就是一个理论家。列宁之所以将理论研究与鼓动、宣传并列，说明他认为宣传并不是一个自由的理性讨论行为，而是将理论研究者已经得出的“科学”结论以理性的方式传达给高级受众。

因此，在列宁的宣传系统中，有三种主要角色：理论家、宣传员和鼓动员。尽管列宁提倡有能力者同时兼具这三种角色，但是还是可以从苏联的宣传体制中明显看到这三个角色的分工。理论家负责提供正确的理论。虽然列宁认为，理论研究者的身份并不能简单地决定其理论的阶级性质，但是在马克思看来，理论研究者本身也不能逃脱意识形态的影响。与西方学术中立的观念不同，苏联的宣传观念把理论研究也看成宣传的组成部分。理论研究必须和一体化的宣传系统保持一致。在西方学术界，知识与权力的关系一直是一个充满争议的问题，实证主义者试图通过借鉴自然科学的操作程序，减少权力的介入。但是法兰克福学派和后现代主义者揭示出上述科学话语中隐含的权力。对于列宁来说，最好的解决方案不是知识与权力相分离，因为知识总是与一定的权力相结合，不如索性明确知识对权力的归属。所以在他那里，知识和权力的关系并不成其为一个问题，理论研究就是政治宣传的有机部分。

理论家在整个苏维埃宣传系统中处于较为特殊的位置，可以相对自由地讨论政治及学术问题。在列宁领导时期，有数个党的理论家存在，党内的不同意见还可以公开讨论。列宁去世后，尤其是斯大林时期，苏联的最高领导人垄断了理论家的角色，斯大林甚至干预了遗传学和语言学的研究。

列宁设计的宣传系统的第二个角色是宣传员，除了党报的编辑记者外，还包括教育工作者、外交人员、文学家和一部分学术研究者。宣传员的角色由知识分子充任，他们不创造理论，但是用理性的方式使人们接受社会主义的理论，并向其他国家的政府、知识分子和民众宣传苏联的制度和建设成就。

列宁宣传系统中的第三个角色是鼓动员，包括各类基层的宣传员、军队中的政委、文艺工作者、广播电影电视工作者等。鼓动员的主要职责是将既定的方针、政策、一般性原理用简单形象的方式传达给普通民众。在危机时期（比如第二次世界大战）还要负责大规模的群众性动员。

在列宁对宣传角色的设计中，暗含着他对不同类型受众的区别。理论研究者的主要受众是国内的精英和国外受众。他们关注的是苏维埃政权能否说明自己的正当性，更关注逻辑上的推理和论证。宣传员的受众则是国内精英。他们希望获得各项政策的详细说明与论证。这部分受众更加敏感，他们不仅满足于了解事件的来龙去脉，还会关注政策和领导言行背后的动机和言外之意。相比于一般的大众，这部分人更加犬儒主义。他们不一定相信政治宣传中所说的表面的理由，但他们会接受背后领袖的意图与动机。[①] 鼓动的预期受众是第二章所说的分散的、原子化的大众，他们容易接受象征符号的暗示。

列宁设计的宣传体系，将全社会的信息环境管理都纳入宣传的轨道，当所有部分良性运转时，这个系统的效率非常高。为了保持整个信息环境的一致，这个庞然大物将很多不属于宣传的部分也吸收进来，增加了整个系统的脆弱性。当其中的一个链条出现问题，整个系统就面临全面危机。

报纸是集体的组织者：技术模具的作用

在列宁的宣传观念中，最具原创性的一点是提出了党报是建党的重要途径。列宁认为俄国的革命要成功，必须建立一支由职业革命者组成的“先锋队”——真正革命的无产阶级政党。这样的政党人数不能太多（人数越少越不容易被剿灭，“捕捉十来个聪明人，要比捕捉百来个笨人困难”[②]），具有坚定的意志和阶级意识，具有严密的组织性和纪律性，并处于秘密状态。列宁仿照阿基米德的话写道：“给我们一个革命家组织，我们就能把俄国翻转过来。”[③]

为了建立这样的职业革命家组织，列宁想出了一个非常独特的方式——

① ［美］汉娜·阿伦特：《极权主义的起源》，林骧华译，北京，生活·读书·新知三联书店，2008，第486页。

② 《列宁选集》第三版第1卷，北京，人民出版社，1995，第334页。

③ 《列宁选集》第三版第1卷，北京，人民出版社，1995，第406页。

创办全俄的中央机关报。他提出了一句著名的口号："报纸不仅是集体的宣传员和鼓动员，也是集体的组织者。"①对于列宁来说，通过办全俄政治机关报来建党只是一个权宜之计。从他使用的引线和脚手架两个比喻就可以看出这一点。石匠在建造一座巨大的前所未见的建筑物而在各个地点放置石头时，要拉一根引线来测定放置石头的适当位置，指明全盘工作的最终目的，表示不同部分的关系，这根引线就是报纸。在建筑以前，要先搭建脚手架，用于显示出建筑物的轮廓，便于建筑工人之间的来往，帮助他们分配工作和观察有组织的劳动所获得的总成绩。引线和脚手架只是实现目标的中间过程，它们是用很差的材料搭起来的；这个临时的轮廓在建筑完成之后就可以拆掉当柴烧。②

全俄机关报把合法的斗争与不合法的斗争结合在一起，办报是一个合法的活动，但是通过报纸的网络，还可以联络非法的革命起义。列宁认为通过全俄报纸建立的职业革命家组织进可攻，退可守。全俄政治报既从各方面立刻开始准备起义，但又不忘记自己日常迫切工作的最切实的计划；既可适应革命的高潮，也可适应革命低潮，是一个理想的建党中介。

列宁强调一定要办一张全俄党报而不是无数张地方党报，不仅因为它能够进行广泛的宣传，更重要的是通过一个共同的机构将分散在不同地区的革命者联系在一起，通过日常的共同工作，交换材料、经验和人员，产生实际的联系。这样，就能够形成一个专门作家、专门通讯员、社会民主党人记者队伍、代办发行人员所组成的具有固定联系的人员网络，成为建立严密组织的基础。通过各地宣传员和鼓动员的相互调换，这些人员可以打破地方的狭隘工作和观念。更重要的是，"人们起初是为了党的事情，用党的经费作短程的来往，后来他们就习惯了完全由党供给，变成职业革命家，把自己培养成真正的政治领袖"③。

"报纸创造联系"是 19 世纪以来托克维尔、腾尼斯、塔尔德等欧洲古典社会学家都提到过的命题。美国芝加哥学派的约翰·杜威、乔治·米德和查尔斯·库利等人进一步阐发了这个原理，提出"传播创造社会（群）"的命题。

① 《列宁选集》第三版第 1 卷，北京，人民出版社，1995，第 372 页。
② 《列宁选集》第三版第 1 卷，北京，人民出版社，1995，第 371–372 页。
③ 《列宁选集》第三版第 1 卷，北京，人民出版社，1995，第 378 页。

他们认为传播可以使人们产生共同的想象，形成社会，最终通过信息共享，实现公共生活的自治。这些学者所说的传播的联系作用侧重于信息共享对共同文化的影响，而列宁的“报纸是集体的组织者”的命题则侧重于说明报纸促进传播者之间现实的联系。换句话说，列宁所说的组织工作是通过大众媒体的生产活动，在传播者之间建立起牢固的联系，而不是受众之间建立起想象的联系。列宁对于报纸功能的判断，突破了一般人对媒介象征符号及其意义的关注，将重点放在媒介的物质性上。他认为不是宣传的内容，而是宣传活动本身能够教育和造就一个职业的革命家组织，这和麦克卢汉所说的“媒介即讯息”有异曲同工之妙。在他看来，媒介就像是道路、城市一样的模具（或者他所说的“脚手架”），规定了人们行为和交往的形式与内容。报纸作为社会的基础设施，将采访、写作、印刷、发行等部门众多人员联结在一起。媒介学者德布雷发现，共产主义运动往往和印刷文化有着密切的联系，革命导师往往擅长写作，并通过印刷机的大规模生产将他们的思想传递到群众那里。如果没有报纸、书籍和小册子这样的媒介，共产主义运动根本不可能在20世纪兴起。[①]因此，技术作为现代性重要组成部分，深刻地影响着宣传的形式及效果。

在正式建党后，报纸的组织作用让位于党的组织工作，列宁不再提起“报刊是党的组织者”这一观点，但是斯大林却错误地解释了列宁的观念，仍把报纸视为组织民众的工具。[②]按照这种观念，必须使多数人成为宣传家，国家才能成为一个高效的统一的组织，这就不难解释为什么苏维埃夺取政权后，必须建立渗透到国家各个层面的宣传系统，也不难解释为什么要求每个共产党员都应该进行日常的宣传，并且日常的宣传要具有真正的共产主义性质。这样，就把大众传播与组织传播、人际传播联系起来，建立起一个福柯式的相互监督的思想管理系统。

---

① ［法］雷吉斯·德布雷：《普通媒介学教程》，陈卫星、王杨译，北京，中国传媒大学出版社，2014。

② 陈力丹：《马克思主义新闻观思想体系》，北京，中国人民大学出版社，2006，第309–315页。

一体化宣传系统的建立

灌输与教育

列宁在反对经济主义崇拜工人自发性的时候，曾经提出了一个重要的理论：工人阶级的阶级意识不是自发产生的，而是资产阶级的知识分子创造出来并通过才智出众的无产者，在条件许可的地方将它灌输给无产阶级的。列宁把这个理论的首创权归之于德国的卡尔·考茨基。①

这个叙事很像基督教教义中施洗约翰为耶稣洗礼，耶稣再拯救人类的模式，论证了无产阶级理论来源的正当性问题。这里姑且不讨论关于这个解释的争论，值得宣传研究者注意的是，列宁把宣传和教育画上了等号。列宁认为"全面揭露"是对工人进行"政治教育"的最佳方式。列宁反复强调，要通过政治教育把工人提高为革命家，而不是去迁就工人仅仅追求改变自己经济状况的自发的工联主义倾向。

列宁认为，在一个落后的资本主义国家实现社会主义，需要将马克思学术化的理论加以改造。其中一个重要的修正就是在一个工人阶级比例并不占优势且无产阶级意识薄弱的国家，不能依赖工人自发的觉悟，而要通过人为的改造，造就一批能够意识到自身受压迫根源的先进群体。列宁为工人设计了一条正确的革命路线，然后通过宣传灌输，说服他们接受。对于列宁这样一个拥有坚定意志的革命领袖来说，受众的选择自由并不重要，甚至他没有在这个问题上浪费笔墨。

> 他（列宁）习惯把"自觉性"与"自发性"加以对照，并对前者信心十足，而对后者根本不予信任。……对于列宁来说，政治简直就是在整个宇宙范围内利用可能性的艺术；胜利只属于那种能够最明确洞见"下一步"的政党。列宁的政党是自觉性的化身，有着精确的预见性，而且万事皆有备而来。与此相反，"自发性"意味着冲动、蛮干或意志。……列宁对待自发性所持的乃是这样一种态度，即在尊重它

① 《列宁选集》第三版第1卷，北京，人民出版社，1995，第500–501页。

的同时又带有强烈的不信任甚至恐惧的态度。[①]

“灌输”是考茨基和列宁的共同发明，并且在他们之后似乎成为马克思主义思想中的一个重要理论。但是研究者发现，马克思和恩格斯并未提过这个理论，甚至也不曾使用过这个概念。我国的马克思和恩格斯译文转译自俄译本，“灌输”这个词就随着被歪曲的俄译本进入中国的文本。[②]

列宁主义的灌输思想，带有明显的“社会工程”的特征。美国历史学家史华慈曾提出，启蒙时代以来知识分子对于社会的建设问题，提出过两种不同的路径：一个是工程—技术主义取向，另一个是道德取向。前者在笛卡尔—牛顿理论的基础上，把世界看成一个具有一定规律的精密仪器，作为教育者和立法者的社会工程师们希望找到这个机器的真正规律，并通过善加利用这种法律—政治框架，使社会走向理想的状态。道德取向则以卢梭为代表，他看到了追求物质和效率的社会产生了大量不道德的现象，他认为这种工程—技术主义，或者说人类的现代文明正在造成社会的堕落和毁灭。作为学者的马克思也是这种道德取向的代表人物之一。[③] 按照上述划分，列宁同时兼具这两种特征。他既相信社会具有不可避免的规律，也谴责资本主义的罪恶。在宣传和阶级意识灌输问题上，列宁更多地表现出工程-技术主义的特征。他坚信自己找到了解放俄国工人阶级和其他受压迫者的正确道路。就像面对一个巨大的社会机器，操作者无须考虑机器自身的感觉，只需要按照科学的步骤操作即可。

列宁的这种社会教育的观念，直接影响了战后苏联的社会制度。尽管列宁对民主原则也有他自己的解释——比如他提出民主原则有两个必要条件：一是完全的公开性，二是一切职务经过选举[④]——但是由于客观条件的限制，他没有来得及实施这些原则。而且列宁所说的民主，主要限于工人阶级内部，而非针对所有公民，尤其是被列为不受社会主义欢迎的人是被

---

① [美]乔治·霍兰·萨拜因:《政治学说史》(下卷)，邓正来译，上海，上海人民出版社，2010，第886页。

② 陈力丹:《精神交往论》，北京，开明出版社，1993，第242–243页。

③ [美]本杰明·I. 史华慈:《卢梭在当代世界的回响》,《中国的共产主义与毛泽东的崛起》，陈玮译，北京，中国人民大学出版社，2006。

④ 《列宁选集》第三版第1卷，北京，人民出版社，1995，第347页。

排除在外的。[①] 比如在1918年1月5日召开的全俄第一次真正通过选举产生的立宪会议上，由于社会革命党和孟什维克占据多数，否定了之前布尔什维克的停战和土地政策，以列宁为代表的布尔什维克立即宣布“革命的利益高于立宪会议形式上的权力”，在立宪会议召开不足二十四小时后就通过武力取消了该会议。[②]

从列宁本人的性格来看，他虽然脾气火爆，言辞激烈，但是冷静下来之后，还是能够理性客观地对待不同意见。而且他也能够把与自己有不同意见的人放在重要的领导岗位上。[③] 深受西方文化影响的列宁本人具有一定的民主作风，但是从制度的层面来看，这种工程—技术取向的教育观念，会导致权力过度集中、压抑不同意见、破坏法治、剥夺公民自由权利等一系列弊端。这些问题不断扩大，导致苏联国内大量矛盾与不满情绪无法得到宣泄和解决。

“齿轮和螺丝钉”

通过上面对列宁的“报纸是集体的组织者”和“阶级意识灌输”理论的分析可以看出，列宁关于宣传的观念中有一个隐含的前提，即有效的宣传必须是整合的宣传（propaganda of integration）：不仅要对公民进行政治教育，令他们厌恶资本主义制度，认同社会主义制度，而且要使全体党员参与到政治宣传之中，通过主动的信息传播，巩固党员之间的联系。

在夺取政权之后，以列宁为首的布尔什维克逐步建立了全国性的宣传教育系统，把新闻出版、文学艺术、电影、学术研究、农村口头传播网、青少年教育、军队、外交等都纳入了宣传的范畴。

列宁对“言论自由”一直持否定态度，认为这是资产阶级的意识形态。他认为媒体的自由应该从属于组织工作。早在1905年发表的《党的组织和

① ［美］汉娜·阿伦特：《极权主义的起源》，林骧华译，北京，生活·读书·新知三联书店，2008，第468页。

② ［美］沃尔特·G. 莫斯：《俄国史（1855—1996）》，张冰译，海口，海南出版社，2008，第191-192页。

③ 陈力丹：《马克思主义新闻观思想体系》，北京，中国人民大学出版社，2006，第273页，第349-359页。

党的出版物》(1905年)一文就明确提出了党的出版物的党性原则。[①]

列宁认为言论自由与结社自由存在矛盾。他认为虽然言论应该享有自由，但是结社自由也允许一个党派使自己内部在思想上保持一致，避免瓦解。因此“党内的思想自由和批评自由永远不会使我们忘记人们有结合成叫作党的自由团体的自由”。[②]列宁这里强调的是一个政党内部的思想统一，但是其后这一原则被原封不动地应用到整个社会，使言论自由权利形同虚设。但是具有讽刺意味的是，在革命后，在取消言论自由的同时，苏联的其他政党组织逐渐消失或受俄共(布)控制，结社自由也逐渐消失，列宁的论证最后就变成了一个类似第22条军规似的悖论。

列宁对言论自由作了激烈的批评。他认为资本主义所说的言论自由不过是一种伪善。“在以金钱势力为基础的社会中，在劳动群众做乞丐而一小撮富人做寄生虫的社会中，不可能有真正的和实在的‘自由’。”绝对的言论自由是资产阶级的或无政府主义的空话，而无政府主义是改头换面的资产阶级思想。他指出：“生活在社会中却要离开社会而自由，这是不可能的。资产阶级的作家、艺术家和演员的自由，不过是他们依赖钱袋、依赖收买和依赖豢养的一种假面具(或一种伪装)罢了。”既然不存在绝对自由，社会主义者应该明确地公开自己与资产阶级出版物的区别。因此列宁提出：

> 写作事业不能是个人或集团的赚钱工具，而且根本不能是与无产阶级的事业无关的个人事业。无党性的写作者滚开！超人的写作者滚开！写作事业应当成为整个无产阶级事业的一部分，成为由整个工人阶级的整个觉悟的先锋队所开动的一部巨大的社会民主主义机器的“齿轮和螺丝钉”。写作事业应当成为社会民主党有组织的、有计划的、统一的党的工作的一个组成部分。[③]

《党的组织和党的出版物》发表于1905年俄国资产阶级革命之后。当

---

① 这里的出版物泛指印刷媒介，包括报纸、出版社、发行所、书店、阅览室、图书馆和各种书报营业所。见《列宁选集》第三版第1卷，北京，人民出版社，1995，第664页。

② 《列宁全集》第12卷，北京，人民出版社，1987年，第96页。

③ 《列宁全集》第12卷，北京，人民出版社，1987年，第93页。

时政府放松了言论控制，出现了一个宣传马克思主义的合法时期。针对当时党内派别林立的状况，这一时期列宁提出的出版物的党性原则目的是增强社会民主党内部的思想统一。一种观点认为这只是列宁在特定的革命语境下、在无产阶级政党内部采取的权宜之计。然而革命胜利后，列宁并没有改变对出版自由的看法。在1921年的一篇文章里，他再次重申了对出版自由的否定态度。当时党内有人提出，可以通过出版自由，揭发胡作非为和营私舞弊现象。列宁言辞激烈地批评了这种观念，他重申："在全世界，凡是有资本家的地方，所谓出版自由，就是收买报纸、收买作家的自由，就是买通、收买和炮制'舆论'帮助资产阶级的自由。"[①] 他认为，如果实行出版自由，最终一定会给国内外资本主义复辟提供机会。揭发和批评不要通过出版自由，而要通过"吃力的工作"——通过党组织和党报进行。

在这一宣传观念的指导之下，1917年11月10日，十月革命胜利后的第三天，《真理报》即公布了列宁签署的《关于出版问题的法令》，查封了公开反对革命的资产阶级的报刊。在此法令公布后的一个月内，几家重要的对立报刊被查封。为了进一步控制报刊的内容，监督其他资产阶级报刊，1918年2月22日人民委员会在《工农政府报》第30号上公布了《关于成立报刊革命法庭的法令》。这项由列宁签署的法令对报刊革命法庭的组成、审理的法律程序都作了明确规定，并授权该法庭执行罚款、关闭和没收资产阶级报刊等八项职责。

为了在经济上和物质上打击资产阶级报刊，列宁还签署了《关于国家统一管理文选业务的法令》（1917年12月8日公布）、《关于征用印刷所的指令》（1917年12月26日公布）。

在革命后，为了从根本上清除孟什维克和社会革命党的影响，1919年2月22日，全俄中央执行委员会做出《关于查封破坏国防的孟什维克报纸的决议案》，采取强硬措施，勒令其全部停办。到1919年底，俄国十月革命前出版的较重要的报刊，除布尔什维克的报刊外，其他政治派别的报刊全部停刊或被查封。

在新经济政策期间，苏维埃政权在打击与中央言论不一致的"耐普曼

---

① 《列宁选集》第三版第4卷，北京，人民出版社，1995，第548页。

报纸”[①]的过程中，封闭私人报纸。至1925年，苏联的私人报刊全部停办。[②]至此一个全国统一的，以党报为中心的社会主义报刊网络成为苏联唯一合法的大众媒体系统。

在苏维埃政权建立初期，由于纸张紧张，报纸印刷数量有限，为了扩大报纸的影响，新政权还在全国各地建立了“罗斯塔橱窗”（ROSTA window）。罗斯塔是塔斯社前身俄罗斯通讯社的简称，当时这个通讯社同时还出版报纸。这些张贴在莫斯科繁忙路段和商店橱窗里的报纸起到了很好的宣传效果，因此这种传播形式被迅速推广到其他城市。

在列宁当政时期，苏联的报刊管理政策虽然强硬，但是在“行动一致，批评自由”的党内思想交流原则指导下，党内舆论并不完全一律，在党报上经常可以看到革命元老之间的争论。这一传统来自革命前。列宁虽然一直强调党报的组织作用，但是党报只是在他的指导之下，而没有完全听从于他的指挥。在《真理报》创办初期，列宁的文章因为立场过于激进，有时被拒绝或被修改。当时的编辑之一斯大林在《真理报》上发表的文章就站在了列宁路线的对立面。列宁在流放期间写的《远方来信》系列文章有三篇没有刊登，刊登的一篇也被歪曲和删改。加米涅夫批评列宁《四月提纲》的文章在《真理报》上刊登，并且引起许多孟什维克和列宁关系密切者的响应。季诺维也夫和加米涅夫反对列宁起义的文章也发表在高尔基（他虽然屡次资助列宁，但在当时并不同意列宁的激进主张）办的报纸上。[③]即使到了苏联成立后，主持《真理报》工作的布哈林也在报纸上发表了不少与列宁意见不同的文章，反对列宁与德国签订妥协的和平协定，主张“不使自己脱离农民的基础上逐步发展工业”，并且在新经济政策期间反对允许资本主义和私人经济共同存在，主张用“最坚决的社会化”的办法来实行社会主义。[④]但是到了斯大林掌权并开始大规模的清洗活动之后，媒体上不同的声音渐渐消失，直到只剩下一个声音。

---

① “耐普曼”系NEPman音译，指苏联新经济政策时期产生的资本家、商人的投机者。NEP是New Economic Policy的缩写。

② 傅显明、郑超然：《苏联新闻史》，北京，新华出版社，1994，第98–104页。

③ Martin Ebon. *The Soviet Propaganda Machine*，New York，NY: McGraw-Hill，1987. pp.33–40.

④ 傅显明、郑超然：《苏联新闻史》，北京，新华出版社，1994，第105–106页。

社会主义现实主义文艺观的确立

在列宁时期，和教育、出版和大众传媒相比，文学艺术并没有受到严格的管理。尤其是第一位教育人民委员安纳托里·维·卢那察尔斯基是个有文化修养而且敏感的人物，在布哈林等一批温和派的领导人支持下，对艺术家包括先锋派，奉行一种比较宽容的政策。列宁只是在他怀疑卢那察尔斯基的容忍态度可能使党在文化领域里的指导作用受到威胁时，才加以干预。[①] 但是20世纪20年代末30年代初，随着新经济政策的结束和斯大林政治体制的确立，文化界也要求建立高度集中统一的局面。以高尔基为名誉主席的全苏无产阶级作家联合会（拉普）被认为阻碍了文艺创造的大规模发展，最终为苏联作家协会所取代。“拉普”文学被批评为突出个人，是布哈林的“长入社会主义”与“阶级斗争熄灭论”的发展。在斯大林的参与之下，“社会主义现实主义”被确立为苏联文学创作的指导思想。该原则主要有以下几个含义：

（1）社会主义现实主义不是有闻必录地记录生活中的一切，而是要反映社会主义现实的真实，它要求作家学习马克思主义，用马克思主义观察社会、把握和反映社会主义的本质；（2）社会主义现实主义要求作家反映社会中走向社会主义的东西，要求反映生活中向社会主义发展的趋势和本质；（3）艺术作品必须用社会主义精神从思想上教育和改造劳动人民，这是检验艺术效果的尺度。[②]

上述主张作为一个流派而言无可厚非，但是当它被当作唯一正确的创作模式加以绝对化时，就使得文学艺术创造走向纯粹的宣传。大多数苏联作家在实践中不得不接受这样一个强制的原则：每一个故事，每一部小说或诗篇，都应有一个“正面的”中心人物，这个正面英雄通常是一个在个人方面、专业方面和思想方面都无懈可击的人，感情生活居于次要地位，“正面人物”总是反对次要“反面人物”斗争的胜利者，后者则不是代表旧

① ［美］M. K. 杰瓦诺夫斯基：《苏俄史》，山西师范学院《苏俄史》翻译组译，临汾，山西师范学院，1982，第211页。

② 周尚文等：《苏联兴亡史》，上海，上海人民出版社，1993，第345页。

社会的残渣余孽，就是代表“人民的敌人”和“外国间谍”。[①] 一些个人化的作家如米·米·左琴科和安·安·阿赫玛托娃则受到粗暴的斥责和讨伐，直至被开除苏联作家协会，被禁止发表作品。[②]

列宁非常注意电影的宣传作用，他认为“一切艺术中最重要的”是电影。国内战争一结束，苏维埃就立即扩建了从旧政权接收过来的七个制片厂和一千个剧院。1919 年 8 月，全苏联的电影工业即全部国有。仅仅十年间，他们就在全国范围内建立起一个影剧网，上映国营制片厂拍摄的影片。之前苏联的电影生产数量和质量都不如西方国家，早期主要放映库存的西方影片，但是到 1927 年，国产影片的票房开始超过国外影片。这个时期的电影都是默片，这种缺陷本身反而变成了一种宣传上的优势，它可以突破苏联不同民族的语言差异，最大限度地扩大电影的宣传范围。20 年代可称之为苏联电影的黄金时期，以爱森斯坦、普多夫金为代表的苏联导演获得了巨大的国际声誉，爱森斯坦的《战舰波将金号》(1926)、《十月》(1927)，普多夫金的《圣彼得堡的终结》(1927)等宣传十月革命的影片成为经典之作。

农村口语宣传网络的建立

在马克思的理论里，农民并不是革命的主力。在俄国的政治舞台上，农民一直是漠不关心的中立者，是无意见的背景。但是在列宁的宣传理论中，农民作为大众的典型成员，是鼓动的主要对象。

在革命胜利初期，不论是在与白军进行战争期间还是实行战时共产主义政策期间，农民及农村问题一直是新政权是否能够保持稳定的关键。因此布尔什维克大力开展农村宣传网络建设。吸取以前民粹主义者的教训，新生政权以通俗易懂的口头传播网络为基础，进行农村宣传。《土地法案》以简明的形式向农民宣传，相比之下，白军则缺乏有效的农村动员措施，这为红军战胜白军奠定了基础。

《土地法案》是苏维埃政府建立后的第一个法案，该法案本身就是一个

---

① ［美］M. K. 杰瓦诺夫斯基：《苏俄史》，山西师范学院《苏俄史》翻译组译，临汾，山西师范学院，1982，第 340–341 页。

② 周尚文等：《苏联兴亡史》，上海，上海人民出版社，1993，第 434–436 页。

有效的宣传材料，它重新分配土地的措施迅速赢得广大贫农的支持。新政权专门进行了农村鼓动宣传的培训工作，仅革命胜利后一个月，就有一万名鼓动员被派往农村，1918 年 7 月全国到农村进行宣传的人数达到五万人。

在当时的一本培训和指导鼓动员的小册子[由波罗夫（Ia Burov），编写]里，用通俗的语言概括了宣传的要点，并且对农民可能提到的一些有争议的问题进行了解答。该书还详细地说明了农村宣传鼓动的方法和步骤。这些方法包括：在宣传之前，要用一天的时间对该地区的政策知晓情况和政治状况进行调查，尤其要摸清该地群众中的领袖人物及其政治立场。接下来鼓动员在当地贫农中找二至五个有知识且信得过的人，向他们解释政治形势和政府的要求。然后，鼓动员才能召集群众进行公开宣传。在这些已经被发动的本地农民的协助下，村民们对苏维埃政府的土地政策、和平政策、政权问题进行讨论。鼓动员尽量不处于中心位置，他协助村民选出自己的领袖。接下来，鼓动员与农村传统的村社组织进行接触，如果村社政权掌握在反布尔什维克的人手中，就坚决要求进行重新选举。最后，鼓动员再和当地布尔什维克政府取得联系，汇报情况。[①]俄国传统村社被认为是阻碍垂直宣传体制建立的主要障碍，为了削弱其影响，鼓动员还会发动对富农的批判，将贫农与富农对立起来，激起民众的仇恨，剥夺传统领导人的权威。不难发现，后来中国共产党的土改与农村动员借鉴了苏俄的方法和模式。

为了进行大众宣传，苏维埃政府还创造性地发明了“鼓动火车”“鼓动轮船”和“鼓动车站”。鼓动火车最早起源于内战中的军队宣传，后来推广到广大农村地区。作为现代科技的象征，火车代表着新生政权的形象，火车外面装饰着英雄的士兵、农民和工人形象，写着标语，非常引人注目。火车的名称“列宁号”“十月革命号”“红星号”也是宣传的一部分。鼓动火车是一个流动的宣传站，一列火车有一百人左右，其中十五到二十人专门从事政治鼓动工作。车上配备有印刷设备和通讯发射设备，一路散发传单。火车上还有演说员、演讲厅、剧院，还带有电影放映设备。最新的科技在宣传中发挥了重要的作用，许多民众最初的电影经验就是纪录片中列宁、托

---

① Peter Kennez. *The Birth of Propaganda State: Soviet Methods of Mass Mobilization*，1917–1929. New York，NY: Cambridge University Press，1985，pp.53–54.

洛茨基等革命领袖的形象，自然会对他们产生亲切感。

俄国广大农村地区识字率不高，为了有效地进行宣传，苏维埃政权制作了大量宣传画，通过简单明了的视觉符号传达讯息。宣传者们还发明了和现代卡通画类似的多幅有故事情节的宣传画。除了在宣传的形象性上努力外，苏维埃政府还在革命胜利之后到20年代开展了大规模的扫盲运动。列宁曾提出："只要在我国还存在文盲现象，那就很难谈得上政治教育。这并不是政治任务，这是先决条件，没有这个条件就谈不上政治。文盲是处在政治之外的，必须先教他们识字。不识字就不可能有政治，不识字只能有流言蜚语、谎话偏见，而没有政治。"[①] 作为政治教育的一部分，1919年12月26日政府分布了《扫盲法案》，规定8岁至50岁的公民必须接受扫盲教育。至1920年，有40%的成人可以阅读文字内容。[②] 扫盲运动对农村和军队的影响比较大，扩大了新政权的宣传范围。

教育与学术

列宁把宣传看作一种特殊的教育，同时也把教育看作宣传的一部分，在革命之后，苏维埃政权立即对沙皇时期的教育体制进行了改革。1918年1月，人民委员会颁布了《关于教会同国家分离、学校同教会分离》的法令。同时，取消了沙皇时代的高级中学。列宁断言，新的苏维埃中学要进行"包括自然和社会科学基础知识、科学唯物主义世界观和共产主义道德、增进健康的体育锻炼"的综合教育。

1923—1924学年，教育人民委员会部颁发了学校必须执行的统一教学大纲。教学大纲的指导思想是：学校的教学工作和教育工作必须和社会及工农群众的劳动生产斗争结合起来。教学大纲提出了劳动教育和综合技术教育的思想。[③] 这意味着学校教育不再侧重于素质教育而转向职业训练，人

---

① 列宁：《新经济政策和政治教育委员会的任务》，《列宁选集》（第4卷），北京，人民出版社，1995，第590页。

② Peter Kennez. *The Birth of Propaganda State: Soviet Methods of Mass Mobilization*，1917-1929. New York，NY: Cambridge University Press，1985，pp.72-73.

③ 周尚文等：《苏联兴亡史》，上海，上海人民出版社，1993，第158页。

文学科受到轻视，而实用的自然科学则受到重视。

为了对青少年进行政治教育，“全苏列宁共产主义少年先锋队”（少先队）和“全俄（苏联）列宁共产主义青年团”（共青团）迅速成立，它们都在党的监督和指导下，对青少年进行校内外的政治教育，为党组织培养后备军。

列宁对于知识分子态度复杂，在苏维埃政权初期，他认为知识分子受了过去整个生活环境的影响，大多数属于资产阶级，是无产阶级的异己力量。“资产阶级”出身的教师，大多数被逐出校门，大批知识分子移居国外。但是随着工作重心转向国内经济建设，列宁对知识分子，尤其是从事自然科学研究的知识分子的态度有所转变，他指出：“我们只有利用资产阶级的科学和技术来把共产主义变成群众更容易接受的东西时，才能建设成共产主义。想用另一种方法建成共产主义社会是不行的。”[①]

在斯大林统治时期，社会科学和人文科学进一步变成了政治的附庸。斯大林亲自修订的《联共（布）党史简明教程》成为党史的权威叙述。这种以不同路线斗争作为主线的党史编撰线索，也成为延安时期中共党史写作模仿的范本。[②]与钦定党史不同的记录则被禁止传播。美国记者约翰·里德的《震撼世界的十天》也因为对托洛茨基、季诺维也夫、加米涅夫等革命元老在革命中作用的描写与官方的描述不同，原版禁止发行。充满反讽的是，列宁 1920 年为该书所写的序言里却强调希望该书“被印成千百万册、被译为各种文字，因为它对那些对于理解什么是无产阶级革命和无产阶级专政具有重要意义的事件，作了正确而异常生动的描写”。[③]

军队与外交

在托洛茨基建立的红军中，没有采用传统的权威与纪律相结合的旧办法，而是把政治灌输放到重要位置。在以工人和贫农、中农为基础的红军中，托洛茨基首次配备了政治委员。政治委员的任务是多方面的、复杂的，

---

① 《列宁选集》第三版第 3 卷，北京，人民出版社，1995，第 784 页。

② 高华：《红太阳是怎样升起的：延安整风运动的来龙去脉》，香港，香港中文大学出版社，2002。

③ 列宁：《美国版序言》，载约翰·里德：《震撼世界的十天》，北京，东方出版社，2005。

包括维持纪律，监视战地司令员政治上的可靠性，进行教育工作，监督对战士的思想灌输。他们把过去主管教育的军官和牧师与执政党在军内的代表合而为一。[①]

与之前的旧式军队不同，红军是以“无产阶级的国际主义”作为意识形态建立起来的，思想政治工作受到前所未有的重视，每个士兵应该充满对资本主义的仇恨和对社会主义革命事业献身的热情。虽然红军早期的战斗力未必很强[②]，但是用意识形态武装起来的红军军纪严整，受到了不少人的欣赏。无论是孙中山还是中国共产党人，在军队的组织上都借鉴了这种注重宣传的政治委员（政治代表）的管理方式。军队宣传也成为现代宣传观念引入中国的一个重要途径。从苏俄引进的军队宣传经验作为成功的典型，被逐步推广到全社会。军事化管理让宣传的效率得到最大程度的发挥，这反过来进一步强化了中国现代政治精英对宣传的信心。

在外交与国际宣传方面，苏维埃政府也开创了全新的模式。列宁时期的外交充满理想主义色彩，在革命胜利后，苏维埃政府立即公布了沙皇政府与协约国签订的所有秘密条约，引起国际社会震动。在苏维埃政权与德国等议和的谈判中，出现了一个颇具象征意义的场面。1918 年 2 月 28 日苏维埃代表团抵达谈判地点布列斯特的火车站后，一边接受德方代表的欢迎，一边把衣袋里的革命传单向那些感到惊奇的旁观者散发，号召他们用暴力推翻那些就要与苏维埃开始和平关系的政府。[③]

苏维埃政府与他国政府的外交与面向他国公众进行的宣传活动经常同步进行。在列宁掌权时期，从未放弃马克思所提出的国际无产阶级联合的愿望，号召和资助资本主义国家的无产阶级组织发动起义或通过其他形式的斗争，推翻资产阶级政府，夺取政权。共产国际（第三国际）的成立就是苏联试图领导各国无产阶级组织进行斗争的表现。苏联的革命和平民当家做主的形象，通过各种渠道传播到全世界，尤其受到西方左翼知识分子

---

① ［美］M. K. 杰瓦诺夫斯基：《苏俄史》，山西师范学院《苏俄史》翻译组译，临汾，山西师范学院，1982，第 166 页。

② 比如 1918 年捷克—斯洛伐克军团可以从俄国西部一路打到东部的海参崴。

③ ［美］M. K. 杰瓦诺夫斯基：《苏俄史》，山西师范学院《苏俄史》翻译组译，临汾，山西师范学院，1982，第 160 页。

的欣赏。尽管马克思主义很早就被引进到中国，但是一直未得到中国知识分子的注意，正是苏联十月革命的胜利，使得他们在众多的思潮中选择了社会主义。①

苏联开创了传统外交与通过共产国际宣传的双重外交形式。在西方学者看来，“苏联对外政策的双头现象在国际关系中是空前的。在相互对抗的国家中，彼此赞助对方的内部颠覆活动，这在历史上是不足为奇的。然而，共产国际的特点在于它是公开地、形成体制地一贯向所有的国家挑战，而且活动范围遍及全世界，这却是史无前例的。”② 尽管这一评价带有意识形态的偏见，但从结果上看，当各资本主义国家内部的工人运动相继受挫之后，这种双头外交及宣传策略的不良后果即显现出来，社会主义引起资本主义国家政府的警觉，给社会主义国家造成了一个充满敌意的国际环境。

苏维埃政权成立后关于国际主义、国家及民族主义的理论争论也折射出马克思主义中所倡导的国际主义与现有国家主权、国际法之间的冲突。在实际条件的影响下，列宁具有国际主义热情的宣传政策，逐渐被斯大林强调苏联国家利益的更加务实的民族主义策略所代替。

宣传观念的变革与苏联解体

对于一个对未来有明确规划的意识形态来说，从掌握政权那一天起，乌托邦神话就随之破灭。当完美的理念遇上不那么完美的现实时，二者之间的缝隙就不得不通过宣传加以弥合。列宁为苏联的宣传观念奠定了基调，那就是通过一体化的宣传系统，进行灌输与政治教育，改造个人的意识，认同和支持社会主义制度。这套宣传体制强调效率，为了最大限度地保证政令得到贯彻，列宁强调纪律和党的领导，相对忽视了民主。斯大林在上

---

① ［美］本杰明·I. 史华慈：《中国的共产主义与毛泽东的崛起》，陈玮译，北京，中国人民大学出版社，2006。

② ［美］M. K. 杰瓦诺夫斯基：《苏俄史》，山西师范学院《苏俄史》翻译组译，临汾，山西师范学院，1982，第 223 页。

述逻辑的基础上，使这一系统走向畸形，成为建立个人专制和个人崇拜的工具。“‘伟大领袖’的雕塑和画像到处都是，颂扬他的歌曲和诗集层出不穷，以他的名义进行的公众庆典没完没了，他的每一次讲话都被当作神圣的教条。而且，他的赞美者们还争先恐后地去发现更美丽的语言来赞颂和描述这位‘人类最伟大的天才’，因为是他带给了每一位正派的苏联人快乐，是他使社会主义的敌人心惊胆战。”①

除了将斯大林时期畸形的宣传体制归结于领袖个人的意志外，不可否认的是在列宁创立整个社会体制和宣传体制之初，已经埋下了定时炸弹。这个宣传体制对国家利益的强调超过了对公民个人表达的权利保护，对统一思想的追求超过了对社会的多元与宽容的追求。作为一个整体工程，每一个局部宣传的成败都与宣传的整体效果休戚相关。为了保证整个宣传体系的效率，最理想的解决方案就是将苏联封闭起来，建立起一个自我证明的符号宇宙。为了证明这个符号宇宙的正当性，必须完全否定其他符号宇宙存在的可能性与正当性，营造起一个非友即敌的氛围。斯大林当政时期，在清洗与恐怖的辅助下，这一宣传体制发展到极端。

误导信息

进入冷战时期之后，苏联面临更大的国际挑战，进一步加强了对外宣传。赫鲁晓夫在与美国“和平竞争”的过程中，不仅利用国际广播进行国际宣传，而且通过联合国积极开展宣传活动。正是在这一时期，苏联发明了“误导信息”的观念。

误导信息（disinformation）的字面意思是错误的、不完整的信息。该信息的真实发布者的身份不为人所知，通过第三方传送、提供或证实。这个概念最早来自苏联国家安全委员会（KGB）1955 年新成立的一个局的名称——dezinformatsia。该局也被称之为 A 局，即“积极行动”（Active Measures）

---

① ［美］尼古拉·梁赞诺夫斯基、马克·斯坦伯格：《俄罗斯史》（第七版），杨烨、卿文辉主译，上海，上海人民出版社，2007，第 517-518 页。

局的代称。该部门的主要任务是从事黑色宣传（black propaganda）[①]和颠覆策反活动，目的是给敌对国造成危机。误导信息不仅包括错误的信息，而且还包括用来削弱敌方的新闻报道。这些新闻报道常常通过外国的特工或被收买的外国记者首先在其国家发布植入性报道（planted stories），这些报道通常半真半假，表面信源具有一定的权威性和中立性，容易迷惑受众。[②]经常被提及的一个案例是关于艾滋病是美国的生物武器的信息误导。1985 年 10 月苏联的《文学周报》（*Literaturnaya Gazeta*）转载了印度一份亲苏的报纸《爱国者》（*Patriot*）的消息，指出艾滋病系美国发明的一种新型生物武器。苏联经常通过代理人（通常是记者）在外国发布误导信息，可是这次印度这份报纸根本没有刊登这篇报道。转载本身增加了信息的可信度，该新闻被六十多个国家的媒体转载，一直到 1987 年，美国的 CBS 晚间新闻、英国的《快报》和《星期日快报》还在报道该新闻。

在整个冷战期间，不仅苏联，美国也开展了大量误导信息战。包括“误导信息”这个概念进入公共视野的过程，也是一次精心策划的宣传。1980 年，捷克斯洛伐克情报局的误导信息部主任比特曼（Ladislave Bittmann）在美国国会接受听证，他揭露说苏联的情报部门在西方各国安插了不少代理人，其中记者的比例非常高，这些代理人经常利用职务之便，制造不利于美国及西方的言论。[③]他的言论及著作，使人们对苏联的秘密宣传活动引起警觉。

1999 年，在苏联 KGB 档案部门工作过三十多年的瓦西里·米特罗金（Vsili Mitrokhin）出版了一本名为《剑与盾：米特罗金档案》的书，披露了冷战时期苏联的大量秘密宣传活动。比如 1971 年 KGB 特工在美国伪造种族仇恨的小册子和信件，挑动犹太人与黑人间冲突；1984 年以 3K 党的名义，伪造信件，寄给奥组委非洲国家和亚洲国家等。其中还提到了一个非常成功的信息误导宣传。1975 年，一个自称是美国中央情报局（CIA）前特工的

---

① 所谓黑色宣传，是指故意隐藏信源的宣传，一般来说包含不真实的信息，或信源本身缺乏可信性。

② Nicholas J. Cull，David Culbert，David Welch. *Propaganda and mass persuasion: a historical encyclopedia*，1500 to the present. Santa Barbara，CA: 2003. p.104. Richard H. Shultz，and Roy Godson. *Dezinformatsia*. Washington: Pergamon-Brassey's International Defense Publishers，1984. p.41.

③ Ladislav Bittmann. *The KGB and Soviet Disinformation*. Washington: Pergamon-Brassey's International Defense Publishers，1985.

菲利浦·阿吉（Philip Agee）出版了一本畅销书——《公司内幕：CIA 日记》（*Inside the Company*：*CIA Diary*）。该书披露了 250 个 CIA 特工的名录，并且列举了大量 CIA 的错误行动。该书伪造信件，还提出 CIA 是美国总统肯尼迪遇刺的背后元凶，这一说法甚至被美国著名导演奥利弗·斯通拍成影响颇大的电影“JFK”。但是米特罗金指出，这个名叫阿吉的人根本是子虚乌有，这本书其实是 KGB 和古巴情报部门编写的。[1]

事实上，不论是苏联的 KGB 还是美国的 CIA 都在进行类似的信息误导，只不过由于苏联解体之后，大量文件解密，许多苏联进行信息误导的事实方才为世人所知。美国情报部门的宣传资料大多处于保密状态，人们无从得知。人们常把信息误导归结为是苏联单方面的宣传活动，这本身很可能也是美国情报部门宣传的结果。

公开性与苏联宣传系统的解体

在赫鲁晓夫当政时期，苏联对斯大林的个人崇拜进行了批判，也平反了一些冤案，这一时期被称之为“解冻”时期。但是总的来说，一直到戈尔巴乔夫执政前，苏联的宣传体制并没有根本性的变化。

在安德罗波夫和契尔年科两任短暂的政府之后，戈尔巴乔夫 1985 年上台，展开了他雄心勃勃的大改革。起初，他只延续了契尔年科时期提出的“加速”战略，但是随着地位的稳固，他逐渐提出了“改革”“新思维”和“公开性”等口号。他在这些口号下对苏联传统的宣传体制进行了彻底改革。

戈尔巴乔夫把苏联的困境归结为官僚阶层萎靡不振、效率低下。为了澄清吏制，他一方面惩治腐败行为，另一方面与新闻界结盟，大力提倡“公开性”，试图通过新闻界的舆论监督，整肃吏治。“公开性”是一个暧昧的概念，一位美国驻苏联大使解释说：

> 从字面上看，“公开性”意为“公开讲话”或“公布事实”。这个

---

① Vasili Mitrokhin and Christopher Andrew. *The Sword and the Shield: The Mitrokhin Archive*，New York，NY: Basic Books，1999.

俄语词没有确切的英语对应词，这就使美国弄不清该政策的真实含义，它并不像某些外国观察家所认为的那样，是指言论自由或新闻自由，而是指官方机构的运作应该是开放的，因为它同我们的概念“透明度”相似。其目标不是新闻媒介的自由，而是为政策的变化进行更有效的宣传。戈尔巴乔夫最初认为公开性是他的工具，可以用来同反对他改革计划的那些官员进行斗争。①

1986年戈尔巴乔夫会见新闻界代表时说：“无论在党内或者在国家机关中，都存在着许多由于没有反对派和不同意见造成的思想和行动停滞、守旧、错误和失误。现在，在社会发展的现阶段，我们的新闻界可以成为这种独特的反对派。”② 早在契尔年科执政期间，就已经开始实施政治公开化，并将党中央政治局每星期四例会的内容在报上公布③，但戈尔巴乔夫走得更远。

在1986年2月召开的苏共二十七次代表大会的报告中，戈尔巴乔夫进一步重申了这一原则。他说：“对于我们来说，扩大公开性的问题是原则问题。……没有公开性就没有而且也不可能有民主以及群众的政治创造力和他们对管理的参与。……有时谈到公开性，会听到有人打招呼：慎言我们在现实工作中在所难免的缺点、失误和困难。这个问题只能有一个答案，列宁主义的答案：共产党人在任何时候任何情况下都需要真理。……因此，我们把公开性变成一种不间断起作用的制度。”④

对于大多数官僚阶层来说，他们还不能适应戈尔巴乔夫所说的“公开性”，甚至戈尔巴乔夫自己也不能做到这一点。1986年4月26日苏联切尔诺贝利核电站发生爆炸，苏联的所有大众媒体在事件发生后一直保持沉默。在戈尔巴乔夫的坚持之下，到4月28日晚间，关于切尔诺贝利核电站事故的第一个官方消息才出现，它简短报道了事故，对那里实际发生的情况未

---

① ［美］小杰克·F. 马特洛克：《苏联解体亲历记》，吴乃华等译，北京，世界知识出版社，1996，第64页。

② ［俄］鲁·格·皮霍亚：《苏联政权史（1945—1991）》，徐锦栋等译，北京，东方出版社，2006，第515页。

③ 周尚文等：《苏联兴亡史》，上海，上海人民出版社，1993，第671页。

④ ［俄］鲁·格·皮霍亚：《苏联政权史（1945—1991）》，徐锦栋等译，北京，东方出版社，2006，第528页。

作任何说明。新闻报道的缺席，使得居民没有得到准确信息及时撤离，造成了巨大的损失。在“内紧外松”的传统报道思路指导下，当外国公众已经知道辐射污染值“略超过容许范围”时，乌克兰、白俄罗斯和俄罗斯居民却被禁止了解事故的危险性。1989 年媒体还揭露，事件发生后，为了防止当地居民测出日益升高的放射级别，以前作为民防计划的一部分而发放的放射线测量仪反而被政府收回。自事故的第一天起，实际辐射情况每天都向政治局、苏共中央、各共和国部长会议和州执委会报告，但是对新闻媒体却秘而不宣。直到 5 月 2 日、3 日后，苏共中央政治局委员雷日科夫在实地了解情况后，才作出了电站周围 30 公里内人员疏散的决定。5 月 14 日，戈尔巴乔夫发表电视讲话，介绍切尔诺贝利的灾难。①

1986 年切尔诺贝利事件处理不及时和政府对公众安全不负责任，令公众对政府的不信任和不满情绪进一步增加。“有控制的公开性”令苏联政府付出了重大的政治代价。另一方面，该事件引起的民愤，也为戈尔巴乔夫进一步推行公开性提供了正当理由。

在文学和学术研究领域，知识分子在戈尔巴乔夫“苏联的历史中不应有空白点和被遗忘的名字”的号召下，对历史与社会现状进行了深刻的揭露，过去不敢直面的现实进入公众的视野。在这一阶段，中长篇小说、文章和回忆录取代了专业的苏联社会史学研究，斯大林镇压不同政见者的秘史被不断揭露出来，就连那些刚被“平反”的人也不能幸免，布哈林、托洛茨基这些在斯大林时代遭到不公正待遇的老革命，他们在红色政权下的反人道主义行为也不能逃脱人们的批评，甚至连人们通常认为比较宽容的列宁，也不是毫无瑕疵。②1989 年《莫斯科新闻》对内务委员会（克格勃化名之一）在斯摩棱斯克附近卡廷森林屠杀波兰军官一案的揭露，更是成为震惊世界的政治事件。③

---

① ［俄］鲁·格·皮霍亚：《苏联政权史（1945—1991）》，徐锦栋等译，北京，东方出版社，2006，第 532–537 页。

② ［俄］鲁·格·皮霍亚：《苏联政权史（1945—1991）》，徐锦栋等译，北京，东方出版社，2006，第 551–553 页。

③ 关于此事，苏联官方之前一直说是纳粹德国所为，追究内务委员会的责任是纳粹的宣传。在媒体揭露之后，官方开始抵赖，接着不置可否，最后承认。见［美］小杰克·F. 马特洛克：《苏联解体亲历记》，吴乃华等译，北京，世界知识出版社，1996，第 329 页。

党的思想家无法控制过去，自然也就无法把现实合法化。苏共的历史成了罪恶、暴力和欺骗的历史，人们对社会主义制度逐渐失去信心。正如一位俄罗斯历史学者说的："在几十年的发展过程中，苏共尽管在队伍人数上不断扩大，但是正统思想的影响力却日趋减弱，党的威信不断下降。苏共依然是国家的承重结构，但是缺少强大而权威的思想后盾，它难以承担原有的和不断增加的新负荷。裂痕逐渐加深，于是在瞬间整个承重结构便突然倒塌。"①

反思苏联的宣传观念与体制

苏联解体的原因十分复杂，它会和罗马帝国的衰落一样，成为一个争论不休的历史悬案。近些年来，一些俄罗斯知识分子提出，苏联的解体主要是因为在信息心理战上败给了美国为首的资本主义国家。在这些著作中影响较大的是利西奇金、谢列平合著的《第三次世界大战——信息心理战》。②该书作者提出，早在十月革命胜利之后，苏联国内许多关键位置就被所谓"意识形态专家"占据。这些专家别有用心地利用各种机会，散布资本主义的价值观和意识形态。坚固的堡垒总是从内部攻破，作者认为苏联的解体是因为放松了内部的意识形态控制和信息战，才导致社会主义堡垒在里应外合之下被轻易征服。

苏联的解体从反面让我们看到了其宣传体制对政权的重要影响。列宁时代确立，由斯大林发展到极致的苏联宣传系统在相当长的一段时间里向国内民众提供了政权正当性的证明。共产主义宣传经常诉诸抽象的理论与观念，现实中与之矛盾经验成为偶然的"例外"。只要维护了包括新闻、文艺和教育等整个意识形态系统内部的一致性，就可以掩盖现实中的问题。从这个意义上讲，利西奇金等人向我们揭示出宣传的强大效果。但是他们除了

① ［俄］罗伊·麦德维杰夫：《苏联的最后一年》，王晓玉、姚强译，北京，社会科学文献出版社，2004，第225-226页。

② ［俄］利西奇金、谢列平：《第三次世界大战——信息心理战》，徐昌翰等译，北京，社会科学文献出版社，2003。

对所谓“意识形态专家”动机的论证过于主观外，还错误地倒果为因，将宣传体制的松懈作为苏联解体的主要原因。苏联解体前期恶化的经济状况、尖锐的民族矛盾、臃肿而低效的官僚体系才是其解体的根本原因。由于政权不够民主，这些问题长期被压抑，在突然被披露出来之后，引起了民意激烈的爆发。尽管表面上看来这似乎是宣传本身不够有力造成的，但是恰好相反，这正是一直以来一体化的宣传体制掩盖矛盾所造成的恶果。

苏联宣传体制的建立与覆灭，折射出现代社会宣传的困境——强调效率与民主自由的矛盾。列宁时代由于国内外的条件紧迫，建立了过分强调效率和纪律的宣传体系。这个以国家有效动员为特征的体制帮助苏联奇迹般地渡过了难关。然而这些临时的措施中也蕴含着许多不民主的因素。由于没能及时根据外在条件的变化调整宣传体制，在合适的环境下，这些毒瘤逐渐生长，成为苏联社会走向专制的工具。一体化宣传体制有效性的前提是各部分的合法性都得到公众承认。当任何一环出现问题，公众就将把罪过归因于整个政权，并对整个宣传体制的所有部分产生怀疑。戈尔巴乔夫所提倡的“公开性”放松了国家对于信息系统的管理，公众长期被压抑的不满得到发泄，并将所有社会矛盾的原因归结于政权本身，最终导致公民对社会制度和国家认同感的瓦解。

第五章 从“总体战”到“一体化”

第二次世界大战是20世纪人类最大的一场战争，如果说第一次世界大战使宣传这个概念逐渐为人所知的话，那么第二次世界大战中则出现了不同的宣传观念同场竞技的局面。当然，这种观念的竞争很难评估，甚至“竞争”这个比喻本身也存在问题。因为真正在战争中起作用的是军事上的胜利，而这是多种因素共同作用的结果。这也使评估这一竞争的胜负变得几乎不可能。德国输掉了战争，但用汉娜·阿伦特的话来说，纳粹的极权主义探索了一种新的政治的可能性，它并不会随纳粹德国的消失而消亡。[①]同样的，纳粹德国的宣传体制或技术也不会轻易地消失。纳粹的反犹宣传、希特勒充满煽动性的演说、烦琐的仪式、无处不在的纳粹标识和象征符号、戈培尔周密的宣传计划和灵活的宣传技巧、里芬斯塔尔把艺术性和煽动性完美结合在一起的纪录片……有可能改头换面后依然存在于我们身边。然而纳粹德国的领导人究竟是如何看待宣传的地位和功能，又是如何进行宣传的，国内新闻传播界对这方面的研究尚且不多，存在不少以讹传讹的误解。本章将重点对二战前后德国领导人的宣传观念进行考察。

二战时期不同国家的宣传话语，也为研究现代宣传观念所面临的困境提供了难得的案例。我们可以再次观察到，当社会动员效率处于压倒地位时，会给整个社会带来何种灾难。但是另一方面，也要注意到，纳粹政权

① ［美］汉娜·阿伦特：《极权主义的起源》，林骧华译，北京，生活·读书·新知三联书店，2008，第574–575页。

的宣传持续时间不长，它本身的恶果尚未充分暴露出来，就因军事上的失败而崩溃。所以要全面地评价这种宣传观念的后果并不容易，把宣传观念带来的问题与整个纳粹制度的影响剥离将更加困难。由于本研究的主要焦点并不是评估宣传的实际效果，而是分析宣传的话话与观念，所以只对具体的宣传措施与后果作简略的讨论。

德国纳粹的崛起与宣传

第一次世界大战时德国国防军第二号指挥官埃里希·鲁登道夫在战后提出了“总体战”的观念。他认为现代的战争是全民战争而不仅仅是政府的战争，战争不只是政治的继续，相反，国内的政治要以战争为中心。[①] 希特勒领导的德国纳粹将“总体战”观念付诸实践，建立起一个一体化的战争宣传和动员体制。

从政治的角度看，纳粹的宣传活动可以分成三个阶段：第一个阶段是从希特勒出任纳粹党魁到夺取德国政权（1921—1933）；第二阶段是希特勒掌权到发动第二次世界大战（1933—1939）；第三阶段是整个战争进行阶段直到第三帝国崩溃（1939—1945）。第三个阶段还可以 1942 年斯大林格勒战役为界，划分成前后两个阶段，前期德国的军事进攻所向披靡，后期则在东西两线同时遭到挫败，直到灭亡。在不同的阶段，宣传的内容和扮演的角色都有明显不同。[②]

纳粹的宣传观念主要由希特勒和戈培尔两个人奠定。希特勒从改造纳粹党至掌握德国政权（1921—1933），一直亲自掌管宣传活动，并且为该党从组织到夺取政权制订了明确的宣传策略。1933 年戈培尔出任德国大众教育与宣传部部长一职后，希特勒将整个德国的宣传工作交由戈培尔负责。戈培尔最大限度地扩大自己的权限，建立了一个庞大的宣传帝国，这个时期他的宣传观念影响了德国的宣传体制和政策。

希特勒与戈培尔都是坚定的纳粹分子，对于宣传的主要看法也非常一

---

① ［德］埃里希·鲁登道夫：《总体战》，戴辉先译，北京，解放军出版社，2005，第 14 页。

② Aristotle A. Kallis. *Nazi Propaganda and the Second World War*. New York，NY: Palgrave，2005.

致。他们都注重宣传，把宣传视为实现政治目标的手段，并且都是熟练的宣传家。他们二人对于宣传的看法各有侧重，希特勒强调宣传在建立党组织过程中的作用，而戈培尔则强调宣传网络的建立、媒体与政府关系、大众媒体在宣传中的作用以及宣传技巧。但总的来看，他们的宣传观念并不像西方学者所说的那样存在很大分歧。①

宣传：手段而不是目的

希特勒的政治生涯从宣传开始。在他的自传性著作《我的奋斗》（*Mein Kampf*）② 中专门有两章（分别是上篇第六章《战争宣传》和下篇第十一章《宣传与组织》）讨论宣传，此外在其他各章中都可以见到关于宣传的论述。

希特勒宣传观念的来源主要有两个：马克思主义的宣传和英美第一次世界大时的宣传。前者经常被他用来证明一件事："错误"的观念只要宣传得力，同样会令民众接受。他把德国的战败归结为马克思主义政党和犹太人的"背后一刀"。

如果说马克思主义的宣传只是战争失败的替罪羊的话，作为一战时的一名老兵，真正令他印象深刻的还是英美的战争宣传。他认为德国在一战时期的宣传非常失败，主要原因在于当时德国上层对宣传存在着错误认识。不仅不重视它，并且不得其法。英美则利用了德国的这一缺陷，突破常规，在宣传战上取得了成功。因此，德国人应该从对手那里学习什么是宣传。事实上，研究者也发现，德国的一战宣传虽然合乎理性，但是形式过于呆板，对受众心理缺乏研究。造成这一现象的主要原因是军方内部存在矛盾，不

① 如 David Welch. *The Third Reich: Politics and Propaganda*，2nd edition. New York，NY: Routledge. 2002.

② 《我的奋斗》在中国是一本谈论得多，阅读得少的书。据研究，1936 年南京曾推出过第一个中文译本（Werner Maser，*Adolf Hitler's Mein Kampf*，Bechtle，Esslingen，1995，p.41），但是目前中国国家图书馆并没有这个版本，仅存有郭清晨译，天下书店 1940 年的中文版。这个中文版只有 127 页，系删节本。目前该书大陆没有正式的中文译本，台湾曾有文国出版社和台南大行出版社译本，都是编译版，有删节，主要侧重传记生平，对宣传等理论问题则删节较多，容易误导读者。目前中国国家图书馆也只收藏了该书的德文版而没有英文版。本书使用的是 Ralph Manheim 1971 年的英文译本，部分译文参考了 James Murphy 1942 年的英译本。引文均为本书作者译自英文版。

愿意让有经验的新闻工作者参与到宣传管理之中，而政府和军方的宣传家又缺乏经验，造成在宣传方面逊于英美。[①] 从这个意义上讲，希特勒的宣传观念主要来自英美。当这种观念与纳粹的意识形态相结合之后，就带来了巨大灾难。[②]

为了纠正德国一战时对宣传的错误看法，希特勒曾明确指出：宣传只是一种手段而不是目的。这个观点包含两层意思：第一，只要目的正确，任何手段均可使用，不必考虑道德问题。在希特勒看来，德国的宣传就是要为自己争取生存空间，这是一个崇高而光荣的目的，只有这样才能免于被奴役，获得自由。他强调：

> 在战争中，宣传只是达成目的的手段。这一目的就是为了德国的民族生存而奋斗。因此，宣传必须为达成这一目的而服务。为了早日赢得胜利，最残酷的武器就是最人道的武器；只有这些有助于我们保持民族尊严和自由的方式，才是最善最美的方式。这才是在命悬一线的奋斗中应该采取的对战争宣传的态度。如果那些所谓权威部门（一战时期德国的领导层——作者注）早先能够意识到这一点的话，他们就会对战争中应该采取什么形式的宣传武器没有任何迟疑；因为它只是一件武器而已，虽然只有在专家手中宣传才是一件可怕的武器。[③]

第二，也是他重点强调的，手段必须适应目的，不要把宣传和科学研究相混淆。希特勒认为，一战时德国的宣传陷入了为宣传而宣传的误区。这些宣传过于理性，论证烦琐，不仅难以被普通民众理解，而且模棱两可，无法给人留下深刻印象。希特勒认为这种为宣传而宣传，忽略了宣传的目的。宣传不必逻辑严密，论之有据，只要达到目的即可。

---

① 见［美］哈罗德·拉斯维尔：《世界大战中的宣传技巧》，张浩、田青译，展江校，北京，中国人民大学出版社，2003。

② 从希特勒的论述中，不难看到勒庞群体心理学的影响。同时，一些资料也表明，希特勒也熟悉美国的公关宣传技术。见赖瑞·赖依：《公关之父伯纳斯：影响民意的人》，刘体中译，海口，海南出版社，2003。

③ Adolf Hitler. *Mein Kampf*, translated by Ralph Manheim, New York, NY: Houghton Mifflin Company, 1971, p.178–179.

> 宣传的内容不是科学，就像海报的目的不是艺术一样。海报的艺术在于设计者是否能够通过某种形式和色彩吸引大众的注意力。宣传艺术展的海报必须让公众注意展览本身。它越能做到这一点，海报的艺术性也就越强。海报必须让大众感到这个展览十分重要，但不能取代展览中的艺术品。①

希特勒年轻时曾经梦想成为画家，在建立第三帝国后仍然对艺术充满兴趣。他倡导古罗马风格的那种崇高、英雄式的艺术风格，对海报这类带有"犹太式"市侩气的作品，自然不屑一顾。他以广告画为例，旨在说明宣传本身并没有什么价值，只有在作为一种达到目标的手段时，才具有价值。希特勒从心底里瞧不起宣传，他认为那只是英美政客胜之不武的小伎俩，可见他完全是从功利的角度理解宣传的。

希特勒认为在受众无法识别的情况下，宣传完全不必考虑自身的真实性与逻辑性。就像一个广告商在宣传自己的商品时不会说竞争对手的商品比自己的好一样，是天经地义的。

> 宣传的功能不是权衡和思考不同民族的权利，而是单独地强调所要争取的一个权利。宣传的任务不是客观地调查真相，并告诉大众学术研究之后得出的正义原则，这样做只会对敌方有利，而是必须为我们自己的权利服务，始终如此，坚定不移。②

比如关于战争责任问题，希特勒认为不必犹豫，一定要把战争的责任推到对方身上。因为大众既不是外交家也不是法律专家，只是一群思想容易动摇的乌合之众，他们根本无法得出正确结论。如果宣传里面有丝毫犹豫，让大众觉得对方也有一些道理的话，他们就会对己方的整个宣传产生怀疑，甚至会在其他事情上也会站在同情敌人的角度思考。

虽然在一般人印象中，纳粹德国的宣传都是"弥天大谎"（the Big

---

① Adolf Hitler, *Mein Kampf*, translated by Ralph Manheim, New York, NY: Houghton Mifflin Company, 1971, p.179.

② Ibid, p.182.

Lies），但是希特勒并不是在任何问题上都隐瞒真相。正如前面提到的，宣传只是一种手段，真相并不是他优先考虑的问题，效果才是。如果谎言不容易被证明，他会毫不犹豫地使用谎言，如果谎言容易被证伪，他会谨慎从事。希特勒对第一次世界大战期间交战双方对敌方形象的宣传进行了对比。他发现德奥的宣传把英美士兵滑稽化，使他们看起来非常可笑。但是德奥的士兵在战场上却发现对方不仅不滑稽，而且非常难对付，他们觉得上当受骗，这种宣传立即破产。但是英美却把德奥士兵宣传为野蛮人和匈奴人，强调他们非常残忍。这些宣传已经提前对敌人难以对付打了预防针，到了战场上，士兵从宣传中获得的印象不断强化，更加深了对敌人的愤怒和仇恨。希特勒认为，这两种宣传的效果如果放在一起，高下立判。因此对于那些能够被证实的宣传来说，宣传的内容一定要与现实相符。①

宣传的目标——大众

希特勒关注的第二个问题是：应该向谁宣传？是向教育程度较高的知识阶层，还是向教育程度较低的普通民众？

回答很明确：宣传应该最大限度地扩大影响，受教育程度比较低的大众才是宣传的主要对象。宣传并不适合知识阶层，科学性的内容才适合他们。希特勒对于宣传的界定与普列汉诺夫和列宁的完全不同，他没有区分宣传与鼓动。列宁和普列汉诺夫认为宣传的目标是知识分子，是把多个思想传递到少数人那里，而希勒特所说的宣传则更接近于列宁等人说的鼓动，是把少数信息传递到大多数人那里。

希特勒推崇面对面的口头传播，他认为这种方式远胜于枯燥的文字论证。他加入纳粹党初期就反对通过议会政治的传统方式夺取政权，转而直接向大众进行宣传。他认为，只有与大众直接接触，才能真正影响他们。“人口中最多数的大众只能被演讲的力量所打动。所有的伟大运动都是大众运动。”②

① Adolf Hitler, *Mein Kampf*, translated by Ralph Manheim, New York, NY: Houghton Mifflin Company, 1971, p.181.

② Ibid, p.107.

希特勒对于大众的看法是勒庞式的，他把大众作为一个整体。该群体具有两个特点：第一，大众的感知能力非常有限，理解能力也非常低下，可是他们遗忘得却很快。因此，所有有效的宣传必须局限于几个要点，并且要尽可能地符合既有的刻板印象和模式。① 希特勒认为成功的宣传应该简单明了，要有一个明确的口号，不论宣传的内容如何变化，一定要回到相同的结论上来。此外，因为受众对信息的接受很慢，所以要给他们时间消化，要不断地重复，这样他们才能理解。

第二，大众受感情而不是理性的支配。

> 国家的大部分国民在性格和见识上都像女性，他们的思想和行动受到感情而不是冷静的理性的左右。这种感情并不复杂，只有积极和消极、热爱和仇恨、对和错、真与假几种观念。而且这些观念非此即彼，不会相互掺杂。英国的宣传对此有着非常出色的理解，并把这些理解付诸实践。②

在希特勒眼中，大众是一群缺乏理性且懦弱无能的乌合之众。人们经常把“弥天大谎”策略的发明权归于希特勒，其实这并不是希特勒的夫子自道，而是他指责犹太人和马克思主义者时的用词。他认为犹太人和马克思主义者善于利用大众的弱点，撒弥天大谎，即把德国战败说成是军事失利，但实际上真正的原因是他们从精神上打击了德国的传统和民族士气，而无能的大众则不加怀疑地接受了他们对战争失利的解释。在希特勒的论述中，对大众的轻视无处不在。

> 弥天大谎总有一种使人相信的力量，因为多数大众更容易受到他们深层感情本能的侵蚀，而不能理性地或自主地进行判断。这种原始而单纯的心灵，使他们更容易成为弥天大谎的受害者而不是小谎的受害者，因为他们自己经常在鸡毛蒜皮的事情上撒小谎，但是以犯大错

---

① Adolf Hitler, *Mein Kampf*, translated by Ralph Manheim, New York, NY: Houghton Mifflin Company, 1971, p.180–181.

② Ibid, p.183.

误为耻。他们从来没有胆量想过编造一个巨大的谎言，他们也不敢相信其他人敢这样不顾廉耻地撒弥天大谎。即使有大量清晰的事实证明这个谎言是错的，他们仍会犹豫和动摇，会继续认为有其他理由可以解释这些矛盾。①

希特勒认为成功的宣传不是针对单个人的教育，而是要将大众的注意力吸引到某个事情上，要让他们觉得这件事重要到必须带回家去与家人分享。因此宣传者必须针对大众的这种特点进行宣传活动。有两种人不适合进行宣传工作，一种是恬静的唯美主义者，一种是耽于享乐的知识分子。前者把令大众印象深刻的宣传变成只适合于茶会消遣的文学，而后者则追求刺激、新奇和变化，过于关注自己，忽略比自己低下的普通人的需求。合格的宣传者应该降低自己的标准，用适合普通大众的方式对他们说话。

希特勒一方面极度鄙视大众，认为这是一群缺乏理性的乌合之众，带有很强烈的优越感和精英意识；另一方面他又对知识分子以自我为中心的精英意识大加批判，认为之前的德国政府没有真正地了解大众。正是既轻视大众，又要利用大众的心态，造成了希特勒这种看似矛盾的态度。

宣传与组织

在希特勒关于宣传的观念中，最为独特的是对宣传与组织关系的论述。希勒特一进入国家社会主义工人党，就担任宣传工作。他认为这个工作的目标不仅是扩大该党的影响，更重要的是，它要把该党改造成为一个由精英分子组成的组织，并最终夺取政权。

希特勒认为，宣传工作是组织工作的准备阶段。他把一个组织的人员分成两部分：一是追随者（follower），他们接受了党的主张，这部分成员人数众多，主要通过宣传获得；另一部分是党员（member），他们是从接受了党的教义的大众中脱颖而出的精英分子。这部分人员数量不多，但是构成了

---

① Adolf Hitle. *Mein Kampf*, translated by Ralph Manheim, New York, NY: Houghton Mifflin Company, 1971, p.231.

党的核心，只有依靠他们才能将党的主张付诸实施。作为一个追随者，只需要被动地接受党的思想和主张，而党员则要代表这些思想并且为之斗争。

对于希特勒来说，宣传是选拔党的核心成员的重要手段。为什么希特勒不通过传统的方式选择党员呢？他认为传统推举或选举的方式，容易埋没那些真正有才能的人。因为人的自私本性决定他们不会提拔能力超过自己的人，嫉妒心会压制真正的人才。

> 我的建议是首先通过宣传，公开传播某个运动的主张。这种宣传工作应该持续一段时间，而且应该接受一个中心的指挥。当这种思想慢慢地赢得了一部分人之后，就必须仔细地遴选这些人才，发现那些具有领导能力的人，并且对这种能力加以考验。人们常常发现，那些外在表现不引人注目的人中根本出不了天生的领袖人物。①

列宁也提出过报纸是群体的组织者，但他认为报纸的宣传可以造就职业革命者，组织政党，然后再影响大众。然而在希特勒那里，顺序刚好相反，是宣传先影响大众，再建立组织。宣传是他挑选、观察未来领袖的试金石。因此他有意在宣传中提出激进的主张："我的宣传越极端、越刺激，越会吓退那些软弱和动摇的人，使他们无法进入我们组织的最核心部分。"② 希特勒就像一个高明的实验员，用宣传刺激大众，然后观察他们的反应，筛选出最合适的被试。

在希特勒看来，宣传工作与组织工作既有联系，也有区别。二者的主要区别表现在三个方面：（1）宣传工作在前，组织工作在后；（2）宣传工作的目标主要是召集追随者；组织工作主要的目标是选拔人才；（3）宣传要尽可能扩大其影响范围，而组织则必须限于封闭精悍的小群体。

希勒特认为，宣传的影响范围越大，越有可能挑选出优秀的领袖；但是党的核心成员越多，则运动越可能因为松散而走向失败。理查德·泰勒

---

① Adolf Hitler: *Mein Kampf*, translated by Ralph Manheim, New York, NY: Houghton Mifflin Company, 1971, p.579.

② Adolf Hitler: *Mein Kampf*, translated by Ralph Manheim, New York, NY: Houghton Mifflin Company, 1971, p.586.

认为，希特勒的意图是宣传要给组织腾出位置，而不是组织给宣传腾出位置。[①] 戴维·威尔奇认为，希特勒只在组织成员比较少的时候重视宣传，但是纳粹一旦掌权，宣传的作用有所下降，组织的工作就变得更为重要。[②] 在希特勒心目中，宣传只是手段，建立组织夺取政权才是第一要务，从这个意义上讲，组织的作用确实大于宣传。但是另一方面，这两者并不是简单的线性替代关系，而是不断地相互作用。

> 当宣传说服整个民族接受某种信仰时，组织工作就可以通过一小撮人的工作，把这一结果转变成实际效果。宣传与组织，或者说追随者和党员，肩并肩站在一起，相互联系。宣传的工作做得越好，组织就会越精干。追随者越多，党员数量就会越少。相反，如果宣传工作很糟糕，组织就会很大。……宣传的头等任务是赢得那些可能加入组织的人。组织的头等任务是选择和训练那些能够从事宣传工作的人。组织的第二个任务是破坏现有秩序，给传播新的思想创造空间，所以组织者的任务必须通过斗争保护政权，这种信仰才能最终取得胜利。[③]

“第三帝国”的宣传观念与宣传话语

宣传与“一体化”

希特勒关于宣传的论述主要集中于《我的奋斗》中，完成于1924—1925年，即他因啤酒馆政变未遂被判入狱及出狱后的一段时间。这个时期他关心的是如何夺取政权。1933年1月，希特勒在获得总理职务，并通过国会纵火案大权独揽后，就将宣传工作主要交给了他的忠实信徒约瑟夫·戈

---

① Richard Taylor. Goebbels and the Function of Propaganda. In *Nazi Propaganda: the Power and the Limitations*. Edited by David Welch London，UK: Croom Helm 1983. p.31.

② David Welch. *The Third Reich: Politics and Propaganda*，2nd edition. New York，NY: Routledge.2002. p.23.

③ Adolf Hitler. *Mein Kampf*，translated by Ralph Manheim，New York，NY: Houghton Mifflin Company，1971，p.582.

培尔。1933 年 3 月 13 日，希特勒设立了德国历史上全新的政府部门——大众教育与宣传部（Reichsministerium für Volksaufklärung und Propaganda，德文缩写 RMVP[①]，Reich Ministry for Popular Enlightenment and Propaganda），部长戈培尔。戈培尔本人正是希特勒通过上面所说的那种宣传加组织的方式选拔出来的纳粹党核心领袖之一。在经过一次动摇之后，戈培尔完全被希特勒富有煽动性的演讲和主张所征服，成为纳粹运动的忠实信徒，并在短短一年的时间内，成为纳粹党的领袖之一。[②]

大众教育与宣传部最初只设立了五个部门：广播（radio）、报刊、行动宣传、电影和戏剧与大众教育。后来五个部扩展为十一个部，分别为：（1）立法、预算和人事；（2）宣传“一体化”；（3）广播（broadcasting）；（4）报刊（国内）；（5）电影；（6）戏剧；（7）报刊（海外）；（8）文学；（9）高雅艺术；（10）音乐；（11）民间文化。

戈培尔认为，成功的宣传一定是令出一尊，因此他希望监督所有会产生宣传后果的机构人员的行为。戈氏向希特勒说：“我认为既然设立宣传部长一职，所有占领区会影响宣传的部门、新闻和第三帝国文化的事件都必须由这一职务负责。”希特勒全力支持了他的建议。但是在实际操作上，希特勒以他惯有的驾驭部下的权术，重复设置了一些部门，戈培尔与外交、军事、司法、经济及东部占领区的领导层不断地产生冲突和斗争。戈培尔理想中的“一体化”的宣传，实际上并没有得到完全实现。

如果说希特勒认为宣传工作只是组织工作的准备阶段的话，戈培尔则把宣传工作看成国家日常工作的中心任务之一，因为宣传工作是国家保持“一体化”的重要途径。所谓“一体化”（Gleichschaltung，Co-ordination）是纳粹党掌权后积极推行的一系列措施，目的是将德国所有的政治、经济和文化合为一体，集中到纳粹党的手中。在希特勒上台之后，通过各种手段，迫使国会将立法权赋予政府，废除德国各邦单独的权力，解散所有其他政党，取消工会，将大型百货商店和工业收归国有，逐渐建立起一个政治、经济和文化高度一体化的纳粹化国家。

---

① 也可直译为“大众启蒙与宣传部”。

② ［美］威廉·夏伊勒：《第三帝国的兴亡》（上），董乐山等译，北京，世界知识出版社，1996，第 121-127 页。

“一体化”也是戈培尔任宣传部部长后一直积极推行的措施，用他的话来说，就是“政府不会对人民放任自流，把它们锁在令人窒息的房间里”。他在就职演说中说：

> 我把新设立的大众教育与宣传部看成政府与人民之间的纽带，是代表大众意志的民族政府与人民自己之间充满生机的联系方式。在过去的几周里，我们经历了帝国的政策与各邦政策之间不断增长的政治一体化（这是指废除德国各邦单独的权力——作者注），我认为，这个新部门的首要任务是在政府和全体人民之间实现一体化。[①]

戈培尔对于宣传与教育的定义与希特勒略有不同。他在解释这个德国历史上前所未有的大众教育与宣传部的任务时说：

> 我们建立了大众教育与宣传部。这两个名称意思并不完全相同。大众教育（popular enlightenment）是被动的；而另一方面，宣传（propaganda）则是主动的。因此我们不能满足于只告诉人们我们想要什么，让他们知道我们将如何做。我们还必须用积极的政治宣传代替教育，彻底赢得人民。仅仅使人民或多或少接受并服从我们的政权还不够，应该把他们从中立的位置拉向我们，我们必须不断地做人民的工作，直到他们死心塌地追随我们，直到他们认识到，并且在意识形态上接受，现在德国正在发生的一切不仅必须（must）被接受，而且能够（can）被接受。[②]

戈培尔意识到人们对宣传的负面印象。他在演讲中说：“宣传是一个遭到恶意中伤并且被误解的一个词。外行人用它来表示劣等的事物甚至被鄙视的事物。‘宣传’一词总是尝起来有点苦涩。但是如果你仔细研究隐藏在背后的原因，就会得出完全不同的结论：你将不会怀疑宣传家必须是一个

---

① Paul J. Goebbels.The Tasks of the Ministry for Propaganda. In David Welch，*The Third Reich: Politics and Propaganda*，2nd edition. New York，NY: Routledge. 2002. p.173.

② Ibid. p.174.

对人的灵魂具有渊博知识的人。”[①]

作为一体化的重要一环，宣传必须将信息传播与国家的行动联系在一起。这种全面的联系是相互的，同时也意味着国家所有政策和行动都带上了宣传的特征。纳粹德国的宣传有两个中心内容：一是领袖崇拜，二是国家社会主义。希特勒被神化为拯救德国的超人，他的自传《我的奋斗》被称为有史以来“最伟大”的文献。希特勒本人的形象成为纳粹运动的符号，他的雕塑、画像、照片、声音、一举一动都成为整合宣传的一部分。

除了演讲、报纸、电影等通过大众媒介的宣传以外，纳粹的宣传还包括游行、集会等活动。戈培尔认为行动虽然未必一定影响观念，但它是促进观念转变的必要条件。当代人可以通过导演里芬斯塔尔（Leni Riefenstahl）拍摄的纳粹宣传电影《意志的胜利》《奥林匹亚》等看到这些精心策划的、声势浩大的群众集会和火炬游行。纳粹甚至把柏林奥运会变成了一个向全世界公众进行宣传的盛会，甚至这种宣传反过来促进了奥委会对统一的形象包装的理解。

在第三帝国，艺术也成为宣传和教育工具。除了歌颂和表现希特勒的伟大外，纳粹的人种理论也通过各种艺术方式传达给大众，雅利安人种被表现得高大健康，而犹太人等“劣等人种”则被视为丑陋阴暗。希特勒推崇具有古典悲剧色彩的、崇高的、浪漫的艺术作品，并将其作为德国健全人格的教科书。建筑与城市空间规划也成为纳粹宣传的一个重要渠道。希特勒热衷于进行城市建筑规划，他说：

> 作为一个重要运动的实体中心，地理的政治性怎么强调也不为过。这个空间必须弥漫着麦加或罗马所具有的那种神秘的和具有魔力的气氛，从长远来看，这种空间的存在本身会给某个运动以力量，这种力量来自它内在的统一性和这种统一性中所具有的领袖气质的感知。[②]

---

① Paul J. Goebbels. The Tasks of the Ministry for Propaganda. In David Welch, *The Third Reich: Politics and Propaganda*, 2nd edition. New York, NY: Routledge. 2002. p.174.

② Jochen Thies. Nazi Architecture- a Blueprint for World Domination: the Last Aims of Adolf Hitler. In *Nazi Propaganda: the Power and the Limitation*. Edited by David Welch. Beckenham, UK: Croom Helm Ltd. 1983.

纳粹的教育也是将国家“一体化”的重要部分。青少年十岁加入少先队，十四岁参加希特勒青年团，然后加入纳粹党，接下来参加青年义务劳动军以及应征参加国防军。青少年从小接受纳粹的思想灌输，从此一生都和国家紧紧地联系在一起。在学校里学生们接受纳粹的种族歧视和民族仇恨的观念，人种优秀的学生可以进入新修建的宫殿一般的精英学校中接受高级教育。希特勒认为，青少年在学校最重要的是锻炼体魄，培养坚强意志，而智力的训练反而是次要的任务。在体育锻炼和准军事训练中，男孩成为服从纪律，充满着优越感，愿意为帝国献身的斯巴达式的军队后备力量。女孩则被要求献身于国家，成为替国家制造优秀物种的生育机器。这种把青少年诱骗成为国家“螺丝钉”的社会工程，可能是纳粹宣传机器中最成功的一部分。[①]

勒庞和希特勒的学生

和希特勒一样，戈培尔也把宣传看作达成目标的手段。他形象地说：“宣传就像爱情，只要能成功，任何行为都是允许的。”衡量宣传效果的只能是它的结果。“如果我们通过这种手段达到了目的，这种手段就是好的；在任何情况下，与它是否符合审美的要求完全不相干。”[②]他所说的最高目的就是国家社会主义，或者他所说的“民族革命”。

戈培尔对受众的看法也和希特勒一致，认为受众理解能力差，必须把丰富的宣传的内容，转变成简单而短小的口号，并反复强调。他总结说：宣传的本质就是简单、有力、集中。戈培尔的这一看法受到法国心理学家勒庞的影响。戈培尔的部长助理鲁道夫·塞姆勒（Rudolf Semmler）的日记证明，勒庞一直影响着戈培尔，直到第二次世界大战期间，“戈培尔还认为，除了法国人勒庞以外，没有人比他更了解大众的心理了”。[③]

---

① ［德］古多·克诺普：《希特勒时代的孩子们》，王燕生、周祖生译，北京，人民文学出版社，2006. 朱庭光主编：《法西斯体制研究》，上海，上海人民出版社，1994，第 244–248 页。

② Paul J. Goebbels. The tasks of the Ministry for Propaganda. In David Welch，*The Third Reich: Politics and Propaganda*，2nd edition. New York，NY: Routledge.2002.p. 175.

③ Rudolf Semmler. *Goebbels-the Man Next to Hitler*. London，UK: 1947，p.75.

> 宣传家不仅要了解民族心灵的一般特征，还必须了解大众中不同个体的心灵中最隐秘的部分。宣传家不仅要知道如何对整个民族讲话，也懂得如何向整体中的一小部分人讲话：向工人、农民、中产阶级讲话；他不仅会向德国南部人讲话，也会向北部人讲话；他必须会向不同职业不同信仰的人讲话。宣传家必须随时准备使用宣传对象自己的语言向他们说话。这些能力是取得成功的先决条件。①

他认为，要成功地宣传，首先必须给事件或人贴上一个独特的标签，用短语或标语来标记这个事物。他认为英国在这一点上就做得很不成功。而德国则坚持这一原则，所有宣传中一直使用 Fuehrer（元首）称呼希特勒，禁止伪政府首脑用这个称呼；此外 Reich（帝国）这个词一定只能用来指称德国自己，而不能用于其他国家。希特勒把英美看成他宣传技巧的启蒙老师，但是现在，希特勒的学生戈培尔已经能够指摘老师的老师了。

戈培尔非常注意国内宣传的分寸，特别是在战争宣传中，必须保持民众的心理处于一个最佳的紧张程度。为了防止民众受到对方和平协定宣传的影响而产生动摇，他认为宣传必须强化德国被战败的悲惨后果，令大众产生焦虑。但是当大众对战争的结果过于焦虑或无法自己缓解焦虑时，宣传又应该减轻这种焦虑，不要过分强调失败的后果。戈培尔就像一个大众心理学家，谨慎地管理着大众的心理。

“不仅要告知，而且要教导”

在戈培尔的“一体化”计划中，大众媒体是十分重要的一环。上任伊始，他就分别向报纸、广播和电影工作者发表了演讲。在这些演讲中，他集中阐述了他心目中大众媒体的任务、大众媒体与政府的关系及媒介技术与宣传的关系。

首先他对媒体的任务作了规定：媒体的任务除了告知（inform）以外，

---

① Paul J. Goebbels. The tasks of the Ministry for Propaganda. In David Welch，*The Third Reich: Politics and Propaganda*，2nd edition. New York，NY: Routledge.2002. p.175.

它的首要而且更重要的任务是教导（instruct）。在他看来，媒体的教导就是让大众真正理解并认同国家社会主义。它不仅要清楚地说明政府在做什么，而且要向他们解释政府如何做，为什么政府必须以这种方式而不是其他方式做这件事。他认为过去十四年来（魏玛共和国时期），德国政府正因为没有通过媒体向人民解释他们的政策，才导致国家衰退。

戈培尔认为，媒体并不是独立的，必须要成为政府与人民进行沟通的工具，而不是公民自我管理的论坛。用他的话来说，媒体是政府指挥的乐队中的一架钢琴，它必须接受政府的指挥，和政府的整体行动和谐一致。

戈培尔在第一次向报界代表发表演讲时，以新闻界同行自居。并且信誓旦旦地向大家保证不会封闭任何一家报纸，如果反对派报纸被查封，可以向他申诉。作为来自新闻界的一员，他认为没有人比他的经历更有代表性，因为他自己的报纸曾经被查封过十五次。他支持报纸批评政府，但是随即又加上一个自相矛盾的限制条件：报纸不能把错误的政府形象传达给人民。他举例说，过去几周里，有报纸因为批评政府，被外国用来攻击德国。他认为这种情况绝对不允许。因为相对于批评的自由而言，国家的利益更重要。

戈培尔表面上允许媒体批评政府，但是却给批评加上了条件——不能损害政府形象和国家利益。但是判断媒体是否损害政府形象和国家利益的权力掌握在政府手中，这实际上就使媒体批评政府的权利变成了一句空话。事实上，后来他不仅通过各种媒体的协会而且通过国有的方式，把大众媒体变成政府的传声筒，反对和批评的声音逐渐被他所指挥的媒体大合唱所代替。

作为一个曾经的媒体工作者，戈培尔敏感地知道这些措施违背了新闻职业的基本精神，必定会引起新闻工作者的不满。他提出了一个颇具迷惑性的解释：

> 你们不需要害怕倾向性这个词。不存在没有倾向性的事物。没有倾向性的事物是无性的（sexless），因此也是没有价值的。我认为，我们最好公开地承认倾向性而不是暗地具有倾向性而不承认。此外，根本没有绝对的客观性。每个人都生活在这个时代，每个帮助创造这个时代的人都具有重大责任，他不仅能左右自己的意见，报纸上发表的

文章会左右成百上千人的意见。①

戈培尔把有意图的歪曲和无意识的倾向混为一谈，等于从根本上取消了新闻工作者的主体性。新闻工作的专业性，就在于杜绝有意图地歪曲和尽量减少无意识的倾向。“客观性”“透明性”正是减少这种倾向的程序性操作手法。否认绝对客观并不意味着一定要走向另一个极端，这一诡辩在逻辑上设置了一个非此即彼的陷阱。从某种意义上来讲，这两个选项根本不具有可比性。有意图的歪曲是存在的，而“绝对客观”只是一种纯粹的观念，根本不是一种客观实在。因此这个非此即彼的命题并没有给人们任何实质的选择权利。我们应该在现实的、可操作的客观性和有意图的歪曲之间作出选择，而不是在无法实现的绝对的客观性和有意图的歪曲之间选择。当然，对于现实的有明确定义的“客观性”，我们可以通过一系列预先商定的可操作性原则加以实现，这种“客观性”是建立在大多数社会成员的共识基础之上，而不是一种绝对的理念。关于这个问题的讨论详见第十一章，在此不再展开论述。②

“让每个听众成为国家重大事件的直接参与者”

和希特勒一样，戈培尔认为宣传的对象是普通大众，因此他更看重那些能够引起大众兴趣的媒介——广播和电影。广播和电影是真正的“大众”传播。首先，它们对受众基本没有要求，不像报纸还要受到文化程度和理解能力的限制。其次，在当时，广播和电影是逼真性最高的媒介，受众可以直接听到和看到。第三，广播和电影把一群人在特定的时间里集中在一起，信息由中心向四周扩散。

纳粹党攫取德国政权之前，最受其青睐的媒体是演讲加高音喇叭。它以最少投入，实现最大传播效率。所以在戈培尔眼中，广播只不过是扩大了

---

① Paul J. Goebbels. The tasks of the Ministry for Propaganda. In David Welch，*The Third Reich: Politics and Propaganda*，2nd edition. New York，NY: Routledge.2002. pp.181–182.

② 这方面的代表性观点，可以参见 Bill Kovach & Tom Rosenstiel. *The Elements of Journalism: What Newspeople Should Know and the Public Should Expect*，New York，NY: Crown Publishers，2001。

的群众集会，它最大的优势就在于能让“每个听众成为国家重大事件的直接参与者”。戈培尔认为广播优于报纸，他甚至大胆地预测，广播终有一天会取代报纸。

纳粹党说服生产商制造了当时欧洲最便宜的收音机——VE3031，这种收音机还有一个更有名的绰号——“人民收音机”（Volksempfänger）。该收音机的接收频段非常有限，这意味着使用这种收音机的听众无法收到外国的广播节目。到战争开始之前，70%的家庭拥有了收音机。除了对机器进行控制，政府还对收听方式进行指导，鼓励社区收听，当有重要的广播讲话时，会通过设在公共广场、工厂、办公室、宾馆和学校的扩音器向所有人传送。政府还专门设置了广播“监督员”，在播放重要节目时组织和监督大众收听。戈培尔是一个科技“崇拜者”，对于他来说，电视将是一个更理想的宣传媒介：“如果有一天电视开发出来，整个国家应该也能在重大事件发生时共同观看。”①

电影也是戈培尔最喜欢的媒介之一。他每周至少有三个晚上看电影或新闻片。除了放松外，也利用这个机会与电影制作者交流，了解情况。②他认为电影可以最直接地反映现实生活和运动，激励大众。在他眼中，最优秀的电影是那些把宣传与艺术完美结合的电影。反之，如果达不到宣传目的，为艺术而艺术的电影则是最差的电影。在一次对电影工作者代表的讲话中，他列举了给自己留下印象最深刻的四部电影，它们分别是：《战舰波将金号》《安娜·卡列尼娜》《尼伯龙根》和《造反》。他最推崇的是苏联导演爱森斯坦创作的《战舰波将金号》。他认为在电影史上，没有其他电影能和它匹敌。原因就在于它的说服性。他再次教育媒体工作者说：“这清楚地说明，艺术品也可以具有倾向性，通过出色的艺术工作，即使是最糟糕的思想也可以得到成功地宣传。”③

与“艺术性”相比，戈培尔更强调“娱乐性”。作为宣传，最重要的是

---

① Paul J. Goebbels. The tasks of the Ministry for Propaganda. In David Welch，*The Third Reich: Politics and Propaganda*，2nd edition. New York，NY: Routledge.2002. p. 178.

② Leonard W. Doob. Goebbels' Principles of Propaganda. *The Public Opinion Quarterly*，Vol.14，No.3（Autumn，1950），pp. 419–442.

③ Paul J. Goebbels. Dr. Goebbels' Speech at the Kaiserhof on 28 March 1933. *The Third Reich: Politics and Propaganda*，2nd edition. New York，NY: Routledge.2002. p.186.

吸引受众的注意力。他要求广播工作者，要不计一切代价避免使受众厌烦。与通俗文化给现代人留下的错误印象不同的是，纳粹的广播中，播放最多的是新闻和娱乐节目，而不是讲话。为了吸引国外听众，他还经常播放战俘名单。戈培尔认为，最好的报纸宣传不是"宣传"性的社论和训诫，而是看似客观的有倾向性的新闻。

戈培尔的宣传技巧

戈培尔不仅对宣传的原则进行了规定，还亲自指挥日常的宣传事务。他留下了不少日记，给我们提供了一个进一步研究其宣传思想的机会。①当然，作为一个有更大政治野心的人，他记这些日记是为了公开出版，所以不可避免有一些加工。结合他的实际宣传工作，学者们对这些日常宣传观念进行了总结。②

这些日记显示，戈培尔对于宣传十分谨慎，他非常强调宣传之前的信息收集和分析工作。他建立了全国性的信息反馈渠道，了解民众的心理和对宣传的反应。这些反馈渠道主要有：大众教育与宣传部宣传司的报告，四十二个地方宣传办公室的报告，各级纳粹党组织的宣传机构的报告，党卫队保安处的《全国简报》。其中最重要的是《全国简报》，该简报作为绝密材料，每星期两次分发给为数不多的纳粹高级官员参阅。为了保证报告反馈真实情况，这些由各地保安处人员提供的原始材料编成文件，一般不作任何加工和分析，内容非常真实，很少粉饰之辞。③

对于国际宣传，他也是谋定而后动。面对当时英美的宣传，除非能找到与之相反的事实，一击致命，他一般不轻易回应。他认为，可信性本身决定宣传结果的真与假，必须尽可能多利用真相，揭露敌方的谎言。与一般印象中戈培尔只会撒"弥天大谎"不同，他非常注意把真相作为重要的宣传武器加以利用。他认为，德国民众自 1914 年以来，越来越成熟老练，能够

① ［德］约瑟夫·戈培尔：《戈培尔日记，1945 年》，晏晓等译，上海，上海译文出版社，1987。

② Leonard W. Doob. Goebbels' Principles of Propaganda. *The Public Opinion Quarterly*, Vol.14, No.3 (Autumn, 1950), pp. 419–442.

③ 朱庭光主编：《法西斯体制研究》，上海，上海人民出版社，1994，第 238–239 页。

看出字里行间的细微含义，简单的欺骗已经不能取得良好的传播效果，所以最有效的是真相。

戈培尔认为，受众对可信性的感知，才是真正决定宣传成败的关键。但是这并不意味着纳粹的宣传就是实话实说。纳粹的宣传中，机会主义的色彩非常强。如果谎言无法被证伪，谎言就是最有用的宣传。如果谎言容易被揭穿，就要巧妙地利用真相。在二战开始阶段到针对苏联的巴巴罗萨行动，德国节节胜利，宣传中真相占多数，但是随着战事的恶化，宣传中的谎言就越来越多。不仅如此，戈培尔并不认为可信性是一个客观的标准。对于民众来说，真相并不一定增加可信性。戈培尔对大众心理有着独特的洞察，他认为大众更愿意相信他们心目中的“真相”。如果现实的真相会对可信性造成损害，即使是对自己有利的真相，他也不轻易向公众发布，原因如下：首先，有时暂时的真相后来可能被证明是假的，比如空袭对敌方目标的破坏程度；第二，有时真相反而像谎言。如隆美尔在北非战役结束之时本人未在非洲，可是民众都认为他此时应该在非洲，如果此时说出真相，反而会没人相信。

因此，不可一概而论地说德国纳粹的宣传建立在谎言之上，否则就很难解释为何它会具有效果。第三帝国的宣传技巧已经超越了简单的真与假的范畴，不断地随着实际情况而调整其内容，实际效果才是决定因素。

“魔弹论”的发明者?

二战之后，美国记者发明了一个形象的新名词——“魔弹论”（magic bullet theory）。记者们用它来指称纳粹德国宣传者们的效果观，即认为大众是相互隔绝的个体，容易受到非理性因素的支配，只要坚持不懈地宣传，就一定能够改变大众的态度和行为。赞成弱效果理论的实证主义者用它来代称之前关于传播效果的看法。这种看法只是学术场中新进入者为了使自己的立场合法化而树立的稻草人。不要说这种观点很难找到真正的支持者，就连纳粹宣传者戈培尔也不赞成这种宣传效果观。“魔弹论”本身就是一个与事实相距甚远的宣传。

戈培尔虽然认为大众是非理性的，但是他对宣传效果也有着清醒的认识。他认为宣传不能立即产生强烈的转变。如果要产生转变，必须提供行动或产生转变的形式。参与的行动或外在的行为成为促进宣传效果的一种形式，比如说集会、游行（如著名的火炬游行）、仪式（如著名的焚书仪式）、收听广播或观看电影，甚至体育锻炼（希特勒认为教育的主要功能是培养健康的身体，智力教育是第二任务）都可以成为这种媒介。

戈培尔在说到宣传效果时，区分了 Haltung（行为方式、行动、可观察的行为）和 Stimmung（感觉、精神、心情）两种效果。他认为在对德国的城市进行集中的轰炸式宣传后，可以取得了较好的行为效果，但是内在的精神效果却很差。他认为行为是多变的，比较容易受宣传或事件的左右，只要提供一些娱乐或轻松的内容就可以达到。但是精神效果则比较稳定，所以要不计代价地达到。希特勒和戈培尔经常使用"人生观"（Weltanschauung）这个概念，它指的是通过所有的宣传方式，使大众从理性和感情上接受国家社会主义的目标，并将其作为自己哲学观的核心。塑造"人生观"才是他们心目中宣传的理想效果。但与此同时，他们不认为这一目标可以轻松实现。

戈培尔并不认为宣传是万能的。相反，认为自己的宣传在以下六种条件下完全没有效果。它们分别是：（1）最基本的食、色冲动不能受到宣传的影响；（2）空袭造成的问题，从生活的不适到死亡；（3）宣传不能明显提高工业生产值；（4）至少在战争期间，德国人信仰宗教的冲动不能被改变；（5）占领区的德国个人或民族的外在的抵抗行为，需要武力而不是花言巧语来镇压；（6）对德国人不利的军事战况成为无法拒绝的事实时。

在戈培尔看来，宣传本身的成功并不是目的，它只是达到目的的手段之一。积极的宣传和消极的审查（censorship）都无法奏效时，他会放弃宣传，支持通过恐怖主义或军事行动达到目的。正如汉娜·阿伦特发现的那样，宣传与恐怖虽然相伴而生，但常常互为补充。在极权主义条件下，当恐怖无法实施的地方，宣传就会兴盛；当恐怖达到完美的地方，宣传就没有必要存在了，比如在纳粹的犹太集中营里就不存在宣传。[①] 因此，戈培尔既不是认为宣传万能的魔弹论的信徒，当然也谈不上是该理论的发明者了。

---

① ［美］汉娜·阿伦特：《极权主义的起源》，林骧华译，北京，生活·读书·新知三联书店，2008，第443页。

纳粹的宣传效果

对纳粹宣传效果的估计是一个有趣而富有挑战性的话题。首先，和其他通过暴力革命夺取政权的极权主义不同，德国纳粹是在议会政治和言论自由的条件下上台的，此时公众并未与外界信息来源隔绝。它依赖宣传与组织，获得了大众的支持，并迫使魏玛共和国的政治精英不得不让希特勒及其政党进入国家权力核心。就和平夺取政权的过程来说，纳粹宣传确实起到了关键作用。纳粹掌权后，建立起一体化的政治体制，通过控制大众媒体形成了信息垄断。按照拉扎斯菲尔德和默顿的理论，信息垄断是取得强大传播效果的重要条件之一。① 按照这个理论，第三帝国的宣传效果应该不小。

20 世纪 80 年代德国舆论研究专家诺尔—诺依曼提出的沉默螺旋理论，据说也来自纳粹宣传的经验。② 该理论认为，当所有大众传播媒体一致、普遍地重复某个观点时，这种意见就会让人产生一种该观点是多数意见的知觉，从而使得赞成该意见的人敢于大声疾呼，反对的人则为了避免被群体排斥而选择在公开场合保持沉默，从而形成一种优势意见螺旋式上升，弱势意见螺旋下降的扩散现象。③ 这种强大的大众传播效果的产生需要具备一定条件。大众媒体意见的一律、个人的孤立和缺乏参照群体支持以及大众对异己力量的强烈排斥更容易出现沉默的螺旋现象。这些条件正是极权主义社会的一些典型特征。④

通俗读物对纳粹德国的宣传效果进行了肯定。曾担任过美国 CBS 电台驻德记者威廉·夏伊勒在他的名著《第三帝国的兴亡》中是这样描述纳粹宣传的效果的：

---

① Paul Lazarsfeld and Robert Merton. Mass Communication，Popular Taste and Organized Social Action. in Lyman Bryson ed. *The Communication of Ideas*，New York，NY: The Institute for Religious and Social Studies，1948.

② Christopher Simpson. Elisabeth Noelle-Neumann's 'Spiral of Silence' and the historical context of communication theory. *Journal of Communication*. Summer 1996.

③ ［德］伊丽莎白·诺尔—纽曼：《民意——沉默螺旋的发现之旅》，第 3 版，翁秀琪译，台北，远流出版公司，1994。

④ ［美］汉娜·阿伦特：《极权主义的起源》，林骧华译，北京，生活·读书·新知三联书店，2008。

> 我惊奇地而且往往是大吃一惊地发现，尽管我有很多机会知道事实真相，尽管我根本就不信任从纳粹方面来的消息，但是多年来一再听到捏造的和歪曲真相的报道，自会使人留下一种印象而常常受其迷惑。凡是没有在极权国家里住过多年的人，就不可能想象，要避免一个政权的不断的有用意的宣传的可怕影响，有多么困难。在一个德国家庭里，或者在办公室里，或者有时候在一家饭馆里、啤酒馆里、咖啡馆里，跟一个陌生人的偶然交谈中，我常常会从看来是受过教育的和明白事理的人的嘴里听到最蛮横武断的主张。显然，他们是在重复他们从广播中听到的或者从报纸上看到的荒唐意见。有时候听到这种胡说八道忍不住也照样要说说自己的意见，但是在这种情况下，就会看到一种极为怀疑的眼色，一种默然震惊的神情，好像你亵渎了上帝一样，于是你就会了解到，想要跟一个头脑已经变了样的人接触，是没有用处的，因为他认为凡事就是像希特勒和戈培尔悍然不顾事实所说的那样。[①]

但是从传播效果的角度来看，这些看法忽略了其他因素的共同作用。就结果而论，当纳粹的军事行动难以为继的时候，纳粹的宣传攻势也迅速瓦解，所以这种宣传似乎并不是万能的。例如，任何成功的宣传都离不开受众的主动配合，更值得注意的是德国民众对强权政治和民族复兴的渴望。心理学家则把目光投向普通民众更深层次的心理需求。比如心理分析学家威尔海姆·赖希认为，纳粹的成功并不是宣传所致，而是它符合了德国群众的需求："对希特勒的群众心理效果的考察，应从这样一个前提出发：一个元首或一种观念的提倡者，只有当他个人的观点、他的意识或他的纲领与广大个人的普通结构相类似时，才能取得成功。"[②] 他把法西斯主义归结为权威主义机器文明及其机械主义神秘生活观的被压抑的人的基本情感态度的表现。这种性格结构既不局限于某个种族或民族，也不限于某些政党，具有国际的普遍性。作为弗洛伊德的得意弟子，他把这种人格的产生归结为威权主

---

① ［美］威廉·夏伊勒：《第三帝国的兴亡》（上），董乐山等译，北京，世界知识出版社，1996，第241页。

② ［奥］威尔海姆·赖希：《法西斯主义群众心理学》，张峰译，重庆，重庆出版社，1990，第30页。

义父权制下的性压抑。阿多诺也采用弗洛伊德的理论解释纳粹的宣传。[①]弗洛姆则把德国民众对威权政治的服从归结为对亲密关系的依赖和对自由（以及相伴而来的责任）的逃避。[②]

在近期的研究中，不少学者提出，纳粹的政治体制及宣传其实并不像通俗文化或早期以“极权主义”概念概括纳粹德国的学者所说的那样无所不能。正如人们不能从没有水的地方打出井一样，纳粹的宣传与其说是改变了德国人的意识，不如说是建筑在德国人某些早已存在的共识之上，它进一步强化并利用了这种共识。

历史学家克肖（Ian Kershaw）把纳粹的宣传影响范围分成四个区域：（1）宣传利用已经普遍接受的价值观、意识形态或主导意见作为基础；（2）通过宣传，在没有共识的领域制造出共识；（3）具有普遍接受的强烈偏见的领域，宣传几乎在真空中展开；（4）宣传必须对抗强烈的反对意见或者对立的信仰。[③]

克肖认为，在这四个领域中，纳粹宣传最为成功的是第一个领域，它利用了德国人既有的反马克思主义意识形态、对魏玛共和国的民主制和凡尔赛条约的不满。对于第二个领域，纳粹宣传的效果就要打折扣，比如纳粹企图打破原有的阶级、信仰、民族的界线，建立起一个国家至上的、统一的“民族共同体”，这种新观念对于工人阶级意识和天主教宗教意识，并未产生很大影响。第三个领域主要集中在民族仇恨的宣传上，但是这些宣传对一般大众来说过于抽象，也不能引起他们的兴趣，而那些真正与犹太人、俄国人接触的人则很难受到这种宣传的影响。对于第四个领域而言，宣传的效果更加微弱，因为公众受到现实生活的影响，当德国经济状况不错、军事行动成功的时候，宣传还比较有效，但是当现实生活中生活水平下降、德国军事失败与宣传完全相反，宣传没有什么效果的时候，宣传基本就被

---

① Theodor W. Adorno. Freudian Theory and the Pattern of Fascist Propaganda，*Psychoanalysis and the Social Sciences*. New York，NY: International University Press，1951.

② ［美］埃里希·弗洛姆：《逃避自由》，刘林海译，北京，国际文化出版公司，2002。

③ Ian Kershaw. How Effective Was Nazi Propaganda? In *Nazi Propaganda: the Power and the Limitation*. Edited by David Welch.Beckenham，UK: Croom Helm Ltd. 1983.

恐怖镇压所取代。[①]

虽然在意识形态上有所不同，但德国的宣传观念与体制与苏俄的有不少相似之处。如果说苏联的宣传体制是“一体化”宣传模式在左翼的表现的话，纳粹德国的宣传体制则是“一体化”宣传模式在右翼的激进发展。二者都建立了国家控制大众媒体、一党控制政权、不宽容反对意见的宣传体制。这个体制并不满足于现状，在掌握政权后，还通过不断的群众运动，从外部灌输意识形态，强化个人与组织的关系。此外，作为补充，它们都建立了秘密警察，使用宣传与恐怖手段并举的方式，控制大众的心与脑。

在极端民族主义的煽动下，纳粹的宣传在短时间内最大限度地对全民进行了动员。纳粹的宣传机器利用民众对凡尔赛条约和现状的不满，将法西斯意识形态成功地扩散到民众中。西方研究者注意到，法西斯主义并不是一个突然出现的怪胎，而是启蒙时代以来工具理性的极端发展与特殊政治环境结合的产物。[②]法西斯主义是一个庞大的社会工程，要对社会的所有方面，从政治秩序到审美品位，甚至人种都加以改造。这种一体化的体制首先要求信息传播系统的一体化，并对国民进行有效的思想控制。尽管在战争初期，这一宣传体制显示出惊人的效率，但事实证明，当军事冒险行动遭到挫败后，苦心营造的“一体化”宣传体系也终于崩溃。纳粹德国的宣传观念和苏联宣传观念的失败，都说明忽视个体自由，追求最大行动动员能力的宣传系统虽然在短期内会爆发出巨大的力量，但是缺乏弹性，难以保持政权的长期稳定。

---

① Ian Kershaw. How Effective Was Nazi Propaganda? In *Nazi Propaganda: the Power and the Limitation*. Edited by David Welch.Beckenham，UK: Croom Helm Ltd. 1983.

② ［德］马克斯·霍克海默、西奥多·阿多诺：《启蒙辩证法：哲学断片》，渠敬东译，上海，上海人民出版社，2003；［英］齐格蒙·鲍曼：《现代性与大屠杀》，杨渝东等译，南京，译林出版社，2002。

第六章　从旧宣传到新宣传

两次世界大战之间，宣传成为西方知识分子争论的热点话题。在这个问题上形成了人文主义立场的反对、专业立场的支持以及学术立场的中立三种态度。但随着二战爆发，国家利益和政治制度的危机成为主要矛盾，对宣传的批评逐渐消失（见第三章）。二战之后，西方的宣传呈现出一个新的特点：宣传变得越来越隐蔽，越来越依赖社会科学的指导。从表面上看，这似乎是战争之后社会的信息流通重新恢复正常，但实际上伴随着冷战的到来和消费社会的来临，政治宣传与商业宣传的强度反而增大。之所以看上去波澜不兴，是由于宣传的知识不断积累，宣传者和受众都具有反思性，简单粗糙的宣传正被精心设计的宣传所替代，短期的鼓动被长期的整合宣传所替代。

这一变化涉及范围大，本章不打算对这些宣传实践的细节进行描述，而是打算采取另一个角度。既然宣传的转型是一个知识社会学问题，那么解铃还须系铃人，考察关于宣传的知识变迁可能是揭示战后宣传新动向的一条捷径。从宣传观念变迁的角度来看，这些知识中有一部分回避了宣传及意识形态的问题，看似进步，实际却反映了不少人对宣传丧失了反思能力；另一些知识则勇于面对宣传的正当性问题，对宣传与民主的关系进行了新的思考。

第一类知识以科学的传播研究盛行为前提。在两次世界大战之间宣传研究是政治传播研究中一个相当热门的领域，但是随着以实证主义为基础的传播科学的建立和传播研究的体制化，“宣传”概念由于缺乏“科学性”，容易引起政治立场上的纠纷，于是和“公众意见”（public opinion）等概念一道，逐渐被“大众传播”“说服”“态度”“议程设置”等概念所替代。① 这一转变，从一个侧面反映了权力和知识的相互影响。在统治者眼中，批判的宣传研究妨碍了战后民族共同体的团结，而以管理为取向的传播研究则起到了解决社会矛盾，增强国家凝聚力的作用。回避宣传概念本身变成了一种新意识形态。关于传播研究中这一趋势，在第三章中已有讨论，这里不再赘述。

本章将重点讨论二战后出现的对新宣传的反思。二战后宣传研究的重要转折点，当首推埃吕尔的宣传研究。

埃吕尔与总体宣传

冷战期间，宣传研究者经常在宣传与真相、宣传与意识形态等难题中挣扎。学术研究成为宣传的一部分，或者说宣传把学术研究变成了新的前线。研究主体在这一过程中丧失了起码的自觉性。直到今天，渗透着冷战思维方式的所谓宣传（传播）研究依然随处可见。而 1962 年法国哲学家雅克·埃吕尔（Jacques Ellul，1912–1994）的《宣传：塑造态度》② 的出现令人眼前一亮，他以超越意识形态的视角理解宣传，让整个宣传研究焕然一新，确立了一种研究宣传问题的新立场。

埃吕尔认为，要研究宣传，首先要去除两个陈见。第一个陈见是宣传是罪恶的。他认为学术研究要悬置伦理判断，不要带着偏见去观察宣传现象；第二个陈见是宣传就是谎言。二战中反宣传形成的刻板印象让人们相信宣传就是撒弥天大谎。其实宣传除了捏造事实外，还有许多其他的形式。现代宣传越来越多地以信息或事实的形式出现。

埃吕尔认为宣传是一个社会现象，不要把宣传与特定国家或意识形态联系在一起。他把宣传看作和现代化相伴而生的必然现象。正如他在另一

---

① E. M. 罗杰斯：《传播学史》，殷晓蓉译，上海，上海译文出版社，第 254 页。

② Jacques Ellul. *Propaganda: the Formation of Men's Attitude*. translated by Konrad Kellen and Jean Lerner，New York，NY: Alfred A. Knopf，1965.

本书《技术社会》中强调的那样，现代化把效率放在了第一位，对终极价值缺乏关心，必然导致宣传盛行。因此，宣传并不是只在特定国家或制度中才盛行，伴随着现代化的普及，宣传变得无处不在。不仅传统的战争宣传、政治宣传是它的表现，现代的广告、公关，甚至教育、文化中都渗透着宣传。

埃吕尔认为，随着现代化和民主化的实现，传统的人与人之间的紧密联系被打破，出现了两个既相矛盾又内在统一的现象——个体化社会与大众社会同时出现。传统社会的成员被原子化之后，成为一群彼此之间缺乏内在联系的大众（the mass）。个体化的社会成员必须以大众的形式结合在一起，大众则是被个体化了的成员的集合。①

大众社会中的绝大多数是普通人（average man），这些人具备基本的文化素养但缺乏批判能力。在埃吕尔看来，最容易受宣传影响的恰恰是自以为有文化的人。现代的基础教育为宣传制造了最合适的受众。他们具有超出自己能力的优越性，自认为可以与宣传绝缘。但是殊不知任何宣传都要以一定的教育作为前提。列宁有一个著名论断：文盲是处于政治之外的。具备了基本“常识”或文化前提的人，才是宣传的最佳受众。具有一定文化的人还会因优越感而产生不切实际的自我评估，以为可以在一切问题上形成自己的见解。但是由于能力不逮，只得匆忙地从外界给定简单结论的宣传中寻找答案，所以他们最易受宣传影响。

大众社会的成员的另一个特征是追求标准的和“正常”的生活方式。个体化并不意味着个性化，相反，与他人的隔阂给个人带来极大的不确定性和不安全感。为了恢复与社会的联系，个人常常希望找到一个“正常的”或“标准的”的生活方式。宣传不断地生产着这种标准和价值，向个人推销“何种行为对国家社会有用”与“何种生活方式会得到他人的尊重”等观念。

导致宣传兴起的另一个原因是现代政治过程中“软控制”取代强制命令。民主制度下国家的主要政策取决于民意，市场也把消费者的意向作为最重要的营销目标。传播技术的发展，媒体传播效率不断增加，企业的兼并集中，这些条件为宣传奠定了良好的基础。因此，现代化使宣传成为任何国

---

① Jacques Ellul. *Propaganda: the Formation of Men's Attitude*. translated by Konrad Kellen and Jean Lerner，New York，NY: Alfred A. Knopf，1965. p. 90.

家也无法摆脱的一般社会现象。不论是资本主义国家的还是社会主义国家的宣传，都具有许多共性。

埃吕尔把宣传界定为“由有组织的群体所使用的一系列手段，其目的是通过心理操纵，使大众中的个体达到心理上的统一，团结在一起，积极地或被动地参与该群体的行动”①。他认为，所有带有倾向性的讯息，不论是有意的还是无意的，都是宣传。

埃吕尔发现，20世纪后半叶的宣传与之前的宣传存在本质的区别。他认为，当前的宣传是“总体宣传”（total propaganda）。总体宣传和总体战②一样，不仅是为了实现某个当下的目标而由宣传者进行的短期动员，而且是一个涉及全部社会成员，综合使用所有媒介，涉及政治、经济、文化教育各个领域的社会宣传工程。

埃吕尔把宣传分成鼓动宣传（propaganda of agitation）和整合宣传（propaganda of integration）。鼓动宣传是短期的，主要激起人们的感情，造成立即的行为。整合宣传出现于20世纪，它是制造一致和服从的宣传。他认为，当今西方社会已经无法有效地实现短期的政治动员，所以为了达到动员的目的，必须要使全社会成为一个整体，形成一致的行为模式和思维方式。和鼓动宣传诉诸感性不同，整合宣传诉诸理性，让个体接受既有的价值观、意识形态，与周围人保持一致，使用神话（myth）、民族意识、常识、习惯、意识形态等，通过群体的约束使个人接受某种宣传。整合宣传是一项长期的工程，它不一定以说服传播的形式出现，更多是通过教育、消费、通俗文化、日常生活等逐渐形成，所以它也可以被视为“前宣传”（pre-propaganda）。

埃吕尔使我们把宣传研究的眼光从经验研究的局部扩大到整个社会，他提出的总体宣传和整合宣传也直接影响到其后一系列“新宣传”概念的提出。20世纪90年代以来兴起的整合营销传播和后来的策略性传播，其思路都与总体宣传相似。埃吕尔50年前所预见的趋势正在扩散到整个社会。

---

① Jacques Ellul. *Propaganda: the Formation of Men's Attitude*. translated by Konrad Kellen and Jean Lerner，New York，NY: Alfred A. Knopf，1965. p. 60.

② 一战时德国国防军第二号指挥官鲁登道夫战后提出的概念，见埃里希·鲁登道夫：《总体战》，戴辉先译，北京，解放军出版社，2005。

人本主义者20世纪30年代的反宣传运动希望通过教育，使受众具有批判性思维，弱化宣传的效果。然而埃吕尔却认为这是一厢情愿的想法，不仅国家需要宣传，个人也需要宣传。

首先，分散的个体由于理解能力、交流方式、时间、精力有限，难以形成理性的意见。人们为了交流，必须对许多并不熟悉的事情形成自己的看法，因此需要宣传提供的现成而简明的答案。其次，在现代社会，人成为孤独的个体，变得微不足道，这导致他们心理焦虑。在这种情况下，只有和某个群体融为一体，才能重新获得那种失落的人与人之间的联系。群体让个人获得崇高感，群体的成就与骄傲也成为每个人的成就与骄傲。通过仇恨和轻视其他群体，群体成员不仅可以获得优越感，还可以获得更多的相同点和共同身份。

简言之，埃吕尔认为现代化（准确地说应该是“现代性”）创造了特殊的客观条件和主观心理状态，这些条件使得战争结束之后，宣传仍然会存在下去，因此，我们无法简单地消除宣传及其影响。

20世纪八九十年代以来，一些学者坚持认为“宣传”概念不应随着冷战的结束而被束之高阁，它对于理解现代社会的信息传播仍然非常有用。他们在埃吕尔的基础上，力图将经验研究的成果和批判学派的结论融合在一起，将宣传概念进一步科学化，去除其意识形态色彩。乔伊特和奥唐纳（Jowett & O'Donnell）提出了一个经常被引用的定义：“宣传就是有意地、系统地影响感知、操纵认知和引导行为，进一步强化符合宣传者目的的某种反应。”[①] 英国的宣传研究专家菲利浦·泰勒（Philip M. Taylor）则把宣传仅仅看成一种中性的传播手段，它的伦理问题并不来自宣传本身而是来自使用宣传的动机和目的。他把宣传定义为一种有意图的对宣传者有利的传播方式。[②] 尽管在现实中手段和目的是否能截然分开令人怀疑，但是泰勒的研究代表了近来宣传研究的话语策略——从意识形态的泥淖中用中立之网打捞正在沉没的宣传概念。

---

① Carth S. Jowwett and Victorial O'Donnell. *Propaganda and Persuasion*, 3rd ed. Thousand Oaks, CA: Sage Publicaitons, 1999. p.6.

② Philip M. Taylor. *Munitions of the Mind: A History of Propaganda from Ancient World to the Present Era.* Manchester, UK: Manchester University Press.2003.

宣传的效果能够测量吗？

埃吕尔与法兰克福学派的弗洛姆、赖希等人在分析路径和结论上不谋而合，[①]他们都采用了整体的心理分析路径，从现代人的困境出发，论证了宣传的强大效果。但是这一方法和结论并不被传播经验学派所接受，并将其称之为“修正魔弹论”[②]。这引发了关于宣传效果强弱的争论。

早期的宣传研究者中，不论是赞成宣传的专业人士还是反对宣传的人本主义者，大多认为宣传具有巨大的效果。正因为他们认为宣传会产生很大的影响，双方才把它作为一个重要的问题加以讨论。但是随着客观经验主义研究范式的兴起，研究者们却得出了一个完全相反的结论：大众传播的效果非常弱，必须和其他社会因素配合方能影响受众。拉扎斯菲尔德在总统选举宣传中发现，大众媒体仅能强化选民既有政治倾向，却无法改变其投票意向；[③]霍夫兰在军队中进行的电影宣传实验中也发现，宣传影片只能让受众获得一些事实性信息，但在改变态度方面却收效甚微。[④]1960 年，克拉帕（Joseph Thomas Klapper）总结了大众传播效果的五项一般定理，提出了大众传播弱效果理论（有限效果理论）。这五项一般定理是：

（1）大众传播通常不是效果产生的必要和充分的原因，它只不过是众多中介因素之一。

（2）大众传播最明显的倾向不是引起受众态度的改变，而是对他们既有态度的强化，即使在强化过程中，也不是唯一决定因素。

（3）大众传播对人们态度改变产生效果需要两个条件：一是其他中介因素不起作用，二是其他中介因素本身也在促进人们态度的改变。

（4）传播效果的产生，受到某些心理生理因素的制约。

---

① 见［美］埃里希·弗洛姆：《逃避自由》，刘林海译，北京，国际文化出版公司，2002。［奥］威尔海姆·赖希：《法西斯主义群众心理学》，张峰译，重庆，重庆出版社，1990。

② ［美］沃纳·赛佛林、小詹姆斯·坦卡德：《传播理论：起源、方法与应用》（第 4 版），北京，华夏出版社，2000，第 125 页。

③ Paul F. Lazarsfeld，Bernard Berelson，and Hazel Gaudet: *The People's Choice: How the Voter Makes Up His Mind in a Presidential Election* . New York: Columbia University Press，1948.

④ Carl I. Hovland，Arthur A. Lumsdaine，Fred D.Sheffield: *Experiments on Mass Communication*，John Wiley & Sons，Princeton University Press，1949.

（5）传播效果的产生，还受到媒介本身的条件（信源的性质、内容的组织）以及舆论环境等因素的影响。[①]

上述理论在20世纪中期的经验研究中，得到了广泛认同。传播的经验研究也在这个过程中，建构起自身的正当性。既然大众传播的有限效果成为主流，那么之前认为大众传播效果巨大的错误看法便相应地被称之为“魔弹论”“枪弹论”或者“皮下注射理论”。后者直接来自纳粹宣传理论中的比喻，因此强大效果论和疯狂的纳粹宣传被联系在一起。但值得注意的是，连传播学的奠基人施拉姆也承认，魔弹论本身并不是一个真正的“理论”：

> 所谓“枪弹论”只是一种记者的“发明”（这是从这个美好的词的贬义上来说的），而不能被认为是一种学者的理论。它是从大众在某些情况下近乎神经质的恐惧中产生的，它是在第一次世界大战中被德国的宣传所培养并为纳粹主义的宣传而极度增大的。在二十年代，一种新的媒介——无线电广播出现了。一些惊讶的人和少数喜欢危言耸听的作家想知道会不会出现这样的情况：即希特勒和戈培尔手下巧妙的宣传家们，能不能利用这种新式电台枪把他们精心制作的宣传弹射向无抵抗力的人们。它就像一个射击场，需要的只是靶子射击，而子弹是无可抗拒的。于是这个说法就流传开了。[②]

魔弹论是一个没有理论体系，没有具体支持者的“稻草人”，它是倡导实证研究的哥伦比亚学派用来突出自己的理论“创新”而建构起来的，所以显得那么不堪一击。[③]这个内容模糊，缺乏具体支持者的理论被塑造成一个“魔弹论的神话”。将严肃的宣传研究称之为“修正魔弹论”只是这个神话的延续，它展示了经验主义研究与批判研究对宣传效果的不同判断。

如果追溯到哲学观，二者的基本分歧在于认识论上。在经验学派的学者

---

① Joseph T Klapper. *The effects of mass communication*. New York，NY: Free Press，1960. p.8.

② ［美］威尔伯·施拉姆、威廉·波特：《传播学概论》，陈亮等译，北京，新华出版社，1984，第201页。

③ Deborah Lubken. Remembering the Straw Man: The Travels and Adventures of *Hypodermic. In The History of Media and Communication Research: contested memories*. David W. Park，Jefferson Pooley（Ed.）. New York，NY: Peter Lang，2008.

看来，只有使用实证主义的方法感知的现实，才是唯一可以相信的客观实在。那些以社会的宏观结构与权力关系为研究对象的批判学者则缺乏有力证据，达不到科学的标准。而批判学派的学者则认为实证主义本身就是一种意识形态，它使研究者只去关注细节，关注如何维护既有体制，而忽略了一些更为根本的问题。为了破除这种意识形态对学术研究的禁锢，它主张抛弃自欺欺人的“科学研究”，对社会问题进行整体的、历史的批判。[①]第二次世界大战后的宣传研究也延续了这样一种整体式的批判理论范式，因此实证主义阵营的学者难免会把埃吕尔这类学者的理论冠以“修正魔弹论”的称号。

宣传，确切地说是鼓动性宣传，确实很难在短期内改变受众的态度和行为。但是有限效果理论也不能轻易否定批判理论范式所提出的宣传具有强大影响的结论。埃吕尔专门对经验研究方法在宣传效果研究上的不足进行过论述。

埃吕尔认为，用定量的方法很难测量出宣传真正的效果。首先，社会环境十分复杂，宣传除了有直接影响外，还会通过群体、社会环境等产生种种间接影响，定量研究很难把整合宣传的全部效果准确地从各种社会因素中剥离出来。

其次，定量研究一般只能调查出人们能够用语言表达的态度和行为变化，但是无法用语言有意识地表达的效果则被忽略掉了。当代的社会理论家吉登斯也持相同看法。他也认为除了用语言表达的话语意识外，在日常生活中人们还多受无法言状的实践意识的支配，比如人们在潜移默化中形成了许多惯例（routine），它无法用语言准确表达，但是人们会按照惯性行动。[②]对于实践意识以及更难把握的潜意识，定量的宣传研究无法给出精确的描述，而它们往往是宣传效果最重要的部分。

第三，20世纪中期的定量研究大多只关注了宣传短期的鼓动效果，很少关注长期的整合宣传的影响。如果个人从出生以来就生活在某个整体宣传的环境之中的话，他的认知结构与基本态度从一开始就被设定，潜移默

---

① 见刘海龙：《大众传播理论：范式与流派》，北京，中国人民大学出版社，2008。

② ［英］安东尼·吉登斯：《社会的结构》，李康、李猛译，北京，生活·读书·新知三联书店，1998，第133页。

化的宣传根本无须改变什么，只要不断地强化既有的思维方式就可以。拉扎斯菲尔德等人也证明，大众媒体效果主要是强化（reinforcement）而不是改变，在格布纳的培养理论中可以看到类似的观点。[①]

第四，定量研究主要关注的是态度和行为的改变，而批判的宣传研究关注的是思维方式的塑造。埃吕尔提出，预宣传（pre-propaganda）不是立即产生某种所需要的态度或行动，而是逐渐地形成某种思维方式，为鼓动性宣传作好铺垫。这些思维方式包括对自己所在群体的非理性的认同和对其他群体非理性的仇恨、非黑即白的思维方式、追求一律、痛恨差异，缺乏宽容、不加批判地接受某些神话等。这些深层的认知结构的变化由于不是信息的直接影响，且不易测量，并没有引起定量研究者的充分注意。

实证主义阵营中的拉扎斯菲尔德和默顿也认为，大众传播的有限效果在某些情况下也会失效。他们列举了三个条件：（1）信息和意见垄断；（2）引导而不是改变受众的基本价值观念；（3）面对面接触的补充。[②] 而在批判理论范式的学者看来，这些条件都可以通过新宣传直接或间接地实现。

客观经验主义范式与批判理论范式的对立，才是魔弹论神话产生的真正原因。许多争论与其说是具体观点之争，毋宁说是不同研究范式的认识论之争。因此，不能因为简单的“魔弹论”标签而全盘否定批判的宣传研究中提出的论点。

宣传模型

由于宣传概念隐含着价值评价，涉及的问题复杂，概念难以操作化，经验研究对宣传概念逐渐失去了兴趣。客观经验主义范式眼中的缺陷，恰好成为批判范式眼中的优势。宣传概念中明确的价值判断使批判理论能够与主流意识形态之间保持紧张关系，不断地挑战“常识”，揭露其虚伪性。同

---

① 刘海龙：《大众传播理论：范式与流派》，北京，中国人民大学出版社，2008。

② Paul Lazarsfeld and Robent Merton. Mass Communication, popular taste and organized social action. in *The Communication of Ideas*, edited by L. Bryson. New York, NY: Institute for Religious and Social Studies. 1948.

时，宣传概念整体化的特征恰好也与批判理论所主张的历史的、联系的取向一致。批判的研究者常常不是就事论事，孤立地讨论宣传的效果，而是从政治、经济、意识形态等更广阔的背景中思考宣传的根源与影响。

埃吕尔开创的“整体的”宣传研究也影响了批判的宣传研究。在他的带动之下，西方新左派中的一些成员开始针对新闻媒体集中化、商业化带来的问题，从媒体运行的角度对政治经济精英的隐形宣传策略进行了尖锐的批判。他们认为，目前统治阶级对公众的宣传策略已经不再是直接的鼓动，而是通过选取与他们的思想保持一致的人员，间接地过滤事实，利用大众媒体，进行“整合宣传”。这部分宣传研究实际上已经与文化研究、政治经济学派等观点比较接近，只不过他们的批评更加具体，直接、尖锐。

这些批评者中，最著名的恐怕要属语言哲学家和公共知识分子乔姆斯基（Noam Chomsky）。他在与赫尔曼（Edward s. Herman）合著的《制造共识》中提出，虽然美国没有传统意义上的媒体审查，但是由于媒体的垄断和集中，权力还是会对媒体上登播的新闻进行过滤。这一过滤过程，他们称之为“宣传模型”（Propaganda Model）①。

在第二次世界大战后的美国国内，“宣传”这个概念除了特指德国纳粹和用于攻击共产主义意识形态外，已经很少被提起，乔姆斯基等人有意与主流意识形态唱反调，特地挑选了这个刺耳的概念，是想表明美国的大众媒体看上去享有表达自由，也基本不存在外在力量压制民意，但是通过这些巧妙的控制，表面上自由的民意实际上不过是李普曼所说的“被制造出来的共识”。

他们归纳的宣传模型包括五层过滤网：

（1）占据统治地位的媒体公司都是些巨型企业，受到以营利为目的的投资者的影响。媒体与财富的拥有者有着许多共同利益，这会影响媒体对新闻的选择。媒体垄断再加上与权力精英的合谋，主流的声音便会越来越单一。

（2）媒体的生存依赖广告，所以内容要适合主流价值。一些激进的媒体由于受众缺乏购买能力而无法在市场上生存。广告同时还会对某些不符

---

① ［美］爱德华·S. 赫尔曼、诺姆·乔姆斯基：《制造共识：大众传媒的政治经济学》，邵红松译，北京，北京大学出版社，2011。

合广告主利益的内容进行过滤。

（3）媒体每天要填满固定的版面和时间，无法做到所有新闻都来自记者的一手独家报道，要依靠稳定的消息来源。政府和商业组织恰好可以填补这个空白，因此可以控制媒体的内容（包括向媒体提供“专家”），甚至双方会达成一种默契。

（4）政府或商业组织还可以通过民间或法律程序，发起对媒体的抨击或谴责运动，威胁媒体就范。

（5）利用反共产主义的意识形态和“支持共产主义”的帽子，讨伐媒体的正当报道与批评。①

通过这个宣传模型，赫尔曼和乔姆斯基从组织架构和组织关系上解释了为什么美国的主流媒体在报道相似的新闻事实时采取两种处理标准，两套价值观。他们所说的媒体“两分法”既是宣传模型的产物，同时也给宣传分析提供了一个切入口。两位研究者用大量案例对比说明，美国的主流媒体会按照新闻主体与美国利益集团的关系选择不同的报道策略。同样的平民伤亡，如果发生在美国的敌对国，就会被大肆炒作，作深度解读；如果发生在友邦身上，就会轻描淡写，一笔带过。同样的生命价值，前者是“有价值的受害者”，后者则是“无价值的受害者”。两位研究者认为，经济是造成这一差异的根本原因。美国的这些利益集团掌握着强大的政治、经济和军事资源，他们并不使用简单干涉的方法，而是通过宣传模型所说的这五种间接的方式，控制着新闻媒体。尽管他们并不能完全阻止真相的发布，但是却可能通过大量“正确的信息”湮没真相，使它们得不到必要的关注。

宣传模型1988年一提出，就成为一个很具影响的宣传理论和传播理论，引发了不少争论。英国传播学者戈尔丁和默多克认为，乔姆斯基等人的看法失之粗疏，有忽视媒体能动性的结构主义倾向。由于西方传媒业自由传统和专业主义传统根深蒂固，媒体的所有者并不能直接控制和影响媒体，这其中还有更复杂的深层原因。②

---

① ［美］爱德华·S. 赫尔曼、诺姆·乔姆斯基：《制造共识：大众传媒的政治经济学》，邵红松译，北京，北京大学出版社，2011。

② ［英］彼得·戈尔丁、格雷厄姆·莫多克：《文化、传播和政治经济学》，载于《大众媒介与社会》，詹姆斯·库兰和米切尔·古尔维奇编，杨击译，北京，华夏出版社，2006。

在后来的版本中，两位作者也承认："这些主导媒体操作的结构性因素并非总是有效，也并非一定能产生简单而相同的结果。媒体组织的不同部分均有一定程度的自治，个人的和职业的价值观均影响着媒体工作；政策得不到彻底的落实，而媒体政策本身也允许一定程度的与主流观点存在分歧或持批评态度的报道"。但是他们依然认为这些不宜报道的内容的存在"不会严重到动摇官方议程的主导地位，因为它们总是被置于边边角角且总量是严格受控的"。①

进一步分析可以发现，乔姆斯基等人对所谓"宣传"的批判，其主要目标是西方的新自由主义。所谓新自由主义，就是主张政府尽量少干预经济，提倡自由市场，鼓励私有企业和消费者选择。自从 80 年代里根和撒切尔夫人大力提倡之后，成为西方政府制订政策的主要理念。乔姆斯基认为这种鼓吹市场万能论，本身就是一种意识形态或宣传，它使得财富转移到少数私人企业主手中，助长了贫富不均和发达国家的全球霸权，破坏了民主的传统。②

乔姆斯基和赫尔曼认为，新自由主义对传播政策的影响也进一步强化了他们所提出的宣传模型。因为传播机构对跨国私营集团开放，商业日益渗透到新闻行业，新闻与经营之间的防火墙被冲垮。能够吸引广告商的娱乐节目和小报新闻夺走了严肃新闻的发布空间与受众。"娱乐节目的好处不仅仅是有利于销售，它还是隐含的意识形态信息的有效载体。进一步说，在一个日益恶化的极不平等的体系中，娱乐就是罗马'斗兽场的游戏'的代名词——它将人们导离政治，并生成一种有利于保持现状的政治冷漠"。③

乔姆斯基和赫尔曼的研究，为宣传研究提供了一个新的视角。宣传不只是非民主国家才存在的政治现象，就是在民主国家，通过经济手段和间接控制，也可以达到同样的效果。宣传不仅是政治问题，还是一个政治经济问题。

---

① [英] 彼得·戈尔丁、格雷厄姆·莫多克：《文化、传播和政治经济学》，载于《大众媒介与社会》，詹姆斯·库兰和米切尔·古尔维奇编，杨击译，北京，华夏出版社，2006，第 2–3 页。

② [美] 诺姆·乔姆斯基：《新自由主义和全球秩序》，徐海铭、季海宏译，南京，江苏人民出版社，2000。

③ [美] 爱德华·S. 赫尔曼、诺姆·乔姆斯基：《制造共识：大众传媒的政治经济学》，邵红松译，北京，北京大学出版社，第 7 页。

从公众外交到软实力

除了从政治经济的层面观察和批判新宣传外，我们还可以注意到一个有趣的现象：政府开始具有商业公司的特征，各种商业营销技术也被应用到政府事务中，形成所谓政治营销学。与此同时，宣传概念也开始被具有商业气息的概念所替代。“公众外交”（Public Diplomacy）就是界于政治与市场营销之间的概念。外交不再局限于政府之间的行为，而是像推广品牌一样塑造国家形象，向其他国家的普通民众推销国家。

随着外交的透明化，仅仅依赖政府上层官员秘密进行外交活动的时代已经一去不复返。民主制度在各国普遍建立，使外交活动除了传统的政府间交往外，还必须通过宣传活动，影响对方的民意，令目标国家的政策有利于本国。作为对外宣传的一种特殊形式，针对目标国家公众的公众外交应运而生。根据考证，公众外交一词最早由塔夫斯基大学弗莱彻法律与外交学院院长埃德蒙·格里恩（Edmund Gullion）首次使用。他把“公众外交”定义为：“超越传统外交范围以外国际关系的一个层面，它包括一个政府在其他国家境内培植舆论、该国国内的利益团体与另一国内的利益团体在政府体制以外的相互影响、以传播报道为职业的人如外交官和记者之间的沟通关系，以及通过这种过程对政策制定以及涉外事务处理造成影响。”[①] 根据美国新闻署的定义，公众外交是通过理解、增进和影响外国公众的方式来促进美国国家利益的实现。[②]

公众外交是一种特殊的宣传。它的对象不是本国民众，而是其他国家的公众，目标是使其公众认同本国的现有政策或促使其所在国制订有利于本国的政策。公众外交一般通过比较透明的事实传播（白色宣传）来达成目标。正如美国新闻署前署长，著名新闻记者爱德华·默罗 1963 年 5 月在国会的一次听证会上总结的那样：

> 美国的文化传统和美国的伦理标准要求我们诚实，但最重要的原

---

① 赵可金：《公共外交的理论与实践》，上海，上海辞书出版社，2007，第 14 页。

② http://www.publicdiplomacy.org/1.htm.

> 因是，真相是最好的宣传，而谎言则是最糟糕的宣传。为了具有说服力，我们必须被信息的接受者相信；为了被信息的接受者相信，我们必须具有可信性；为了具有可信性，我们必须诚实。这是显而易见的。①

美国从事公众外交的主要官方机构是美国新闻署。这一成立于艾森豪威尔当政时期（1953 年）的对外传播组织主要负责媒体信息发布（包括美国之音、马蒂电台、自由亚洲广播电台等国际广播）、教育文化交流活动（如富布赖特项目、公民交流项目）。美国新闻署的命运折射出公众外交观念由盛而衰，并在九一一事件之后再度复兴的曲折过程。

第二次世界大战后，战时新闻处（the Office of War Information）等战争宣传机构因为“宣传”概念的形象不佳，被美国公众反感，最终被解散。国会对于政府机构从事的“宣传”一直充满警惕，导致战后相当长的一段时期内，并没有一个专门的政府机构从事对外宣传活动。

领导过第二次世界大战的艾森豪威尔总统对于战争宣传的作用有着深刻的认识。在他当政期间，为了对抗苏联的冷战，于 1953 年设立美国新闻署，其任务是向世界其他国家解释美国的政策，树立美国的正面形象。在冷战期间，美国新闻署下属的美国之音、自由欧洲广播电台和富布赖特项目，在敌对国和中立国内培养了大量认同美国政策的政治和文化精英，对美国在冷战中的胜出功不可没。

随着冷战的结束，在政府削减开支的大潮下，美国新闻署于 1999 年 10 月 1 日并入国务院，由国务院负责公众外交和公共事务的助理国务卿掌管，具体负责教育与文化事务。这一举动意味着美国政府对公众外交的重视程度有所下降。

但是 2001 年发生的九一一事件让美国政府和公众惊讶地意识到，世界各国不少民众仇恨美国。为了扭转世界对美国的印象，维护美国的国际地位，顺利地进行反恐行动，美国国会多次召开公众外交的听证会，讨论公众外交的战略和政策。2002 年秋成立了全球传播办公室（Office of Global

① http: //www.publicdiplomacy.org/1.htm.

Communication），具体负责协调、统合政府部门间以及政府与民间部门之间的公众外交议题。

学术界也通过“软实力”的研究，重新客观地审视公众外交的宣传功能与效果。“软实力”（soft power）是美国政治学家约瑟夫·奈（Joseph S. Nye，Jr.）提出的概念，指的是一种吸引对方并且影响对方偏好的能力。它表现为一种强大的吸引力，使对方发自内心地羡慕、喜爱，并且追随。如果把软实力看成权力的一极的话，与它相对的另一极则是强迫。二者中间的是说服、引诱、贿赂之类的权术操纵。软实力不完全等同于影响力，因为影响力也可以通过武力或硬权力达成，软实力建立在对方自愿的认同之上。①

奈认为，公众外交的目标就是形成强大的软实力。在他看来，公众外交主要由三个维度构成。第一个维度也是最直接的维度是日常的传播活动，主要利用国内外的新闻媒体，对内政外交政策作出解释说明。第二个维度是策略性传播，很像是政策或广告的宣传战役，在一段时间内，集中对某个中心主题进行有计划的宣传。第三个维度是通过长期的学术活动、互访、培训、研讨、会议和媒体接触，与关键个人建立起长久的关系。通过这三个维度的公众外交，可以建立起具有吸引力的国家形象，提高达成理想结果的可能性。

但是奈也提出，软实力的达成必须依赖于信息接收者的自由选择，无法由传播者强行设置。“最好的广告也无法销售出人们不需要的商品”，要提升软实力，必须进行双向的交流，更重要的是政策与外交必须保持一致。换句话说，要提升一个国家的形象和吸引力，首先要做到国家实质和核心价值观具有一定的优越性。这种建立在公众外交与软实力基础上的现代宣传观念，虽然仍然以国家利益为中心思考问题，但是最大限度地尊重了受众的自由选择权力。公众外交的成功不仅依赖于传播，更重要的是依赖国家实力和价值观对于受众的吸引。

当然，软实力并不是实现美国国家利益的唯一手段，它经常和硬权力

① Joseph S. Nye，Jr.. *Soft Power: The Means to Success in World Politics*. New York，NY: Public Affairs，2004. pp.5–8.

组合使用，在软实力达不到目标的时候，硬权力就会粉墨登场（如伊拉克战争）；同样地，在实施硬权力的时候，软实力则从旁证明硬权力的合理性。因此，以希拉里·克林顿为首的政治家提出了“巧实力”（smart power）的概念，主张要软、硬两种实力兼施以达到外交目的。

从宣传的角度来看，公众外交与软实力是西方宣传话语在全球化和传播技术高度发展的时代的新发展。它更强调宣传要在国家利益和受众个人自由之间维持平衡，通过双方能够接受的双向交流，达成宣传的目标。这种宣传观念标志着“科学式”宣传观念的成熟，它把宣传变成一个可以通过整合传播加以控制的高级心理控制技术，力图实现被影响者深层价值观的认同与自愿的追随。

但是这种宣传话语仍然存在一定的缺陷。首先是对权力的定义过于宽泛。按照马克斯·韦伯的定义，权力是强制他人做自己不愿意从事的事情。如果缺乏了强制，将自愿追随也视为一种权力的话，权力概念就成了一个无所不包，不可证伪的概念。事实上，奈也提出，软实力并非无所不能，它必须依赖于受众的自由选择，并且首先要使所传播的信息和价值观具有被人愿意接受的特征。如果这样的话，“软实力”已经失去了权力的基本特征。就像在阿Q式的胜利中，阿Q只不过“强制性”地使对方做了自己本来想做的事情而已。

软实力话语的第二个问题是吸引和喜好是否可以控制。当我们能够控制对方的偏好时，对方的选择是否还是自由的选择？抑或是另一种高级的“欺骗”或“被奴役”。当然，第二个问题更加复杂，涉及宣传与自由的问题，本书将在最后一章专门讨论它。

从旧宣传到新宣传

关于新宣传的话题，除了在国际政治的层面上讨论外，还可以在组织与公共关系的框架中展开。美国学者阿什德和约翰逊认为，旧宣传是由国家来操作，而新宣传则是由组织通过现代公共关系来操作。而且这种正式的信息发布和控制体制既适用于政治领域，也适用于经济领域，像新闻发布会等措施其实变成了一种新的信息控制和宣传方式。因此，他们将这种新宣传称之为"官僚式的宣传"（bureaucratic propaganda）。[1] 这种宣传与传统的宣传有以下几个区别：

（1）旧宣传的目标受众是无差别的大众或者想要说服的公众，而官僚式的宣传的受众则是细分化的。组织会挑选出特定的一部分受众，针对其特征进行宣传。

（2）新宣传和旧宣传使用的媒体存在差异。传统的宣传因为针对大众，选择的是大众媒介，而且其中会重点使用某种或某几种媒体，比如纳粹就主要使用报纸、电影、广播和大型集会等媒介。官僚式的宣传则主要使用组织报告、记者招待会等方式向各种媒体提供信息，成为它们的信息源而不是直接控制媒体。

（3）传统宣传的目标是改变受众的态度、信仰，促成某种行为，而官僚式宣传的主要目的是保持组织的正当性，使其能够继续生存。它并不需要说服所有人，只需要说服与他的生存息息相关的特定受众就足够。

（4）传统宣传试图保持自己的可信度，或者要让受众相信宣传所说的是真实。虽然谎言可以暂时奏效，但是事实才是最可靠，所以传统宣传不惜使用一切方法，包括提供事实，来获得受众的信任。而新的官僚式宣传关注的是"对真实的使用"，一般通过统计数字和事实的某种诠释来达到组织目标，但是却很少向公众说明他们为什么会使用某种方法而不是另外一种方法来分析数据。宣传者利用专业主义的方式，使"真实"为其服务。

艾利克斯·艾德斯坦则认为，"新宣传"与"旧宣传"的最大不同在于，"新宣传"促进个人对流行文化的参与和消费，而"旧宣传"则妨碍受众参与流行文化。和埃吕尔一样，艾德斯坦也把新宣传看成是一个无处不在，大道无形的"整体宣传"（total propaganda）。这种宣传不再是大众文化（mass culture）时代生硬地说服，被动地接受，而是通过大众的参与，在看似自由的游戏中，让消费者自动接受宣传者的观念。这种寓宣传于娱乐之中的新宣传，最理想的形式是网络传播，因为它最具有自主性。但是无论受众如

---

① David Altheide & John M. Johson. *Bureaucratic Propaganda*，Boston，NY: Allyn and Bacon.1980.

何选择，最终他仍然要成为宣传者的俘虏。①

艾德斯坦向我们展示了市场营销式的新宣传技术的进展。他甚至把所有学术研究（包括了自己的宣传研究）也看成是一种新宣传。但是正如我们在第一章所讨论的，将宣传过于泛化，或者脱离宣传者来讨论宣传现象，会使这个概念失去必要的张力和批判性。

库姆斯和尼莫（James E. Combs and Dan Nimmo）则认为在现代生活中，新宣传已经成为我们生活方式的一部分，与每个人须臾不可分。②新宣传已经深深地渗透在商业、法律、政治、文化和学术之中。旧宣传有明确的意图和目标效果，但是新宣传的意图模糊、多样，有时甚至充满矛盾。许多宣传常常迂回地达到自己的意图与效果。比如可口可乐曾经进行过一次“新配方可乐”的市场宣传，但是反而引来消费者的反对，要求恢复传统配方。看上去这次营销活动失败了，但是却反而激起了人们对传统可口可乐的热情，品牌反而提升，坏事变成了好事。当今的所谓炒作，背后的道理也如出一辙：负面新闻反而会增加个人或品牌的知名度。所以今天的新宣传与直线型的旧宣传相比，意图更加复杂多变，难以捉摸。

库姆斯和尼莫所说的新宣传的另一个特征是诉诸诗意的幻想，而不是冷冰冰的理性和事实。新宣传常常以娱乐和轻松的方式出现，更关注个人的兴趣和想象，满足个人工作生活中不能实现的愿望。受众在这些貌似真实的故事面前会悬置怀疑，将自己融入其中。说服不是他人的单向行为，说服必须通过参与性的自我说服方能完成。新宣传利用了受众追求不平凡的戏剧期待，让人在“传播所产生的快感”（communication pleasure）中接受某种价值观和生活方式。

尽管不同的研究者对新宣传的定义和特征的总结不尽相同，但是存在一个共识，那就是升级后的新宣传离人们对于宣传的刻板印象越来越远，它越来越不像宣传。它显得更加尊重受众，更加轻松、更加平凡、更加专业。正因为如此，人们对它放松了警惕，在不知不觉中正在被它影响。

---

① Alex S. Edelstein. *Total Propaganda: From Mass Culture to Popular Culture*. Mahwa, NY: Lawrence Erlbaum, 1997.

② James E. Combs and Dan Nimmo. *The New Propaganda: The Dictatorship of Palaver in Contemporary Politics*. New York, NY: Longman, 1993.

从扯谎到扯淡：宣传的进化

库姆斯和尼莫在定义新宣传时提到一个重要的特征：宣传的意图正在变得越来越模糊。这种不清晰并不是宣传者缺乏动机，而是随着受众对旧宣传的熟悉和警觉，宣传在新环境中完成了一次进化和发展。当意图充满变数和流动时，宣传就更难以被识破。暧昧成为宣传的新型保护色。

对于新宣传的复杂性，美国普林斯顿大学哲学教授哈里·法兰克福（Harry G. Frankfurt）1980年所写的《论扯淡》（*On Bullshit*）有更精彩的论述。[①] 这是一篇小论说文，但是在2005年出版单行本后，却成为畅销书。他在书中提出，现代的传播形式，从广告、公关到政治，充满着扯淡，到处充斥着用调查或者"事实"来证明的荒谬结论。

法兰克福重点定义了扯淡这样一种传播方式。扯淡不是说谎，说谎首先要有骗人的意图，而扯淡不一定是明确的欺骗。扯淡与扯谎最大的区别在于扯谎是为了隐瞒事实，隐瞒或歪曲事实必须在真实的引导下进行。因此扯谎必须关心和了解真相，再有意地反其道行之。但扯淡却不同，它根本不在意所说的内容是否具有真实性，既不叙述真相，也不掩饰真相。这种陈述缺乏一种在乎真实的关切。法兰克福认为，这种认为无论事实真相如何都没有差别的态度就是扯淡的本质。因此，扯淡的内容也不一定是虚假的，而是使用扯淡来转移人们对真实的关切。

法兰克福举了一个美国国庆日演讲的例子来说明扯淡。例如有位演讲者说，"我们伟大且被上帝庇佑的祖国，其开国元勋在神圣的引导下，为人类开创了一个崭新的篇章"，这就是扯淡或胡扯，而不是说谎。因为这里他并没有打算让听众相信美国十分伟大，受到上帝庇佑，开国元勋受到神圣的引导，开创了一个崭新篇章。他只是在表达自己的立场和态度，至于自己说的这些是不是事实，演讲者并不关心。当然，听众也不会和他较真。

这样的例子在中国当下的宣传中也十分常见。2011年7·23甬温线动车追尾交通事故发生后第二天的新闻发布会上，铁道部发言人王勇平在回答"为什么当地铁道有关部门在事故原因没有调查时就匆忙掩埋事故车体"

---

① ［美］哈里·法兰克福：《论扯淡》，南方朔译，南京，凤凰出版集团译林出版社，2008。

时，解释说是因为事故现场有池塘，车头埋在里面是为了尽快填满池塘，便于抢险。他补充说这个解释来自当地铁道部门，“至于你信不信，由你，我反正是信了”。这句话后来成为网上批评的焦点，原因就在于新闻发言人表现出一种对事实漠不关心的态度。在没有经过仔细调查的情况下，新闻发言人仅凭一面之词，就立刻召开新闻发布会。他交流的目的是为了平息公众的疑问和不满，完成自己的职责，而不是真正关切真相。王勇平的表达不是说谎，因为他自己也不知道真相是什么。但是他必须说些什么，平息舆论。这些特征均符合法兰克福所说的扯淡的特征。

法兰克福认为，扯淡虽然不是说谎，但是正因为它似乎看上去无伤大雅，其后果反而比说谎更严重，是“真实”更大的敌人。更严重的是，现代社会对扯淡的容忍度越来越大，关注真相的习惯越来越差。造成这一现象的原因有两个：一是人们经常有责任或有机会对某些他不了解的话题发表见解，于是不得不扯淡；二是怀疑主义盛行，人们不把追求“对共同世界的准确表述”当成首要目标，转而试图提出忠于自己的表述，用“忠于自己”取代“忠于事实”，不再关心真相本身。

法兰克福只是从哲学的角度界定了扯淡，提出了一个被人忽略的现象和问题，但却没有进一步讨论它的原因、语境和功能。作为新宣传的一种表现，扯淡在现代社会中的兴盛有其深层原因。除了他提到的宣传者的不关切真相的特征外，受众对于真相的冷漠也是扯淡盛行的重要原因。鲁迅提到过一个观点：宣传即做戏（见第八章）。扯淡在这里成为语言学家奥斯汀所说的“言语行为”，它执行了一定社会功能。扯淡让宣传者有话可说，让受众能够和宣传者一起扮演自己的角色。双方需要按照自己的社会剧本完成社会仪式，他们关注的是双方的配合是否合乎社会规则，说什么根本无关紧要。

捷克剧作家和政治家哈维尔曾分析过后极权社会中因为恐惧而出现的对真相的冷漠。他在《无权力者的权力》中提到的杂货店挂在橱窗里的“全世界无产者联合起来”的标语就是一个典型的表现。[①] 这种社会宣传就具有扯淡的特征，它并不关心标语上写的是什么，而是表示一种服从权力、与世无争的态度。关键是传播者和受众对这种扯淡已经习以为常，甚至不会

① ［捷］瓦茨拉夫·哈维尔：《无权力者的权力》，崔卫平译，台北，左岸出版，2002。

去计较杂货店老板贴这个标语的动机和标语的意义是什么。

除了后极权社会的政治宣传充斥着漠视真相的扯淡外，全球的广告、公关和政治宣传都具有这些特征。面对华而不实的广告宣传，人们见惯不怪，也不会认真计较其内容是否真实（比如那些代言的明星是否真正使用过某个商品），甚至觉得谁较真谁就是自寻烦恼。这种态度纵容了扯淡的宣传者——尽管后者自己也未必真的认为这些扯淡会有真正的效果，他们只是在完成委托人交给他们的任务。他们认为实际的广告效果并不重要，重要的是广告商相信它们有效果。对于委托人来说，他们对广告效果也未必真的关心，因为营销部门的人员的目的是让公司的管理者相信营销人员的工作值得公司的投入。官僚制带来的责任分化为扯淡这种新宣传提供了生存的土壤。

新技术与宣传：计算宣传与精神政治学

近年来，随着传播技术的飞速发展，公众获取信息的主要渠道从大众媒体转向社交媒体。社交媒体去中心化的网络连接使每个使用者都具有发布信息的潜力，为公民赋能（empowerment），打破了大众媒体一统天下的局面，为实现真正的民主、抵抗自上而下的宣传提供了可能性。

与此同时，社交媒体平台大量非官方信源，也制造了混乱。由于缺乏专业机构的把关，各类假新闻、误导信息（misinformation）和宣传性内容借尸还魂，让用户无法辨别真伪。新的传播技术既向宣传提出了挑战，同时也为宣传提供了机会。

面对数不清的使用者点对点连接构成的网络，宣传者也转变宣传观念，利用算法与大数据分析（这两者构成了一般人所说的“人工智能”），开发出模仿普通社交媒体用户的程序或机器人（social bots），在社交媒体中大量地转发特定内容，以提高其影响力，造成社交媒体上的从众效应（bandwagon effect）。因为使用了算法进行信息的分发，这种新的宣传方式也被称之为计算宣传（computational propaganda）。[①]

---

① Samuel C. Woolley and Philip N. Howard ed. *Computational Propaganda: Political Parties, Politicians, and Political Manipulation*. New York, NY: Oxford University Press, 2019.p.4.

计算宣传利用了人工智能的技术，模仿普通用户，每日自动发布（多数是转发）宣传性信息和非宣传性信息，伪装成一般社交媒体使用者；同时，它还根据普通用户在社交媒体上发布的信息，利用大数据分析与用户画像，挑选合适对象，定点信息投放。甚至还有人使用聊天机器人与用户进行一对一的交流，自动回复评论，发布宣传信息。这种分散化、去中心化的宣传方式将算法与社交紧密地结合在一起，是“没有宣传者的宣传”。当然，如果仔细观察，计算宣传中仍然包含大量人的活动，比如宣传内容的生产，算法的开发，搜集并标记数据，训练及监督机器学习等。在现实操作中，从效果导向出发，计算宣传与传统的人工宣传结合在一起，构成“混合宣传”，从而发挥更大作用。①

计算宣传的使用并不均衡，是否使用、如何使用与宣传主体、目标和传播环境有很大关系。目前人们关注的使用者主要是政府及政治候选人，他们是传统的宣传主体，其目标也比较明确。比如俄罗斯政府在推特中大量使用社交机器人转发官方信息，影响网络民意；2016 年美国大选期间，特朗普团队也利用计算宣传，形成话题，设置网络议程。计算宣传在商业中的使用也比较常见，除了扩大自己品牌影响外，社交媒体平台自身也使用虚假用户，活跃气氛，制造繁荣景象。比如中国的新浪微博就有大量的“僵尸粉”，抬高了微博明星的人气与商业价值。

计算传播的使用与特定的政治及商业环境密不可分。例如俄罗斯在社交媒体上大量使用机器人，甚至研究者估计俄罗斯的推特活动中有一半都是自动账户所为。②这一现象与俄罗斯的网络政策有关系。俄罗斯对于报纸、电视等大众媒体控制得比较严格，但是由于梅德韦杰夫缺乏下层支持，必须吸引中产阶级的支持，所以对网络采取了较宽容政策。普京政府对于推特、脸书等国外社交媒体平台也鞭长莫及，只得采用计算宣传进行言论的操控。美国的言论比较开放，政治人物无力控制，但是可以通过吸引公众注意力或者先入为主地对各类事件行使最初定义权，影响民意。特朗普在2016 年竞选时主要利用社交机器人进行议程设置，给人流行的假象，用“机

① 方师师：《社交媒体操纵的混合宣传模式研究》，《现代传播》，2018（10）。

② Samuel C. Woolley and Philip N. Howard ed. *Computational Propaganda: Political Parties*, *Politicians*, *and Political Manipulation*. New York，NY: Oxford University Press，2019.p.13.

械舆论”取代“有机共识”，散布性支持（diffuse support）取代特定的支持（specific support）。中国则对网络空间有较完备的管理措施，通过对平台方的问责制度和信息发布者实名政策，较好地从源头上控制了信息流，因此并不需要大规模地使用计算传播。中国政府有强大的动员能力，更多地使用人工的方法，即官方所谓的“网络评论员”或民间所谓的“五毛党”进行转发与正面信息的评论，影响网络民意。同样的，为了逃避政府的监控，中国的商业机构也倾向于使用真实的用户进行商业推广（转发、评论、评分），形成了中国特有的“水军”现象（见第十二章）。大量依赖人工而不是机器算法实施网络宣传，同时也与中国廉价的网络劳工有一定关系。印度、俄罗斯、中东等地区也具有类似的成规模的地下社交媒体操纵服务产业链。

计算宣传是科学宣传观念在算法时代（或人工智能时代）的升级，科学不仅影响着宣传的策划，进而成为宣传行动的一部分。在科学的帮助下，宣传不再需要人去执行，而变成了智能软件或机器人的工作。尽管目前还比较初级，但是可以想见，未来的计算宣传将会越来越高级。在突破图灵测试的聊天机器人的帮助下，宣传将变得更加隐蔽。

计算宣传给民主带来了很大挑战。大量真假难辨的信息通过社交机器人的转发，淹没了社交媒体，制造出计算的拟态环境（computational pseudo-environment）。在算法辅助下，误导信息和谣言比真相传播得更快更广，为“后真相时代”添砖加瓦。同时，这一新宣传观念不仅被应用到政治传播之中，本身还可能作为“信息战”“电子战”“网络战”的一部分，成为传统外交与公开军事冲突之间的“混合战争”。[①]这模糊了宣传与战争的界限，产生更严重的社会后果。

在宣传观念的变化中，技术一直扮演着举足轻重的角色。大众传播媒介的普及，导致高效撒播成为可能，直接促进了现代宣传观念的出现。技术的可供性（affordability）为宣传观念的创新提供了新的可能。列宁对报纸媒介组织功能的开发和罗斯福、希特勒对广播动员功能的开发，中国对大喇叭和有线广播网络的创造性使用都将媒介的某些特性与宣传功能结合在一起，发挥了巨大的效果。

---

① 方师师：《社交媒体操纵的混合宣传模式研究》，《现代传播》，2018（10）。

数字网络技术在瓦解旧宣传的同时，也为新宣传提供了可能性。在社交媒体上，个人主动将自己的隐私信息公之于众，相当于对自己进行监控和剥削。随着 web3.0 的物联网时代的来临，人所使用的物品也可以对人进行更全面的监控。大数据则是这种全面监控的中介。互联网技术所编织的这幅图景已经超越了福柯所说的全景敞视监狱的意象，更像是全透明的数据监狱。在新技术条件下，普通用户被资本许诺的便利和幸福所诱惑，自我监控、自我剥削，同时在社交媒体的点赞肯定中，交出了自己的自由。如果福柯描述了统计学时代对人口或身体的控制的话，大数据时代则是对精神的控制。在大数据的逻辑支配下，相关性取代了因果性，可以根据人们自己提供的数据，直达“数字化无意识”层面，对其精神和行为进行直接操控，传统的意识形态的宣传似乎变得不再重要。哲学家韩炳哲将这种政治称之为精神政治。[①] 它揭示出新技术条件下宣传观念正由“一体化”“科学化”向着“自动化”“透明化”的方向演化。现代性的理性逻辑在新技术条件下正在不断强化。

冷战结束后，随着哈特和奈格里（Michael Hardt and Antonio Negri）所说的“帝国”时代的来临，宣传不但没有消失，反而以新的外衣（公共外交、国际传播、策略性传播等）重新登场。从传统宣传概念到新宣传的转变，说明了宣传概念不但没有过时，反而有其存在的必要性，有力地反驳了那种认为宣传概念缺乏科学性没有存在价值的论断，有助于我们更好地理解我们所生存的社会。

全球民主化浪潮和后现代主义的兴起，使赤裸裸的思想控制变得更加困难。宣传者的观念也在悄悄发生变化，一方面更加尊重被宣传者的自由选择，用双向沟通的方法增加被宣传者的认同感，另一方面更巧妙地操纵象征符号和宣传体制，将宣传变成隐蔽的信息传播。

一战之后，由于宣传概念的提出，人们开始把新技术与社会的一系列变化联系起来，对国家的权力、教育与民主等问题进行了争论与反思。今天对宣传的重新界定，也将迫使人们重新注意通俗文化中的意识形态和政治斗争，在新的社会环境中，思考民主、自由所面临的挑战。

---

① ［德］韩炳哲：《精神政治学》，关玉红译，北京，中信出版集团，2019。

第七章　唤醒国民：中国宣传观念的产生

中国古代不乏常规的宣传活动，既有全国统一的官方信息传递系统确保政令上传下达，也有民间的文教礼乐活动维护统一的意识形态，在改朝换代的大规模战争中还会出现集中的政治动员。但是由于缺乏现代化的传播媒介，尤其是没有正式的宣传体制，甚至尚不具备现代民族国家的观念，以今天的眼光来看，大部分民众还处于宣传所及的范围之外，即梁启超所谓的“只知有个人而不知有国家”的状态。民众接受的意识形态，是通过教化，长期缓慢而自然的渗透而形成，甚至很难将其归功于某个具体的措施或体制。这是一种自然的观念扩散，还不能将其称为宣传。

在中国传统的政治体制内，几乎不存在现代宣传的受众。中国的改朝换代很少涉及大规模的大众政治动员，主要限于对职业军人或政治精英的鼓动。所以中国现代宣传体制的建立过程，首先是一个培养宣传受众的过程。在早期的宣传家中，无论是梁启超还是孙中山，都痛感中国缺乏合格的宣传对象。能够识字并接受外来观念鼓动的，基本只限于精英阶层。广大中下层民众则普遍对政治参与比较冷漠，而且很少直接影响政治进程。因此，要建立有效的宣传动员机制，首先要做的是“唤醒民众”，把他们纳入现代宣传体系中，让他们不仅有参与政治的兴趣，而且对参与政治的结果有比较积极的判断（较高的政治效能感）。其次要使他们摆脱传统地域和身份观念的束缚，成为一个无阶级的、标准化、原子化的政治行动者，成为某种现代意识形态的信仰者和实践者。最后，通过现代大众传播技术和群体传播系统将个体联系在一起，使他们成为大众中的标准一员，建立起阶级或文化共同体的想象。简言之，中国近代宣传观念的建立过程，首先就是一个唤醒大众和制造宣传对象的过程。

这个过程与中国先进知识分子追求国家独立与富强的目标联系在一起，使自身具有了正当性。在这一语境中，宣传概念在中国的登场，一直伴随着鲜花与掌声，与20世纪初美国国内对宣传的质疑形成鲜明对比。

接受了西方现代政治思想的知识分子在清末发动的变法运动，可以算作中国近代宣传活动的肇始。尽管它给人的印象是轰轰烈烈，但对普通大众观念的影响却并不大。张朋园认为，这些宣传活动只起到了播种作用，开花结果尚须后来者继续培植。① 改良知识分子在文章中常把中国社会比作“死水一潭”，这从一个侧面反映出中国传统社会缺乏高效的宣传动员系统。他们在当时的条件下，竭尽所能，利用现代的传播媒介进行了思想启蒙与群众动员。但是以现在的观点看，他们的宣传观念仍然比较原始，在宣传的重要性、宣传与组织的关系以及宣传策略等观念上都未摆脱传统话语结构的影响。革命党早期的宣传虽然在改良知识分子的基础上，扩大了规模，但在宣传观念上并无重大突破。

俄国十月革命一方面向追求民族独立富强的中国民族主义者展示了马克思主义的强大力量，另一方面也让处于十字路口的中国革命者领略了列宁主义的现代组织和宣传活动的威力。敏感的孙中山“以俄为师”，仿照列宁的革命理论改组国民党，建立起中国的革命“先锋队”，同时，他也接受了列宁的宣传观念。中国共产党也在俄国革命的影响下，形成了自己的宣传观念，并且在不断地试错中，逐渐对军事斗争和政治宣传的分工有了合理的认识，发展起影响20世纪后半叶中国命运的宣传观念。这个重要的过程我们将在第八章详细讨论。

在中国现代宣传观念的形成过程中，外力的作用不可忽视。抗日战争掀起了一个动员全民抗战的宣传高潮。宣传概念不仅进一步获得了正当性，而且深入人心，具有了正面含义。围绕着宣传功能的讨论，知识分子内部第一次在宣传观念上产生了分歧，出现了不同的宣传话语，自由主义知识分子对宣传概念提出了质疑（见第八章）。

---

① 张朋园：《梁启超与清季革命》，长春，吉林出版集团有限责任公司，2007，第52页。

基督教与中国近代宣传观念的产生

第一章提到，汉语里的“宣传”概念最早由西方传教士使用。但是由于罗马教皇不同意早期来华的耶稣会士的入乡随俗的传教方式，再加之雍正皇帝对基督教的敌意，教禁愈演愈烈，基督教在中国的宣传活动一度受阻。[①]也正是由于上述原因，“宣传”这个概念最后要借由日语再重新引入中国。

基督教宣传受禁教影响，但令人意外的是，基督教的宣传观念却以另一种奇特的方式影响了中国近代的历史进程。这就是发生在19世纪中期席卷整个中国南部的太平天国运动。屡试不第的广州花县儒生洪秀全在一本宣传新教的小册子的启发下，在重病的幻觉中得到天父启示，与朋友一起创立拜上帝会。尽管他们在很大程度上歪曲了基督教的教义，但是他们从中学到的东西远远超过了自己的发明。以致一些外人一度认为和清政府相比，太平天国在意识形态上与他们更接近，对他们抱以同情。[②]

在中国的历史上，利用宗教进行起义动员的先例不可胜数。汉末张角利用太平道发动黄巾起义，北宋王则利用弥勒教起义，元末红巾军，明代唐赛儿利用白莲教起义，都有宗教元素。太平天国与之前这些起义的不同之处在于它吸收了大量基督教比较成熟的教义。尽管洪秀全对基督教的理解还停留在普及小册子的水平，但是他仿照三位一体建构的一神教体系还是比之前起义所利用的宗教教义高明了许多。对于普通人来说，更具有象征性的是各种宗教仪式。太平天国结合中国民间习俗，创造性地吸收了大量基督教的仪式规则，建立了礼拜日颂赞、早晚敬拜、各种生活祷告、战争祷告等。[③]

与之前的利用宗教进行动员的农民起义相比，太平天国不仅在宗教教义的内容上成熟许多，而且受基督教的影响，在宣传方式上也具有了“现代”特征。赵汀阳认为，基督教在精神政治上有诸多发明，甚至也可以说是

① 郭廷以：《近代中国史纲》（第三版），台北，格致出版社，2009，第20-24页。

② 关于洪秀全的宗教观念与基督教教义的关系，以及他与西方传教士之间的观念冲突，见史景迁：《“天国之子”和他的世俗王朝》，朱庆葆等译，上海，上海远东出版社，2001。

③ 罗尔纲：《太平天国史》，第二册，卷二十二，北京，中华书局，1991。

意识形态的发明者。他把这些意识形态的发明归结为四点：心灵管理、宣传、群众和绝对敌人。[①]洪秀全的拜上帝教除了在心灵管理上未完全贯彻外，在其他三点上均沿袭了基督教的这些精神发明。

所谓心灵管理是建立在原罪基础上的自我反省与自我检查。研究者注意到洪秀全所发明的教义里，并没有像基督教原罪观念的内容。[②]这也使得他的宗教活动多集中在仪式上。但是洪秀全建立了比较完善的宣传体制；打破传统的家庭关系，将属于同一家族成员的信众编入不同军事单位，禁止夫妇同居，所有人直接听命于天王。尽管他的子民还不是真正意义上的现代群众，但是已经变成了被剥夺了社会联系的孤立的个人。在绝对敌人的塑造上，身为客家人的洪秀全并没有严格按照宗教信仰进行划分，而是主要以传统的民族主义标准进行定义，他将清政府及为其服务的汉人均称为“妖”“孽”。洪秀全把近代中国的落后与外人带来的耻辱均归诸清政府，为团结信众找到了一个明确的攻击目标。

在宣传观念和实践上，太平天国运动也具有许多现代的特征，这把它与旧式利用迷信和巫术动员民众的农民起义区别开来。第一个特征是排除不同学说，保证意识形态的统一。旧式的农民起义虽然宣传自己的宗教，但很少明确排斥儒家学说。洪秀全虽然参加过多次科举考试，熟读儒家经典，但在起义之前，打翻孔子牌位，焚烧孔子书。在建都天京后，为了保证拜上帝教的绝对垄断地位，曾下令焚烧孔孟之书。因杨秀清假托天父下凡劝阻，才改为删改儒家经典。

其次，为了向民众灌输太平教，洪秀全提倡用通俗文体来发布命令和传教。甚至还为儿童编写了一本诠释教义的新《三字经》。罗尔纲甚至把洪秀全评论为“是中国历史上第一个为劳动人民特地提倡通俗文体并且亲作示范的人”。[③]

除了通过正式的文本与诗歌来传递政权信息外，太平天国经常定期通过“讲道理”来直接向民众进行宣讲。所谓“讲道理”是一种通过公共集

① 赵汀阳：《坏世界研究：作为第一哲学的政治哲学》，北京，中国人民大学出版社，2009，第200–210页。

② 史景迁：《“天国之子”和他的世俗王朝》，朱庆葆等译，上海，上海远东出版社，2001。

③ 罗尔纲：《太平天国史》，第三册，卷四十二，北京，中华书局，1991。

会进行的政治传播或军事动员活动。“凡新编军队必讲道理，教育人民必讲道理，颁布新政策必讲道理，振奋军心必讲道理，鼓励群众去做艰巨的工作必讲道理。”① 在没有大众传播媒体和民众识字率不高的情况下，这可能是当时最有效的宣传方式。

和之前农民起义和封建王朝的宣传相比，太平天国在重视军事的同时，把意识形态的宣传放到一个非常显著的位置。这些面向大众的说服活动已经具有了现代宣传的特征。太平天国军政合一的体制无意之中把基督教的宣传理念引入军事和政治活动之中，打通了二者之间的联系。这在中国近代宣传观念的发展上，是一个重要的转折点。

但是正如历史学家所指出的那样，太平天国在政治策略的选择上带有较大的随意性，对外的宣传活动也非常失败，既未争取普通文人和农民的同情，也未利用外交手段为自己争取发展空间。② 因此可以说太平天国具有了一些现代宣传意识，但在宣传实践上虎头蛇尾，最终并不成功。

改良运动与暧昧的宣传观念

维新变法运动与宣传

中国知识分子认识现代西方文明的历程从明朝即开始。随着 1840 年以来西方的入侵，这一认识过程由缓慢而偶然的学习，发展到借鉴西方科学技术的洋务运动，进而在清末的维新变法中提出了彻底模仿西方制度。

维新变法运动虽然失败，但是这次运动本身成为一次有力的宣传活动，在中国的知识分子中播种了民族主义的概念和变法自强的观念。维新变法以宣传为主，然而其宣传观念还比较模糊，甚至没有正式使用“宣传”这个概念。这是近代中国知识分子对现代宣传观念的一次自发而朦胧的发明。

维新时期知识分子的宣传观念的产生受到三个因素的影响：对西方民

① 罗尔纲：《太平天国史》，第二册，卷二十二，北京，中华书局，1991。

② 徐中约：《中国近代史》（第 6 版），计秋枫、朱庆葆译，北京，世界图书出版公司，2008，第 195–197 页。

主制度中信息传播系统的想象、对教育功能的认识以及中国传统的知识传播方式。

梁启超是维新变法中最著名的宣传家，他写作了大量报刊政论，在维新变法时期参与《万国公报》《中外纪闻》与《时务报》的编写，尤其是《时务报》期间的工作，使他名闻天下——“自通都大邑，下至僻壤穷陬，无不知有新会梁氏者”。此外他还任湖南时务学堂总教习，通过教育进行宣传。在变法失败后，梁启超又在日本继续创办《清议报》和《新民丛报》，宣传立宪政体和新民学说，在海内外产生了重大影响。梁启超不仅全面参与维新改良派的宣传活动，而且对这些宣传活动进行过比较系统的总结。因此通过考察梁启超 19 世纪末到 20 世纪初办报期间的宣传思想，可以管窥当时中国先进的知识分子如何认识宣传。通过研究他们的宣传话语，探索中国宣传观念的起源及特征。

梁启超从事宣传活动的高潮是在《时务报》至《新民丛报》时期。《新民丛报》时期（1896.8.9—1898.8.8），梁启超还办了姊妹刊物《新小说》。这十一年以梁启超东渡日本为界，可以分成两个阶段。《时务报》时期梁启超主要是发表文章进行文字宣传，很少对宣传活动本身进行反思和讨论。接下来他在湖南主持时务学堂，主要是通过口头传播进行宣传。这一阶段他发表了不少关于学校教育的文章，我们可以从中看到他这一时期的教育宣传观念。变法失败后，梁启超出走日本，创办《清议报》和《新民丛报》。这一阶段（1902.2.8—1907.11.20）梁启超从变法运动的漩涡中抽身而出，阅读了大量日本翻译的政治、经济、社会学、哲学等领域的西方人文社会科学书籍，对维新变法和中国政治进行了比较深入的研究和反思。与此同时，梁启超也在一些文章中对宣传活动本身的经验和规律进行了总结和反思。

这里有一个值得讨论的问题：梁启超在日本期间的总结，是否可以视为他一贯的观念？日本期间的梁启超对西方宪政和社会科学有了更深的认识。他此时对宣传的看法，与变法时期相比，已经有了许多发展。最明显的是他对于报刊的功能认识有了极大变化，由简单的“去塞求通”，变为更具现代民主特征的“监督政府，向导国民”。《新民丛报》时期，梁启超的政治理念也由激进渐趋缓进[①]。所以如果从梁启超后期的言论推断其宣传思想时，需要更加谨慎，不能简单将其视作梁启超在国内进行变法鼓动时的指导观念。最多可以推测，这些看法代表了对维新变法进行了反思后的梁启超心目中理想的宣传观念。

朦胧的宣传概念

现代研究者注意到，维新变法时期活跃的思想家们，如康有为、梁启超、严复、谭嗣同等人都受到西方进化论的影响，将社会的发展看作是一个线性的过程。在社会达尔文主义的影响下，他们把中国与西方列强的冲突，看作是一场物竞天择、适者生存的保种之战。晚清学术思想中的今文经派更强调经世致用，在西方侵略的压力下，这些知识分子把国家富强作为政治改革的目标。[②]部分中国知识分子放弃了传统的"天下"意识，产生了现代的民族（国家）主义观念。中日甲午战争更加刺激了这些率先觉醒的中国人，一场学习西方先进政治制度，救国保种的维新运动拉开序幕。

这场运动的目标是仿效西方国家，建立君主立宪制的民主制度，通过议会政治和教育等西化措施，促进中国资本主义发展，增强经济和军事实力。为了达到这些目的，必须首先改变政治精英和文化精英的观念，为此改良派仿效传教士的报纸，创办了《万国公报》《时务报》等现代报纸进行变法宣传。

在梁启超看来，中国积弱的根本原因有四个。第一是缺乏理想，没有民族意识，爱国心薄弱。不知国家与天下之差别、不知国家与朝廷之界线、不知国家与国民之关系。第二是国民性存在缺陷。他总结为奴性、愚昧、为我、好伪、怯懦、无动几个突出的特征。第三是为政者使用各种手段，压制国民的积极性和创造性。第四是外国的入侵和现实的条件造成中国处于弱势地位。[③]在上述四个原因中，第一、第二个原因都在于国民缺乏现代化的观念，

---

① 见张朋园：《梁启超与清季革命》，长春，吉林出版集团有限责任公司，2007。

② 张灏：《梁启超与中国思想的过渡（1890—1907）》，崔志海、葛夫平译，南京，江苏人民出版社，1995。

③ 梁启超：《中国积弱溯源论》（1900），《梁启超全集》，北京，北京出版社，1999，第412页。

要解决这个问题，必须建立起国民对民族的想象，但是归根到底，还是“新民”——改造国民性。因此梁启超说道：“国之亡也，非当局诸人遂能亡之也，国民亡之而已；国之兴也，非当局诸人遂能兴之也，国民兴之而已。”[①]树立民族意识和改变国民性，皆要依靠宣传与教育。

梁启超把民族主义定义为：“各地同种族、同言语、同宗教、同习俗之人，相视如同胞、务独立自治，组织完备之政治，以谋公益而御他族是也。”[②]从这个定义可以看出，梁启超是从政治的角度而非文化的角度理解民族主义，除了共同体的想象之外，更重要的是在民主自治的基础上，建立现代国家，抵御外侮。梁启超关注的中心问题是国家的强大，而不是公民的个人自由。因此，为了国家利益而进行的宣传鼓动，在他看来便是理所当然的正当之举。

梁启超在《说动》（1898）中，批评中国人万事求平稳，遵循旧制，不思进取。他感叹道：“悲夫！彼西人之哀我中国之亡于静也，曰：此不痛不痒顽钝无耻者也。梁启超曰：不通则塞，不进则退，亘古今中外，无中道而画之理。”在他看来，解决之道包括两个方面：一是收君权，实行君主立宪；同时如德、意、希腊之联合民会，参用民权。在梁启超看来，国民性的改造是一个政治问题而不单纯是文化和民族心理问题。[③]

要通过议会政治实现民族自治，解决之道就是康有为所说的“以群为体，以变为用”[④]。“群”的概念来自中国古代的荀子，却被梁启超借用来表述现代民主政治的概念。这里面有两层含义：一是要改变过去一独夫治理天下的局面，公民参与国家政治活动，变独术而为群治；二是民众必须改变只知私利而不知群体的观念，要意识到政治共同体（“群”）的力量胜过任何伟大的个人。[⑤]

从梁启超的以上主张可以看出，不论是建立民族意识、改造国民性、实现“群治”，除了要进行政治制度改革外，还依赖于国民素质的提高，而

---

① 梁启超：《中国积弱溯源论》（1900），《梁启超全集》，北京，北京出版社，1999，第420页。
② 梁启超：《新民说》（1902），《梁启超全集》，北京，北京出版社，1999，第175页。
③ 梁启超：《说动》（1898），《梁启超全集》，北京，北京出版社，1999，第655页。
④ 梁启超：《〈说群〉序》（1896），《梁启超全集》，北京，北京出版社，1999，第93页。
⑤ 同上。

这最终要落实到宣传和教育上，即“开民智”上。

在梁启超的政治观念中，“宣传”居于非常重要的位置。但是令人困惑的是，在梁启超早期的重要的论述中，他没有使用过“宣传”概念，只使用过暗示宣传的“教育”“新民”“浸润”“向导”等概念。直到晚年，梁启超才承认自己当年主要从事的是宣传工作而非一般当代新闻史所认为的“新闻工作”。1920 年梁启超在《清代学术概论》里比较客观地评价了当年的自己，将他倡导今文经学说和后来日本办报活动都视为宣传。

> 对于今文学派为猛烈的宣传运动者，则新会梁启超也。……自是（访欧回日本后）启超复专以宣传为业，为《新民丛报》《新小说》等诸杂志，畅其旨义，国人竞喜读之，清廷虽严禁，不能遏，每一册出，内地翻刻本辄十数；二十年来学子之思想，颇蒙其影响。[①]

上述自我评价是在 1920 年作出，已经是五四运动的后一年了。在梁启超维新时期的话语体系里，并没有对宣传和教育做出明确区分。站在精英主义的立场，这种混淆很容易理解，因为这两者都是培养现代国民、实现群治。比如在一篇文章中，梁启超认为传播文明有三种利器：学校、报纸和演说。[②] 在他所谓的“开民智”与“去塞求通”的话语中，大众媒体和教育机构的功能并没有什么本质不同。

尽管梁启超早年没有明确地承认自己从事宣传活动，但是从现在的眼光看来，他的行为中有不少明显具有宣传的特征。他本人也并不惮于承认自己“教育”行为中有利用群体心理弱点，操纵大众，进行宣传的一面。从梁启超对宣传策略的“八德”（见下面的讨论）的总结中，可以明显地看到这一点。把宣传与教育相混淆，并不是梁启超故意文饰，这正显示了中国本土的宣传观念在产生之初的朦胧状态。

宣传概念与教育概念的混淆也反映了儒家传统伦理对于修辞术和大众说服活动的影响。儒家的思想中不仅对于宣传者有“敏于事而慎于言”“辞

---

① 梁启超：《清代学术概论》，北京，中国人民大学出版社，2004，第 204–206 页。

② 梁启超：《传播文明三利器》，《梁启超全集》，北京，北京出版社，1999，第 359 页。

达而已矣”和“巧言令色鲜矣仁”之类的束缚，而且以天下为己任的责任感也使得中国传统知识分子认为，自己是一个代表道统的教育者而不是功利的宣传者。

从梁启超开始，宣传概念便与教育概念混淆在一起，直到20世纪40年代才被明确区分。按照前面提到的第一次世界大战后自由主义学者的定义，教育是令被教育者提高自己的判断能力，教育者并不强迫其接受某个具体的观点，所以它能够增加对于宣传的抵抗能力；而宣传则以降低接受者的判断能力为目标，利用人性的弱点，令接受者接受对宣传者有利的观点。从现在看来，改良派为了宣传效果，有一些主张确实有不少夸张之词，并不是单纯在进行教育启蒙，而且梁启超在论证上，也有以感情代替理性、以类比代替论证、以夸张代替真实的倾向，这一点早就为人所诟病。但是如果以其长远目标——救国图强、新民群治来看，改良派的宣传确实起到了开启民智的作用，这也是中国近代以来宣传概念为何一直具有积极意义的原因之一。从维新变法直至1949年之后，中国大部分宣传都以唤醒民众、救亡图存为旨归，教育和改造国民。这无形之中使中国近现代的宣传话语从产生伊始就具有了合法性。宣传与教育的混淆不清也使以启蒙大众为己任的中国知识分子很容易被嵌入到国家的宣传活动之中，成为国家机器的一个有机组成部分。中国共产党成功地使用了这一接合点（articulation），将传统士大夫对道统的信仰，化为对宣传国家（propaganda state）的忠诚。①

宣传教育的媒介：报纸、学堂和学会

梁启超的宣传教育计划，可以用两个字来说明——新民。他认为“新民为今日中国第一急务”，具体目标是要培养具有现代政治意识的合格公民。从改良派使用的媒介上也可以看出这种宣传观念具有把宣传与教育融为一体的特征。梁启超曾将学校、报纸、演说作为传播文明之三利器，他也承认，演说这一口头宣传方式在当时国内的宣传中并未得到重视。梁启超认

---

① Timothy Cheek . *Propaganda and Culture in Mao's China: Deng Tuo and the Intelligentsia*. New York, NY: Oxford University Press, 1997.

为演说对于不识字者的效果最好，而报纸宣传则对识字者效果最好。他的主要宣传工作是通过报纸进行，这也从一个侧面反映出维新变法宣传的主要目标仍局限在知识分子和官僚阶层。

在现实中，改良派所使用的宣传方式主要有三种：报纸、学堂和学会。

改良派创办报纸是对西方政治制度加以模仿的一部分，他们想突破封建官方信息传递系统的束缚，直接与民众“交流”。在此之前就有传教士在中国办报，改良派则突破了传教、知识普及和商业信息的传统，通过现代报纸宣传政治主张。尽管他们对于报纸的不少认识并不符合现代观念，但却把利用报纸进行政治宣传的做法引入了当时中国的政治过程。

首先在报纸的功能上，他们更强调教育的作用。梁启超在变法时期写的一篇讨论报纸的文章中，将报纸的功能概括为“去塞求通”和“向导国民”，强调了报纸的教育引导功能。他甚至没有清晰地说明报纸在现代民主政治中的作用（比如监督政府、作为公众论坛等），只是浮光掠影地介绍了西方现代报纸的表面特征，还错误地把政府和报纸的关系理想化为保护与被保护关系。随后梁启超便转移话题，用了近三分之一的篇幅讨论报纸对于言论的负面作用和政府如何控制。①这篇讨论报纸功能的论说文重点讨论政府如何控制报纸的不良影响，说明梁启超并不是站在公众的角度，而是站在国家管理者的角度看待报纸的功能。他把报纸看作国家和文化精英教育引导大众的工具和宣传体制的组成部分。

其次，在内容上忽视新闻报道，重视言论。体裁上的不平衡，也可以看出改良派的媒体更倾向于简单而直接的鼓动而不是新闻报道。另外一类重要的体裁是西方自然科学与历史政治知识的介绍，说明改良派的宣传更接近于教育启蒙。

维新时期报纸的宣传效果很难评价，以现在的眼光看来，由于文盲率比较高，改良派报纸的发行量非常有限。比如改良派第一份日报，免费赠阅的《万国公报》最高发行量为三千份②；变法时期影响最大的报纸《时务报》最高发行量为一万七千份。梁启超对此有清醒的认识，他曾经说：

① 梁启超：《论报馆有利于国事》（1896），《梁启超全集》，北京，北京出版社，1999，第66页。
② 方汉奇主编：《中国新闻通史》第1卷，北京，中国人民大学出版社，1996，第543–544页。

> 四万万人中，能识字者，殆不满五千万人也。此五千万人中，其能通文意、阅书报者，殆不满二千万人也。此二千万人中，其能解文法执笔成文者，殆不满五百万人也。[①]

维新运动宣传现代西方政治制度的第二个重要媒介是学堂，改良派主张要废除科举，改变现有的课程体系和教学内容，既要传授中国传统文化，也要传授西方政治理想及实用知识，培养有现代知识和政治觉悟的公民。[②]

梁启超亲自参与学堂的教学活动，他在湖南省创办于1897年的时务学堂里任总教习。时务学堂由当地绅士和省署共同发起，社会影响相当大，第一年报名人数有四千多人，只有四十人被录取。梁启超在教学中，渗透了政治激进主义的思想，用西方民权和平等的思想诠释中国的传统经典。[③] 在时务学堂期间，梁启超还印发排满书籍，宣传激进思想。

维新运动的第三个政治宣传媒介是学会。梁启超认为要建立现代的民主政治体制，除了制度变革外，还依赖于普通公民有政治觉悟，其中最重要的是抛弃只知个体不知国家的观念，树立“群”的意识，所谓：“道莫善于群，莫不善于独。独故塞，塞故愚，愚故弱；群故通，通故智，智故强。”[④] 对于他来说，“群”不仅是建立各类组织，而且通过建立组织，统一思想，依赖群体解决政治问题，“群之道，群形质为下，群心智为上。”[⑤]

为了树立群体的意识，除了利用大众媒体进行宣传鼓动外，一个重要的途径是建立学会。梁启超计划建立起一个全国性的学会网络。

> 今以四万万人中，忧天下求自强之士，无地无之，则广立分会。一省有一省之会，一府有一府之会，一州县有一州县之会，一乡有一乡之会，虽数十人之寡，数百金之微，亦无害其为会也。积小高大，

---

① 梁启超：《中国积弱溯源论》(1900)，《梁启超全集》，北京，北京出版社，1999，第416页。

② 梁启超：《变法通议》，《梁启超全集》，北京，北京出版社，1999，第17–21页。

③ 费正清、刘广京编：《剑桥中国晚清史》(下)，北京，中国社会科学出版社，1993，第356–357页。

④ 梁启超：《变法通议·论学会》，《梁启超全集》，北京，北京出版社，1999，第26页。

⑤ 同上。

扩而充之，天下无不成学之人矣。[①]

学会的作用是通过成人教育和研究活动，动员各地文人士绅，争取更多的地方精英参与到维新变法运动之中。1895 年成立的强学会，是维新变法时期所有学会中影响最大的，不仅有同情改革派的学者和官僚参加，而且有西方人士（如英国公使欧格纳，传教士李提摩太）和清朝政府的高级官员（如张之洞、王文韶、刘坤一、翁同龢、李鸿章等）入会。学会发行了免费的《万国公报》，宣传变法图强的主张。学会的目的是宣传变法，团结同道，从某种意义上说，已经有了政党的组织功能。但是正如改良派的宣传观念来自传统教育观念一样，他们的组织观念也受到传统形式的束缚，不论是宣传还是组织工作，都比较原始。

虽然改良派的宣传和教育活动造成了“咸与维新”的局面，但从结果上来看，改良派的宣传活动及宣传观念仍然有许多不成熟的地方。这场政治运动的定位是自上而下的改革，宣传活动仅仅局限于知识分子和士绅阶层。有学者提出，改良派在甲午战败后的办报、办学、组织学会的热潮，“虽然有助于一些官僚、士绅特别是年轻士人的觉醒，但这个基础非常薄弱。康有为等人没有以转变观念特别是‘开官智’为中心环节，而把力气花在无益大局甚至极其有害的事情上去了”。[②]

改良派的变法运动失败了，但是改良派的宣传活动给中国的宣传观念留下了两个重要遗产。第一，对宣传和教育不加区分，把改造国民思想作为宣传的主要目标；第二，宣传的目标是唤醒大众、改造国民、救国图强。宣传目的被设定为实现集体的目标并被神圣化，使宣传话语和宣传活动获得了正当性，以致很少有人对它进行质疑。宣传通过宣传为自己加冕，回避了自身的正当性问题。

---

① 梁启超：《变法通议 · 论学会》，《梁启超全集》，北京，北京出版社，1999，第 28 页。

② 袁伟时：《帝国落日：晚清大变局》，南昌，江西人民出版社，2003 年，第 391 页。

“新民”与文艺宣传

梁启超的宣传观念分成前后两个时期。第一个时期的宣传观念，我们主要是通过他的行为和政治观念进行推测。梁启超在维新变法运动失败出走后，在日本主持《清议报》《新民丛报》和《新小说》。这个时期他一方面继续宣传改良思想，另一方面对维新运动进行了反思。

东渡日本后，梁启超的政治立场由激进转向缓和，将注意力更多地转向了民众素质和国民性问题。他认为维新变法失败的深层原因是缺乏大众的支持。这间接地证明他对维新变法时期的宣传效果并不满意。梁启超这个时期的宣传话语中，一般性的教育启蒙的特征更加明显，为了某个具体目标直接鼓动的特征进一步弱化。他在《清议报一百册祝辞并论报馆之责任及本馆之经历》中，区分了一人之报、一党之报、一国之报和世界之报。他把之前的《时务报》和《知新报》定位于一人之报与一党之报之间，而将《清议报》定位于党报与国报之间，即它已不限于某一集团的利益而以国民利益为宗旨。[①]换句话说，他开始放弃对政治运动的鼓动，转向更间接的思想教育。在他的长篇论文《新民说》中，梁启超提出不仅应该提高中国公民的政治素质，还应该对国民性、道德和人格进行改造。在他眼中，宣传教化的重要性已经超过了现实的政治诉求。

为了进行国民性的改造，梁启超在这个时期提出要通过娱乐信息对受众进行教育。他发现，小说具有改变国民性的长远效果，有不可思议之力支配人道。因此，“欲新一国之民，不可不先新一国之小说”，欲新道德、宗教、政治、风俗、学艺、人心、人格，必新小说。他认为小说之所以有这样的作用，除了浅而易解、乐而多趣外，还因为小说常导人游于他境界，使人能够变换角度看问题。同时，小说还能将读者熟悉而不能自觉意识的经验表述出来，使其对小说内容产生认同感。因此，小说可以潜移默化地教育大众。他认为，中国人传统意识中的恶劣品质，多半来自不良小说的长期影响。[②]为此，梁启超创办了《新小说》（1902），倡导通过小说进行宣

---

① 梁启超：《清议报一百册祝辞并论报馆之责任及本馆之经历》（1901），《梁启超全集》，北京，北京出版社，1999，第480页。

② 梁启超：《论小说与群治之关系》（1902），《梁启超全集》，北京，北京出版社，1999，第884页。

传教育。

"文以载道"是中国古代文艺观念的主流，加之佛教的影响，许多通俗文化都被打上教化劝善的印记。梁启超则把这一观念与新引入的西方大众文化结合在一起，开启了以新文艺替代旧文艺，进行启蒙和改造国民性的传统。这一传统经后来的五四运动发扬光大，遂成为至今仍主导中国文学艺术的信条。林毓生认为，这种将一切问题归诸文化的取向忽略了政治、经济和其他途径，为五四以来偏激主义的症状之一。①

宣传与新闻报道之混淆

在日本期间，梁启超还对报纸的功能和报道手法进行了总结。随着他对现代民主政治的研究更加深入，对此问题有了新的见解。他将报纸责任总结为两点：监督政府，向导国民。② 他还曾总结说思想自由、言论自由、出版自由这三大自由为一切文明之母。③ 然而对于西方大众媒体与民主政治的关系，梁启超仍有不少误读。

首先，他对于权利和自治的理解仍有不完善之处。他认为"权利生于强"④，这就混淆了权力（power）与权利（right）的区别。在自治的问题上，也以个人修养（一身之自治）类比公民的自治（一群之自治），混淆了个人道德和现代政治体制。⑤ 这些误解导致他对大众媒体在现代民主政治中的功能的判断出现偏差：一方面将媒体与公众意见的关系理想化，另一方面将大众媒体与政府之间的关系理想化。

其次，在理解大众媒体和公民的关系上，梁启超片面强调媒体的引导教育作用，甚至利用受众的弱点，操纵受众。梁启超曾经提出过一个宣传策略——"变骇为习"，即立论时故意偏激，矫枉过正，提出一个或几个更

---

① 林毓生：《中国意识的危机："五四"时激烈的反传统主义》，穆善培译，贵阳，贵州人民出版社，1986。

② 梁启超：《敬告我同业诸君》（1902），《梁启超全集》，北京，北京出版社，1999，第969页。

③ 梁启超：《清议报一百册祝辞并论报馆之责任及本馆之经历》（1901），《梁启超全集》，北京，北京出版社，1999，第475页。

④ 梁启超：《新民说》（1902），《梁启超全集》，北京，北京出版社，1999，第671页。

⑤ 同上，第681页。

极端的看法，“过两级”后，人们会觉得第一次提出的看法更能接受（“如欲其习甲，则先骇之以乙，继骇之以丙，然后其所习者适在甲”）。在解释这种做法时，他认为真理是“实”，而变骇为习的手段则为“权”，因为大众理解能力低下，如以实告之，可能无法收到良好效果。

> 我佛说法，有实有权，众生根器，既未成熟，苟不赖权法，则实法恐未能收其效也。故业报馆者而果有爱国民之心也，必不宜有所瞻徇顾忌。吾所欲实行者在此，则其所昌言者不可不在彼。吾昌言彼，而他日国民所实行者不在彼而在此也。①

换句话说，梁启超认为夸张的宣传只是一种手段，只要目的纯正（有爱国民之心），不必拘泥于手段，这种“矫枉必须过正”的观念忽略了传播伦理的问题。

第三，梁启超因为缺乏明确的宣传概念，不仅混淆了宣传与教育，同时也混淆了宣传与新闻的界线。在另一篇讨论舆论与报纸的文章中，他将报纸的天职总结为“八德”：（1）忠告、（2）向导、（3）浸润、（4）、强聒、（5）见大、（6）主一、（7）旁通（8）下逮。②这八条里面，忠告、向导可以算作报纸的职能，其余的六条只是宣传的策略与技巧，并列在一起并不恰当。即使暂不讨论这个分类是否恰当，在这八条中，除了第一条以外，后面的七条提出宣传要引导民众意见，解释说明而不是简单鼓动，宣传要抓住重点，观点要简单一贯，并且不断重复，在不同的报道中，要多角度宣传同样的观点——都是在谈论宣传的技巧不是新闻的“德”。

在这些观念中，尤其值得注意的是第三条——浸润。浸润和煽动相对。浸润的时间更长，倾向于比较温和的方式说理，引导改变思想而不是追求即刻的行动。这种划分类似于普列汉诺夫和列宁对于宣传和鼓动的区分。梁启超更欣赏宣传而不是鼓动，这和他宣传即教育的思路是一致的。

梁启超的宣传观念是考察中国宣传观念产生的最佳样本。这位在 19 世

---

① 梁启超：《敬告我同业诸君》（1902），《梁启超全集》，北京，北京出版社，1999，第 969 页。

② 梁启超：《国风报叙例》（1910），《梁启超全集》，北京，北京出版社，1999，第 2211 页。

纪末20世纪20年代前不曾使用过"宣传"概念的人是中国第一位现代意义上的宣传家。研究者注意到梁启超观念中的民族主义压倒了个人主义。[①]他把实现民族整体目标的宣传作为理所当然之事，不会遭遇任何道德困境。由于梁启超早年没有明确的宣传概念，导致他一直将宣传与教育、新闻报道相混淆。正如哲学家罗蒂所指出的："当某个人认识到我们（常用的）两个或更多词汇表正在相互干扰，进而创制一个新的词汇表来代替前两者时，艺术、科学、道德和政治思想等方面的典型的革命成就便发生了。"[②]在梁启超那里，朦胧的宣传概念正处于诞生的临界点，与教育概念和新闻概念相互干扰。遗憾的是，他未能创造出新的"词汇表"。宣传观念来自于西方的现代政治，中国的解释者们正处在从传统观念向西方现代观念的过渡时期，接受了民族（国家）主义，却还未深刻理解建立在个人主义基础上的自由主义。他们虽然朦胧地感觉到现代宣传观念，但在表达中却无法摆脱传统话语框架的影响。在中国宣传观念的源头处，宣传观念与教育观念、新闻观念纠结在一起。其实中国的现代教育观念和现代新闻观念也是在同一时期，在外来文明的冲击下逐渐产生，并按照西方的现代性话语建构起来的。在梁启超的阅读者和崇拜者中，有不少人潜移默化地接受了相似的观念，这其中也包括未来的知识精英和中国共产党的领导人（见第九章）。这些人中的一部分既接受了梁启超的民族主义的观念，也接受了梁启超的宣传观念，在苏俄宣传观念的启发下，继续发展着这种三位一体的宣传观念；另一部分人则在接受了一战后西方宣传观念的基础上，开始质疑这种宣传的合法性。

国民革命与苏俄宣传观念的引进

20世纪初期，清政府的进一步衰落导致统治者内部出现分化，不少人主张进行政治改革。正如法国学者托克维尔在《旧制度与大革命》中所提出的，专制政权下的革命并不是因为民众不堪压迫而爆发，相反，当一个

① 张灏：《梁启超与中国思想的过渡（1890—1907）》，崔志海、葛夫平译，南京，江苏人民出版社，1995。

② ［美］理查德·罗蒂：《偶然、反讽与团结》，北京，商务印书馆，2003，第22页。

专制政权意识到自身的问题，开始主动改革并放松对人民的压迫时，革命才最容易爆发。统治者的让步令被统治者产生更多的需求，统治者却无法立即满足这些需求，于是不满情绪不断膨胀，直到最后爆发革命。[①]清朝政府的覆灭过程，印证了这个规律。有学者认为，1901年以后的清政府进行的大量改革，可能是1949年前一百五十年或二百年内中国出现的最有力的政府和最有生气的社会。清朝已经允许甚至鼓励新利益集团的发展，在形成新风气和创立新制度方面作出了贡献，放宽了参与公共事务的途径，并把公共事务交给公众讨论。[②]只不过由于历史的吊诡性，后来形势的发展使预料之外的后果占据了主导。

虽然清政权的崩溃缘于民众的不满，但是却不能将其主要归因于以孙中山为首的革命党的宣传鼓动。事实上，辛亥革命之前，孙中山把推翻清政府的主要希望寄托在外国政府援助、秘密会社、侨民和留学生身上，辛亥革命前多次暴动的失败，说明革命党的宣传和改良派一样，并没有真正发动基层民众，而且革命派内部也未能统一意识形态，没有通过宣传建立起严密的政党组织。20世纪初革命党与改良派的主将梁启超在日本的中文期刊上进行的大辩论，以及于右任、宋教仁、章炳麟、邹容、陈其美等在国内的办报宣传活动，只是在城市的社会精英中产生过一定影响。此时革命党的工作重心，除了宣传革命排满之外，主要还是利用新军中留日士官生的宣传与组织工作，武装推翻清朝政权。

对宣传观念的发展而言，最重要的并不是具有象征意义的辛亥革命，而是其后国民政府以广州为中心进行的一系列国民革命运动。以孙中山为首的民族主义者在苏俄宣传观念的基础上，形成了比较成熟的现代宣传观念。在这个过程中，孙中山起到了重要作用，下面主要以他的宣传观念为例，考察中国资产阶级革命时期宣传话语的变化。

孙中山是一个天才的宣传家，他非常懂得利用各种方式，吸引公众注意，传达自己的政治理念。比如1896年，他在中国驻伦敦使馆被绑架，在被他的英国老师康德黎医生解救出来之后，孙中山立刻抓住机会，接见英

---

① ［法］托克维尔：《旧制度与大革命》，冯棠译，北京，商务印书馆，1992。

② 费正清、刘广京编：《剑桥中国晚清史》（下），北京，中国社会科学出版社，1993，第583页。

国记者，并亲自给新闻界写信。一方面称赞好心的西方人，另一方面向他们公开说明自己的目标。此后康德黎还用英文写了《伦敦被难记》[①]，向外国公众说明事情原委。在这些巧妙的宣传中，康德黎及陈少白，也包括孙中山本人，制造了孙中山在西方人心目中的英雄形象。从此以后，他的一举一动成为国内外媒体关注的焦点。

与变法时期的梁启超不同，20 年代的孙中山已经有了明确而清晰的宣传概念，他不仅在现代意义上使用"宣传"这个词，而且从苏俄的革命中，看到了宣传的力量，并决心将苏俄的宣传体制移植到中国。孙中山在《民族主义第一讲》（1924）一开篇就提出："这次革命党改组，所用救国方法，是注重宣传，要对国人做普遍的宣传。"[②]

在国民党改组前后，孙中山多次在对党员的讲演中提到宣传的重要作用。在 1923 年 12 月 30 日一次对党内成员的演讲中，孙中山再次强调本次国民党改组军事为辅，宣传为主。他把辛亥革命的成功完全归于宣传。

> 大家知道我们革命的方法，自推倒满清以后，都是注重军事，以前是注重宣传。这个原因，是在后来组织军队的机会比从前多。说起功效来，是那一样大呢？自然是宣传奋斗的效力大，军事奋斗的效力小。譬如就武昌起义说，表面上虽然是军事奋斗的成功，但当时在武昌的军队是清朝训练的，不是本党训练的，因为没有起义之先，他们受过了我们的宣传，明白了我们的主义，才为主义去革命。所以这种成功，完全是由于宣传奋斗的成功。[③]

孙中山认为革命成功极快的方法，宣传要用九成，武力只可用一成。之前几年国民党用武力的奋斗太多，宣传的奋斗太少。此次改组，注重宣传的奋斗，便是纠正从前的弊端。

孙中山从小便极崇拜洪秀全，早期的革命行动模式模仿太平天国的秘

---

① 关于这本书的作者一直有争论，长期以来被认为是孙中山的作品，他本人也未否认。见黄宇和：《孙逸仙：伦敦蒙难真相》，上海，上海书店出版社，2004。

② 孙中山：《国父全集》（一），秦孝仪主编，台北，近代中国出版社，1989，第 3 页。

③ 孙中山：《宣传造成群力》，《孙中山选集》，北京，人民出版社，1957。

密会社形式。[1] 在他眼中，太平天国的失败，主要是因为宣传不力：没有能够向汉人说明满汉界限，导致曾国藩、左宗棠、李鸿章等汉人反对，让异族坐收渔利。辛亥革命则因为之前发明了民族主义的观念，并且通过宣传使其深入人心，汉人不再帮助满族，这才全国云集响应，举义成功。[2] 姑且不论他对于太平天国失败的原因总结是否全面，至少从一个侧面反映了孙中山对于宣传的重视。

孙中山和梁启超在宣传观念上也有不少相似之处。他们之所以如此强调宣传，在于都感到中国国民缺乏现代意识，素质亟待提高。梁启超痛感中国人缺乏“群”的意识，没有国家和民族的观念。孙中山也有同感，他在关于民族主义的演讲中分析说：

> 外国旁观的人说中国人是一片散沙，这个原因在什么地方呢？就是因为一般人民只有家庭主义和宗族主义，没有国族主义。中国人对于家庭和宗教的团结力非常强大，往往因为保护宗教起见，宁肯牺牲身家性命……至于说到对于国家，从没有一次具有极大精神去牺牲的。所以中国人的团结力，只能及于宗族而止，还没有扩张到国家。[3]

但是孙中山比梁启超灵活。他并不想用另一种组织结构去替换现有结构，或者从根本上改造国民。他的目的是建立起现代的民族国家。他并不否定家庭和宗族的合理性，而是希望把分散的家族、宗族按照等级结构，联结起一个大的中华民族。

但这并不意味着孙中山就不重视国民素质的改造。他把中国国民性格存在缺陷表述为“道德问题”。有了好的道德，国家才能长治久安。他武断地将这些道德的缺陷怪罪于清朝封建政府长期的奴役教化。他认为不仅要恢复中国人固有的忠孝、仁爱、信义、和平这些道德，而且要修身，学会现代的文明行为。对于长期在国外生活的孙中山来说，这些生活小节非常重要，因为这关系到民族的自尊和西方人对中国人的能力评价。“专就外表来说，

---

① ［美］史扶邻：《孙中山：勉为其难的革命家》，北京，华侨出版社，1996。

② 孙中山：《宣传造成群力》，《孙中山选集》，北京，人民出版社，1957。

③ 孙中山：《国父全集》（一），秦孝仪主编，台北，近代中国出版社，1989，第5页。

所谓修身、齐家、治国，中国人近几百年以来都做不到，所以对于本国便不能自治。外国人看见中国人不能治国，便要来共管。”因此，孙中山把利用宣传增强中国人的道德观念（修身）看作中国摆脱外国干涉的重要途径。

与梁启超不同的是，孙中山并没有把宣传与教育混为一谈。孙中山认识的发展也存在一个过程。在1919年五四运动之前，他并不重视大众宣传，但是五四运动让他看到了群众运动的力量。孙中山的看法比梁启超更具现实主义。在他看来，实现政治目标和改造国民性是两个不同的问题，尽管这两者在逻辑上具有紧密的联系，但前者的实现并不一定以后者为前提。换句话说，让大众接受三民主义，支持国民革命，才是宣传真正要解决的当下问题。教育和提高国民素质，是革命成功后才考虑的事情。

> 就用枪炮和语言文字两种奋斗来讲，从前用枪炮来奋斗的时候最多，用枪炮的力量已经把满清政府铲平了，但是清朝政府虽然是已经铲除了十三年，说到革命还没有彻底成功，没有什么结果，这是因为什么缘故呢？简单地说，就是因为缺乏宣传奋斗的功夫。①

所谓“攻心为上，攻城为下”，枪炮打下的地方还可能被敌人夺回，但是只要宣传成功，大众就会一直支持国民政府。②孙中山的榜样是苏联：“俄国革命成功的原因，全是由于他们革命党都信道笃，拿主义来感化全国，所以没有打什么仗，便把政府根本改造。”③

在孙中山看来，宣传只是实现目标的一种手段，它本身不是目的，政治本身才是目的。所以如果“实际建设”（行为宣传）就能达到目的，那它就比“空言”的宣传更有说服力。

> 用文化感化来统一中国，就是要靠宣传，若是空言的宣传，是没有真实的力量的。我们现在是要把广东一省，切切实实的建设起来，

---

① 孙中山：《国父全集》（三），秦孝仪主编，台北，近代中国出版社，1989，第701页。

② 孙中山：《党务进行当以宣传为重》，《国父全集》（三），秦孝仪主编，台北，近代中国出版社，1989，第509页。

③ 同上，第575页。

> 拿来做一个模范，使各省有志改革的人，有一个见习的地方，守旧固执的人，也因此生出改革的兴味，这个实际建设，就是极大的文化宣传。①

孙中山在俄国革命的启示之下，认识到宣传最终的目标是让大众接受某种“主义”（意识形态），而不是像梁启超所认为的那样完善民族素质（“新民”）。改良时期那种自发的觉醒，被“马基雅维利式”的民族唤醒所替代，“新民”被建立在制度和纪律基础上的宣传与组织工作所代替。②

党治国家与宣传系统

孙中山早在 1923 年，就把革命划分为军政、训政与宪政三个时期。在军政期内一切制度悉隶于军政之下，政府一面用兵力扫除国内之障碍；一面宣传主义以开化全国之人心，促进国家之统一。在蒋介石于 1927 年开始训政阶段之前，孙中山在苏俄代表鲍罗廷等人的帮助下，依照苏维埃政权的模型，建立起了现代的政治宣传体制。③

孙中山之所以不急于立即实现他所说的宪政，除了认为外部环境不成熟外，对于大众民主政治素质缺乏信心也是一个重要原因。大众必须在少数先觉者的带领和指导下，才能够逐渐实现自己的权利。在关于民主的第五讲中，孙中山区分了先觉者和普通民众。普通民众虽然表面上得到了解放，但是人民的心目中还有专制的观念，无法行使民主权利。所以国家应该将主权转让给一些拥有超常智识的“有能的专门家”或“先觉者”。“这种人绝顶聪明，凡见一件事，便能够想出许多道理，听一句话，便做出许多事业。有了这种才力的人，才是先知先觉。”④

---

① 孙中山：《国父全集》（三），秦孝仪主编，台北，近代中国出版社，1989，第 401–402 页。

② ［澳］费约翰：《唤醒中国：国民革命中的政治文化与阶级》，李霞译，北京，生活 · 读书 · 新知三联书店，2004，第 11 页。

③ ［美］韦慕庭：《孙中山：壮志未酬的爱国者》，杨慎之译，北京，新星出版社，2006。

④ 孙中山：《国父全集》（一），秦孝仪主编，台北，近代中国出版社，1989，第 306 页。

这种看法虽然不如列宁关于资产阶级中先进分子领导工人阶级的理论精致，但是同样将国民革命运动的真正主体——大众置于被领导的地位，作为“先觉者”代表的国民党理所当然地成为大众的代理人和指导者。为了把一盘散沙的大众团结在一起，完成统一国家和打倒帝国主义的任务，必须使用严格的纪律和制度加以约束。孙中山意识到这些约束与他说的民主自由有冲突，会遭到反对，于是他解释道：欧洲人为自由斗争是因为受专制的苦太深，但是中国人却受了自由太多的苦，他们需要的不是自由而是纪律。他用了一个比喻：“如果成一片散沙，是不好的事，我们趁早就要掺加水和士敏土，要那些散沙和士敏土彼此结合来成石头，变成很坚固的团体。”[①]

作为权宜之计，将大众从清朝专制统治下解放出来的革命，必须以权力集中的方式将国民组织起来。列宁式的政党正是孙中山心中的理想组织形态。广州革命政府在共产国际代表的指导下，复制了苏联的宣传组织体制。

在新改组的国民党中，1924 年首次设立了宣传部，其任务是检查和纠正党内出版物。戴季陶出任国民党第一任宣传部长。孙中山去世后，面对国民党内不同派别的分歧，宣传部“宣传和意见的统一”的职能更加突出。宣传部在戴季陶和其后短期接任的汪精卫的领导下，并没有发挥明显的作用，国民党内甚至出现了上海、广州两个宣传中心各自为政的局面。1925 年 10 月，当毛泽东接管国民党宣传部[②]的时候，这个部门才真正进行积极的活动。中国共产党的宣传观念和国民党早期的宣传观念有许多相似之处，在毛泽东身上，我们可以看到二者的联系。

和前任相比，国民党代理宣传部长毛泽东更加强调党内的宣传纪律。1926 年他创办了《政治周报》并担任主编，试图通过党报，统一各自为政的言论。在毛泽东任职期间，建立了联合委员会，让几个不同部门的干部一起工作，制定统一的宣传计划，协调党、政、军机构的宣传。在这些联合委员会中，激进的农民运动委员会最为重要。因为该委员会的努力，在国民党第二次全国代表大会上，特别规定：农民运动被赋予革命事业之先锋的职责，党的宣传要服从于农民运动的需要。同时要求宣传部努力使农

---

① 孙中山：《过去党务失败之原因》，《国父全集》（三），秦孝仪主编，台北，近代中国出版社，1989，第 344 页。

② 1926 年 2 月间另一位共产党员沈雁冰（茅盾）曾短期内代替毛的职务。

民阶级成为国民党的重中之重。①

为了统一国民党各部之间的宣传口径，毛泽东还编印了宣传大纲，用于内部交流。宣传大纲提供现成的分析和既定的口号，供发布机关管辖之下的所有党、政、军机构采用。研究者发现，毛泽东并不是宣传大纲的发明者，他是从周恩来领导的军队总政治部学来的，后者发布的宣传大纲更加详细和精确。②

毛泽东还对国民党在不同场合发布的宣传材料进行检查，不定期地向中央执行委员会提出检举。毛泽东曾向国民党各部门发出指令：个人和组织在公众场合发布的一切宣传材料，都要送交中央宣传部检查。他还利用《政治周报》，申斥那些与国民党当前思想不一致的其他报纸杂志的作者和编辑。③

在毛泽东主持下形成的这套制度，逐渐由国民党内扩展到各级政府，成为广州国民政府通行的宣传制度。

在担任国民党代理宣传部部长时期，毛泽东不仅提出了许多后来在中国共产党内将要实施的宣传构想（如一元化宣传、注重农民宣传和群众运动等），而且在实践中积累了不少经验。不过毛泽东对这一时期国民党宣传部的宣传工作并不满意。在回顾两年来宣传工作的报告中，他批评宣传工作的缺点时用词十分严厉：

> （1）党报不健全。
>
> （2）对各重要事件的宣传指导不敏捷，而且多未能尽量地做。
>
> （3）指挥系统完全缺乏，上级与下级党部的宣传部间完全失去联络，成了人自为战的局面，许多宣传部负责人因此放弃职务。
>
> （4）检察纠正之职务，完全旷废。
>
> （5）宣传材料之充分搜集，及供给于下级党部，完全未办。
>
> （6）有计划的党内教育，几乎没有做。

---

① ［澳］费约翰：《唤醒中国：国民革命中的政治文化与阶级》，李霞译，北京，生活·读书·新知三联书店，2004，第 352 页。

② 同上，第 353 页。

③ 同上，第 354–355 页。

（7）偏于市民，缺于通民；偏于文字，缺于图画。[①]

从这些批评中可以看出青年毛泽东心目中理想的宣传局面具有何种特点。由于种种原因，毛泽东当时并未能将这些理想付诸现实。二十多年后，人们才有机会在现实中亲身体验毛泽东设计的宣传体制。

除了进行例行的国民党宣传外，中国共产党并没有放弃自己的宣传。毛泽东等人趁机向国民党内和群众运动渗透共产主义的观念。这些活动引起了国民党内右派的警惕，蒋介石开始通过一系列手段排挤和清剿中国共产党之后，共产党领导下的国民革命宣传终于告一段落。

国民党除了在中央新设立了宣传部，并在党的各级机关中设立宣传部门以外，还在军队、学校、农民运动、青年运动、妇女运动、商会、各级社会团体中设立了宣传机构，并把宣传作为这些活动和机构的中心任务。在孙中山领导期间，国民党还设立宣传讲习所，培养全国其他地区的宣传干部。彭湃主持的农民运动讲习所也是这个时期最成功的群众鼓动机构之一。

国民党这一时期的军事宣传也模仿了苏联红军。在苏联的支援下，国民党开办了新的军事训练学校——黄埔军校，除了进行军事训练外，这个学校尤其注重政治思想教育，旨在培养在意识形态上忠于国民党的新式军官。国民革命军也仿照苏联军队中的党代表制度，设立政治部，对士官进行政治教育、军事监督，同时完成军事任务之外的宣传、后勤、监视、侦察、与地方沟通合作、训导战俘等职能，进一步强化了"党军"的性质。[②]

在蒋介石发动四一二政变全面清共之后，国民党内的宣传走向衰落。蒋介石把控制民众的重心由宣传转向了警察、军队和情报部门，军队也由党军向着对他个人负责的私人军队转变。但是正如蒋介石后来所悔恨的那样，对宣传和政治思想工作的忽略，导致国民党组织涣散，缺乏共同信仰，部队没有纪律，战斗力丧失，成为国民党在国共斗争中失败的重要原因之一。[③]

---

① 毛泽东：《两年来宣传工作的回顾》（1926 年 1 月 8 日），《毛泽东新闻工作文选》，北京，新华出版社，1983，第 11–12 页。

② 广东革命历史博物馆编：《黄埔军校史料（1924—1927）》，广州，广东人民出版社，1982。

③ 蒋中正：《苏俄在中国：中国与俄共三十年经历纪要》，台北，中央文物供应社，1957。

孙中山的三民主义理念和政府架构主要基于西方资产阶级民主的设计，但是在政党和军事组织上又效法列宁所发明的苏俄的以党治国、一党专政的模式，这本身就是“拼装了一台不伦不类的机器”。[①] 再加之国民党组织建设较弱，党员人数过少，根本无法建立像苏联共产党那样的严密组织；同时党内派系林立，相互倾轧，致使孙中山的通过宣传建立党治国家的革命路线完全被抛弃。更重要的是，1927 年清党之后的国民党放弃了群众工作和大众动员，变成“不要民众”的政党，并最终成为没有明确代表对象的弱势政党。[②] 理念与实践的矛盾使得蒋介石治下的国民党放弃了孙中山规划的宣传体制，像新生活运动之类的大众动员活动只能走走过场。而在意识形态和宣传组织观念上完全统一的中国共产党则在孙中山试验的基础上将苏俄的经验与中国现实结合起来，建立起更加严密而灵活的宣传体制，直到今天仍影响着中国社会。

宣传与组织

中国的宣传概念是伴随着政治的现代化而出现的。本章所考察的 20 世纪初三个有代表性的宣传观念都涉及政权的争夺。太平天国和国民革命采用了激烈的革命手段，维新变法采用了改良的方式，但都涉及政治组织的建立与宣传的问题。对于在野的政治势力而言，宣传是第一个可以使用的政治工具，组织则是在此基础之上夺取政权更加直接有效的手段。宣传可以造就有利的舆论环境，争取更多的同情者和参与者。组织则是将同情者中的精英用更紧密的方式结合在一起，采取政治行动。

太平天国重视组织工作，采用宗教和秘密会社建立领导核心和太平军，但是却疏于宣传工作，并未能给自己创造积极的外部环境。他们开始自觉地进行意识形态宣传，却把儒家学说与清政府的统治视为应该反对的整体。更重要的是太平教本身并不能提供关于中国所有矛盾的全面的、“科学式

① 王奇生：《党员、党权与党争：1924—1949 年中国国民党的组织形态》，上海，上海书店出版社，2009，第 361 页。
② 同上，第 104–107 页。

的”解释，因此无法得到知识分子的认同与支持。现代革命很少再以宗教作为意识形态诉求，尤其是中国这样一个具有世俗化传统的国家来说，以宗教教义为主的政治宣传更难以取得良好的宣传效果。尽管如此，太平天国还是通过意识形态成功地控制了参与者，建立起第一个类似现代极权体制的军政合一的政权，这对后世影响深远。

维新变法运动则刚好相反，极重视宣传活动，却几乎没有组织活动。改良派知识精英通过现代传播媒介，以民族主义为诉求，向全国的士绅宣传变法图强的必要性。梁启超等人极富感染力的宣传使各地响应，一时维新成为全国热议的话题。无论结果如何，维新宣传都十分成功。与热闹的宣传相比，维新派几乎没有现代的组织活动，主要依靠松散的师承关系和人际关系网来联络同道。既无牢固的政党，也无军队，一旦遇上更强大的政治势力，便树倒猢狲散。梁启超早期的宣传活动是基于改良目标的一种自发行为，然而正是这种本土特征，使他无意之中开启了不少中国宣传观念，比如宣传与新闻、宣传与教育、宣传与文艺的混淆。尤其是梁启超早年一支巨笔影响公众意见的形象，成为后来中国新闻工作者心目中的理想人格。这种参与社会变革的角色压倒了客观报道事实的角色，直到今天，中国新闻工作者仍然没有能够清晰地区分鼓动者与中立者角色的差异，简单地把鼓动者作为理想的新闻职业角色。

孙中山早期的革命活动以秘密会社为组织形式，重视军事活动，但是在总结讨袁二次革命和护法运动的教训之后，他转而学习俄国的经验，意识形态宣传与组织建设并重，建立起现代的党治国家。与前两种政治势力相比，孙中山有了明确的宣传观念，在宣传的技术上也更加成熟。更为重要的是，宣传成为党治国家必不可少的组成部分。孙中山对于“知”与“行”关系的阐释（“知难行易”），说明他对宣传有着更加现实主义的认识。人被分为三类：先知先觉的发明家、后知后觉的鼓动家、不知不觉的实行家。对大部分人来说，“知”是件十分困难的事，因此需要相当长的时间对国民进行教育。[①]“故中国今日之当共和，犹幼童之当入塾读书也。然入塾必要有良师益友以教之，而中国人民今日初进共和之治，亦当有先知先觉之革命

① 孙中山：《建国方略》，《孙中山全集》第6卷，北京，中华书局，1981，第197-204页。

政府以教之。此训政之时期，所以为专制入共和之过渡所必要也，非此则必流于乱也”。[①] 因此，宣传只是先知先觉和后知后觉让不知不觉者能够按照他们的设计行动的手段，而不是教育启蒙。宣传的正当性和道德评价是由实行者的特征及宣传目标决定。

这种实用主义的宣传观与孙中山个人的性格也有着直接联系。孙中山是个非常执着的革命家，他常常为了达成某个目标，牺牲某些局部利益，甚至接受一些与目标相互矛盾的条件。有研究者认为，在孙中山身上，信仰的理想主义与策略的实用主义常常相伴而生。当理想主义走向极端时，常常表现为实用主义也会走向极端。[②] 为了向着统一、独立、富强的中华民族前进，必须联俄、容共，建立中央集权的党治国家。在孙中山看来，学习苏联的宣传本身也是权宜之计，他可以利用民众的力量打击列强和专制势力。但是当大众在中国共产党的宣传鼓动下，参与政治的积极性真正被调动起来后，他又担心民众的崛起与中共的坐大。[③]

> 他（孙中山）宣布“扶助农工”的政策，又主张“唤起民众”，无疑是政治的进步，但所谓“扶助”或“唤起”，仍是以救世主的姿态凌驾于民众之上，没有抛弃伊尹训太甲的观念。[④]

在军政阶段，追求统一的纪律与行动效率是孙中山的主要目标，根本无暇对自己的宣传观念进行必要的反思。虽然孙中山身上有时实用主义的倾向占了上风，但总的来说，他却一直坚持了理想主义的目标，这是难能可贵的。但这种实用主义也为国民革命政权埋下了许多严重的隐患。在他遽然离世之后，苏俄的宣传工作被抛弃了，以党治国的观念留下了；三民主义和宪政的理想被无限搁置了，领袖独裁的体制却被留下了。

---

① 孙中山：《建国方略》，《孙中山全集》第6卷，北京，中华书局，1981，第210页。

② ［美］史扶邻：《孙中山：勉为其难的革命家》，北京，华侨出版社，1996。［美］韦慕庭：《孙中山：壮志未酬的爱国者》，杨慎之译，北京，新星出版社，2006。桑兵：《孙中活动与思想》，广州，中山大学出版社，2001。

③ 桑兵：《孙中活动与思想》，广州，中山大学出版社，2001，第354页。

④ 同上，第355页。

创造宣传受众

宣传要有对象。中国现代宣传观念的产生过程，同时也是寻找和建构宣传对象的过程。太平天国的宣传对象是占领地区的民众，有面向妇女与儿童的宣传，同时还开科取士，通过教育向知识分子进行宣传。但他们的对象更多的是由军事占领而创造的，而不是由宣传本身创造的。

维新运动通过行动报纸，利用大众传播媒介创造了自己的宣传对象。但是他们的目标受众仅局限于知识分子，对普通民众的影响很小。孙中山早期的革命宣传也有类似的特点。这一特征在鲁迅的许多小说中曾有过形象的描述。在国民革命期间，由于受苏俄的影响和共产党员的加入，国民党开始注重向普通民众传播意识形态。孙中山将他的“三民主义”政治主张进行重新整理与通俗化，并从 1924 年初开始通过十六次演讲向公众普及。

和国民党不同，中国共产党更注重对下层劳动民众的动员和组织。按照马列主义政党的传统，他们首先在工人中开展宣传组织活动。20 世纪 20 年代中国的工人阶级数量还比较少，且未摆脱传统社会的特征，来自共产党的知识分子很快就摆脱了书本教条，和工人打成一片。1922 年的安源路矿罢工就是一个范例。1921 年底，在毛泽东的安排下，留法共产主义知识分子李立三来到工人中以办学为名，进行革命宣传和动员。他因地制宜，没有拘泥于教条的马克思主义的宣传形式和内容，灵活地将马克思主义理论和中国传统的文化资源结合起来，将遥远的马克思主义本地化。他甚至利用在工人中有强大影响力的地下秘密会社（如哥老会、洪帮）的组织形式，来建立基层工人组织。工人俱乐部的入会宣誓仪式、暗号隐语都来自秘密会社的习俗。他还将马克思主义的宣传与民间宗教相结合，利用元旦舞狮会介绍李立三师傅的师公马天师（马克思）。1922 年 5 月 1 日的游行中，李立三还创造性地将马克思半身像像神像一样抬在轿子里绕境展示。在毛泽东“哀而动人”的指导精神下，李立三提出了通俗易懂的“从前是牛马，现在要做人”的口号，诉诸普通劳动者的个人尊严而不是宏大的政治目标，这种悲情的鼓动更容易在底层群众中取得情感共鸣。裴宜理将这种宣传策略称之为“文化置位”（cultural positioning），即为了政治说服目的而对一系列符号资源（如宗教、仪式、修辞、服饰、戏剧、艺术等）的战略性运用。[①]她认为中国共产党在工人基层组织的宣传之所以成功，不是因为采用了马列主义的意识形态和规范的做法，恰恰是因地制宜征用了中国传统的文化资源。在安源工人中的宣传是共产党宣传初试啼声，它积累的成功经验成为共产党后来面对不同受众屡试不爽的成功策略。

共产党还进一步突破了城市的局限，将广大农民纳入宣传的对象。毛泽东在1925年发表的对中国阶级状况的分析中，强调半自耕农、贫农、小手工业者、店员和小贩等半无产阶级是革命需要依靠的对象。他认为贫农和小手工业者“极易接受革命的宣传”，是应该重点动员的对象。[②]到1927年他撰写《湖南农民运动考察报告》的时候，据估计湖南的农会已经有一千万人。而且他在考察中注意到政治宣传已经到达了儿童和普通农民。

> 孙中山先生的那篇遗嘱，乡下农民也有些晓得念了。他们从那篇遗嘱里取出了“自由”“平等”“三民主义”“不平等条约”这些名词，颇生硬地应用在他们的生活上。一个绅士模样的人在路上碰了一个农民，那绅士摆格不肯让路，那农民便愤然说：“土豪劣绅！晓得三民主义吗？”长沙近郊菜园农民进城卖菜，老被警察欺负。……当警察打骂卖菜农民时，农民便立即抬出三民主义相抵制，警察没有话说。湘潭一个区的农民协会，为了一件事和一个乡农民协会不合，那乡农民协会的委员长便宣言：“反对区农民协会的不平等条约。”[③]

通过农民运动讲习所的宣传和农会的组织，农民开始行动起来，打倒土地主土豪，推翻族权、神权和夫权，改变传统的社会关系。可以说占中国人口绝大多数的农民在宣传的动员之下，成为无畏的行动的大众，具有了阶级意识。毛泽东等人的判断十分正确，他们确实找到了中国革命的一

---

① Elizabeth J. Perry. *Anyuan: Mining China's Revolutionary Tradition*. Berkeley, CA: University of California Press, 2012.p.4.

② 毛泽东：《中国社会各阶级的分析》，《毛泽东选集》（第一卷），北京，人民出版社，1991，第7页。

③ 毛泽东：《湖南农民运动考察报告》，《毛泽东选集》（第一卷），北京，人民出版社，1991，第34–35页。

支重要力量，并成功地使他们成为宣传的受众。

但在国民党清党后，修改了农会法。过去不以佃农为主，限制地主加入的农会逐渐落入地主之手，风起云涌的农民运动归于沉寂。因为反共，国民党将过去政治观念中的左的成分统统当作“赤化”而抛弃，包括一度非常成功的群众运动和基层宣传工作。这使得其失去了阶级基础，最终被更注重民众运动的共产党所取代。

到 20 世纪 20 年代，因为追求民族独立、国家富强等宏大目标，宣传名正言顺地进入中国普通人的政治生活，并未遇到任何质疑。30 年代，国民党逐渐抛弃带有深厚苏俄特征的宣传工作和组织工作，而且关于宣传行为本身对国家和个人是否利大于弊的问题，逐渐出现了不同观点。宣传的正当性问题在中国第一次成为讨论的议题。

第八章　知识分子与宣传：中国现代宣传观念的分化

杜威与进步主义宣传观的输入

20 世纪初，在苏俄的宣传观念经过军事、政治渠道输入中国的同时，第三章所讨论的美国进步主义宣传观念也进入中国。和前者强势输入不同，后者主要通过文化渠道，由英美留学生为代表的自由知识分子和进步报刊的介绍渗透进入，显得比较弱势。进步主义宣传观念对 20 世纪初中国现实的影响虽小，但埋下了中国宣传观念分化的种子，对苏俄宣传观念为代表的一体化宣传观念构成了挑战。

美国实用主义哲学家约翰·杜威的中国之行是进步主义宣传观念进入中国的标志性事件。尽管在此前后这一观念也有所引介，但杜威明星似的来访无疑在短期内引起中国文化精英对这一宣传观的关注。在日本短暂停留后，由胡适、陶行知、蒋梦麟等人的安排，1919 年 4 月 30 日杜威到达上海，在江浙开始他的中国讲学之行。杜威在一个非常敏感的时间点来到中国。当时正值五四运动进入高潮，杜威对北京的学生运动十分关注。5 月底他来到北京，亲自感受了中国学生运动的声势。当时学生宣布罢课，但是这丝毫没有影响杜威的讲学，他的讲座未遭到任何抵制，教师、学生和各界人士涌入他的课堂，报社和出版社争相翻译他的演讲和著作，人们如饥似渴地拜读他的讲稿。[①] 杜威在中国受到的热烈欢迎与他在日本期间的落寞形成了鲜明对比。在访问期间，杜威也对中国产生了深厚的兴趣与感情，在北京大学等邀请单位的请求下，他延长了在中国的讲学时间，最后竟在中国一待两年零两个月。[②]

在两年多的时间里，杜威夫妇行程遍及中国十四个省，共做了两百多场演讲。他们的行踪和言行经常出现在各大报刊。杜威的演讲在报刊上全文连载（北方的演讲均由胡适口译），他的观点在知识分子中广泛传播。《晨报》《新青年》《新潮》《每周评论》等刊登了杜威的大量讲稿，据统计，全文刊登的演讲共五十八篇。《晨报》不仅几乎一场不落地刊登了杜威在中国所有重要的演讲，还将杜威在北京的五大演讲编辑成册，向全国发行。到杜威离华时，此书已印刷十三次，每次印数都在一万册以上。[③]

这一时期杜威的民主思想处于发展之中，他将进步主义的传播观念和矛盾的宣传观念带给了中国的听众。杜威 1919 年 9 月开始在北京大学做的关于社会哲学与政治哲学的十六次讲座中，集中地介绍了他关于宣传的看法。

谈到知识、思想问题时，杜威把信息发布（publicity，胡适将其译为“宣传”），即信息公开传播，而不秘密地局限于少数人，看成现代社会的一个福音。“公开的宣传（publicity），便是以互助的、公开的方法宣传文化。人类的进步，全赖他对于宣传真理有一种信仰。越宣传越进步，越秘密越不进步，故宣传是进步的原因。”[④] 前面第三章曾讨论过，在进步主义运动的初期，信息发布（publicity，或者“宣传”）是一个带有肯定色彩的概念，它意味着知识的广泛普及和机构的透明化。杜威也把对传播技术的乐观情绪传递给中国听众。

然而能力（competence）不等于表现（performance），技术提供了互助宣传的可能性，但是杜威认为这种可能性还未完全实现。“现在的舆论，大

---

① ［美］罗伯特·威斯布鲁克：《杜威与美国民主》，王红欣译，北京，北京大学出版社，2010，第 259 页。

② 元青：《杜威的中国之行及其影响》，《中国近代史研究》，2001（2）。

③ 同上。

④ ［美］约翰·杜威：《杜威五大演讲》，胡适口译，合肥，安徽教育出版社，2005，第 77 页。

半乱七八糟，不能像科学家的有系统的主张，竟有许多是有作用的宣传事业，或为党派、或为大工厂、或为旁的团体所操纵。这种宣传与我们主张的公开宣传恰相反的。”①

对于上述矛盾，杜威提出了一个李普曼式的解决方案。“有人问我用什么方法可以使社会将来有条理、秩序的进化？我的答案是：利用正当的有功效的舆论机关，就是采集、研究、记载、解说、传播，都是正确的。舆论能够做到如此，在社会进化上自占一个重要地位。”② 这里杜威并没有展开论述如何达到上述目标，要等到数年后他才更清晰地表达他与李普曼解决方案的具体分歧。借助后知之明，我们现在可以知道，尽管两人目标一致，但李普曼追求的是杜威所说的“根本性的解决”，希望通过有机情报与专家决策直接实现社会的秩序化，而杜威的解决方案则显得更“复杂”，除了保证信息质量外，还应尊重和相信公众的理性，为其提供充分的讨论空间。通向理想的社会秩序，没有现成的标准答案，需要经过多次的反复协商才能达成，无法一蹴而就。这就必须为公民提供充分的条件和机会参与讨论，不受政治和经济权力支配的真正的自由交流是这些条件中最重要的一条。③

尽管杜威在北大演讲里没能对李普曼的看法作出明确的反驳，但却提出了自己关于民主社会的理想。中国知识界很可能从他这里第一次系统地了解了自由社群对于民主的重要作用。杜威认为激进的政治，即激进革命和极端保守都不足取。他不认为存在着一个整体解决方案，只有依赖零敲碎打的改良才能实现真正的社会进步。他提出了一个新的观点：所有的冲突都不是国家和个人的冲突、社会和社会的冲突，而是人群与人群之间的冲突。群体与群体之间的冲突缘自群体的利益与兴趣的差异。社会与个人的冲突实质是两种人和两种社会的冲突，不过一群人已经得到公认，一群人是未经公认。

所有社会冲突都是可以解决的，过去那种一群人压倒另一群人的做法会让社会更加不稳定。要解决这些冲突，首先就要研究人性的需求。杜威把人性的需求总结为三点：（1）风俗习惯、（2）社会体制和（3）共同生活。

---

① ［美］约翰·杜威：《杜威五大演讲》，胡适口译，合肥，安徽教育出版社，2005，第 78 页。

② 同上。

③ 见本书第三章。

其中第三点最为根本，前两者都是为了达到第三种需求。杜威对共同生活的定义是自由交流（communication）、互相往还、交换感情，交换种种有价值的东西。这一定义体现了杜威以及芝加哥学派对于传播和社会交往的重视，这种美国田园小镇式的共同体生活方式是他们心目中理想的社会形态。

杜威所说的这种共同生活，是建立在自由交流的基础之上的。“社会一定使各分子有自由的发展、自由交换、互相帮助、互相利益、互通感情、互换思想知识的有机社会；社会的基础是由各分子各以能力自由加入贡献的。在表面上看来，似乎不大强固，实在是强固得很；不但强固，并且可以减少各种因隔绝交通而发生的弊病。”①

无论是政治上的压迫还是因宣传造成的交流不自由都会造成社会的弊病。杜威认为在这些弊病中，最普通的便是主奴关系。它不仅会对被统治者的人格造成不良影响，甚至也会危及统治者。对于被统治者来说，一是心理上受到不良影响，处于愁苦、怨恨、不满的状态，二是才能上受到影响，会养成奴性和狡诈性两种扭曲的人格。对于统治者来说，也会造成道德方面的缺陷，培养残忍，暴虐、骄傲、奢侈的性格；在知识方面，会夜郎自大，偏于狭隘一面。这会导致上等阶级容易堕落或衰败，连平常的知识都没有。②

杜威认为宣传之弊在于使个人无法获得精神自由，培养畸形的人格，最终导致社会的不稳固。这种基于人本主义教育思想的论证把个人的发展放在了中心位置，有意冷落了国家或民族的整体发展，而后者正是当时的中国最关心的目标。杜威过于理想化的改革方案不仅让落后的中国难以接受，就连具有丰富民主传统的美国也很难做到。这种协作式共同生活的理想既是杜威实现其社会理想的前提，也是其结果，这就让他的理论陷入了一种循环论证的怪圈。正如历史学家莫里斯·麦斯纳所说：“杜威的方案对于中国既不保守，也不激进，而是基本上毫不相关。中国的大众极度贫困，普遍处于文盲状态，缺少最基本的政治权利，这就否定了达成广泛社会共识的可能性，而这正是杜威方案的先决条件。”③

---

① ［美］约翰·杜威：《杜威五大演讲》，胡适口译，合肥，安徽教育出版社，2005，第 27 页。

② 同上，第 23–28 页。

③ ［美］罗伯特·威斯布鲁克：《杜威与美国民主》，王红欣译，北京，北京大学出版社，2010，第 265 页。

尽管杜威实用主义的改良方案聆听者多，认同者少，但是却对中国自由主义知识分子产生了深远影响，给他们提供了一个重要的参照系和精神支持。杜威的思想，尤其是在华的知识传播，不仅第一次为中国引入了现代的共享、互动的（或者詹姆斯·卡里所说的“仪式的”）传播观[①]，而且从个人自由的角度，对阻碍思想自由交流的宣传予以坚决地否定。受此影响，在20年代末，以胡适为首的自由知识分子以杜威的理论为依据，从现代的人权观念出发对国民党的思想统一和党义宣传进行了激烈的批评。

思想统一与“知难行易”的内在联系

国民党北伐成功后，1929年3月于第三次代表大会宣布军政结束、训政时期开始，前一章所提到的孙中山的训政时期宣传观念在全国付诸实施。这令之前赞同革命的自由主义知识分子十分失望。宣传观念本身在中国第一次遭遇了有组织的抵抗。1929年至1931年以胡适为首的有英美留学经历的知识分子（如罗隆基、梁实秋等）组成“平社”，以《新月》杂志为阵地，以英美自由主义理论和民主理论为资源，抨击国民党的训政体制，要求宪政人权。在这一系列文章中，他们对国民党的宣传观念和实践进行了激烈的批评，并进而清算了源自孙中山20年代一些观点的负面影响。

北伐的胜利带来中国统一的希望，国民党的宣传机构积极地为这个目标鼓动呼喊。他们把军事目标与文化目标混为一谈，宣扬思想统一，并将其与军队统一、国家统一、政府统一相提并论，甚至把思想统一看作实现上述目标的前提。这些来自苏联宣传传统的做法引起了自由知识分子的反感。

梁实秋在《论思想统一》中提出，军队必须统一，但思想不能统一，也不必统一。[②] 他引用了英国哲学家罗素在《思想自由与官方宣传》中的观点，认为勉强实现思想统一的方法有三种：（1）教育、（2）宣传、（3）利用政治经济力量排除异己，但梁实秋经分析后提出，这些做法在实践中都不能造

① 见刘海龙：《大众传播理论：范式与流派》，北京，中国人民大学出版社，2008，第25–29页。

② 梁实秋：《论思想统一》，1929年5月10日《新月》第2卷第3号（见欧阳哲生编：《胡适文集》第5卷，北京，北京大学出版社，1998，第557–563页）。

成真正的思想统一。

在讨论第二种方法时，梁实秋专门谈到了宣传。他理解的宣传是“以空空洞洞名词不断地映现在民众眼前，使民众感受一种催眠的力量，不知不觉地形成了支配舆论的势力，这便是宣传。对于没有多少知识的人，宣传是有功效的，可以使得他精神上受麻醉，不知不觉地受了宣传的支配”。在梁实秋眼中，宣传是针对下层民众的催眠和麻醉，它可以轻易产生“显近的效果”。

和杜威一样，梁实秋也认为思想统一的结果必然造成人格的扭曲。

> 凡要统一思想，结果必定是把全国的人民驱到三个种类里面去：第一类是真有思想的人，绝对不附和思想统一的学说，这种人到了万不得已的时候只得退隐韬晦著书立说，或竟激愤而提倡革命。第二类是受过教育而没有勇气的人，口是心非的趋炎附势，这一类是投机分子，是小人。第三类是根本没有思想的人，头脑简单，只知道盲从。这三类人，第一类的是被淘汰了，剩下的只是投机分子和盲从的群众。试问一个人群由这样的人来做中坚，可多么危险？[①]

遗憾的是，梁实秋并未进一步讨论宣传的形式和具体的机制，当然也未讨论如何才能有效地对抗宣传。他只是不断强调用宣传来诱惑人，虽然有效，但结果却不能造成“思想统一”，只能造成群众的“盲从”。他这里显然把“思想统一”理想化为民主社会中的“理性的共识”，却忽略了“盲从”本身就是“思想统一”和“宣传”的目的所在。

胡适在这一点上比梁实秋看得更深刻。他没有简单地就事论事地讨论当时的言论控制问题，而是追溯其源头——孙中山关于思想领导权的论述。他认为其中就包含着权力决定真理、制造盲从驯服大众的危险思想的理论依据。

在《知难，行亦不易：孙中山先生的“行易知难说”述评》一文中，胡

① 梁实秋：《论思想统一》，1929 年 5 月 10 日《新月》第 2 卷第 3 号（见欧阳哲生编：《胡适文集》第 5 卷，北京，北京大学出版社，1998，第 561 页）。

适对孙中山提出的社会三类角色的划分提出了异议。[①] 孙中山在《建国方略》中将人分成三类：发明家（先知先觉），鼓吹家（后知后觉）、实行家（不知不觉）。孙中山的知难行易说认为，发明家的工作是困难的，一旦他们发现了真正的规律，实行只不过是件人人都可以胜任的简单工作。[②]

胡适注意到孙中山对第二类人的批评。孙中山认为当时中国存在的问题是本应为鼓吹家（后知后觉）的人却要以领袖自居，不肯服从发明家（先知先觉者）的计划，爱作消极批评。胡适认为这一看法其实是国民党剥夺民众言论自由之理论依据："知难行易学说的真正意义是使人信仰先觉，服从领袖，奉行不悖。"[③] 而且因为把先觉者放到了一个至高无上的位置上，他们便不须对"行"的结果负责。如果革命失败，唯一的原因是因为反对孙中山理论，这其实把孙中山的理论放到一个不容置疑的神圣位置。

深受杜威实用主义影响的胡适把"知难行易"学说的根本错误归结为把知行分得太分明，把它分作两种人做的事。在胡适看来，绝大多数知识从实际中来，知与行是不断循环、相互促进的关系，不可能截然分开。因此应当把知与行看得同等重要、同等困难。

胡适对孙中山的学说也抱有同情，他很理解这是当时为了打消民众畏惧不前心理的一种矫枉过正的提法。但是后来者却脱离了当时的语境，把它当成教条，更危险的是它还被别有用心的统治者利用。

> 今日最大的危险是当国的人不明白他们干的事是一件绝大繁难的事。以一班没有现代学术训练的人，统治着一个没有现代物质基础的大国家，天下的事有比这个更繁难的吗？要把这件大事办得好，没有别的法子，只有充分请教专家，充分运用科学。然而"行易"之说可以作一班不学无术的军人政客的护身符！此说不修正，专家政治决不

① 胡适：《知难，行亦不易：孙中山先生的"行易知难说"述评》，1929年6月15日《吴淞月刊》第2期，又载1929年6月10日《新月》第2卷第4号（见欧阳哲生编：《胡适文集》第5卷，第589-600页）。

② 参见本书第七章。

③ 胡适：《知难，行亦不易：孙中山先生的"行易知难说"述评》，1929年6月15日《吴淞月刊》第2期，又载1929年6月10日《新月》第2卷第4号（见欧阳哲生编：《胡适文集》第5卷，第596页）。

会实现。①

在美国留学期间积极参与和旁观美国政治生活的胡适意识到“知难行易”剥夺了民众讨论政治、参与政治的基本人权，甚至成为国民党政府拒绝颁布宪法或约法的理由。胡适虽然也承认中国民众的素质不算高，但他认为这不足以成为拒绝约法，无限制地实行军人“训政”的理由。他认为“中山先生的根本大错误在于误认为宪法不能与训政同时并立”。②

胡适接受了杜威的观点，认为民治制度本身便是一种教育。20世纪30年代，他在与主张开明专制的知识分子辩论时，甚至提出民主宪政“只是一种幼稚的政治制度，最适宜于训练一个缺乏经验的民族”的观点。他认为民主制不必依赖于个别天才人物，只需要集合众人智慧即可。而民众的参与又成为他们的一种政治训练。相反，专制则对管理者要求极高，必须是能管理一国复杂事务的稀世之才方能胜任。③

和杜威一样，胡适也把民主看成一种政治生活的习惯，必须要从参与中方能学到真髓。他认为西方发达国家的民众并非一出生就具有很高的政治素质，他们也是在政治参与中逐渐成熟起来。胡适的这种态度，使他对国民党不肯授权于民，只希望通过宣传机器让民众接受三民主义的真理的做法十分厌恶。他甚至直接攻击国民党宣传部部长叶楚伧美化中国旧文化的言论，公开指责国民党在新文化运动、思想自由运动方面十分反动和保守：只承认西方物质文明，却拒绝承认西方的精神文明，包括政治制度。胡适认为这一立场有其历史根源和理论根源，因为从根本上国民党的运动是外力压迫下产生的极端的民族主义的运动，因此自始便含有保守的性质。④

胡适在《新月》杂志上对国民党创始人、宣传机构的一系列激烈的抨击

---

① 胡适：《知难，行亦不易：孙中山先生的“行易知难说”述评》，1929年6月15日《吴淞月刊》第2期，又载1929年6月10日《新月》第2卷第4号（见欧阳哲生编：《胡适文集》第5卷，第600页）。

② 胡适：《人权与约法》，1929年6月10日《新月》第2卷第4号（欧阳哲生编：《胡适文集》第5卷，北京，北京大学出版社，1998，第539页）。

③ 周明之：《胡适与中国现代知识分子的选择》，雷颐译，桂林，广西师范大学出版社，2005，第147–148页。

④ 胡适：《新文化运动与国民党》，1929年9月10日《新月》第2卷第6、7号合刊（欧阳哲生编：《胡适文集》第5卷，北京，北京大学出版社，1998，第577–588页）。

引起了宣传部的陈德徵等人的不满，但最后对胡适的处理只是要求教育部警告胡适。具有戏剧性的是，教育部部长蒋梦麟正好是胡适在哥伦比亚大学求学时的同学。胡适给他去信，拒绝了教育部的申斥。[①]

胡适对国民党的批评还导致了另一个结果，那就是国民党中央执行委员会于1929年10月21日通过了一个《全国各级学校教职员工研究党义条例》，要求全国教员平均每日至少要用半小时研究党义。罗隆基仍未屈服，在《新月》上又发表了《告压迫言论自由者：研究党义的心得》，提出："自由批评，自由讨论，绝对的言论自由，固然是危险，实际上压迫言论自由的危险，比言论自由的危险更危险。"[②]胡适也不示弱，于1929年底将《新月》上发表的一系列讨论宪政、人权、言论自由、宣传的文章结集成册，以《人权论集》为名出版。

胡适等自由知识分子对宣传的抨击，可以视为美国一战后宣传与民主问题争论在中国的回响。尽管它的影响有限，但拉开了中国两种宣传观念之争的大幕。他们以古典自由主义理论和实用主义为理论资源，罗列了宣传的恶果，比如妨碍寻找真理、剥夺提高公民素质的机会、影响实现民主和人权等。当然，美国战后自由主义者和人文主义者的不足在胡适等人这里同样表现得非常明显。他们的许多主张还停留在理论概念的层面，对复杂的现实还缺乏精细的分析，对科学主义、专家治国过于乐观，忽略了它们与宣传之间的必然联系。

无论这些言论现在看上去多么幼稚，它们毕竟在中国土地上第一次明确向宣传提出了质疑。它们所援引的古典自由主义和民主理论也成为后来反对国民党宣传体制的主要理论资源，甚至40年代中国共产党在国统区的反对国民党宣传言论也几乎原封不动地移用了胡适等自由知识分子的观点。[③]

胡适因为这些言论受到教育部门警诫，于1930年5月被迫辞去上海公学校长。1930年2月，上海市党部奉中宣部令，没收焚毁《新月》杂志；5

---

① 周明之：《胡适与中国现代知识分子的选择》，雷颐译，桂林，广西师范大学出版社，2005，第143–144页。

② 罗隆基：《告压迫言论自由者：研究党义的心得》，1929年9月10日《新月》第2卷第6、7号合刊（欧阳哲生编：《胡适文集》第5卷，北京，北京大学出版社，1998，第564–576页）。

③ 见笑蜀编：《历史的先声》，汕头，汕头大学出版社，1999。

月，《人权论集》遭国民党中宣部密令查禁。罗隆基也被上海警备司令部逮捕，后虽被释放，又因发表《我的被捕经过与反感》一文被教育部撤销光华大学教授职务。[①]

经此事件后，胡适便不再发表如此激烈的抨击国民党的言论。但从胡适等人及其言论的后果可以看出国民党宣传体制与政党体制一样，总体上较弱，无法完全控制言论环境，并没有实现真正的“总体化”。因此当遇到像抗日战争这样的偶然事件时，中国的宣传观念便很快开始分化。

文艺与宣传的歧途

国民革命时期，受到孙中山倡导革命宣传以及苏俄文艺理论的影响，一些作家也提出了“革命文学（艺）”的口号。试图通过提倡革命的文学，为国民革命作贡献。从梁启超到五四运动，都是在抽象的国民改造和思想启蒙的层面讨论文学与现实的关系。国民革命时期，第一次提出了通过文学艺术促进某个具体政治目标的观念。

1927 年国民党清党，国共合作破裂。中国的执政者开始向右转，但是苏联左翼文化的影响不但未减弱，反而变得更强。以郭沫若、成仿吾、冯乃超等创造社新锐为代表的一批接受了左翼文艺立场的作家和批评家在文坛上掀起了一股“革命文学”的旋风。美国进步主义作家辛克莱（Upton Sinclair）提出的“一切文艺都是宣传”一语被奉为圭臬。在新的语境下，文艺为革命服务、文艺为政治服务的观念再次成为一个引人注目的新思想。

尽管这两次“革命文学”的语境有所不同，却都深受苏俄文艺理论的影响，强调文艺为政治服务。鲁迅是当时中国文坛的一个重要人物，他不仅亲身体验过这两个文化潮流，而且作为中心人物参与讨论。鲁迅对于宣传的看法相当复杂。他同情革命文艺，与此同时，对人性的清醒认识又使他本能地对这一简单的立场有一定的反思和批判。本节将以鲁迅为切入点，探讨 20 世纪 20 年代末中国知识分子矛盾的宣传观念。

---

① 张连国：《中国自由主义迟到的人权宣言——1929—1931 年人权运动简评》，《南京社会科学》，1999（4）。

1927年1月，鲁迅结束了在厦门大学的那段孤独不快的教学生活，来到国民革命的中心——广州。鲁迅刚到不久，就遇上国民党清理和捕杀共产党人。曾经对辛亥革命极度失望的鲁迅再次目睹了所谓革命的虚伪。在演讲和作文中，对革命与文学的关系进行了反思与批判。[①]1927年秋，鲁迅便离开让他无法适应的过于热闹的广州，从此一直居住在上海。在这个集中了文艺"冒险家"的乐园里，他又遭到文艺革命小将的围攻，成为他们小试左翼文艺理论的对手。[②]由于1927年到1928年的这些遭遇，鲁迅在这一时期集中对文艺与政治、文艺与宣传问题进行了思考与论述。这些争论也导致他接受马克思主义阶级学说，转向左翼。

鲁迅在这个问题上的基本观点比较悲观：文艺对革命没有明显的促进作用。因此，文艺也没有必要以革命为创作的目的。他还进一步提出：以革命为鹄的的创作，很难有文学价值。鲁迅1927年4月8日在黄埔军校演讲时说："在这革命地方的文学家，恐怕总喜欢说文学和革命是大有关系的，例如可以用这来宣传，鼓吹，煽动，促进革命和完成革命。不过我想，这样的文章是无力的，因为好的文艺作品，向来多是不受别人命令，不顾利害，自然而然地从心中流露的东西；如果先挂起一个题目，做起文章来，那又何异于八股，在文学中并无价值，更说不到能否感动人了。"[③]

鲁迅认为真正影响革命的是枪炮而不是文学。只有革命才能影响文学。他把革命对文学的影响分成三个阶段。第一阶段是大革命前，文学只能替社会叫苦鸣不平。但是鸣不平只是一种消极的反应，如果不能变成怒吼，仅仅鸣不平是一种示弱，只会让压迫者更加放心。第二个阶段是大革命中，此时人人忙于行动，反而无暇于文学。此时饥寒潦倒，人根本没有心思关注精神。到了第三个阶段大革命后，人们才有闲暇对旧制度作挽歌，同时

---

① 曹聚仁：《鲁迅评传》，上海，东方出版中心，2006，第85-97页。

② 孙郁甚至认为这些青年作家的人身攻击开创了20世纪大批判文章的先河，是60年代红卫兵文体的滥觞。见陈漱渝主编：《一个都不宽恕——鲁迅和他的论敌》，北京，中国文联出版公司，1996，第335页。

③ 鲁迅：《革命时代的文学——四月八日在黄埔军官学校讲》，《鲁迅全集》第3卷，北京，人民文学出版社，2005，第437页。

颂扬新制度。但这已经与革命没有什么关系。[①]

鲁迅不止一次地提到："一首诗吓不走孙传芳，一炮就把孙传芳轰走了。自然也有人以为文学于革命是有伟力的，但我个人总觉得怀疑，文学总是一种余裕的产物，可以表示一民族的文化，倒是真的。"[②]在他看来，"先要有军，才能革命，凡已经革命的地方，都是军队先到的：这是先驱。"文学对于革命来说，实在是百无一用。

鲁迅的上述看法既与他亲身经历过的北洋军阀统治时期的政治现实有关，同时也与他欣赏尼采哲学有一定联系。[③]相比于虚文，他更崇尚实力。他认为后者才能真正改变社会。鲁迅把他弃医从文的直接原因归结为在日留学期间看到的中国国民的麻木愚昧，因而立志要治疗中国人的精神而非肉体。文艺对革命无用的看法似乎与他当初选择文学救国相矛盾。因此，不能简单地望文生义地理解鲁迅上述"文学于革命无用"的观点。他反对的只是剥夺文艺工作者的主体性，并不真的认为文艺百无一用。晚年他说"假如文学真的毫无什么力，那文人真是废物一枚，寄生虫一条了。他的文学观，就是废物或寄生虫的文学观"。[④]当然，也可以把这种对文学功能的矛盾的态度视为一种反讽，折射出他对革命的一种本能的抗拒。也许在他看来，如果没有国民性的根本改变，革命只是一场他在《阿Q正传》里描述过的改朝换代的政治闹剧。

鲁迅不仅认为文学不能影响革命，进而还提出文学与政治是相互冲突的。在1928年1月的一次演讲里，鲁迅认为政治是要维持现状，文艺则不安于现状。文学家不仅在革命前对现实不满，即使是革命后，还是会对革命后的现实表示不满。因此要维持政治稳定的政客们革命前要杀文学家，曾经赞同过文学家的政客在革命后同样也不会放过那些依然发牢骚的文学家。然而革命真的要来，就算杀了文学家也制止不了，他既不是革命的原因，也不会是革命的结果，只是革命的替罪羊。鲁迅甚至用它特有的悲观且

---

① 鲁迅：《革命时代的文学——四月八日在黄埔军官学校讲》，《鲁迅全集》第3卷，北京，人民文学出版社，2005，第438-440页。

② 同上。

③ 见曹聚仁：《鲁迅评传》，上海，东方出版中心，2006，第48-54页。

④ 鲁迅：《势所必至，理有固然》，《鲁迅全集》第6卷，北京，人民文学出版社，2005，第425页。

略带调侃的语气说，文学家只不过是给大家做戏的人，无论因什么而被杀，都会引来人们的围观，给社会带来热闹。[①]

20年代的鲁迅强调文学的独立性，通过区分文艺与政治，将文艺从简单的革命指令中解放出来。在这个时期，鲁迅认为文学的创作自有其逻辑，文学与宣传并不能完全画上等号："我以为当先求内容的充实和技巧的上达，不必忙于挂招牌……但我以为一切文艺固是宣传，而一切宣传却并非全是文艺，这正如一切花皆有色（我将白也算作色），而凡颜色未必都是花一样。革命之所以于口号，标语，布告，电报，教科书……之外，要用文艺者，就因为它是文艺。"[②]

但鲁迅只是主张作家有创作自由，却并不承认文艺的超阶级性。尤其是在被创作社围攻之后，鲁迅集中阅读和翻译了不少苏俄马克思文艺理论家的著作，接受了马克思主义文艺理论中的不少观点。这些变化在他与新月派梁实秋等人的辩论中表现得淋漓尽致。[③]

鲁迅承认文学的倾向性，但反对以革命的目的来约束文学创作。这个立场和恩格斯非常接近。恩格斯在写给敏·考茨基的信中说："我决不反对倾向诗本身……可是我认为，倾向应当从场面和情节中自然而然地流露出来，而无须特别把它指点出来；同时我认为，作家不必把他所描写的社会冲突的历史的未来的解决办法硬塞给读者。"[④]因此，尽管鲁迅接受了无产阶级文学理论，但是反对以革命或国防等口号干预个人创作自由，对30年代上海左翼文坛一些以无产阶级文学的名义拉帮结派、党同伐异的现象十分反感，也才有了著名的"两个口号之争"的文坛公案。

鲁迅反对把文艺与宣传等同，反对把文艺作为政治的工具使用，但是同时他又接受了无产阶级的文艺理论，认为文艺具有阶级性。他自己也一直以"听将令"自居——最著名的例子恐怕就是为了给革命一些亮色，在《药》里给夏瑜的墓上添上一个花环。[⑤]为了调和上述两种观点之间潜在的矛盾，

---

① 鲁迅：《文艺与政治的歧途》，《鲁迅全集》第7卷，北京，人民文学出版社，2005，第115–122页。

② 鲁迅：《文艺与革命》，《鲁迅全集》第4卷，北京，人民文学出版社，2005，第84–85页。

③ 李欧梵：《铁屋中的呐喊》，尹慧珉译，长沙，岳麓书社，1999，第155–172页。

④ 恩格斯：《恩格斯致敏·考茨基》，《马克思恩格斯选集》，第四卷，北京，人民出版社，1995，第673页。

⑤ 鲁迅：《呐喊自序》，《鲁迅全集》第1卷，北京，人民文学出版社，2005，第441页。

鲁迅把眼光投向创作者个人，把作者人格与道德的改造看成解决这对矛盾的关键。所谓的革命文学，实在是革命人的自发的流露而不是空洞的口号。“我以为根本问题是在作者可是一个‘革命人’，倘是的，则无论写的是什么事件，用的是什么材料，即都是‘革命文学’。”[①] 这样，他又回到了上一章所讨论的启蒙和国民性改造的主题上。然而值得注意的是，鲁迅所说的国民性改造是建立在独立的人格基础上的现代人，这也是他论著中一个不断出现的主题。教育与宣传的一个区别就在于前者是尊重个人的选择与自由，而后者是抹杀个人的自主性。当国民性改造中的人失去其独立性之后，五四时期以来的启蒙主题便滑向危险的思想改造的极端（见第九章）。

宣传与做戏

鲁迅在冷眼旁观中国的宣传时，提出了一个非常深刻的观点：宣传即做戏。日本人把中国国民性概括为“善于宣传”，鲁迅认为这指的就是中国人“对外说谎”的惯例。

> 教育经费用光了，却还要开几个学堂，装装门面；全国的人们十之九不识字，然而总得请几位博士，使他对西洋人去讲中国的精神文明；至今还是随便拷问，随便杀头，一面却总支撑维持着几个洋式的“模范监狱”，给外国人看看。还有，离前敌很远的将军，他偏要大打电报，说要“为国前驱”。连体操班也不愿意上的学生少爷，他偏要穿上军装，说是“灭此朝食”。[②]

但是他认为“欺骗”一词其实并不确切，因为毕竟还有一点影子；还有几个学堂，几个博士，几个模范监狱，几个通电，几套军装。所以说是“说谎”，是不对的，最确切的称呼应该是“做戏”。只不过与普通的戏不同，这场戏得永远进行下去。

---

① 鲁迅：《革命文学》，《鲁迅全集》第3卷，北京，人民文学出版社，2005，第568页。
② 鲁迅：《宣传与做戏》，《鲁迅全集》第4卷，北京，人民文学出版社，2005，第345-346页。

鲁迅对于中国国民性的观察深受阿瑟·史密斯（明恩溥）的影响。[①] 后者在《中国人德性》的第一篇《面子》中就提出："中国人作为一个种族，具有强烈的做戏的本能。……对中国人来说，永远不是事实问题，而总是形式问题。"[②]

鲁迅观察宣传的视角带有很强的本土特征。西方现代的宣传观念关注的是宣传的实际效果，而在鲁迅看来，中国人对形式的重视远比对效果的重视更强烈。

鲁迅在这篇文章里讲到了宣传者，却忽略了宣传的受众。如果更进一步，从戈夫曼的拟剧理论出发[③]，将传受双方的互动都纳入宣传与做戏的题目，可以进一步理解中国宣传效果中的矛盾现象：宣传者罔顾宣传效果，只求做到形式完备，但却意外地达到了宣传的效果。尽管传受双方都不相信宣传，或者宣传者与被宣传者都识破宣传存在欺骗，可是为了面子，双方都会按照既定的剧本继续表演下去。在宣传者不相信宣传会有效果、被宣传者也识破了宣传背后的操纵的情况下，宣传的形式还得维持下去。宣传就变成一个内容空洞的宣传者与被宣传者的合谋。宣传的内容不重要，而是宣传本身成为奥斯汀所说的"言语行为"：揭穿谎言就是对双方关系的否定。维持宣传形式上的有效，只是为了不破坏宣传所代表的社会规则与关系。因此要理解中国的宣传效果，还必须结合社会的与文化的因素，而不仅仅是用"科学"的实证研究。鲁迅把中国的国民性引入对宣传的剖析，产生了一个观察当代中国宣传现象的新视角。

矛盾的宣传概念

鲁迅虽然反对将文艺等同于宣传，但是在他的字典里，对宣传的态度

① 见鲁迅：《立此存照（三）》，《鲁迅全集》第6卷，北京，人民文学出版社，2005，第645–649页。

② ［美］亚瑟·史密斯：《中国人德行》，张梦阳、王丽娟译，北京，新世界出版社，2005，第1–2页。

③ 见 Erving Goffman. On face-work: an analysis of ritual elements in social interaction. *Psychiatry: Journal for the Study of Interpersonal Processes*，Vol 18，1955，P. 213–231；［美］欧文·戈夫曼：《日常生活中的自我呈现》，冯钢译，北京，北京大学出版社，2008。

始终比较模糊。

鲁迅对于宣传曾下过三种不同的定义：（一）宣传是革命的动员，（二）宣传是统治阶级的思想控制，（三）宣传是一个中性的夸奖性的信息。第一种定义20年代鲁迅用得最多，它与革命、政治、煽动等概念联系在一起，是中性概念，但因为有论者把文艺与宣传等同，所以鲁迅对这种宣传并不感兴趣。这在上一节已经有详细的讨论。

对第二种宣传，鲁迅持负面态度。比如他翻译了日本电影评论家岩崎昶的《现代电影与有产阶级》，这是一篇从马克思主义阶级理论的角度分析电影宣传控制意识形态的论文。鲁迅在译者后记里对这篇译文中的宣传作了如下解释：

> 这一篇文章的题目，原是《作为宣传，煽动手段的电影》。所谓"宣传，煽动"者，本是指支配阶级那一面而言，和"造反"并无关系。但这些字面，现在有许多人都不大喜欢，尤其是在支配阶级那方面。①

鲁迅在这篇文章里，接受了岩崎昶的观点，把好莱坞的电影看成对西方文化和武力的宣传。② 对于这类统治阶级或者列强的宣传，鲁迅一直是不遗余力地予以揭露和反对，比如在《中国文坛的鬼魅》一文中，对国民党使用各种手段审查、查封左翼文化机构进行了大胆的控诉。

但鲁迅也不都对宣传怀有敌意，他似乎认为宣传本来至少是个中性的概念，可以用来鼓吹一种积极的、正面的观念。比如他在给林克多所写的《苏联见闻录》的序里，就为本书可能遭到的误解鸣不平：

> 不过我们中国人实在有一点小毛病，就是不大爱听别国的好处，尤其是清党之后，提起那日有建设的苏联。一提到罢，不是说你意在宣传，就是说你得了卢布。而且宣传这两个字，在中国实在是被糟蹋

① 鲁迅：《现代电影与有产阶级》，《鲁迅全集》第4卷，北京，人民文学出版社，2005，第418页。

② 但是他在后半部分又笔锋一转，批评中国人缺乏自信，把电影中对蒙古人的描述视为污辱中国人而提出抗议，1936年在《立此存照》（三）里谈到"辱华影片"《上海特快》时又重提此事。见鲁迅：《立此存照（三）》，《鲁迅全集》第6卷，北京，人民文学出版社，2005，第645-649页。

> 得太不成样子了，人们看惯了什么阔人的通电，什么会议的宣言，什么名人的谈话，发表之后，立刻无影无踪，还不如一个屁臭得长久，于是渐以为凡有讲述远处或将来的优点的文字，都是欺人之谈，所谓宣传，只是一个为了自利，而漫天说谎的雅号。①

由此可见鲁迅对宣传本身并没有厌恶，所厌恶的只是某些内容和方式的宣传。尽管他也把人的自由放在重要的位置，但是受尼采思想的影响，他更强调目的本身的正当性而不是手段的正当。虽然鲁迅对群氓的非理性和国民的劣根性也表示失望，但这并未影响他对宣传的信心，或许是早年受进化论的影响，他性格中特有的积极的一面又使他相信正当的宣传可以改变国民。

和鲁迅矛盾的宣传观相比，在北方文坛具有很大号召力的周作人对宣传的态度则坚决得多。周作人虽然是鲁迅的弟弟，早年也深受他的影响，但个性中有软弱的一面（鲁迅称之为“昏”）。他自认为身上有“绅士鬼”和“流氓鬼”两种矛盾的人格。早年他与鲁迅一起反章士钊和杨荫榆，“流氓鬼”占了上风，但随着革命热情的减退和个人生活的挫折，“绅士鬼”渐渐占了上风。于是他退守到自己的园地，做起平淡文章。或许正因为退守，周作人反而比鲁迅更坚决地捍卫个人思想的自由和权利。他始终把人的解放置于首位，强调人的独立与自觉，倡导以人的文学，为妇女争取权利，关心儿童的教育，为宗教信仰自由辩护，提倡性的解放，高举人道主义的大旗。②

周作人认为，宣传一词在中国的流行来自对辛克莱的“文学即宣传”的口号的介绍。③这句话最早是冯乃超 1928 年译介的，当时在《文化批判》第二号上刊载了辛克莱的《拜金艺术》，并特地用大号字标出了这句话。④当然，周作人对宣传概念在中国传播的解释并不全面，对于他更熟悉的文

---

① 鲁迅：《林克多〈苏联见闻录〉序》，《鲁迅全集》第 4 卷，北京，人民文学出版社，2005，第 434–435 页。

② 尽管周作人后来有变节行为，但其文学与思想上的贡献不容否定，近年来已逐渐得到认可。见钱理群：《周作人传》，北京，北京十月文艺出版社，1990；止庵：《周作人传》，济南，山东画报出版社，2009。

③ 周作人：《宣传》，《周作人文类编》（3），钟叔河编，长沙，湖南文艺出版社，1998，第 147 页。

④ 见《鲁迅全集》第 4 卷，北京，人民文学出版社，2005，第 86 页。

艺界，宣传一词的流行可能是缘于辛克莱这句话的影响。但是正如第七章所讨论的，如果考察政治领域，可能这个词的流行要更早。

周作人对宣传有本能的讨厌，他对口号与标语有一种天然的排斥，认为它们像骗人的符咒或者枯燥的八股文。[①] 他不止一次地提到，在他个人的理解里，一直将宣传与广告联系在一起，并以广告夸张欺骗来类比宣传。[②] 用周作人自己的话来说，他不喜欢宣传的理由有两个，一是靠不住，一是说不好。[③] 在他看来，人的必需品不必大肆宣传，人们自会寻找，那些华而不实的广告和宣传，其实是在兜售人们并不需要的东西。作为一个理性的人，他更相信自己的判断。其实周作人对宣传的反感还有一层原因，是他对大众的不信任。在他看来，宣传就免不了误解，即使宣传的出发点良好，非理性的大众很可能会曲解宣传者真正的意思。这样的宣传实在是徒劳无益。[④]

有趣的是，鲁迅并不认同周作人这种极端的反宣传论。鲁迅对于宣传的观点，常常随语境的变化而改变。针对周作人的学生废名提出的“文学不是宣传”的观点，鲁迅又予以反驳。[⑤] 他首先认为“文学不是宣传”这句话本身就是一种宣传。如果说这种反驳只是一种修辞的话，他进而认为，如果文人认为文学无用，就等于放弃了责任。他还顺带讽刺了周作人提出的“弃武从文”的“为艺术而艺术”的主张。表面上看，鲁迅反对“文学不是宣传”是对自己早年观点的一种否定，但实际上他的宣传观并没有根本的变化。早年鲁迅反对革命文学，但并没有走向虚无，他依然主张文学救国（民），只不过反对将文学的功能单一化。随着 30 年代鲁迅接受了无产阶级文艺理论，他更加明确了为无产阶级服务的目标。对于超阶级的文艺观或者周作人这种“为文艺而文艺”的观点，自然难以接受。

周氏兄弟对宣传的看法，代表了二三十年代中国知识分子对于宣传的

---

① 周作人：《介绍〈政治工作大纲〉》，《周作人文类编》（1），钟叔河编，长沙，湖南文艺出版社，1998，第 694 页。

② 周作人：《宣传与广告》，《周作人文类编》（1），钟叔河编，长沙，湖南文艺出版社，1998，第 593 页。

③ 周作人：《宣传》，《周作人文类编》（3），钟叔河编，长沙，湖南文艺出版社，1998，第 148 页。

④ 周作人：《宣传》，《周作人文类编》（1），钟叔河编，长沙，湖南文艺出版社，1998，第 179 页。

⑤ 鲁迅：《势所必至，理有固然》，《鲁迅全集》第 6 卷，北京，人民文学出版社，2005，第 425 页。

两种态度。一种是积极地使用，一种是本能地排斥。前者代表了大多数左翼知识分子的立场，后者则代表了自由派知识分子的立场。前者以民族和无产阶级运动为重，后者则以个人解放为重。但是随着日本的入侵，救亡图存成为更大的主题，上述分歧很快就被“宣传第一”的口号所取代。

抗日战争与宣传话语的扩散和分化

如果说之前的维新变法、国民革命中，宣传只是少数“先知先觉”的政治精英才使用的“高级”概念的话，抗日战争的爆发则使宣传概念成为流行词汇，一时间知识阶层出现了人人谈宣传的局面。作家们放弃有保障的城市生活，到乡村和前线参与宣传活动，提出了“文章下乡，文章入伍！”“宣传第一，艺术第二！”的口号。[①]这个时期不仅文化艺术界成立了各种救国宣传协会，青年学生也组织起来从事各项对民众的宣传。政治领袖也在各个场合大谈抗战宣传。在抗日救国的语境下，20年代“宣传促进革命”的理论得到创造性转化。宣传成为唤起民众，争取民族独立的同义词。这个概念在向大众普及的过程中，被赋予了积极的意义。

在重庆一家名为独立出版社出版的《战时综合图书》中，专门有一本名为《抗战与宣传》（1938年12月出版）的小册子，汇编收录了当时不同学者所写的抗战宣传的文章，从中我们可以管窥抗日战争时期宣传话语的丰富性：

叶溯中	提高战时宣传纪律
邵力子	抗战期间宣传方针
周厚钧	战时宣传内容问题
文　涛	抗战言论与抗战刊物
吕希会	各种宣传工具的运用
郭沫若	文艺与宣传
方　治	展开今后文艺宣传工作

① 费正清编：《剑桥民国史》（上），北京，中国社会科学出版社，1998，第533–534页。

刘经旺	如何实施对内对外与对敌的宣传
艾毓英	努力从事国际宣传战区宣传与乡村宣传
陈岱础	迫切的国际宣传问题
赵　澎	国际宣传的要点
幼　生	战时乡村宣传之方法
熊佛西	如何下乡宣传
童仲赓	严整宣传的阵容
罗慕班	欧洲大战时的宣传战
施家相	宣传战的战略与战术
周佛海	今后宣传方针

这个时期有关宣传的著作也开始增加，在笔者所能查阅到的书目中，这个时期出版的与宣传有关的书籍是1949年以前最集中的。比如梁士纯的《战时的舆论及其统制》（无出版单位，1936）和《实用宣传学》（商务印书馆，1936）、陈毅的《怎样动员农民大众》（上海杂志公司，1937）、郭沫若的《战时宣传工作》（黄埔出版社，1938）、任白涛的《抗战期间的新闻宣传》（新闻研究社，1938）和《抗战与宣传》（独立出版社，1938）、曹伯韩的《宣传技术读本》（汉口生活书店，1938）、高觉敷的《宣传心理学》（国防部政工局，出版时间不详）等。

这些宣传话语有一个值得注意的新特征——它们的发出者多为知识分子而不是政治家。中国现代的宣传话语出现了新的说话者，这标志着宣传观念开始扩散，由政治精英经过文化精英，再向一般大众传播。宣传开始进入日常词汇。与此同时，宣传话语在扩散的过程中出现了分化。具体来说，新出现的知识分子的宣传话语可以分成四种：民族主义的、专业主义的、新闻专业主义的和自由主义的。

文艺的本质就是宣传：民族主义的宣传话语

民族（国家）主义的宣传话语认为宣传可以唤醒国人，营造国际舆论环境，有利于增强国家的国际地位。这种宣传话语是抗日战争时期知识分子宣传话语的主流。实际上早在抗日战争之前，已经有了类似的宣传观念。

在笔者看到的文献中，中国现代最早对宣传进行学术研究的，是曾任中华民国驻朝鲜领事的季达。季达早年留学日本，学习社会学。在朝鲜任职期间，搜集了大量国际关系领域的案例。他发现发达国家的媒体和通讯社在战争期间，可以不讲究道德，操纵新闻，造成有利于自己的舆论，相比之下，中国则因为不重视宣传，常常在国际事务中陷于被动状态。比如在万宝山事件中，日本政府就巧妙地影响了朝鲜报纸的记者，利用他们发布有利于自己的错误信息，造成在这一事件中，中国的外交处于劣势。①季达对于宣传有着非常现实的认识，他提出宣传本身并无善恶之分，因其目的不同，而产生了善恶之别。②

郭沫若也持和季达相似的观点。早在国民革命军北伐期间，郭沫若就参加过军队的宣传活动，先后任国民革命军总政治部宣传科长兼行营秘书长、总政治部副主任等职。后来因蒋介石反共，他出逃至日本。在抗日战争开始之后，为了团结左翼文化界人士，1938 年 4 月 1 日，国民政府在军事委员会设立了政治部第三厅，由郭沫若出任厅长，负责宣传工作。1940 年 9 月，政治部改组，郭沫若辞去第三厅厅长一职。11 月上旬，在新成立的政治部文化工作委员会中，郭沫若担任主任，继续领导文化界抗日宣传工作。郭沫若在抗战期间，积极从事宣传活动，同时也对宣传本身进行过一些研究。有一本名为《战时宣传工作》的小册子署名郭沫若，在刚才提到的《抗战与宣传》中也有他写的一篇文章。在这些文稿中，郭沫若关于宣传的观念比较一致。他认为：

> 一般地说：在我们日常生活中，一切交际与谈话，都多少含有宣传的意义与作用，但是特殊地说，所谓宣传，是指政治的宣传而言，即是为着某种政治思想或政治目的，用某种具体的宣传方法以促成和

---

① 季达：《宣传学与新闻记者》，广州，暨南大学文化部，1932，第 18–19 页。季达此书的名称容易引起误解，实际上其中包含两个完全独立的部分。此书有一大半是讨论宣传学，另有一小部分从政府公关的角度讨论新闻记者的工作和世界主要通讯社。

② 季达：《宣传学与新闻记者》，广州，暨南大学文化部，1932，第 4 页。

推进某种政治运动的工作。[①]

郭沫若把宣传与传播视为同一个概念（这与毛泽东的看法不谋而合，见第九章），他把文艺的“本质”也视为宣传。在中华全国文艺界抗敌协会成立大会的演讲中，郭沫若提到一个引起争议的观点：

> “文艺的本质就是宣传”，美国作家辛克莱曾经说过这样的话。……无论你是赞成或反对，文艺总不外是宣传。这道理由我们古代的哲人也是早被道破了。古人说过：“言之不文，行而不远。”我们如把它翻译成现代语，便是，“宣传如不用文艺的方式，便不能够深入而普及”。[②]

导致争议的不仅是郭沫若对古语“言之无（郭文作“不”）文，行而不远”[③]的解释过于牵强，而且因为他把文艺变成了宣传的工具。作为创造社的成员之一，郭沫若在抗战时期仍然没有改变与鲁迅论战时的观点，更重要的是他现在有了现实的权力，将这一看法付诸实施。这种观念将国家政治的需求视为文艺创作的首要目标，在抗日战争的特殊语境下，人们很难反驳这一“常识”，这一话语便具有了正当性。尽管这种论断的提出可能是为了适应当时的政治环境，但是事实证明，这种观念在其后指导着他的文艺创作，而且由于郭沫若本人的显赫地位，这一话语也影响了文学界。他的这个看法，得到了毛泽东的认同，后者在延安文艺座谈会上的讲话再次肯定了文艺为政治服务的原则（见第九章）。

---

① 郭沫若：《战时宣传工作》，广州，黄埔出版社，1938，第1页。

② 郭沫若：《文艺与宣传》，《抗战与宣传》，重庆，独立出版社，1938，第22页。原文发表于1937年3月27日《大公报》的“星期论文”。

③ 《左传》襄公二十五年：仲尼曰：“《志》有之：‘言以足志，文以足言。’不言，谁知其志？言之无文，行而不远。晋为伯，郑入陈，非文辞不为功。慎辞也！”

宣传促进社会进步：专业主义宣传话语

知识分子中出现的第二个宣传话语是专业主义宣传话语，和20世纪初美国的专业主义宣传话语一样，它强调宣传对于社会的积极作用。其中最有代表性的是梁士纯（1902—1984）的《实用宣传学》。梁士纯时任燕京大学新闻学系主任（1934—1937），是当时国内宣传研究和公共关系方面的专家。根据目前的资料，梁士纯1934年即在燕京大学开设“实用宣传学”课程。他可能是最早在中国大学开设宣传及公关方面课程的学者。[①] 梁士纯认为，宣传“就是要把一种消息或意见陈布于公众之前，藉以左右他们的主张或行动的一种力量”[②]。他所说的宣传概念接近于英文中的publicity，他不仅认为宣传是一种中性的手段，并无善恶之分，而且提出宣传必须要以事实作为基础。梁士纯所说的宣传概念大致等于现在所说的公共关系，它赋予这种宣传以积极的意义：

> 因为报章和杂志的编者以及一般演说家对于社会上所有各种的事业或运动，未必都能一一注意，所以提倡这些事业或运动者，不得不从事于宣传，以唤起舆论的赞助。……吾国的宣传事业，目前还在幼稚的时代，但在社会日趋近代化的进程中，宣传的事业将日见其重要，并能促成社会的进步，那是可以断言的。[③]

梁士纯把宣传看作一种控制注意力的技术，它和新闻本身只有传播主体的差异，而无其他区别。“所谓新闻，是在被告知者的观点上所认为一种真实的，有兴味的，与合于时间性的消息。所谓宣传，是在宣传者的观点上所认为一种真实的，有兴味的，和有时间性的（或没有时间性的）消息。”[④] 在他眼中，宣传与广告也无本质区别，唯一的不同只在于宣传无需付费，

① 王晓乐：《民国时期公共关系教育创建始末——中国近代公共关系教育若干史料的最新发现》，《新闻与传播研究》，2010（6）。

② 梁士纯：《实用宣传学》，上海，商务印书馆，1936，第2页。另见梁士纯：《梁士纯文存》，王晓乐编，南京，江苏人民出版社，2019。

③ 同上书，第5页。

④ 同上书，第2页。

并且因为以新闻的形式出现，具有更高的可信性而已。

从参考书目和全书的结构来看，梁士纯的宣传观念受爱德华·伯内斯的影响很大。伯内斯是美国公共关系理论的奠基人，早期也使用过宣传来描述公共关系（见第三章）[①]。一战后宣传概念具有了负面色彩，专业主义者已经倾向于不用这个概念指称公共关系。但是在中国，由于宣传在抗日战争中发挥着正面的角色，"宣传"一词并没有贬义的感情色彩。公共关系、广告业界一直以"宣传"自称，这一传统沿袭至今。尽管今天政治场域的"宣传"概念已经逐渐被"传播"概念所代替，但是在市场领域，宣传一直作为中性的技术概念被使用。这是汉语的"宣传"概念与其他文化中的同一概念的不同之处。

> 在普通人的脑筋里，对于宣传这个名词往往有一个很不好的印象。一般的人，甚至于许多的学者，以为宣传总是铺张，吹牛，甚至于撒谎，这种观念当然是不对的。其实这个名词，原来甚为正当，不过后来被人滥用，尤其是在世界大战的时候，被各国所滥用，所以大家就对它歧视了。真有效力的宣传是根据事实的，不是凭空捏造无根据的鼓吹。[②]

梁士纯之所以积极倡导宣传，还因为在战争时期，宣传会发挥巨大的团结作用。他认为战争时期"统制"舆论具有两个途径：（1）检查——消极的，（2）宣传——积极的。这两者之中，"统制或操纵舆论最有力量的工具还是宣传"。

梁士纯对舆论的定义沿用了李普曼的定义，以为舆论就是由大众的刻板印象形成的。这种精英主义的视角，使他在讨论舆论时轻率地使用了"统制""操纵"这样的词。对大众的轻视也造成他只考虑到国家利益，根本无暇顾及宣传与公民自由的问题。因此在他看来，宣传是一个"甚为正当"的概念。

---

① 见 Edward L. Bernays. *Propaganda*，New York，NY: Horace Liveright. 1928。

② 梁士纯：《战时的舆论及其统制》，无出版机构，中国人民大学新闻学院资料室收藏，1936。系作者在清华大学的演讲稿。

还有一种专业主义宣传话语是从社会心理学角度，讨论纯粹的宣传技术。中国现代心理学的先驱之一高觉敷曾在1941年出版了《宣传心理学》[①]。在这本书中高觉敷引用美国社会心理学的实证研究结果，介绍了宣传心理学，也介绍了宣传的应用与不同媒介的宣传技巧。该书没有对宣传的特征和正当性进行讨论，单纯从技术层面研究了宣传的技巧与心理。[②]高觉敷将宣传作为一个中性的社会现象加以研究，在讨论宣传效果时，遵从了社会科学"价值中立"的原则。在对宣传的界定上，高觉敷仅把宣传定义为积极主动的符号操纵，而把审查（censorship）、新闻管制视为"宣传的反面"。这种理解与汉语里"宣""传"两字都有积极行动之义有关。这种观念导致中国学者更关注外在的、主动的符号操纵行为，而将消极的不作为或信息封锁排除在"宣传"话语之处。高觉敷的宣传观念接近拉斯维尔，认为可以将宣传视为一种中性的技术，用科学的研究方法加以探讨。虽然这种对宣传的态度到1949年之后依然盛行，但是这种研究的方法则被视为资产阶级的而被否定。一直到"文化大革命"之后，随着传播学的重新引进才得到重视，并进而发展为近年来中国内地最为主流的宣传话语（详见第十一章）。

民族团结源自言论自由：新闻专业主义的宣传话语

与文艺界用宣传激励全民族爱国主义，激情凌驾于理性之上的做法有所不同，一些秉持中立的自由主义报刊则冷静得多。以《大公报》为代表的中国新闻专业主义则并不认同一切传播都应服务于宣传的看法。他们把民族主义看成是果，而把言论表达自由看成是因，认为不可因为追求国家团结而取消了公民知晓和讨论的自由。

1936年4月2日，就在沪版《大公报》创刊的第二天，主笔张季鸾就

---

① 据纪念高觉敷的文集中所收年谱，高写作《宣传心理学》的时间为1941年，没有正式出版。目前看到的这个版本没有出版时间，可能是内部出版物。见叶浩生编：《老骥奋蹄：心理学一代宗师高觉敷》，南京，南京大学出版社，2004。

② 高觉敷：《宣传心理学》，国防部政工局，出版时间不详。

发表了一篇题为《改善取缔新闻之建议》，呼吁政府即使在国难当头时，也不应限制言论自由。他在文章的开头即提出民族团结的基础由信息共享，因为只有事实才能达成共识，具有相同的情感：

> 去年以来，凡论救国方略者，莫不以民族团结为第一义。顾团结何自成乎？假令一般知识界人欲言者不得言，欲知者不得知，其感想如何，恐去团结之阶段远矣。夫团结云者，全国有知识人有同一之事实的认识，而为同一的情感所鼓荡，遂自发的集于救国大纛之下，拥护政府，共同迈进之谓也。①

他认为目前知识界与政府看法存在分歧，是正常的现象。因为政府掌握的信息多，普通人掌握的知识少；同时二者地位和责任不同，认识有所差异。政府只要开诚布公地发布信息，双方的误会自会消弭，达到意见统一。但是目前政府的做法是取缔一切与政治和政府政策有关的言论。张季鸾提出：

> 人民有拥护政府之责，同时亦具有批评政府一部分政策，或攻击官吏一部分行动之权。倘不尊重此权，则无所谓团结之可论矣。至于事实之禁载，则须限于极少，尤其对外问题，利在多发表事实，如华北危急，全国关心，国地当局，义应亦利在使全国随时得知华北所发生及遭遇之事实。②

张季鸾虽然也有很深厚的民族主义情怀，但是在言论自由问题上却十分坚决。即使在抗战时期民族主义意识形态占据压倒性优势时，仍然主张不能因所谓“国家利益”而牺牲媒体的言论自由。作为倡导言论独立的新闻工作者，早在1929年张季鸾就针对蒋介石对全国报馆的通电在《大公报》上发表社评，提出要彻底开放言论。

---

① 张季鸾：《季鸾文存》，《民国丛书》第一编，第98册，上海，上海书店，1989，第192–194页。
② 同上。

张季鸾认为中国国民党当局的言论政策承袭了苏联式或法西斯式的理论，不仅对于言论追求统一，对纪事（新闻报道）也加以管制。在此种制度下，报纸“其职责乃完全为当局作政策之宣传，不复含自由宣达民隐之意也”。张季鸾认为这种媒体管理体制对政府和媒体都不利：

> 其一，宣传过于统一于一严整之结果，人民神经久而麻痹，反使宣传失效，其二，报纸专为政府作宣传机关之结果，全国言论界单调化，平凡化，根本上使人民失读报之兴味，最后足使报纸失其信用。由前者言，政府之不利也，由后者言，报纸之不利也，可谓两失之矣。[①]

张季鸾是一个现实的功利主义者，他试图让政府相信，言论自由对政府的宣传有利。在这一点上他与自由至上主义者将自由置于绝对优先地位不同，他会站在政府的角度考虑问题，谋求寻找媒体与政府之间的妥协点。[②]他并不完全否定政府宣传，但是他对于政府控制所有媒体的整体宣传持反对态度。他主张言论自由，但认为媒体不能单方面追求自由，还要讲政治，识大体，顾大局。他在 1937 年发表的一篇《论言论自由》的社评中提出：言论自由的实现是媒体与政府双方努力的结果。政府要改变让媒体报道政治事件是给媒体恩惠的心理，要改“但可扣则扣”为“但可放则放”。而对媒体来说，自由的另一面为责任。“无责任观念之言论，不能得自由。”他提出了一个矛盾的自由观念，认为媒体必须要站在政府的角度来考虑责任问题。

> 国难如此，不论为日刊定期刊或单行本，凡有关国家大事之言论，其本身皆负有严重责任。言论界人自身时时须作为负国家实际责任看。倘使我为全军统帅，为外交当局，则我应如何主张，应作何打算？此即为责任观念也。夫意见当然不能人人一致，然态度应一致。一致者何，

---

① 张季鸾：《国府当局开放言论之表示》，《季鸾文存》，《民国丛书》第一编，第 98 册，上海，上海书店，1989，第 1–2 页。

② 徐铸成：《报人张季鸾先生传》（修订本），北京，生活·读书·新知三联书店，2009。

诚意是也。[①]

以张季鸾为代表的媒体专业主义者是自由主义者中比较温和的一派。他们反对总体宣传，要求政府给予新闻媒体言论自由。但与此同时，又对政府的宣传也有一定让步，主张从功利主义的原则出发，达到媒体言论自由与政府新闻管制之间的妥协。张季鸾所主张的媒体专业主义与其说是建立在现代民主理念的基础之上，不如说是建立在中国传统的以天下为重的士大夫的道德原则之上。“士为知己者死”，因此在某些问题上，张季鸾会把个人私谊凌驾于公共利益之上，把宣传放在事实前面。对此，范长江在回忆文章里对此有过委婉的批评：

> 他对朋友，诚挚而宽恕，很少看见他疾言厉色。朋友们的好处，他极力赞扬；朋友们的缺点，他总是隐盖。他常说：“我们作新闻，应当总报喜不报丧！”所以在许多问题上，他不赞同发表内容有暴露性的新闻报导。他说：“我们是在作宣传，不是写历史！”这种态度在对事问题上，似尚有商量的余地，但在对私人问题上当无疑的是一种非常不容易的修养。[②]

宣传不是教育：自由主义的宣传话语

近代以来，特别是抗日战争时期，中国始终处在争取民族独立和富强的奋斗之中，为唤醒和团结国民，宣传自然而然地成为一个重要手段，具有了正当性。它成为葛兰西所说的统治者与被统治者都认同的“文化领导权”（hegemony）。虽然持自由主义立场的知识分子也对宣传表示过反感，但很

① 张季鸾：《论言论自由》，《季鸾文存》，《民国丛书》第一编，第98册，上海，上海书店，1989，第239–242页。

② （范）长江：《悼季鸾先生》，《华商报》晚刊1941年9月8日，第三版。感谢刘宪阁博士提供这一资料。

少有学者公开对宣传观念本身提出质疑。社会学家潘光旦首先明确地对存在于教育界的宣传提出了批评。潘光旦在1940年发表了《宣传不是教育》一文，借着批评西南联大学生提出的“宣传也是一种教育”的口号，对宣传概念的正当性提出了质疑。

> 我在这篇文字里，准备向热心从事宣传的人进一解：宣传实在不是教育，不宜与教育混为一谈，教育工作是越多越好，宣传工作是越少越好，一件用一张嘴或一支笔来做的工作，要真有教育的价值，是值得向大家提倡，那就不客气地叫它做教育就是了，大可不必要用宣传的名称；兵役的教育就是一例，那些瞧不起宣传的人，对宣传工作取怀疑态度以至于厌恶态度的人，是很有他们的理由的。①

潘光旦对梁启超以来混淆在一起的宣传与教育概念进行了区分。他认为，虽然宣传与教育都是“提倡智识”的工具，但是这两者存在明显的差别。他分别从六个方面阐述了宣传与教育的不同。最重要的，也是最明显的差异是宣传与教育在观念上存在分歧。教育假定人有内在的智慧，拥有用智慧来应付环境，解决问题的力量；教育不预备替人应付环境，解决问题，而是要使每个人通过教育，自己运用理性解决问题。教育用启发的方式传递观念，宣传则用灌输的方式传递观念。

> 它（指宣传——作者注）把宣传者所认为重要的见解理论，编成表面上很现成的，很简洁了当的一套说法，希望听众或读者全盘接受下来，不怀疑，不发问，不辩难。……从这种提倡或施行的方式，我们便不由得不怀疑到从事于宣传工作的人多少得有如下的假定，否则他便不免气馁，而对于他的工作无从下手。他得假定智慧是一部分人的专利的东西，只有这一部分人，比较很少数的人，才会有成熟的思想，才能著书立说，才有本领创造一派足以改造社会、拯救人群的理

---

① 潘光旦：《宣传不是教育》，《潘光旦文集》（第5卷），北京，北京大学出版社，1997，第391-396页。

想；其余大多数的人只配听取，只配接受，只配顺从；至少，这些人虽有智慧，那程度也只到此为止，说不上批评创造。[①]

潘光旦认为，宣传的观念用中国古代的语言来表达就是“民可使由之，不可使知之”。他使用西方自由主义的教育话语，批判了中国近代以来宣传正当性的一个重要依据——民众缺乏理性判断的能力。

除了前提假设和传播方式上的重要分歧外，潘光旦还从来历（信源）、动机、狭义的方法、内容、结果几个方面详细分析了这两种观念的不同。从信源上看，宣传的来历不明，固然个人可能因为轻信而接受宣传，但是长此以往，人们会对任何信息都产生怀疑，造成社会成员之间相互不信任。

从动机上看，教育的动机是促进受教育者的利益，而不是施教育者的利益。宣传则是主客颠倒的，宣传的内容或许对被宣传者有利，但是宣传忽略了受众的选择，也许受众并不需要这些信息。

所谓广义的宣传方法，是上面提到的灌输，狭义的方法主要指宣传的技巧——潘光旦称之为宣传的“伎俩”。比如隐匿、改头换面、转移视线、凭空虚构等。他提出，问题的解决除了智慧以外，还需要准确的信息，宣传对信息的歪曲，则无助于解决问题。

在内容上，宣传往往过于简单。把问题的原因推到一个简单的对象上，提供的解决方法也非常轻松。比如宗教把复杂的社会问题都归结到原罪。孟子的“性善说”也是过于简单，缺乏有说服力的论证。潘光旦在孟子列举的“四辞”——诐辞、淫辞、邪辞、遁辞的基础上，加上了一个“易辞”，即把复杂的社会问题简单化。

在结果上，宣传会产生许多不良影响，它的效果建立在欺骗、利用民众的基础之上。

潘光旦的文章看似讨论大学生在兵役宣传中提出的一些错误观念，实际上对国民政府的宣传体制对高等教育的渗透和控制有所影射。他对宣传的批评与孙中山的“以党治国”的宣传观念以及郭沫若的民族主义的宣传

① 潘光旦：《宣传不是教育》，《潘光旦文集》（第5卷），北京，北京大学出版社，1997，第391–396页。

观念针锋相对。以党、国为中心的中国现代的宣传话语体系，受到了以个人自由为中心的宣传话语的挑战。

潘光旦此文一发表，立刻引来政府宣传部门的注意。一星期后，《中央日报》昆明版发表社论《教育家的重要责任》，攻击潘文。文章提出“殊不知国家存亡，民族生死，既已间不容发，断不容各逞臆说，贻害青年。而教育原为国家作育新民，栽培英后，自更与政治法律等息息相关。”该文提出，教育和宣传并无本质差别，教育不能只传授知识技能，还要负起领导青年的责任，而且应该认识到：“教育本身就是一种革命工作——革命的宣传工作。须知孟子所谓‘先知觉后知，先觉觉后觉’，这是教育，也就是宣传。教育者无他，持久的宣传罢了。有人以为没有纯文艺，凡是文艺，都是宣传，我们于教育，也可以这样说。”① 这篇社论除了引用辛克莱“凡文艺皆宣传”的观点外，还引用了孙中山的“孔子是中国最伟大宣传家”② 的观点作为论据，证明教育就是宣传。此文还以三民主义教育即三民主义宣传为例，说明宣传与教育彼此并无本质区别。

潘光旦针对此文，立即作了答辩，进一步讨论了宣传与教育之间的复杂关系。他提出，人们之所以认为宣传即教育，原因之一是中国旧日的教育大部分不是启发式的教育，而灌输式的宣传。潘光旦不仅重新定义了宣传，也重新定义了教育。他以概念的重新梳理，否定了《中央日报》的论点。他认为，当前教育最大的危险就在于“一部分从事教育事业的人的心目中，教育与宣传混淆不清，甚至于合而为一”。社会教育、公民教育，名为教育，实际上大部分是宣传，就连学校教育里，宣传的成分也一天比一天多。反对者因为缺乏组织，无法同声相应，虽有不满，却无法对抗大势。

> 以宣传为主的教育，表面上什么课程都有，但事实多而理论少，经验多而理想少，细节多而大原则少，各方面平均的议论多，而单独一方面的发挥少，铺叙已往与现在的多，而悬测未来的少，教人增加

① 见《潘光旦文集》（第5卷），北京，北京大学出版社，1997，第403-405页。

② 见孙中山：《民族主义第一讲》，《国父全集》（一），秦孝仪主编，台北，近代中国出版社，1989。

批评能力的努力多，而教人兴起信仰精神的努力少。①

潘光旦还指出，近代中国的教育理念过于功利，反而为宣传准备了条件，扩大了宣传的影响范围。为了迅速振兴国家，近代的宣传教育有两个倾向：一是以扫盲为主的平民教育；二是偏重专门技术的人才教育。前者扩大了宣传的受众，让更多的大众受到文字宣传的影响。后者因缺乏良好普通教育基础，使得专业技术人员虽然在本专业内有科学精神，但是在专业之外则容易被宣传利用。潘光旦对教育的危险现状发出了警告：

> 教育处在危险之中，一方面旧时原有的宣传成分既未廓清，新的宣传成分已纷至沓来；另一方面，我们提倡的几种教育，又无形之中正在替宣传清宫除道，并且做一个有力的前驱。②

曾经留学美国并对自由主义教育理论有专门研究的潘光旦强调个人的自由与理性，并以此作为武器，向中国近代以来一直处于合法地位的宣传话语提出了挑战。在近代中国的现代化启蒙中，理性话语一直占据主导。这种话语认为现代科技，甚至理性设计的现代政治制度，可以使中国独立富强。现性至上的民族主义观念把教育纳入社会工程的一部分，从梁启超到孙中山，都持这种观点。启蒙话语中除了理性话语外，还有自由的话语，这一话语以人为中心，反对国家侵犯个人自由。教育是增强公民获得自由能力的重要一环，自由主义者当然要捍卫这一底线。③在古典自由主义理论中，宣传与教育是可以清晰区分的，但是在新宣传批判者和后现代主义者看来，问题就没有这么简单。这一困境在最后一章再加以详细讨论。

潘光旦的讨论中另一个矛盾之处是关于人的理性问题。潘光旦一方面控诉宣传的危害，似乎大众缺乏理性，另一方面又反对精英主义的大众观，认为大众具有判断是非的能力。一个合理的解释是潘光旦认为人具有理性

---

① 潘光旦：《再论宣传不是教育》，《潘光旦文集》（第 5 卷），北京，北京大学出版社，1997，第 397–403 页。

② 同上，第 27 页。

③ ［英］约翰·洛克：《教育片论》，熊春文译，上海，上海人民出版社，2005。

的潜能，但是教育体制没有教给他如何发挥这种能力。他注意到了过于专业的教育在通才方面的缺陷，尤其是过度夸大科学之后导致的人文精神的缺失。但是潘光旦没能从根本上说明具有理性潜能的人为什么会接受宣传，作为个体的人和作为大众的人是否会具有不同的特征，是什么社会条件导致了宣传的继续存在等问题。因此，潘光旦指出了宣传与教育混淆的危害，观点深刻，但是限于篇幅，并不深入，还没有真正把教育从宣传中剥离开。

在自由主义知识分子中，潘光旦并不是特例。报人萨空了借批评法西斯主义宣传，也表达了他对于宣传的警惕。萨空了于 1944 年编译了英国怀特（Amber Blanco White，萨空了译为“华特”，以下按原译）的《新宣传》（*The New Propaganda*），他将其译为《宣传心理研究》。华特原书写于 1937—1938 年间，出版于 1939 年，在德国发动世界大战之前。华特已经注意到德国的宣传，他写作此书的目的是建议英国的进步政党借鉴纳粹德国的宣传技术。萨空了认为这个目的并不适合中国的读者，他想通过此书，让中国人了解纳粹法西斯宣传的性质、影响和后果。因此他作了许多增删。

萨空了译介此书的第二个目的，是提高公众媒介素养，提高判断能力。和潘光旦相似，萨空了也注意到宣传对于普通民众的不良影响，试图通过教育的方式，使公众能够辨别宣传，不受其影响。

> 在今日的社会中生存，谁也已不能逃避得了宣传的影响，你总要看一份报，一二份杂志，几本书，或者看看电影，戏剧，偶尔参加一下演讲会，音乐会，画展，乃至在街头听无线电广播，于是你就已被包括在接受宣传的群众之内了。……在宣传包围中生活，认识宣传的性质及其作用，自然是生存必需常识之一，纳粹法西斯宣传手法是很妙的，纳粹法西斯主义既不见得会因这次大战中德义（意）日轴心之覆灭而在世界上绝灭，了解他们的手法，对今后在这世界中生存的人自有很高的价值……[①]

萨空了选译此书的第三个原因是该书使用了弗洛伊德的心理分析，研

---

① 萨空了编译：《宣传心理研究》，上海，耕耘出版社，1948，第 4–5 页。

究纳粹宣传的效果，对于公众来说，也可以通过反观自省，增强对于宣传的免疫力。

《宣传心理学》的中译本出版于1948年，选择在这个时候出版，有另一层耐人寻味的动机。作为民主党派的活跃分子和资深新闻工作者，萨空了在抗日战争结束后一直从事民主运动。当时的自由知识分子将国民党的宣传和新闻管制与法西斯主义联系在一起，由此可以推断，此书的出版，也有借研究德国法西斯的宣传来影射当时国民党宣传的潜台词。

中国近代的两种宣传观念

中国近代以来的宣传观念受苏联的影响很大。宣传话语在中国的分化，反映了美国的宣传话语对中国的影响——虽然这种影响只局限于知识界内部。上面四种宣传话语，除了都由知识分子提出之外，还有一个共同的特征——其思想资源均来自美国和欧洲。从季达开始，学者们就注意到一战后西方对宣传的研究。季达在他的那本可能是中国的第一本宣传学著作中，大量引用了美国最新的宣传研究成果，包括拉斯维尔的研究。梁士纯的《实用宣传学》基本概念来自伯内斯和美国的早期的公共关系论著，《战时的舆论及其统制》[①] 通篇结构和内容取自拉斯维尔的《世界大战中的宣传技巧》。高觉敷的《宣传心理学》的理论部分的数据几乎全部来自美国社会心理学的实证研究数据。《大公报》的新闻专业主义深受英美报纸传统的影响。潘光旦在文章中明确提出自己的观点大多是欧美的研究。萨空了的书直接译自英国学者的研究。

美国式的宣传观念与苏俄式的宣传观念有何不同？

美国的宣传观产生于民主政治和市场营销之中，来源多为社会科学研究者和市场营销人员。他们倾向于中立地看待宣传，将其视为大众说服的工具，从技术的层面讨论宣传技巧。美国的宣传观念对宣传和现代民主政治的关系有所反思。在经过第一次世界大战的"整体战"式的宣传之后，

① 梁士纯：《战时的舆论及其统制》，无出版单位（中国人民大学新闻学院资料室藏书），1936。

拥护宣传与反对宣传者，皆以促进社会多元化为目标，从不同的角度提出了自己的观点。不论结论如何，双方都对宣传本身的潜在危害进行了思考。以上提到的中国学者，大部分对这个前提有明确的认识。比如潘光旦提到："宣传原是一个由来甚远的提倡的方法，社会学家也一向把它认为社会制裁的一个方式，不过把它当做一个社会问题看待，把它判断为近代社会病一种，却是欧洲第一次大战以后的事。"①

由于宪法第一修正案强调表达自由，除了在世界大战中外，美国的宣传机构很难获得垄断或控制传播渠道的权利，因此所有的宣传必须在存在反对意见的环境下，运用适当的技巧打动受众。在美国的宣传观念中，十分强调宣传的科学性。这里所说的"科学"并不含有感情色彩，而是指通过模仿自然科学的实证手段，研究宣传的规律（如果存在的话）。并以这些规律为指导，最大限度地利用已有资源，达到宣传的意图。

苏俄的宣传观念则以民族国家为中心，强调宣传在国家富强、民族独立中具有重要作用。它认为宣传可以最大限度地动员民众，使其参与到运动、战争或建设之中。这种宣传观念建立在列宁的政党理论之上，把宣传作为手段，以目标的正当性代替手段正当性。该宣传理念以党治为中心，将新闻、教育、社会运动、公共信息发布等纳入宣传之中，并由执政党统一管理，形成"一体化宣传"或"整合宣传"的模式。

和美国的宣传模式相比，苏联模式建立在一党专政的基础上，可以保证执政党对传播渠道的绝对领导，垄断传播的内容，不允许与国家意识形态相冲突的宣传存在。因此只要保证党对宣传的绝对领域，即可达到理想的宣传效果，在技巧上则不必花费过多的研究精力。

中国近代历史的发展，受到来自北方内陆和南方海洋的两种力量的影响。在宣传上也存在这种现象。从 20 世纪三四十年代开始，来自北方苏俄宣传模式与来自南方的美国模式在不同的时期影响着中国的宣传模式的选择，构成了中国近现代宣传观念发展的一条主线。

---

① 潘光旦：《宣传不是教育》，《潘光旦文集》（第 5 卷），北京，北京大学出版社，1997，第 391-396 页。

第九章　中国现代宣传观念的形成与发展

虽然在今天中国的宣传观念中仍可看见20世纪初期宣传观念（见第七章）的影子，但是其中最核心的部分直接来自40年代中国共产党在延安时期确立的宣传观念。这一宣传观念既有来自20世纪初乃至之前传统思想的资源，也明显存在模仿苏联的痕迹，还有结合中国现实进行的自我创新。在这一观念的指导下，中国共产党在思想上和组织上达到前所未有的统一，并在国共之争的战场上取得立竿见影的效果。因为延安时期宣传观念和体制实验的大获成功，这一模式也成为1949年后中国宣传体制的主要参照系。

在中国共产党宣传观念的形成过程中，毛泽东无疑扮演着最重要的角色。毛泽东早在20年代就曾担任国民党的代理宣传部长，将不少新的观念引入国民党的宣传制度（见第七章）。在延安时期，毛泽东系统地总结了自己的宣传观念，并通过整风运动，将其贯彻到全党。为了在物质条件极端艰苦的环境下团结思想，巩固组织，延安整风将宣传重点放在了不同群体的思想改造上，这为新中国成立后“培养社会主义新人”的运动提供了经验。除了针对个人的思想改造外，延安时期还初步确立了中共的宣传和出版体制，尤其是围绕延安《解放日报》的改版，中国共产党初步提出了独特的新闻宣传理论，并建立了严格的宣传制度，许多内容一直沿用至今。延安时期虽然不长，但对于中国共产党宣传观念的形成，却是一个重要的时期。

军事化的环境，为实验新的宣传观念提供了理想的环境和正当的理由。在这一过程中，有中国特色的宣传体制初步形成。

毛泽东的宣传观念

传播即宣传

1921年中国共产党成立之时，中共中央执行委员会只设了三个委员，分别负责书记（陈独秀）、宣传（李达）和组织工作（张国焘）。可见中共成立之初，宣传就是其中心工作。1927年发布的《中共中央通告第四号——关于宣传鼓动工作》提出："政治宣传和鼓动，乃是党调动群众领导群众兼以训练党员之必需的条件。"①

中共早期的活动，接受共产国际的指导，因此受苏联宣传观念的影响颇深，不仅强调宣传在组织革命先锋队中的重要作用，而且沿袭了普列汉诺夫和列宁关于宣传与鼓动的区别，比如李立三在《现在全国宣传工作的任务及其缺点》（1930）中提出："许多同志还不能明了宣传与煽动的区别。宣传是宣传我们政纲及策略，煽动则是根据群众当时迫切的要求，去发动斗争。我们的宣传口号，一定比改良主义及第三党要高些，但我们的煽动口号则不一定。我们的煽动是要根据当时群众的要求……不怕他只是毛细的事情。"②

1927年之前中共在宣传鼓动和群众运动方面取得了很大成功。③但是由于把宣传作为中心任务，国民党突然中止国共合作并且反共清党之后，共产主义革命陷入低潮。共产党中一些成员开始反思宣传在运动中的角色。毛泽东在八七会议的发言中说：

---

① 见《中国共产党新闻工作文件汇编》（上），北京，新华出版社，1980，第35页。

② 李立三：《现在全国宣传工作的任务及其缺点》，《中国共产党新闻工作文献汇编》（下），北京，新华出版社，1980，第129页。

③ 林之达编：《中国共产党宣传史》，成都，四川人民出版社，1990。

> 从前我们骂中山专做军事运动，我们则恰恰相反，不做军事运动专做群众运动。……现在虽已注意但仍无坚决的概念。比如秋收暴动非军事不可，此次会议应重视此问题。……须知政权是由枪杆子里取得的。[①]

当然，这并不意味着毛泽东认为宣传不重要，他在1929年作的《关于纠正党内错误思想》的决议中，首当其冲的就是批评单纯军事观点，提到要注重政治工作和宣传工作。[②] 毛泽东的这两个观点表面看似矛盾，实际上对宣传在党的工作中的角色进行了重新定位。他纠正了之前党内领导将宣传视为工作中心的观念，重申了宣传只是实现共产主义运动目标的一个手段。要实现革命的日标，宣传和组织、军事工作 样，必不可少，但是要以政治目标为指导。

毛泽东非常强调人的主观能动性，不论是面对日本的侵略、国民党的庞大军队还是美国的核武器，他一直认为起决定性因素的是人心向背。这就意味着宣传在整个革命运动中起着关键作用。因为毛泽东的许多观念直接影响了延安时期到改革开放前的中国共产党的政治观念与实践，甚至直到今天仍然产生着影响，下面我们将以毛泽东的宣传话语作为主要研究对象，探讨中国共产党宣传观念的形成过程。

毛泽东思想成熟于延安时期，不仅因为这个时期他正式掌握了中国共产党的领导权，而且与此同时，他通过整风运动成功地统一了全党的认识，并确立了建国后许多制度的雏形。1949年后共产党的宣传观念与制度，也形成于延安时期。

“宣传”是毛泽东频繁使用的词汇，除了这个词汇以外，他还使用“思想政治工作”“思想工作”“思想教育”“思想改造”等指代宣传活动，甚至在组织方针中也有不少概念与宣传相关，如“民主集中”“批评与自我批评”。

---

① 毛泽东：《在中央紧急会议上的发言》，《毛泽东文集》第1卷，中共中央文献研究室，北京，人民出版社，1993。

② 《毛泽东选集》第二版第1卷，北京，人民出版社，1991，第86页。

在毛泽东看来，“掌握思想教育是我们第一等的业务”[①]。毕业于师范学校的毛泽东认为宣传是对被宣传者思想进行的教育和改造，触及思想深处的根本立场、价值观和感情。在这一点上，毛泽东与梁启超有着共同的看法。这种一致性并不是偶然的。毛泽东告诉斯诺，他在青年时期，就曾经熟读表兄送给他的《新民丛报》，“这两本书我读了又读，直到可以背出来”。[②]梁启超这一时期提出的改造国民的“新民说”给毛泽东留下了深刻印象，他后来还在长沙创办了“新民学会”。[③]

> 人民的觉悟不是容易的，要去掉人民脑子中的错误思想，需要我们做很多切切实实的工作。对于中国人民脑子中的落后的东西，我们要去扫除，就像用扫帚打扫房子一样。从来没有不经过打扫而自动去掉的灰尘。我们要在人民群众中间，广泛地进行宣传教育工作，使人民认识到中国的真实情况和动向，对于自己的力量具备信心。[④]

毛泽东在这里使用了扫地的隐喻。社会学家齐格蒙特·鲍曼认为扫除的比喻展现了我们的矛盾性。因为它有一个前提假设，世界是具有一个理想的秩序，我们可以根据这种秩序，令它做到一尘不染。但是鲍曼也指出，这是一个令人困惑的工作，无尘的世界永远只存在于想象之中。灰尘还会悄悄地跑回来，我们还会毫无幻想地重复这一仪式。[⑤]

在没有秩序的世界里建立秩序，既是宣传的目的，也是其矛盾之处。按照唯物主义的观点，人的一切意识都是客观环境的产物，但是仅仅改变环境本身，并不足以改变人的思想，因为存在虚假意识，使大众不能真正地认识环境与自我。为了实现理想的社会，除了打扫屋子以外，还要清扫人们

---

① 毛泽东：《反对主观主义和宗派主义》，《毛泽东文集》第2卷，北京，人民出版社，1991，第375页。

② ［美］埃德加·斯诺：《西行漫记》，北京，生活·读书·新知三联书店，1979，第113页。

③ 李锐：《毛泽东早年读书生活》，沈阳，辽宁人民出版社，1997。

④ 毛泽东：《抗日战争胜利后的时局和我们的方针》，《毛泽东选集》第2版第4卷，北京，人民出版社，1991，第1131页。

⑤ ［英］丹尼斯·史密斯：《后现代性的预言家：齐格蒙特·鲍曼传》，萧韶译，南京，江苏人民出版社，2002，第172–173页。

的大脑。毛泽东的这种焦虑，导致了他不断地进行全社会的思想扫除，对人进行改造。改造大众的手段，首推宣传和教育——这两种传播活动，在毛泽东那里是合二为一的。

在毛泽东看来，人的一切传播活动，都带有目的性，所以都是宣传活动。他在延安整风运动中提出：

> 什么是宣传家？不但教员是宣传家，新闻记者是宣传家，文艺作者是宣传家，我们的一切工作干部也都是宣传家。比如军事指挥员，他们并不对外发宣言，但是他们要和士兵讲话，要和人民接洽，这不是宣传是什么？一个人只要他对别人讲话，他就是在做宣传工作。①

毛泽东的“泛宣传”的观念不仅把全部传播活动归结为宣传，甚至认为行为本身以及行为的效果都是宣传。早在井冈山时期，毛泽东批评红军的宣传工作不到位时就提出：“上门板、捆禾草、扫地、讲话和气、买卖公平、借东西照还、赔偿损失，都是宣传。”② 他提出要把思想政治工作结合经济工作一道做，将解决实际问题与解决思想问题结合起来。通过给人民以看得见的物质福利，使民众接受党的观念，完成宣传活动。③

和列宁一样，毛泽东也把“理论工作”看成是宣传的重要组成部分。这其中尤其被看重的是历史的书写与解释权力。从创始之初，中国共产党就受苏俄领导的共产国际领导，要遵循苏俄革命领袖的理论与政策。毛泽东这样没有喝过洋墨水的本土领袖被认为缺乏“理论水平”，以王明为代表的留苏共产主义知识分子掌握着话语权。毛泽东曾经有一段时间都不敢去中央党校作报告。④ 但是在延安时期，毛泽东接触到了《联共（布）简明党史简明教程》，对斯大林在其中通过历史的解释，树立权威的做法心领神会。他

---

① 毛泽东：《反对党八股》，《毛泽东选集》第 3 卷，北京，人民出版社，1991，第 838 页。
② 毛泽东：《红军宣传工作问题》，《毛泽东新闻工作文选》，北京，新华出版社，1983 年，第 17 页。
③ 毛泽东：《经济问题与财政问题（节选）》，《毛泽东文集》第 2 卷，北京，人民出版社，1991，第 467–468 页。
④ 杨奎松：《毛泽东与莫斯科的恩恩怨怨》，南昌，江西人民出版社，1999，第 119 页。

发现其中最核心的一条就是反对教条主义。[①] 在整风运动中，毛泽东亲自主持编辑了《六大以来——党内秘密文件》《六大以前——党的历史材料》及《两条路线》，将中国共产党的历史总结为以他为代表的正确路线与一系列左倾及右倾路线斗争的历史，并最终通过中共六届七中全会（1945 年 4 月 20 日）通过的《关于若干历史问题的决议》将其变成最终结论，让党内的干部与有苏联背景的理论家们对照文件深刻检讨自己过去的错误，从而取得了马列主义理论的解释权。这种通过历史的重新解释获得权威与权力正当性的方式，成了党内在变革关键时刻的传统，比如"文化大革命"后十一届六中全会通过的《关于建国以来党的若干历史问题的决议》。因此历史的解释问题成为党的宣传工作的敏感地带。

毛泽东把群众运动也看作宣传。运动的结果并不重要，重要的是在运动中群众受到教育。针对思想的宣传润物无声，难以观察效果，而运动的成果则立竿见影。更重要的是，群众运动向参与者展示了大众的力量。个人在运动中既感受到自己作为群体一员的强大力量，同时也感到自己的渺小与无力，从而服从运动中的权威。

群众运动对参与者还有强大的说服作用。埃吕尔认为现代宣传的重点不再是改变观点，而是激发行动。他认为这一宣传策略是毛泽东的独创。[②] 在这个过程中，行为和思想分离。行动者一旦投入运动，便很难回头。起初不赞成运动但又不得不参与其中的个体会产生明显的认知不协调。要解决这种不协调，要么退出运动或否定运动，要么改变自己对运动的看法。认知不协调理论中大量实验结果证明，当个体无法改变环境时，为了避免不协调，通常会改变自己的看法。[③] 在疾风骤雨的政治运动中，当个人无法置身事外时，唯一能够做的就是认同运动本身。

---

① 王也扬：《〈联共（布）党史简明教程〉与延安整风》，《中共历史与理论研究》，2017 年第 1 辑，北京，社会科学文献出版社，2017。

② Jacques Ellul. *Propaganda: the Formation of Men's Attitude*, translated by Konrad Kellen and Jean Lerner, New York, NY: Alfred A. Knopf, 1965, p.25, p.304.

③ ［美］利昂·费斯汀格：《认知失调理论》，郑全全译，杭州，浙江教育出版社，1999。

一元化与党性原则

宣传作为一种政治思想教育，除了用来团结普通民众，同时也是党的组织工作的重要环节。毛泽东在这个问题上，明显受到列宁的“党报是集体的组织者”观念的影响。列宁的这个观念早在中国共产党建党之初就已经被作为一个原则加以强调，比如1930年《红旗》上发表的《党员对党报的责任》的第一句话就引用了列宁的这个观点。[①]延安时期的环境与列宁十月革命前的环境有明显差异，中共已经在局部地区建立了割据政权，拥有了军队和公开的党组织。毛泽东对列宁的宣传观念有了进一步发展。

> 对于任何工作任务（革命战争、生产、教育，或整风学习、检查工作、审查干部，或宣传工作、组织工作、锄奸工作等等）的向下传达，上级领导机关及其个别部门都应当通过有关该项工作的下级机关的主要负责人，使他们负起责任来，达到分工而又统一的目的（一元化）。不应当只是由上级的个别部门去找下级的个别部门（例如上级组织部只找下级的组织部，上级宣传部只找下级的宣传部，上级锄奸部只找下级的锄奸部），而使下级机关的总负责人（例如书记、主席、主任、校长等）不知道，或不负责。应当使总负责人和分负责人都知道，都负责。这样分工而又统一的一元化的方法，使一件工作经过总负责人推动很多干部、有时甚至是全体人员去做，可以克服各单个部门干部不足的缺点，而使许多人都变为积极参加该项工作的干部。这也是领导和群众相结合的一种形式。[②]

毛泽东认为任何工作的管理都应该实行“一元化”的方式，宣传工作也不例外。具体地说，就是宣传工作要加强党的领导，树立“党性原则”。

在通常意义上，媒体的“党性”（partisanship）指的是媒体明确而不加

---

① 见《党员对党报的责任》，《中国共产党新闻工作文件汇编》（下），北京，新华出版社，1980，第131页。

② 毛泽东：《关于领导方法的若干问题》，《毛泽东选集》第3卷，北京，人民出版社，1991，第900–901页。

掩饰地倾向于某个群体。它与“中立”“客观”等媒介“专业主义”所提倡的概念相对。在这种党性的概念中，倾向性是媒体同人自愿的、共同的选择，不是外界强加的义务。正如研究者所观察到的那样，改版之前的延安《解放日报》毫无疑问是站在无产阶级的立场上，完全做到了通常意义上的“党性”。[①]然而延安整风中所提出的报纸的“党性”不仅要求媒体具有鲜明的立场，更重要的是强调媒体必须无条件地接受党的领导，与党保持高度一致，放弃媒体的主体地位，成为党的喉舌和党组织的一部分。

延安《解放日报》创办于1941年5月16日，由于缺乏人手和经验，初期主要以社论和外电为主。当时的版面分配为一、二版为国际新闻，第三版为国内新闻、第四版为陕甘宁边区新闻和副刊。据统计，从创刊到12月31日，七个半月发社论217篇，其中国际问题占64.1%，中共1.8%，国内17.5%，解放区16.6%。[②]当时中国共产党在形式上受共产国际和苏联领导，不少党员将中国抗日战争作为第二次世界大战远东战场的一部分看待。第一任社长秦邦宪（博古）、第一任总编杨松都有留学苏联的经历。因此，改版前的《解放日报》重国际，轻解放区。当时的《解放日报》掌握在亲苏派的手中，具有一定的独立性。毛泽东对于这种“言必称苏联”的新闻编排方式非常不满。例如毛泽东关于整顿三风的讲话，《解放日报》只在第三版右下角以三栏标题的小消息加以报道，而张闻天、吴亮平等人谈论马列和宣传苏联的长篇理论文章和翻译自苏联的文章则经常占据许多版面。另一个导致改版的重要原因，是《解放日报》副刊发表了王实味、丁玲等批评延安缺乏民主、平等和歧视妇女的文章，在解放区内外引起轰动。毛泽东希望通过整风和改版，对这类缺乏党性原则的言论进行整顿。[③]

然而该报在改版后依然没有真正领会毛泽东的意图。在改版后第一期的社论中，把改版前的“党性不强”、没有“真正成为党的机关报”等问题，主要归结为报道内容的选择不当、文风不够活泼以及和宣传对象不够接近

① 黄旦：《从“不完全党报”到“完全党报”——延安〈解放日报〉改版再审视》，《文人论政》，李金铨编，桂林，广西师范大学出版社，2008。

② 王敬主编：《延安解放日报史》，北京，新华出版社，1998，第22页。

③ 毛泽东：《在〈解放日报〉改版座谈会上的讲话》，《毛泽东新闻工作文选》，北京，新华出版社，1983，第91页。

等方面，完全没有涉及最根本的党的领导问题，依然认为报纸可以相对独立地进行报道和发表报社同人的见解。这篇社论对党报的定位仍是“群众的喉舌”，“全国抗日人民的论坛”。①

毛泽东于对延安《解放日报》这种未充分理解和贯彻“党性原则”的状况感到不满。1942 年 8 月 29 日中央政治局对《解放日报》作出新的决定，提出“各机关、学校负责人，必须管理机关学校人员在报纸上发表的消息和稿件，不得任其随便乱发，以明责任”，并责成西北局积极参与《解放日报》工作。陆定一在 9 月 5 日向编委会传达毛泽东对《解放日报》的意见时说：

> 毛主席在会上指出：《解放日报》有很大进步，但尚未成为真正的党中央的机关报。日常政策必须经常报告中央。《读七七宣言》社论、印度问题、参议会、自卫军几篇社论，就有些错误。另外，有些消息如党校学生自杀，是不应该登的。报纸尚未与中央息息相关，虽然总路线是对的。以后是新的重要问题，小至消息，大至社论，须与中央商量。报社内部亦须如此。中央与西北局要极力注意管理报纸。报纸不能有独立性，过去有一段是那样。应当在统一领导下进行，不能有一字一句的独立性。这就牵连到工作制度，权力问题。自由主义在报社内是不能存在的。②

“一个字也不能闹独立”在此之后成为一种制度被固定下来。从 1942 年 9 月开始，《解放日报》建立了严格的审稿制度。比如陕甘宁边区政权方面的稿件，由林伯渠负责审查，军队稿件由贺龙负责审查，反映边区重要的新问题的稿件，由西北局审查，普通稿件由报社负责人看过签字。印刷厂实行看大样制度，有关主管人签字后才能制版。③

1948 年 6 月，毛泽东再次强调了这个制度：“各地领导机关（包括中央局、区党委两级）对于报纸、通讯社等极端重要的宣传机关放弃领导责任，

① 《致读者》(《解放日报》1942 年 4 月 1 日社论)，《中国共产党新闻工作文件汇编》(下)，中国社会科学院新闻研究所编，北京，新华出版社，1980，第 50–53 页。

② 转引自王敬等：《延安〈解放日报〉史》，北京，新华出版社，1996，第 40 页。

③ 同上，第 41 页。

或者虽未放弃领导，但是抓得不紧，听任许多错误观点广泛流行，宣传工作极不严肃。此种状况，必须坚决改正。改正方法之一，是中央局（分局）及区党委（省委）对于自己的报纸，必须于每天出版之前，由一个完全懂得党的正确路线和正确政策的同志，将大样看一遍，改正错误观点，然后出版。各地领导同志，必须以严肃的科学的态度对待宣传工作。”[①]

一直到中华人民共和国成立后，毛泽东仍不断地强调党的一把手对思想政治工作的领导：“各级党委，特别是省、市和自治区一级的第一书记，对于了解工厂、学校以及报纸、刊物的思想政治动向，加强思想政治工作，解决这些方面的具体问题等项任务，应该立即抓起来，并且教会地、县两级和城市区级第一书记抓起这些工作。不应该只委托宣传部长、文教部长、教育和文化厅、局长这些同志去做而自己不去管它们。”[②] 虽然建国后不再由地方第一负责人审稿，但是媒体内部的政治审稿与各级党委的政治审稿相结合的制度被保留下来。

延安《解放日报》的管理者在与中央的磨合过程中，逐渐意识到整风中的“党性”不同于通常意义上的倾向性，而是要成为党组织的“喉舌”。在《解放日报》1942 年 9 月 22 日发表的社论《党与党报》中写道：“一切仿照报馆同人或工作人员个人办事，不必顾及党的意志，一切仿照自己的高兴不高兴办事，不必顾及党的影响。办报办成这样，那就一定党性不强……报纸是党的喉舌，这是一个巨大集体的喉舌。在党报工作的同志，只是整个党的组织的一部分。一切要仿照党的意志办事，一言一动，一字一句，都要顾到党的影响。”[③] 至此，《解放日报》最终确立了新的党性原则，即党报的党性不是报社同人的自发选择，而是对党组织的义务。同时改版前“传递世界反法西斯斗争的最新事实”的报纸定位，被宣传组织边区军民，发表符合党中央精神的正确观点和评论所代替。改版之初“群众的喉舌”的说法也被“党的喉舌”取代。这一新的“喉舌论”成为后来指导中国共产党新闻工作的核心原则。

---

① 毛泽东：《必须以严肃科学态度对待宣传工作》（1948 年 6 月 3 日），《毛泽东文集》第 5 卷，第 101 页。

② 毛泽东：《对〈中共中央关于处理罢工、罢课问题的指示〉（修正稿）的批语和修改》（1957 年 3 月 8 日），《建国以来毛泽东文稿》第 6 册，北京，中央文献出版社，1987，第 371 页。

③《党与党报》，《中国共产党新闻工作文件汇编》（下），北京，新华出版社，1980，第 54–55 页。

宣传与群众路线

在延安时期，中国共产党除了加强组织的“一元化”外，为了动员民众，还提出了另一个组织原则——群众路线。这一路线将社会运动与宣传结合在一起，通过宣传来进行运动，通过运动进一步接受思想教育，并且在运动与宣传之间形成良性互动。

> 在我党的一切实际工作中，凡属正确的领导，必须是从群众中来，到群众中去。这就是说，将群众的意见（分散的无系统的意见）集中起来（经过研究，化为集中的系统的意见），又到群众中去作宣传解释，化为群众的意见，使群众坚持下去，见之于行动，并在群众行动中考验这些意见是否正确。然后再从群众中集中起来，再到群众中坚持下去。如此无限循环，一次比一次地更正确、更生动、更丰富。这就是马克思主义的认识论。[①]

毛泽东认为，真正的思想改造并不能仅依靠宣传，还要通过被宣传者亲自参加运动，在实践中体会改变带来的效果，从而改变自己的立场和感情。日常的行动单调乏味，难以给人以改变的动力，群众运动提供了一次改变的机会。在运动中，不仅宣传的受众得到了改造，对于宣传者本人也是一次深刻的教育活动。通过宣传加运动式的思想改造活动，既改造了群众，同时也改造了从事宣传的知识分子。毛泽东以自己的亲身经历描述了这个转变的过程：

> 你要群众了解你，你要和群众打成一片，就得下决心，经过长期的甚至是痛苦的磨练。我可以说一说我自己的感情变化的经验。我是个学生出身的人，在学校养成了一种学生习惯，在一大群肩不能挑手不能提的学生面前做一点劳动的事，比如自己挑行李吧，也觉得不像样子。那时，我觉得世界上最干净的人只有知识分子，工人农民总是

---

① 《关于领导方法的若干问题》，《毛泽东选集》第 3 卷，北京，人民出版社，1991，第 899 页。

> 比较脏的。知识分子的衣服，别人的我可以穿，以为是干净的；工人农民的衣服，我就不愿意穿，以为是脏的。革命了，同工人农民和革命军的战士在一起了，我逐渐熟悉他们，他们也逐渐熟悉了我。这时，只是在这时，我才根本地改变了资产阶级学校所教给我的那种资产阶级的和小资产阶级的感情。这时，拿未曾改造的知识分子和工人农民比较，就觉得知识分子不干净了。①

毛泽东在对《晋绥日报》的讲话中，要求报社工作人员，轮流参加土改工作。②柯鲁克夫妇为我们留下了晋绥日报工作人员 1948 年在河北十里店村领导土改复查和整党运动的一手资料。③这份对中国革命抱同情态度的报告生动地记录了工作组如何发动积极分子，让他们带动胆怯的大多数，最后在分配现实利益的运动中，改变农民原有的传统意识和宗族思想，接受“翻身”“革命”思想的过程。在土改宣传中，动员者们发明了“诉苦”的方式，让宣传对象参与到宣传内容的建构中。通过诉苦，下层农民不仅分到了地主的田物，在物质上得到了实惠，而且打破了传统制度对身心的束缚，形成了“穷苦人”道德优越感和主人翁意识。④在二元对立的叙事中，下层农民建立起强烈的身份认同与阶级仇恨，同时将传统社会的日常生活与更为抽象的阶级、国家等陌生的现代观念联系在一起。⑤从 19 世纪末开始，唤醒大众，并将他们嵌入现代民族国家之中，一直都是宣传活动的目的之一。孙中山领导下的国民党虽然意识到了基层动员的重要性，但是由于害怕群众运动破坏社会秩序，基层党组织薄弱等原因，对农村的宣传动员一直流于表面。直到共产党通过土改运动，才首次完成了现代宣传国家的理想受众的建构。全新的动员技术既使土改运动顺利进行，同时土改运动也成为新政权一次成功的行为宣传，为以后更大规模的宣传活动培养了理想的大众。

---

① 毛泽东：《在延安文艺座谈会上的讲话》，《毛泽东选集》第 3 卷，北京，人民出版社，1991，第 851 页。

② 毛泽东：《对晋绥日报工作人员的讲话》，《毛泽东选集》第 4 卷，北京，人民出版社，1991。

③ 见［加］伊莎贝尔·柯鲁克、［英］大卫·柯鲁克：《十里店：中国一个村庄的群众运动》，高强、高建译，燕凌校，北京，北京出版社，1982。上海人民出版社 2007 年重新出版此书的全译本。

④ ［美］韩丁：《翻身——中国一个村庄的革命纪实》，韩倞等译，北京，北京出版社，1980。

⑤ 郭于华、孙立平：《“诉苦”：一种农民国家观念的形成机制》，《中国学术》，2002（2）。

诉苦运动不仅随着土改运动扩散到各地，而且被作为一种新的思想政治工作的方法引入军队。这种教育方式之前就在红军中使用[①]，但此时被作为标准做法向全军推广。毛泽东在对西北野战军前委的讲话中说："你们部队经过两个月整训，从农民那里学会了诉苦运动，提高了觉悟，增强了团结。如果我们两百万军队都通过诉苦运动团结起来，就没有打不败蒋介石的道理。"[②]诉苦运动在东北野战军的群众动员和新兵培训中起到了重要作用。[③]在中华人民共和国成立后的土改和历次社会运动中，诉苦和忆苦思甜都是群众运动中必不可少的元素。

在土改宣传中，新闻工作者也学会如何与群众沟通，如何进行基层调查，最后学会成熟地进行宣传与鼓动。在一次既具有现实意义又具有仪式性的运动中，下层农民不仅获得了土地，同时通过集中的开会、讨论，了解了全村的情况，学习了党的政策，学会了如何划分成分，如何相互监督。最重要的是树立了平等、敢于革命的意识，在运动中掌握了新的游戏规则。这是抽象的宣传无法达到的效果。《晋绥日报》的经验，也确立了中国比较独特的"既当记者，又做工作"的记者角色。[④]

毛泽东发展了列宁的"报刊是集体的组织者"理论，把宣传活动本身也看作一种运动，鼓励各级基层通过多种媒介进行宣传，并且提出了"全党办报"的口号。

> 现在我们边区，开会是最重要的工作方式，报纸发出去就可以省得开许多会。我们可以把许多问题拿到报纸上讨论，就等于开会、开训练班了，许多指示信可以用新闻来代替，所以报纸可以当做重要的工作方式和教育方式。墙报也算是一种报，办墙报也可以当做重要的工作方式。……假如现在有两百个机关有墙报，每一个墙报来一个编辑，来一个首长。开一个四百多人的会议，这个会一定要首长参加。

---

① [美]埃德加·斯诺：《西行漫记》，董乐山译，北京，生活·读书·新知三联书店，1979，第258–265页。

② 毛泽东：《在西北野战军前委扩大会议上的讲话》(1948年1月15日)，《毛泽东文集》，北京，人民出版社，1993，第5卷，第26页。

③ 见张正隆：《雪白血红》，北京，解放军出版社，1989。

④ 阮迪民等：《晋绥日报简史》，重庆，重庆出版社，1992。

> 首长负责，亲自动手，墙报才能办得好。要把墙报办得又有革命的内容，又生动活泼，成为组织各机关工作的一种工作方式。这样来办报，全边区可以有千把种报纸，这叫做全党办报。一个机关也可以办报，党员非党员都可以参加，这叫做党与非党联盟。这样一来，我们的报纸可以起很大的作用。过去在这一点上注意不够，现在要各机关首长负责，把报纸当做自己很好的工作方式。①

毛泽东非常重视基层的宣传活动和群众运动。早在 1929 年他对红军宣传的指示中，就提出了传单、布告、宣传言、壁报、革命歌谣、画报、化装宣传、俱乐部、口头宣传、红军纪律、群众大会、对俘虏的待遇及宣传、邮寄宣传品等多种方式和媒介进行宣传。② 在延安时期，他还提到了春联、歌曲、秧歌等宣传方式。③ 通过这些宣传活动，每个人都变成了宣传者中的一员，不仅扩大了宣传的影响范围，同时也提高了宣传者自身对于所宣传内容的认同感，达到了团结全党思想的组织目标。在毛泽东的“全党办报”的指示下，陕甘宁边区 1945 年春的油印报纸达到 56 种，经常出版的有 40 种。这些小报中属于地方的有 23 种，部队的有 17 种。④

在延安文艺座谈会上，毛泽东提出了文艺要为工农兵服务的方针，并且号召文艺工作者改造自己，向群众学习，为群众创作。⑤ 斯诺在他的《西行漫记》里，详细地描述了一场红军剧社的演出，三个小时的节目有短剧、舞蹈、歌唱、哑剧等形式，围绕着抗日与革命的主题，有短剧《侵略》《丰收舞》《统一战线舞》《红色机器舞》，即兴的演唱等。斯诺注意到，节目不是采用的旧式戏剧的内容，还是活的题材，这正是毛泽东提出的“革命的现实主义”风格的体现之一。虽然是用古庙临时改建的露天剧场，但是观者众多，“保安似乎已经倾城而出”。斯诺认为节目编排粗糙，带有明显的

---

① 毛泽东：《关于陕甘宁边区的文化教育问题》，《毛泽东文集》第 3 卷，北京，人民出版社，1993，第 112-113 页。

② 毛泽东：《红军宣传工作问题》，《毛泽东新闻工作文选》，北京，新华出版社，1983 年。

③ 毛泽东：《关于陕甘宁边区的文化教育问题》，《毛泽东文集》第 3 卷，北京，人民出版社，1993，第 113 页。

④ 穆欣：《边区油印报介绍》，《抗战日报》，1945 年 6 月 23 日，转引自《晋绥日报简史》，第 88 页。

⑤ 毛泽东：《在延安文艺座谈会上的讲话》，《毛泽东选集》第 3 卷，北京，人民出版社，1991。

宣传痕迹，但是演出中观众积极参与，气氛轻松。他评论说："在共产主义运动中，没有比红军剧社更有力的宣传武器了，也没有更巧妙的武器了。由于不断地改换节目，几乎每天变更活报剧，许多军事、政治、经济、社会上的新问题都成了演戏的材料，农民是不易轻信的，许多怀疑和问题就都用他们所容易理解的幽默方式加以解答。红军占领一个地方以后，往往是红军剧社消除了人民的疑虑，使他们对红军纲领有个基本的了解，大量传播革命思想，进行宣传，争取人民的信任。"①

在延安时期，中共已经能够自如地运用各种形式的宣传媒介，把宣传和教育、娱乐融合在一起，成为人们生活中必不可少的一部分。只要对比一下20年代中共建党初期的宣传活动，就可以看到明显进步。1922年1月，张国焘等中共代表第一次赴苏联莫斯科参加远东劳苦人民大会，晚间代表们联欢，日本和朝鲜代表都能表演精彩的节目，中国代表团人数最多，但却没有人能够表演。

> 张秋白平时爱哼几句京腔，于是大家推他出来，要他唱国民党的革命歌曲。他说革命党没有革命歌曲。我们只好要他唱几句京戏，他一时也不知从何唱起。最后，他终于唱了。他一开腔，使我们非常难为情。原来他所唱的竟是民间流行的淫曲"小妹妹打骨牌"。我们在最初一次晚会中，就受到了很大刺激，觉得非促进我们的集体娱乐生活不可。后来中国革命歌曲的创造，和民歌的发扬，我们这次所受的刺激是一个小小的起点。②

延安文艺座谈会提出了文艺为工农兵服务的宗旨。由于"一切传播皆宣传"，这一主张同时意味着用大众接受的方式，对其进行宣传和动员。文艺成为政治宣传的工具，其最高境界就是将革命意识与受众的需求完美地结合在一起。对于延安的文艺工作者来说，这不仅是一个改造表达方式的过程，同时也是一个文艺工作者自我改造的过程。

---

① ［美］埃德加·斯诺：《西行漫记》，董乐山译，北京，生活·读书·新知三联书店，1979，第94–99页。

② 张国焘：《我的回忆》(1)，北京，东方出版社，1980，第188–189页。

在延安的文艺革新中，最典型的莫过于对陕北秧歌的改造。秧歌是陕北传统的民间舞蹈，起源于原始巫术中的祭祀舞蹈。在娱神的过程中，也变成了娱人的狂欢活动。在节庆时，起到表达喜悦，宣泄感情的作用，同时也加入了野性与骚情的民间元素。延安的知识分子们选择了秧歌这个过去难登大雅之堂的形式，注入新的内容。从宣传边区大生产开始，逐渐按照革命的艺术要求，秧歌的主题和形式都悄然发生着变化。尽管还保留着一些传统的秧歌元素，但是“新的秧歌取消了丑角的脸谱，除去了调情的舞姿，全场化为一群工农兵，打伞改用镰刀斧头，创造了五角星的舞形”。[①]更重要的是，宣传化之后的秧歌在美学指导思想和整体精神上发生了变化，表演中的个人融入集体之中。个人的撒野、个性宣泄与爱情放纵的“闹”秧歌，被端庄的“扭”秧歌所取代，身体的动作被规范，不再显得轻狂浮躁；组织与纪律取代自娱自乐，集体舞取代少数人表演的传统；传统秧歌中自由地讽刺现实的丑角被清除，代之以精神抖擞的翻身解放的陕北青年形象。以《兄妹开荒》为典型的新秧歌剧得到了中央领导人的肯定，宣传的内容占领了传统的民间艺术阵地，并成为群众宣传中的重要形式。“从这里开始，就逐渐形成了一种革命舞蹈艺术的程式化经典造型，并直接影响到后来的‘忠字舞’和‘样板戏’。”[②]

延安时期，军队的宣传也走向制度化。除了仿效苏联建立了政治代表制度以外，红军还在军队内部建立了“列宁室”。战士不仅在其中扫盲、学习文化，而且自己组织活动，把娱乐同关于军队当前任务的实际教育结合起来。斯诺在《西行漫记》中生动地记下了一堂红军战士上政治课的全过程，在群体讨论中，诉苦与表决心、理性与感情交流交错在一起，使群体的规范内化到每个人的日常行为之中。[③]军队的思想政治工作一直是共产党宣传工作的样板，军事行动本身也被毛泽东看作一种有效的宣传活动，在谈到长征时，他说：“长征是历史记录上的第一次，长征是宣言书，长征是宣传

① 朱鸿召：《延安日常生活中的历史（1937—1947）》，桂林，广西师范大学出版社，2007，第142页。

② 同上，第143页。

③ ［美］埃德加·斯诺：《西行漫记》，董乐山译，北京，生活·读书·新知三联书店，1979，第258–265页。

队，长征是播种机。”[①] 中华人民共和国成立之后，军队的思想教育模式作为经验向社会推广，学习雷锋就是这一运动的产物。

中国共产党新闻理论的形成

延安时期之所以在中国共产党的宣传观念形成中具有重要地位，另一个关键原因是这个时期中国共产党对新闻体制具有了一套成形的理论与规则。围绕着延安《解放日报》的改版，建立了中共的新闻体制与工作方针。即以组织喉舌为性质，以党的一元化领导为体制，以四性一统（党性、群众性、战斗性、指导性、统一在党性之下）为理论框架的延安范式。[②] 从 1942 年 4 月 1 日发表《致读者》开始至 1944 年 2 月 16 日发表社论《本报创刊一千期》为止，《解放日报》进行了历时一年零十个月的改版与调整，经过这一过程，确立了中共关于党报的性质、任务和作用的基本理论，也确立了中共新闻业务的基本原则。《解放日报》在改版中，对这些原则并无明确的表述，从前面引用的两篇社论来看，所引用的理论资源，依旧是列宁的“报纸不仅是集体的宣传者和鼓动者，而且是集体的组织者”这类来自苏联的理论，还未形成中共新闻理论的独特话语体系。而这一理论体系的真正奠基人是陆定一和胡乔木，他们在学习毛泽东新闻和宣传观念的基础上，在这个时期撰写了许多文章阐明这些原则，其中不少一直沿用至今。

在这些原则中，最重要的是党性原则。报纸的党性原则是毛泽东组织工作“一元化”原则在报纸宣传中的具体应用，即以新闻媒体无条件服从党组织领导的新型党性原则，取代保持一定独立，仅在精神上倾向于无产阶级文化的传统党性原则。这一原则在前面已有讨论，此处不赘述。

第二个原则是唯物主义新闻观。《解放日报》总编辑、1945 年后长期担任党中央宣传部部长的陆定一在《我们对于新闻学的基本观点》中，批判了

---

① 毛泽东：《论反对日本帝国主义的策略》，《毛泽东选集》第 1 卷，北京，人民出版社，1991，第 149–150 页。

② 黄旦：《从“不完全党报”到“完全党报”——延安〈解放日报〉改版再审视》，《文人论政》，李金铨编，桂林，广西师范大学出版社，2008，第 279 页。

以性质和政治来判断新闻的“唯心主义”标准，提出新闻是“对于新近发生的事实的报道”，“事实第一，新闻第二”的“唯物主义新闻观”。而且他还对真实做出了后来被归纳为“本质真实”和“现象真实”的二分法。陆定一认为，仅仅亲自踏看，并不一定得到真实的新闻。如果仅限于此，可能会犯“形式主义”的错误。真实的新闻取决于报道者的立场，换句话说，“只有为人民服务的报纸，与人民有密切联系的报纸，才能得到真实的新闻”。[①]陆定一以当时《解放日报》出现假新闻的原因作为切入点，从理论上论证了新闻工作者只有深入群众，依靠群众，走群众路线，才能真正发现真实的新闻。

按照陆定一的唯物主义新闻观，党报确立了第三个原则——群众路线。前面提到，群众路线包括两个方面，一是吸引群众参与，即“全党办报”，二是新闻工作者深入群众。对于报纸来说，贯彻群众路线最佳的方式是建立通讯员网络。

延安时期任毛泽东秘书、1948 年后担任新华社社长的胡乔木在《人人要学会写新闻》中提议：“我们人人要学会写新闻。我们做革命工作而又能识字作文的人都应该学会写新闻，就同都应该学会说话一样。为什么？因为新闻是今天最主要、最有效的宣传形式，可以说，不学会使用这种形式，他就不要说什么宣传——而宣传，当然是我们大家都有责任。”[②]延安实行军事化管理，在各级组织中，迅速建立起通讯员组织，报社也普遍设立专门处理通讯员稿件的部门。[③]《解放日报》专门创办了指导通讯员的《新闻通讯》。晋冀鲁豫中央局机关报《人民日报》将积极分子聘为通讯员、特约通讯员，并办理通讯员档案，并发发证件，报社还设采通部（科）或通联部（科），专门负责通讯员工作。

过分强调“全党办报”，盲目增加通讯员网，也给报社工作人员带来了麻烦。由于稿件平均质量不高，使得报社工作人员大量时间消耗在给通讯

① 陆定一：《我们对于新闻学的基本观点》，《陆定一新闻文选》，北京，新华出版社，1987，第 1-11 页。

② 胡乔木：《人人要学会写新闻》（1946 年 9 月 1 日），《胡乔木谈新闻出版》，北京，人民出版社，1999，第 27 页。

③ 晋绥地区的通讯网建设情况，见阮迪民等：《晋绥日报简史》，重庆，重庆出版社，1992，第 85-88 页。

员改稿和复信上，而且来稿常常千篇一律，难以采用。[①] 这个矛盾一直延续到共和国成立之后都没有得到理想的解决。[②]

问题出在新闻的专业要求和和全党办报存在一定矛盾。作为一种社会分工，新闻工作者必须具有一定的专业素质，即使“新闻无学”，至少需要新闻记者具备一定的实践经验和全职投入。陆定一提出的实现新闻真实的原则，很像柏拉图提出的直接民主制度，它适用于较小的区域或民众对实际情况具有直接经验的情况下。在延安时期，由于解放区被分割成一些很小的区域，同时实行军事化、一元化管理，容易实现陆定一的构想。但是随着报纸覆盖区域的扩大，利益复杂化，这种直接的信息采集就变得越来越不可能，陆定一主张的“唯物主义新闻观”便很难操作。在实际工作中，报社无奈之下只好重新确立了“记者为主”的方针，通讯员制度逐渐衰落。[③]

除了通讯员网络外，陕甘宁边区还在各地普遍建立了读报组。各地的通讯员同时就是读报员，通讯小组就是读报小组。到 1945 年，边区内地各县共有读报组 1380 个，有的地区甚至把变工组[④]、通讯组、识字组、读报组统一起来，变工组不但是生产组织，而且是集体教育的学校。在识字率较低的农村，这是一个通过人际传播和群体传播保证报纸宣传效果的创新发明。读报小组成为广播普及之前最重要的农村宣传形式之一。

> 宁武岢二区读报的组织形式有两种：一种是以变工队或农会为中心组织起来的，读报活动经常不断；另一种是积极分子和青年农民团结周围群众组织起来的，按规定时间读报。读报过程又分为四个步骤：先根据实际情况确定目的，选择材料，必要时安排积极分子作好发言准备；读报时带表情，速度慢，读清楚；读完后进行漫谈讨论；最后由组长作简要总结。兴县二区要家湾村组织一百二十四人参加读报，这些人又按不同情况分成八个组，其中基干民兵一个组，主要读民兵与生产的材料；群众两个组，主要读劳动英雄生产的报道；妇女四个

① 王敬主编：《延安解放日报史》，北京，新华出版社，1998，第 46–47 页。
② 见李庄：《人民日报风雨四十年》，北京，人民日报出版社，1993。
③ 王敬主编：《延安解放日报史》，北京，新华出版社，1998，第 47 页。
④ 即在农闲时，各家干自己的活，到了农忙时节，便换工互助，集体劳动的互助组形式。

组，主要读妇女纺织英雄活动的消息；二流子一个组，主要读二流子改造转变的新闻。[①]

第四个原则是既当记者，又做工作。前面曾经提到过运动与宣传的关系，从延安时期开始，在毛泽东的建议下，记者被派到地方进行土改工作。比如当时华北局的机关报《人民日报》参加了 1948 年 2—5 月在武安县第九区的土改复查、整党运动。这个土改工作团由中央局宣传部、人民日报社、边区文联等单位人员组成，报社人员占大多数，全报社有三分之二人员参加工作团。在共和国成立之后，《人民日报》工作人员也多次参加农村土改、四清等运动。新闻记者具有双重角色，作为党组织的一分子，他们既是信息的采集者，同时也是地方党委和政府工作的监督者，有时还是政治工作的直接参与者。当新闻媒体、公众、党和政府这三者出现利益冲突时，新闻记者的角色就会变得比较尴尬。代表政府说话的责任感以及本质真实的原则，经常妨碍他们报道真实情况。[②] 这一点在批评报道中尤其明显，50 年代批评报道遭到挫折，就和组织原则与新闻报道工作的冲突有关。

第五个原则是典型报道和典型批评的原则。"从军队中、农村中、工厂中及政府机关中，用群众民主选举的方法选出优秀分子，充当战斗英雄、劳动英雄及模范工作者，给予奖励与教育，经过他们去鼓励与团结广大的群众。"[③]1942 年 4 月 30 日，《解放日报》头版头条以大字标题报道了农村劳动模范吴满有开荒种地的事迹，并在同版配发社论《边区农民向吴满有看齐》，第二天又发表了记者如何发现吴满有的长篇通讯。这个报道在中国党报史上，甚至中国新闻史上具有标志意义。作为普通大众的农民登上了报纸一版头条，"这样集中地、大张旗鼓地宣传表扬一个农民，在中国报纸上开创了新纪元"。典型报道这种来自苏联的报道形式，迅速被其他党报复制，一直到今天仍是中国宣传的主要形式之一。[④]

除了报道正面典型外，这个时期还同时开创了批判反面典型的风气。

---

① 阮迪民等：《晋绥日报简史》，重庆，重庆出版社，1992，第 91 页。

② 见人民日报报史编辑组：《人民日报回忆录：1948—1998》，北京，人民日报出版社，1988。

③ 毛泽东：《一九四五年的任务》，《毛泽东文集》第 3 卷，北京，中央文献出版社，1993，第 241 页。

④ 张威：《典型报道：渊源与命运》，《新闻与传播研究》，2002（2）。

《解放日报》对王实味的批判就是其中最有代表性的一例。这种为了杀鸡儆猴，寻找一个特例，刻意制造反面敌人的做法，自1949年后一直到“文化大革命”均成为政治运动的风向标。

第六个原则是时空区别的原则。为了树立良好的外在形象，对内对外的宣传出现了区别。有的是对内可以宣传，但对外不能报道；有的是对内不能宣传，但对外可以宣传。“内外有别”的原则首先在整风中提出，当时《解放日报》对抢救运动进行了报道，在头版头条刊登《延县展开防奸运动》和《绥（德）师（范）失足青年悔过》的消息，中共中央后来批评了《解放日报》，指出这种消息可能给敌人以攻击中共的口实，新闻报道必须内外有别。其后还根据受众等级的不同，建立了各种新闻知晓级别。共和国成立后，按照类似的逻辑，毛泽东还提出了“新闻、旧闻、不闻”的时间区别原则，主张有的事件需要及时报道（新闻），有些则需要观察一段时间后延时报道（旧闻），有的甚至不予报道（不闻）。[①] 正如马克思在《评普鲁士最近的书报检查令》中所说，当给事实之上加上任何其他的标准，都会对事实本身造成损害。[②] 尽管毛泽东在一些场合也提出要及时报道灾害，但是只是作为例外提出，而内外有别、注重时机则成为一般性原则。但随着新媒体技术的进步，信息垄断被打破，这些原则在2000年之后中国的突发危机事件中起到了负面作用。

第七个原则是善意批评的原则。在《解放日报》的改版座谈会上，毛泽东就提出：“批评应该是严正的、尖锐的，但又应该是诚恳的、坦白的、与人为善的。只有这种态度，才对团结有利。冷嘲和暗箭，则是一种销蚀剂，是对团结不利的。”[③] 这种判断批评是否有价值的标准，不是以批评是否属实为标准，而是以批评者的态度为标准，更确切地说，是以被批评者想象中的批评者的态度作为批评是否正确的标准。这种“善意批评”或“建设性批评”的主观标准，加上党的组织原则，使得许多批评报道常常面临“不讲政治”

---

① 毛泽东：《同新闻出版界代表的谈话》，《毛泽东新闻工作文选》，北京，新华出版社，1991，第193页。

② 马克思：《评普鲁士最近的书报检查令》，《马克思恩格斯全集》第1卷，北京，人民出版社，1995。

③ 毛泽东：《在〈解放日报〉改版座谈会上的讲话》，《毛泽东新闻工作文选》，北京，新华出版社，1991，第91页。

的指责，下一章将涉及的1949年后的批评报道高潮也因为这个原因在50年代中期之后难以为继。

思想改造

整风运动中的思想改造

严格地说，“思想改造”这个概念特指1949年新中国政权建立之后对“旧知识分子”的改造，然而这一观念的形成却要追溯到延安整风运动。毛泽东在《实践论》(1937)中提出，人类的认识运动在从感性认识上升到理性认识之后，还不是认识的终结，其终极目标是达到对世界的改造。

> 无产阶级和革命人民改造世界的斗争，包括实现下述的任务：改造客观世界，也改造自己的主观世界——改造自己的认识能力，改造主观世界同客观世界的关系。……所谓被改造的客观世界，其中包括了一切反对改造的人们，他们的被改造，须要通过强迫的阶段，然后才能进入自觉的阶段。①

为了改造党内干部、外来知识分子，甚至党外群众的主观世界，延安发明了一系列思想改造的技术。更重要的是通过实践，证明了通过思想政治工作，短期内使人脱胎换骨成为“新人”完全可行。有研究者把思想改造的技术和程序总结为以下几个步骤：(1)“和风细雨”地听传达报告和精读文件；(2)排队摸底，动员写反省笔记；(3)填“小广播调查表”；(4)“急风暴雨”地审干、反奸；(5)交代个人历史；(6)“脱裤子，割尾巴”，完成从“旧我”向“新我”的脱胎换骨。② 这些环节步步紧扣，由远及近，标志着一种全新的宣传观念和技术的诞生。

---

① 毛泽东：《实践论》，《毛泽东选集》第1卷，北京，人民出版社，1991，第296页。

② 高华：《革命年代》，广州，广东人民出版社，2010，第177–206页。

整风运动中的思想改造是一种新的宣传技术。传统意义上的宣传是针对集体的大规模说服活动，这种经典定义把宣传看作现代大众社会条件下，由抽象的、遥远的信源发起，运用大众传媒或准大众传媒进行的说服。但是在整风运动中，在大规模统一说服的基础上，发展起一套针对每个具体个体的微观思想改造技术。参加整风的干部和知识分子除了一般性地学习整风文献外，还要结合自己的具体情况，写反省笔记，交待自己内心深处的思想。在外界检查和批评的基础上，不断自我批评，自我否定，从而放弃主体性，皈依更大的革命理想和组织。

在自我忏悔的同时，运动还要求每个接受改造的个体交待自己的人际交流网络（“小广播”）和个人经历，并从中寻找各种突破个人防线的线索。这些措施使个人的隐私荡然无存，人际交流处于被“监控”的状态，相互猜忌，人人自危，从而消除了参照群体对于个人的精神支持。在心理学家阿什著名的实验中发现，当个体独立地处于反对意见的包围中时，很容易放弃自己的见解；但是当个人具有了少数“盟友”之后，虽然仍处于少数意见，坚持己见的比例会大大提高。[①] 如果个体与他人隔绝，作为“孤岛”的个体抵御外界影响的能力大大降低。

延安时期高度军事化管理中，个体属于组织的一分子，整风和学习都以组织为单位进行。加之互相之间的交流被阻断，便形成了每个个体面对组织中所有人的局面。更关键的是，基层组织对每个人的经历与思想了如指掌，反省与审查针对个人的具体情况，灵活实施。针对大众的说服与针对具体个人的思想审查结合在一起，使得说服效果大为增加。

> 领导同志和整风小组的骨干分子会亲自登门，耐心启发，引导当事者反省自己的思想和历史问题，其态度之热情、诚恳，往往使当事者为之感动，于是将自己对组织长期隐瞒的历史上的“污点”问题和“个人主义的坏思想”和盘托出。如果当事者拒绝深刻反省，基于“治病救人”的目的，组织上布置小组批评会，让同志们“帮助”该同志端

---

① S. E. Asch. Effects of Group Pressure Upon the Modification and Distortion of Judgments. In D. Cartwright and A. Zander (Eds.) *Group Dynamics*. Evanston，IL: Row，Peterson，1953. pp. 151–162.

> 正态度，继而批评他的“错误言行”，使他有所触动，愿意悔改，最后彻底“向无产阶级缴械投降”。①

在揭发国民党特务的“坦白运动”和“抢救运动”中，除了领导所作的个别劝说外，还常常动用单位集体的力量，让群众之间相互审查。有时是小组讨论，有时是群众大会。在大会上，除了坦白者交待自己的问题外，还会启发其他审查对象坦白，或号召周围人揭发。当时的抗大还发明了“照相”法。开大会时，把人一批批地叫到台上站立，让大家给他们“照相”，如果面不改色，便证明没有问题；否则便是嫌疑分子、审查对象。②在中央研究院（当时改为党校三部）的群众大会上，一个人走上讲台，就会不断有人向台上递纸条。“愈是亲切的人，愈要表明态度，于是夫妇之间、朋友之间喊得愈加声嘶力竭，以表示自己的忠诚”。③在这样对个体关怀“无微不至”的环境里，个体的一切隐私皆暴露于公众面前，保持自我的空间越来越小。

思想改造与传统宣传观念的第二个不同之处在于它并无一个明确的目标。毛泽东所作的整风报告从思想着手，多数人很难把主观主义、宗派主义、党八股等抽象概念与自己联系在一起，在整风开始时对运动的目的往往不知所措。缺乏明确的内容不但不是一种缺陷，反而成为一种优势。它要求个人结合自己的思想，主动地、无止境地进行反省与自我批评。在改造目标模糊，缺乏标准的情况下，被改造者放弃了理性思考。有时为了表达对组织的绝对忠诚和服从，甚至不惜将本不属于自己的错误和问题揽在自己身上。④当时负责抢救工作的康生带着坦白的“间谍特务分子”到处作报告，报告内容把控诉国民党欺骗和强迫的“诉苦”和个人的忏悔相结合。康生甚至把他们作为坦白从宽的标兵加以宣传，号召各个单位能够效仿他们。为了完成任务，各单位甚至给坦白的人戴红花、发奖。荒谬的是，坦

① 高华：《革命年代》，广州，广东人民出版社，2010，第203页。

② 徐向前：《历史的回顾》，北京，解放军出版社，1988，第462页。

③ 刘白羽：《平地风雷——我经历的整风抢救运动》，《众说纷纭话延安》，朱鸿召编，广州，广东人民出版社，2001，第205页。

④ 韦君宜：《思痛录》，北京，北京十月文艺出版社，1998，第5-20页。

白反而被美化成为一种对组织坦诚忠心的美德。①

一方面要表达对组织的忠心，另一方面又苦于不知道反省到什么程度、达到什么目标。许多当事人处于极度焦虑之中，一遍又一遍地对照整风文件和反面典型，对自己内心深处的想法进行无情地剖析。作家刘白羽后来回忆道：

> 就在这种内心反复反省、搏斗的过程中，我又写了思想自传的第二稿、第三稿、第四稿，却一一都被张如心（时任党校三部，前中央研究院，副主任）驳退回来。一次退稿是一次打击，但我从哀恸中渐渐醒悟过来，我明白，我必须举起双手，向无产阶级投降。于是我痛下决心，举起锋利的解剖刀，从头细细地解剖自己。……我克制了怜悯自己的心情，毫不隐藏地挖掘自己灵魂中的痛疽与腐朽……可是我自己的审查都过不了关，我一遍一遍地做着思想的检查，我内心的矛盾——我的内疚与我的绝望已经发展到了极点。我多么想忠诚于自己，可是我又那样害怕自己，羞涩心加上耻辱感，使我整个灵魂都在颤抖。②

思想改造与传统宣传观念的第三个不同之处在于它不是纯粹的说服活动，还辅之以道德压力和国家暴力。除了前面提到的强大集体压力之外，思想改造中还有集体的温情。有时个人会为了不让集体领导或其他人为难，接受对自己的指责。与此同时，思想改造又以暴力为背景。康生在 1943 年 7 月 15 日中直机关干部大会上作的《抢救失足者》报告结尾时说：

> 最后，我要警告那些不愿坦白的人们，我们坚持宽大政策，但宽大是有一定限度的，这点希望他们严重注意。……为了挽救失足青年，我们有菩萨的心肠，但为了坚决镇压特务，我们又有钢铁的意志。如

① 见朱鸿召：《延安日常生活中的历史（1937—1947）》，广州，广东人民出版社，2007，第 154–184 页。

② 刘白羽：《平地风雷——我经历的整风抢救运动》，《众说纷纭话延安》，朱鸿召编，广州，广东人民出版社，2001，212 页。

> 果他们绝对坚决，不愿改悔，甘为敌人第五纵队，那我们必须以严厉办法坚决镇压之。①

曾在延安保安处受过审查的李锐回忆，当时在审讯时采用苏联传来的疲劳战术搞“逼、供、信”。受审时长时间站立和坐矮板凳，有时还加手铐，最长的可以达到十五天十五夜。除此以外还使用老虎凳、鞭打、长时间戴手铐、绑在十字架上挨鞭抽、假枪毙等刑罚。② 这种对人的改造已经不再是简单的信息传达的说服行为，而且加入了暴力。有西方的心理学家将这种说服称之为“强迫性说服”（coercive persuasion）。它指的是在剥夺个人自由的情况下，通过反复灌输、系统学习、集体的压力甚至拷打折磨，使个人放弃已有的价值观念，接受说服者希望达到的信念。其效果可以达到在解除这些外在压迫后，仍能够保持该信念。③

整风及其后的审干、抢救运动，目的在于统一思想，树立以毛泽东为核心的党中央的绝对权威。正如毛泽东在谈到延安的干部教育时所说的那样：“因为思想庞杂，思想不统一，行动不统一，所以这个人这样想问题，那个人那样想问题，这个人这样看马列主义，那个人那样看马列主义。一件事情，这个人说是黑的，那个人则说是白的，一人一说，十人十说，百人百说，各人有各人的说法。差不多在延安就是这样，自由主义的思想相当浓厚，也可以说在某些部门中间非常深厚。自由主义是资产阶级的、小资产阶级的思想，共产党员是不应该有的。”④ 经过整风运动的思想改造之后，延安的干部和知识分子统一了思想。1944 年重庆《新民报》主笔赵超构随“中外记者西北参观团”访问延安时发现，延安具有一种外界难以想象的标准化特征。

> 除了生活的标准化，延安人的思想也是标准化的。我在延安就有这么一个确定的经验，以同一的问题，问过二三十个人，从知识

---

① 见朱鸿召：《延安日常生活中的历史（1937—1947）》，广州，广东人民出版社，2007，第 183 页。

② 李锐：《直言：李锐六十年的忧与思》，薛晓源编，北京，今日中国出版社，1998，第 45 页。

③ Edger H. Schein. Inge Schneier，and Curtis H. Barker，*Coercive Persuasion: a socio-psychological analysis of the “Brainwashing” of American civilian prisoners by the Chinese Communists*. New York，NY: W.W. Norton & Co.，1961.

④ 毛泽东：《关于整顿三风》，《毛泽东文集》第 2 卷，北京，人民出版社，1993，第 414–415 页。

分子到工人，他们的答语，几乎是一致。不管你所问的是关于希特勒和东条，还是生活问题、政治问题，他们所答复的内容，总是“差不多”。①

赵超构发现延安缺乏一种东西，他将其称之为“学院气”和“书卷气”。延安的干部和知识分子普遍鄙视和排斥英美和欧洲大陆的理论，把它们当作“洋教条”加以否定，本土经验的地位更高。至于理论，则只学习几本标准的马列著作。赵超构从第三方的视角，印证了延安思想改造运动确实达到了毛泽东预期的效果。通过整风，延安党内的思想得到改造和统一，个体校正了之前的价值与信念，成为组织中的标准一员。

除了对党员进行思想改造外，同样的方法还被推广到群众中。“延安整风审干抢救运动的深刻社会历史影响，应于它由最初的党内高层权力交替，衍变为一系列改造人、重新塑造人生的社会政治运动。在机关单位，它主要表现为改造和重新塑造抗战后进入革命队伍里的新知识分子；在公营工厂，它表现为如何将普通技术工作改造和重新塑造为新民主主义国家的模范职工；在边区农村，它表现为如何将自由自在、懒惰散漫的农民改造和重新塑造为积极生产的劳动力。”② 延安树立了一系列典型的“新人”，比如农民英雄吴满有、工人劳动英雄赵占魁、模范退伍军人杨朝臣、过去是二流子的模范党员申长林等。

延安整风后期的审干、抢救运动因受到康生个人的影响而走向极端。后来因为冤案成堆，民愤太大，在毛泽东的干预下这场运动被终止，并出现了著名的毛泽东亲自向受害者脱帽道歉的戏剧性的一幕。③ 康生的极端做法虽然被中止，但思想改造的模式被保留下来。随着解放区的扩大，它被推广到全国其他地区，尤其用在了新中国成立后对国统区“旧知识分子”和青年学生的社会主义改造上。

---

① 赵超构：《延安一月》，上海，上海书店，1992，第78页。

② 朱鸿召，《延安日常生活中的历史（1937—1947）》，广州，广东人民出版社，2007，第57页。

③ 胡乔木：《胡乔木回忆毛泽东》，北京，人民出版社，1994，第271-304页；师哲：《在历史巨人的身边——师哲回忆录》，北京，中央文献出版社，1991，第245-261页。

洗脑恐慌

1950 年 9 月 24 日，美国《迈阿密新闻》（*Miami News*）刊登了一篇题为《“洗脑”：一种迫使中国人加入共产党的策略》（‘Brain-Washing’：Tactics Force Chinese into Ranks of Communist Party）的文章，作者爱德华·亨特，公开身份是记者，后来被披露他的真实身份是中央情报局特工。[①] 这篇文章第一次在英语中使用了“brain-washing”一词。后来该词的连字符被省略，“brainwashing”成为一个正式的英文词汇，是汉语“洗脑”一词的直译。亨特接下来写了一系列文章和畅销书，以 20 世纪 50 年代中国大陆的思想改造运动为对象，探讨“洗脑”这个主题。[②]

朝鲜战争让“洗脑”突然成为一个流行词汇。美国军方发现，在朝鲜战争中被俘的美国士兵中有 70% 的人写了悔过书或签署请愿书，号召中止美国在亚洲的战争，15% 的人积极地与中国合作，只有 5% 的人完全没有改变自己的立场。另外还有 21 名战俘拒绝回美国。[③] 这些数字均远远高于二战时期的战俘。更让美国人惊讶的是，当这些战俘恢复自由后，依然坚持自己在悔过书中的看法。这让许多人感到困惑，便用亨特所说的“洗脑”来解释上述现象。

实际上，中国共产党对战俘的系统教育与改造在抗日战争时期就开始了。1940 年 10 月，八路军政治部在延安建立了日本工农学校，专门对日本战俘进行思想改造。日本下层士兵小林清在他的回忆录里，详细地描述了他思想的转变过程。[④] 一开始受到日本军国主义教育的俘虏都会拒绝合作，甚至想自杀。然而在共产党干部无微不至的关怀和孤立的环境中，他们渐渐放弃了外层的心理防线。接受改造的日本普通战俘均享受连级待遇，他们的生

---

① John Marks. *The Search for the Manchurian Candidate*. New York，NY: Time Books，1979. p.110.

② Edward Hunter. *Brain-washing in Red China: the calculated destruction of men's minds*. New York，NY: Vanguard Press，1951. Edward Hunter. *Brainwashing: from Pavlov to Powers*. New York，NY: Pyramid Books，1958. Edward Hunter. *Brainwashing: the story of men who defied it*. London，UK: Farrar，Straus and Cudahy，1956.

③ H. H. WubbenSource. American Prisoners of War in Korea: A Second Look at the “Something New in History”，*American Quarterly*，Vol. 22，No. 1 (Spring，1970)，pp. 3–19.

④ 小林清：《在中国的土地上：一个“日本八路”的自述》，北京，解放军出版社，1985。

活条件甚至高于那些管理他们的人。优越的生活条件让大多是普通士兵的战俘们产生内疚感。同时，在华的日本共产党员和经过改造的日本老战俘对新战俘的劝说和示范起到重要作用，打破了他们之前建立的日本军人“宁死不降”的刻板印象。

在日本工农学校，学员们经过三个阶段的学习（资格审查、预科教育、本科学习），系统地学习了“日本问题”“联共（布）党史”“时事问题”“政治常识”“社会发展史”“政治经济学”“中国语”“文化课”“中国问题讲座”“中国革命史讲话”“修养讲座”等课程。这些课程大都联系日本国内现实和战争中的现象，使得学员们从理性上转变了价值观。在上课之余，学校还组织学员进行小组讨论，讨论会分为“星期一讨论会”，“各组讨论会”和“读书会”三种。在这些讨论会上，讨论“日本军队的内幕”，“劳动者努力工作为何贫困”，“八路军和日本军队的比较”，“什么是正义和非正义”，“为什么说日本军部是亚洲和日本人民的敌人”，“日本法西斯蒂给人民带来些什么”，“为什么说法西斯主义是脆弱的、怎样打倒它”等问题。通过个人的反思和集体的影响，大部分日本战俘均改变了立场，甚至加入了八路军，积极开展反战宣传和战场上对日军的心理战。这一套改造战俘的模式在后来的解放战争的战俘改造中也发挥了作用。

不清楚具体情况的美国军方情报部门和公众对此既感到陌生，又感到恐慌。他们以为苏联或中国共产党发明了某种心理战的秘密武器，纷纷进行研究。其中影响较大的是精神病专家谢恩（Edgar Schein）和立夫顿（Robert Jay Lifton）的研究。

参与美军战俘遣返的谢恩对被释放的美军战俘进行调查后，认为中共并没有使用什么新的洗脑工具，只是在战俘的思想教育上投入了大量精力，使用了一系列措施促使其发生转变。这些措施包括怀柔政策、孤立个人、使用改造好的老兵作示范、重复某些观点、写自传对自己的思想进行剖析、通过小组学习和相互批评相互监督、用物质条件进行奖惩激励并分化囚犯、循序渐进地突破思想防御等。[①] 但是他同时认为，这些洗脑的过程整体上并

① Edgar H. Schein. The Chinese Indoctrination for Prisoners of War: A Study of Attempted Brainwashing. *Psychiatry*，1956，pp.149–172.

不是特别有效果，只有讨论与自我批评使个别人对自己的意识形态产生了怀疑。一旦回到熟悉的环境，这些影响就会逐渐消失。①

立夫顿对50年代从大陆逃到香港的知识分子和牧师进行了个案研究。他认为“洗脑”是一种模糊的、戏剧性的表达。用中国共产党的更准确的词汇应该是“思想改造”②。它的两个基本组成部分是忏悔与再教育。③

“洗脑”是一个夸张的用词，立夫顿使用的“思想改造”更接近实际。它源于毛泽东的讲话。为了巩固新政权，毛泽东提出：“对知识分子，要办各种训练班，办军政大学、革命大学，要使用他们，同时对他们进行教育和改造。要让他们学社会发展史、历史唯物论等几门课程。”④ 这正是亨特书中所说的“洗脑”运动的真正出处。1951年在全国政协一届三次会议上，毛泽东再次提到了思想改造：

> 在我国的文化教育战线和各种知识分子中，根据中央人民政府的方针，广泛地开展了一个自我教育和自我改造的运动，这同样是我国值得庆贺的新气象。在全国委员会第二次会议闭幕的时候，我曾提出了以批评和自我批评方法进行自我教育和自我改造的建议。现在，这个建议已经逐步地变为现实。思想改造，首先是各种知识分子的思想改造，是我国在各方面彻底实现民主改革和逐步实行工业化的重要条件之一。⑤

最早提出英文“洗脑”概念的亨特在《红色中国的洗脑》一书开篇就记

---

① Edgar H. Schein. Source, Some Observations on Chinese Methods of Handling Prisoners of War, *The Public Opinion Quarterly*, Vol. 20, No. 1, Special Issue on Studies in Political Communication (Spring, 1956), pp. 321–327.

② 据非官方文本，毛泽东曾说过“改造这个东西，美国人叫洗脑筋，我们叫改造”的话。见《关于正确处理人民内部矛盾的问题》，《毛泽东思想万岁》(1949—1957)，1968年汉文版，第155页。

③ Robert Jay Lifton. *Thought Reform and the Psychology of Totalism: A Study of "Brainwashing" in China*. New York, NY: W. W. Norton & Co., 1961. p.5.

④ 毛泽东：《不要四面出击》，《毛泽东文集》第6卷，北京，人民出版社，第74–75页。

⑤ 毛泽东：《在全国政协一届三次会议上的讲话》，《毛泽东文集》第6卷，北京，人民出版社，第183–184页。

录了华北人民革命大学①一位学员对思想改造的回忆。②杨绛在反映新中国成立后知识分子思想改造的小说《洗澡》的前言中也提到："这部小说写解放后知识分子第一次经受的思想改造——当时泛称'三反'，又称'脱裤子，割尾巴'③。这些知识分子耳朵娇嫩，听不惯'脱裤子'的说法，因此改称'洗澡'，相当于西洋人所谓'洗脑筋'"。④可见亨特等人最初所说的"洗脑"，具体指的就是50年代的"思想改造"运动。

通过对个案的研究，立夫顿从心理学的角度，把思想改造的步骤归结为以下12个环节：（1）对过去身份的攻击，剥夺其职业或身份的自信；（2）产生罪恶感；（3）自我背叛，接受已经改造成功的同伴的帮助或帮助"落后者"；（4）整体冲突和心底对完全毁灭的恐惧导致精神防线崩溃；（5）在经过一段痛苦煎熬之后突然得到宽大和改过的机会；（6）产生忏悔的冲动，只有忏悔才能生存；（7）罪恶感得到宣泄排解，从"人民的立场"进一步认识到自己的"罪行"；（8）再教育：通过理论的学习，在理性上再次受到攻击和否定；（9）进步与和谐：不再被管理人员看作罪犯，而是当作平等的人看待；（10）最后的忏悔：总结与完成；（11）重生：再次回到原来的职业或岗位；（12）释放：重新回到原来环境，表面上恢复到思想改造以前的状态，但内心深入接受了共产主义观念，对过去的思想产生怀疑，在相当长的时期里处于矛盾与痛苦之中。⑤

立夫顿研究的基本都是逃离中华人民共和国的人，他们的身份与思想均具有一定的特殊之处。但是对照延安整风中的思想改造与立夫顿所描述的思想改造，不难发现许多做法还是具有内在联系。因此，西方学者所谓的"洗脑"，本身并不神秘。正如研究者所发现的那样，这种短期的"强迫性说服"只在同一环境中能够保持效果，一旦回到原来的环境，这一效果便

---

① 华北人民革命大学是中共华北局在1949年建立的，主要任务是改造国统区的知识分子和青年学生，为新中国培养各级干部。学校设在北京西郊西苑兵营。学习期限为6个月，校长刘澜涛。

② Edward Hunter. *Brain-washing in Red China: the calculated destruction of men' s minds*. Vanguard Press，1951.

③ 这几个说法出自胡乔木：《教条和裤子》，《解放日报》，1942年3月9日。

④ 杨绛：《洗澡》，北京，生活·读书·新知三联书店，1988，第1页。

⑤ Robert Jay Lifton. *Thought Reform and the Psychology of Totalism; A Study of "Brainwashing" in China*. New York，NY: W. W. Norton &Co.，1961，pp. 65–84.

会逐渐消失。所以，除了思想改造的技术外，更令人感兴趣的是为什么“洗脑”这一概念会在西方世界引起如此大的关注与讨论。

一个比较表面的原因是一些记者的夸张描述和娱乐业的渲染。除了像亨特这样的记者以此为题不断出畅销书外，好莱坞也抓住这个题材大做文章，拍摄了《竹狱》(*The Bamboo Prison*，1954)、《战争囚徒》(*Prisoner of War*，1954)、《满洲候选人》(*The Manchurian Candidate*，1962）等电影。其中尤以《满洲候选人》影响最大。[①]这部根据李查德·康顿(Richard Condon）1959年出版的惊悚小说改编的电影以朝鲜战争中对美国战俘的洗脑为关键悬念，描绘了一些被共产党洗脑的美国士兵从残存的记忆中发现了一个巨大政治阴谋。由于这个噱头令人印象深刻，2004年好莱坞又以巨星阵容翻拍了此片。这些通俗文化让美国大众了解了“洗脑”这个概念。

发生在美国的另一桩新闻事件让“洗脑”具有了更神秘的色彩。1974年2月4日，美国报业大亨威廉·兰道夫·赫斯特的孙女帕蒂·赫斯特(Patty Hearst）被一个自称是共生解放军（Symbionese Liberation Army）的组织绑架。但是同年4月，失踪了很长时间后，她却参加了共生解放军抢劫银行的行动，并且在此后不久，她公开谴责自己的家族，并宣称忠于共生解放军。1975年她被捕。她的律师在辩护时提出的理由就是她被共生解放军洗脑。虽然她的犯罪行为并不都是出于被迫，但她本人无须承担责任。类似的事件再次让“洗脑”成为热门话题。

美国的精英们对洗脑的关注则出于其他担忧。其中最重要的一个是在冷战中如何坚守意识形态的阵地。如果长期建立起来的美国价值观在短期的洗脑中不堪一击，那么该反思的不仅是教育体制，还包括美国价值观本身的说服力。[②]研究这一问题的学者泰勒则认为“洗脑”完全是西方为了填补现实与观念之间的距离而发明的。这背后隐藏着一种深层的恐惧感：害怕

---

① Susan L. Carruthers. Redeeming the Captives: Hollywood and the Brainwashing of America's Prisoners of War in Korea. *Film History*，Vol. 10，No. 3 (1998)，pp. 275–294.

② H. H. WubbenSource. American Prisoners of War in Korea: A Second Look at the “Something New in History”，*American Quarterly*，Vol. 22，No. 1 (Spring，1970)，pp. 3–19.

失去控制、丧失自由意志甚至身份。于是人们把无法解释的现象归之于神秘因素，笼统地冠之以“洗脑”这样一个邪恶的名词。[①]

作为新型管理技术的思想改造

洗脑恐慌折射出冷战时期西方阵营对共产主义的敌视。这种敌对的根源除了双方意识形态上的差异外，还与二者对人性的判断不同有关。以美国的政治传统为例，宪法的制订者们对人性有一个共同的判断：人性具有普遍性，不会随时间和环境而变化。因此他们并不致力于改变人性本身，而是通过设计一定的制度，以恶制恶，以野心牵制野心，以期达到社会的稳定。[②]美国宣传思想中也贯穿着这一观念。从早期勒庞的群体心理论到李普曼、伯奈斯的大众无能论，都认为人性具有先天的缺陷，要么会在群体中失去自我和理性，要么是缺乏理性和充足的信息做出正确判断。这些问题根本无法通过教育和提高个人素质加以改变，只有通过某种外在的机制来对其加以约束，或者剥夺其决策的权力来追求社会的完善。这种方式是通过设计社会规则，用社会控制技术解决社会的根本问题。

思想改造观念背后的前提假设则是人性可变，通过一定的措施使落后的个体提升自己，以适应一个更完善的社会制度。这种思路是通过改善个人道德，塑造理想个体的方式解决社会根本问题。这一治理方式来自基督教统治时期的治理方式。[③]经过法国大革命之前卢梭等思想家的重新阐释，进入现代性的叙事之中。革命不仅包括对政治体制的改造，还包括对每一个个体的改造，让道德的理想国在现实中得到实现。[④]

因此，对个人思想的改造也是社会主义改造的一部分。1951 年毛泽东在全国政协一届三次会议上明确指出：“思想改造，首先是各种知识分子的

---

① Kathleen Eleanor Taylor. *Brainwashing: The Science of Thought Control*. New York，NY: Oxford University Press，2004，pp.6–7.

② [美] 理查德·霍夫斯塔特：《美国政治传统及其缔造者》，崔永禄、王忠和译，北京，商务印书馆，2010，第 12 页。

③ [法] 米歇尔·福柯：《安全、领土与人口》，钱翰、陈晓径译，上海，上海人民出版社，2010。

④ 朱学勤：《道德理想国的覆灭》，上海，上海三联书店，1994。

思想改造，是我国在各方面彻底实现民主改革和逐步实行工业化的重要条件之一。”[①]“旧社会”的知识分子和青年学生要成为社会主义的“新人”，必须先完成对自身的改造。思想改造作为一项社会工程，是社会乌托邦的设计方案的一部分。作为社会整体规划的基础设施，思想改造这样一种新型的宣传手段天然地具有了正当性。从延安时期出现之后，一直被沿用到50年代的社会主义改造乃至后来的“文化大革命”之中。

思想改造与福柯发现的现代新型规训与监视技术在许多方面不谋而合。[②]思想改造追求高效的对人口的控制技术，它有着固定的程序。它首先对被改造对象进行甄别，确定不同的等级，并按照相应的特征，对其适用不同阶段的改造程序。除了对时间的规划十分精细外，整个改造过程对空间也有严格的规划。通过空间的分隔，将原有的社会关系打乱重组，使每个人处于相对孤立的状态。上课、小组讨论、写思想汇报、接受组织审查都在特定的空间内完成。在此过程中，随时从被改造者身上获取个人信息，通过表格、自我总结、简历、小组讨论等形式，密切监视被改造者的思想动态。在搜集有关每个个体的知识外，还产生了一系列关于“新人”标准的知识和如何制造这一客体对象的知识。大量社会主义伦理学、政治学、社会学、教育学、心理学的知识被生产出来。

但是作为一种新的思想管理技术，思想改造又具有福柯笔下的规训所不具有的一些新特征。福柯所说的规训是对身体局部的精确规定，它的直接对象是身体而不是思想。[③]思想改造则把身体的规训技术与之前的基督教牧领制度结合起来，试图把思想本身作为规训的客体。因此发明了前面讨论过的许多微观技术，将曾经属于隐私的个人知识暴露于外，接受权威机构的分析和甄别。这种将个人思想外化，加工塑造后再内化的技术是思想改造的发明。

思想改造与福柯所说的规训权力的第二个不同在于它必须依赖整个社

① 毛泽东：《在全国政协一届三次会议上的讲话》（一九五一年），《毛泽东文集》第6卷，第184页。

② ［法］米歇尔·福柯：《规训与惩罚》，刘北成、杨远婴译，北京，生活·读书·新知三联书店，1999。

③ ［法］米歇尔·福柯：《规训与惩罚》，刘北成、杨远婴译，北京，生活·读书·新知三联书店，1999，第155页。

会的合作与协调。福柯论述的作为一种“政治解剖术”的规训权力并不是突然出现，而是不同起源的进程自然而然形成的，它们相互重叠但又保持独立。[①]这些技术的出现并没有一个特定的机构或中心统一管理，也缺乏明确的共识与规则。但思想改造则是与一元化宣传制度紧密结合在一起，这使得集中式的思想改造的成果可以在结束之后仍然保持，并在人际互动中不断强化。每个被成功改造的个体本身又成为新权力的示范，继续影响更多的个体。这也可以解释为什么美军战俘被释放，回到原来的环境后，思想改造的影响会逐渐消失。当然，随着一元化宣传制度的逐渐削弱，思想改造的技术尽管仍然存在，但其效果已经大为减弱。

① ［法］米歇尔·福柯：《规训与惩罚》，刘北成、杨远婴译，北京，生活·读书·新知三联书店，1999，第 156 页。

第十章　新中国成立初期宣传观念的冲突与体制化

1964年，由长春电影制片厂拍摄的《英雄儿女》上演。此片取得巨大成功，一直到今天依然作为红色经典，常播不衰。这是一部关于宣传的电影，改编自巴金反映朝鲜战争的中篇小说《团圆》。故事的主线是，文工团员王芳的哥哥王成在战场英勇牺牲后，王芳受到哥哥事迹的鼓舞，在抗美援朝战场上勇敢开展宣传工作。这是一部宣传英雄主义的影片，同时也是一个关于宣传自身的故事。电影中王芳创作了宣传王成英雄事迹的歌曲，但是政委王文清（后来才发现是她的生父）却认为歌词的后半部分过于悲伤，缺少积极向上的精神。经过启发，王芳重新写作，终于写出既感动人又鼓舞人的歌词。影片中这首名为《英雄赞歌》的歌曲至今仍然脍炙人口，知名度甚至超过了影片本身。

这部电影的独特之处就在于宣传本身竟然成为宣传的内容。尽管电影中王成"向我开炮"这句台词让人印象深刻，但这部电影要表现的重点不是王成的英雄事迹，而是将它包装、重新赋予意义和宣传的过程。魔术师总是希望隐瞒自己的手法，但是把宣传者的后台行为展示给观众不但没有降低影片的宣传效果，反而强化了观众的认同感。宣传不仅成为日常生活中见惯不怪、理所当然的现象，而且具有正面的意义，以致关于宣传的故事都能起到宣传的作用。这一现象源于中国独特的宣传语境，它从一个侧面说明了1949年以来宣传社会化、社会宣传化的成功。[①]

1949年中国共产党掌握政权后，把延安时期发展成熟的宣传体制推广到全国。首先是宣传的范围扩大。宣传不再只局限于一个地区，而是扩大到了全中国，情况更加复杂。其次是宣传的对象有所变化。延安时期的宣传对象主要是农民和军队，而1949年后，加上了文化素质较高的城市居民，而且他们长期生活在不同的政治制度中，对宣传的内容缺乏认同感。第三是宣传的内容有所变化，由围绕斗争的宣传，变成以经济建设宣传为主。最后，也是最重要的，是宣传的形式有所变化。延安是一个军事化的政权，共产党由上至下管理着一切事务，宣传主要就是党组织内的传播。而1949年后，宣传的对象不仅数量增加，而且更加复杂，此时的传播形式，变成了以匿名的大多数为对象的大众传播，对受众的控制更加困难。

刚掌握政权的中国共产党主要通过四项措施应对上述新变化。一是通过建立群众宣传网络，将宣传渗透到公民日常生活之中；二是对知识分子进行思想改造，夺取意识形态的领导权；三是结合具体环境，对延安时期的新闻与宣传体制进行调整，建立起有利于政权的宣传体制；四是对新解放地区，尤其是城市的大众媒体进行接管和改造。对于传播观念的考察来说，前三项措施是本书关注的重点，第四项措施现有的新闻通史已有比较全面的介绍，此处不再赘述。[②]关于知识分子的思想改造，在上一章已经讨论过，本章将重点研究群众宣传网络建设和新闻宣传体制的调整。

“使我们的国家整个地变为一座伟大的学校”

宣传网：宣传的组织化

中华人民共和国成立之初的最大任务是巩固政权。让广大群众对新政权

---

① 这一现象直到今天仍然存在，例如关于公共外交、国家形象的宣传行为都仍然是宣传的内容。见本书第十一章。

② 参见方汉奇主编：《中国新闻事业通史》（第3卷），北京，中国人民大学出版社，1999。孙旭培：《解放初期对旧新闻事业的接收和改造》，《新闻与传播研究》1988（3）。

及其意识形态、政策产生认同感，是巩固政权的基础。当时全国的共产党员只有448万，各地的宣传干部更是凤毛麟角。据官方文件，1951年各中央局宣传干部较多的地方是二十余人，西南局宣传部只十余人，新疆分局宣传部除一个部长外再无其他工作人员，地委宣传部往往只有部长而无其他工作人员，西南及中南有些地委根本没有宣传部长。县一级宣传部则更弱。在党组织较健全的河北省，其邢台地委所属16个县，有6个县无宣传部长；在知识分子干部较多的浙江省，77个县中只有48县有宣传部长，川南35县，只有5个县有宣传部长。①

面对新解放的广大地区，必须在组织建设之外采取非常措施，建立有效的群众宣传组织。经过前一年在东北厂矿、北京和上海市区的试点，1951年1月1日中共中央正式发布了《在全党建立对人民群众的宣传网的决定》。按照该决定，每个党支部都应挑选党员、青年团员和“支部周围的人民群众中自愿在党的领导下担任宣传工作的劳动模范和其他革命积极分子”担任宣传员。宣传员的任务是向周围的人民群众用简单通俗的形式进行有关国内外时事、党和人民政府的政策的宣传解释，批判谣言及错误思想，还应经常将人民群众中的情况向党的组织报告，以改进上级宣传工作。②

除了基层的宣传员以外，宣传网中还设立了报告员。报告员一般由各级党员的书记或委员担任，是一种“高级宣传员”，并且是宣传员的领导者。顾名思义，每个报告员必须每两个月向城乡群众的集会和代表会作至少一次政治报告。

中国的宣传网的宣传员、报告员制度模仿了苏联的鼓动员和宣传员的模式，背后的观念可以一直追溯到普列汉诺夫对宣传与鼓动的区分（见第五章），将日常人际宣传与固定的正式的群体宣传结合在一起。

1951年5月7日至25日在北京召开了中国共产党第一次宣传工作会议，宣传网建设成为“把党的群众宣传工作经常化”的一个重要措施。胡乔木在

---

① 《中共中央关于加强与调整各级党委宣传部的工作和机构的指示》（1951年2月2日），《党的宣传工作文件选编》（1949—1966），中央宣传部办公厅编，北京，中共中央党校出版社，1994，第69–70页。

② 《在全党建立对人民群众的宣传网的决定》，《党的宣传工作文件选编》（1949—1966），中央宣传部办公厅编，北京，中共中央党校出版社，1994，第65–68页。

讲话中指出，要按月发布宣传要点，由省市县各级党委按月召开宣传会议布置宣传任务，将各机关各团体的宣传组织、宣传站、宣传队、居民小组、文化馆、读报组、收音组、识字班、民众夜校、黑板报小组、广播小组和各种宣传工作中的积极分子联系在一起，变成有组织的宣传队伍，并运用实践中行之有效的代表会、控诉会、展览会等在群众中进行宣传。他提出：

> 在一切群众活动场所，例如工作场所、娱乐场所、游览场所、旅行场所、交易场所等等，进行适合群众需要的经常性的宣传，使我们的国家整个地变为一座伟大的学校。①

在中共中央的大力推动下，宣传网建设成为一场轰轰烈烈的运动。《人民日报》连续刊登各地宣传网的建设情况和正反经验，督促各级党委建立宣传网。尽管宣传员数量的增长有形式主义的嫌疑，但是到1952年底为止，全国宣传员与报告员总数已经近390万（见下表）。宣传员并不完全与党员重合，但均在党的领导之下进行工作，这等于增加了党在基层的影响力。

宣传网建立初期的规模增长②

时间	全国宣传员数量	全国报告员数量	建立宣传员的基层党组织比例
1951年12月	192万	5万	80%
1952年9月	292万	6.8万	80%-90%
1952年12月	379万	7.5万	——

① 胡乔木：《关于党的宣传教育工作的几个问题》，《党的宣传工作会议概况和文献（1951—1992）》，中央宣传部办公厅编，北京，中共中央党校出版社，1994，第20页。

② 本表数据来源：《党的宣传网一年来发展的情况和今后进一步巩固和发展的目标》（《人民日报》1952.01.01）、《全国宣传网工作的目前情况及今后努力的目标》（《人民日报》1952.09.10）、《进一步加强党的宣传网使它更好地为生产建设服务》（《人民日报》1953.01.03）。

宣传网建立初期最大的困难是宣传员的遴选。在党组织系统外再设立宣传员职位，给党员增加了负担。由于党员数量有限，在基层地区要发展大量非党员成为宣传员。不少基层宣传员缺乏宣传能力，必须针对宣传员投入大量的动员与培训工作，很多宣传流于形式。随着1953年第一个五年计划的开展，经济建设成为中央工作重心，宣传网的宣传重点也转向了将政治宣传与生产宣传相结合，在工矿企业和农村选拔生产模范对群众进行技术指导，取得了更理想的效果。①

宣传网建立之后，在抗美援朝、土地改革、镇压反革命、“三反”“五反”、增产节约、爱国卫生等运动中发挥了动员作用，然而从宣传观念的角度来看，宣传网的作用远不止于此。宣传网通过挑选在群体中具有影响力的意见领袖进行传播，激活了日常人际网络与共产党组织的连接点，使国家权力渗透到日常生活中。这些宣传员的角色丛中既具有工作模范的角色，同时又具有贯彻党的宣传意志的宣传员角色。现在看来，宣传员宣传了什么政策或取得了什么宣传效果就显得不那么重要了，更重要的是代表国家意志的宣传在宣传员与群众的日常接触中被自然化与正当化。通过建立宣传网，新中国成立初期尚显薄弱的党组织对基层的渗透与控制能力大为增强。

由身边熟悉和信任的宣传员发起或主导的谈话、演说、传递消息、读报、广播、快报、书写和绘制宣传文字图画表格、墙报、会议（座谈会、漫谈讨论会、技术会议、晚会……）、宣传牌、宣传台、流动红旗、光荣册、光荣榜、照片、文娱活动等宣传形式也在日常人际影响中自然地进入人们的日常生活，并一直伴随在他们左右，使中国社会成为一个被宣传体制过度渗透的社会，实现了“把国家整个地变为一座伟大的学校”的目标。

宣传网制度虽然在建国初很短的时间内起到了将政治社会化和社会组织化的重要作用，但是毕竟有其先天不足，如建设时间仓促，人员构成良莠不齐，没有专门编制，缺乏统一组织和领导等。当基层组织逐步建立后，社会宣传走向正规化与日常化之后，作为一种临时的组织，宣传网逐渐退出历史舞台。②

---

① 《进一步加强党的宣传网使它更好地为生产建设服务》，《人民日报》1953.01.03。

② 王炎：《新中国历史上的宣传网制度》，《中共党史资料》，2007（3）。

宣传活动已经实现了常规化的机构，很早就撤销了宣传网。比如武汉市委在1953年5月就作出了撤销机关和学校中宣传员组织的决定。中共中央也在当年8月将此做法推广到全国。[①]1956年之后，党报中关于宣传网的报道就已经大为减少。1958年3月，中共中央正式发出通知，认为宣传网在许多地区已经名存实亡，故不再作统一规定。[②]

宣传网是一次建立独立的全国性宣传组织的尝试：试图在党的领导下，在党组织外专门设立一个垂直的部门来完成群众宣传与动员工作。事实证明，由于缺乏组织，很快这场运动便流于形式，甚至宣传工作与组织工作还产生了冲突：

> 随其规模的不断扩大，内部制度的日益烦琐，这一制度神秘化、封闭化及形式化的弊端初显端倪，重形式轻实效，重组织轻服务的问题日益突出。很多地方的宣传员、报告员，由于党委缺乏认真的领导，以致不能经常起作用，或者根本不起作用。有些地区和部门的宣传网组织甚至形成了独立于党、政、工、团之外的另一套组织机构，设有“留网查看”的处分和“组织介绍信”等专门规定。[③]

宣传网衰落的另一个原因是媒介技术的发展，这一点之前的研究者很少提及。宣传网是在以报纸宣传为主的时期利用人际传播进行的基层群众宣传。尽管不少传播研究都证明人际传播有不可替代的优势[④]，但由于大部分基层宣传员政治水平有限，结合生产进行宣传尚可，政治宣传确实强人所难。蓬勃发展的广播网正好弥补了政治宣传的不足。20世纪50年代也是广播事业大发展的时期，据统计，1956年底全国广播电台的发射总功率比

---

① 《中共中央关于撤销机关和学校的宣传员组织的几项规定》，《党的宣传工作文件选编》（1949—1966），中央宣传部办公厅编，北京，中共中央党校出版社，1994，第140页。

② 《中共中央关于宣传网问题的通知》，《党的宣传工作文件选编》（1949—1966），中央宣传部办公厅编，北京，中共中央党校出版社，1994，第356页。

③ 王炎：《新中国宣传网制度的建立及其历史经验》，《北京党史》，2004（2）。对宣传网的批评同时参见陆定一：《关于学习苏联和今后宣传工作中应注意的问题》，《陆定一文集》，北京，人民出版社，1992。

④ Elihu Katz and Paul Lazarsfeld. *Personal Influence: The Part Played by People in the Flow of Mass Communication*. Glencoe, IL: Free Press. 1955.

1952年增加了4倍，全国有线广播站发展到1458个，比1952年增加3.4倍，广播喇叭达到50.6万只，比1952年增加28.5倍。[①]广播可以直接将中央的政治宣传传达到基层，提高了信息传达的准确性和影响力，替代了宣传网的一部分功能。

作为一个象征物和断裂，宣传网的出现与消亡将中国的宣传社会化的发展过程显现出来。它揭示出渗透于日常生活中的国家宣传网络如何由非正式转向正式，最终消失在既有的政治体制之中，隐于无形。

读报组、扫盲与政治课：政治社会化

除了宣传网以外，建国初中国共产党还采取了一些其他有效措施将政治社会化。其中与大众传播最相关的是读报组的推广和扫盲运动。

早在延安时期为了扩大报纸的影响，就在农村和部队里建立了读报组。进入大城市之后，这一做法被推广到城市居民之中。以上海《解放日报》为例，在1949年刚发行时，发行量一直在10万份以下，相比于被停刊的《申报》《新闻报》等不下30万份的销量来说，影响非常有限。再加之同期通货膨胀十分严重，普通民众对订报阅报缺乏积极性。为了打消市民顾虑，提高影响，《解放日报》集中力量进行了通讯员网络和读报组建设。[②]

具体来说，在沪东、沪西通讯站设专门管理读报组的接待站，召开座谈会交流经验、组织时事讲座。报纸选拔1156名读报组积极分子参加通讯员学习班，将业务刊物“通讯员”改为“通讯与读报”，后来又将其改成单独编印“读报员参考”，印数增至10000份。1952年9月开始在《解放日报》专门在四版中间每天刊登“读报员参考”。将每天的重要消息改写成比较通俗的文字，使读报员能抓得住当天报纸的重要内容。每天有2–4条，每条450–600字，对“读什么”“怎么读”进行指导。除此以外，每天该版还有两道“讨论题目”、每周无特殊情况还有一次“时事测验”。[③]

---

① 方汉奇主编：《中国新闻事业通史》（第3卷），北京，中国人民大学出版社，1999，第196页。

② 同上引，第48页。

③ 王晓梅：《建国初党报领导下的“读报组”发展探析——以建国初〈解放日报〉“读报组”发展为基本脉络》，《新闻与传播研究》，2010（6）。

> 每周“时事测验”考察读报组一周的读报情况，题目覆盖每天的读报内容，先用“是非法”、“填空法”让读报组群众搞清所宣传的方针政策的根本点；“问答法”集中于当前具有宏观指导性的思想认识问题，像9月份三次“时事测验”中两次都关于“党的建设”：“共产党是伟大、光荣、正确的，为什么还要整党整风？”（8日）“上海市整党建党工作，为什么要以建党为主？”（29日）①

1951年中央号召建立宣传网以后，已经建立的读报组和通讯员网络又成为宣传网的重要结点。尽管目前看的材料大都取自官方文件或参与者角度的回忆，读报组的实际效果方面的材料还有待挖掘，但从传播观念来看，这些措施背后具有明确的将社会纳入政治系统的动机。

读报组对扩大报纸影响，毕竟是权宜之计。最根本的还是让大众，尤其是农村地区的民众有条件直接接受政治的影响。列宁曾说：“文盲是处在政治之外的，必须先教他们识字。不识字就不可能有政治，不识字只能有流言蜚语、谎话偏见，而没有政治。”② 他认为，只要存在文盲，政治教育就不可能开展。中华人民共和国成立时，在总人口的5.5亿人中，有80%以上是文盲，农村文盲率更是高达95%，学龄儿童的入学率只不过20%左右。③ 有鉴于此，从建国之初中央政府便把扫盲列入了教育工作的重点。1949年12月23日至31日，教育部在北京召开的第一次全国教育工作会议提出：“争取在1951年开始进行全国规模的识字运动。”1950年6月1日政务院发出了《关于开展职工业余教育的指示》，12月14日政务院批准并转发了《关于开展农民业余教育的指示》。④

1952年11月15日，政府在机构改革中设置了“中央扫盲工作委员会”，下设“办公厅”“城市扫盲工作司”“农村扫盲工作司”与“编审司”等部门。

---

① 王晓梅：《建国初党报领导下的“读报组”发展探析——以建国初〈解放日报〉“读报组”发展为基本脉络》，《新闻与传播研究》，2010（6）。

② 列宁：《新经济政策和政治教育委员会的任务》，《列宁选集》（第4卷），北京，人民出版社，1995，第590页。

③ ［日］浅井加叶子：《1949—1966年中国成人扫盲教育的历史回顾》，《当代中国史研究》，1997（2）。

④ 郝和国：《新中国扫除文盲运动》，《党的文献》，2001（2）。

扫盲工作委员会的成立意味着扫盲运动不再是教育问题，而成为政治问题。中共中央在《1956—1967年全国农业发展纲要（草案）》中提出：从1956年开始，按照各地情况，分别在5年或者7年内基本上扫除文盲。1958年，国务院副总理、全国扫盲协会会长陈毅在18个省、市、自治区的扫盲先进单位代表座谈会上指示：要来一个文化上的“原子爆炸”，改变中国又穷又白的面貌。[①]

因为有了以上目标，50年代成为建国以来扫盲运动开展得最集中，也是最有成效的时期。建国初期扫盲运动的三个高峰均产生于50年代，分别是1953、1956和1958年。第一个高峰是由于祁建华的“速成识字法”在全国的推广，第二个则是因为“中华人民共和国全国扫除文盲协会”的成立，第三个是由于扫盲运动的“大跃进”和《汉语拼音方案》的公布。[②]

扫盲运动除了提高民众文化素质外，也是对接受者，尤其是农村接受者进行政治教育的良好时机。首先是因扫盲聚集起来的人群为政治课提供了机会。扫盲学校一般同时开设有政治课程，并且有的还有专门的政治教材。[③]

更自然的是在扫盲的学习材料中渗透进政治教育的内容。1952年，《人民教育》围绕编写《农民文化课本》展开争论，对脱离政治、经济和学员生活实际的单纯识字观点提出了批评，提出只有为政治、经济服务的扫盲识字运动才是有意义的。识字是手段，不是目的，扫盲的真正意义在于使广大工农群众认识到自己的主人翁地位与责任，认识到中国共产党的性质与当时国内外政治斗争的趋势和特色，为巩固政权服务。[④]在这一思想指导下，扫盲的识字工作便兼有政治教育工作的性质。如1955年教育部认为人民教育出版社本年10月出版的《农民识字课本》（第一册）中“大口小口，一月三斗”一句与目前的粮食统购工作有抵触，下发通知要求将该句改为“大口小口，十升一斗”。[⑤]另外在《民校识字课本（三册）》中是这样介绍国旗的：“美丽的旗，庄严的旗、革命的旗、团结的旗。四颗金星，朝着一颗大

① 郝和国：《新中国扫除文盲运动》，《党的文献》，2001（2）。

② ［日］浅井加叶子：《1949—1966年中国成人扫盲教育的历史回顾》，《当代中国史研究》，1997（2）。

③ 马云：《共和国农村扫盲教育》，华东师范大学2006届博士论文，第113页。

④ 同上。

⑤ 同上，第114页。

星，万众一心，朝向人民革命。我们爱五星红旗，像爱自己的心；没有了心，就没有了生命。革命的旗，团结的旗，旗到哪里，哪里就胜利。"①

和扫盲运动几乎同步进行的是文字的改革。为了让普通民众更容易学习汉字，中国文字改革委员会采取了一系列措施。首先是对汉字进行简化。1955年10月《汉字简化方案修正草案》经全国文字改革会讨论并通过，517个简化字分四批向全国正式公布推行。其次是1958年2月经第一届全国人民代表大会第五次会议批准，公布《汉语拼音方案》。早在1951年祁建华发明"速成识字法"时就使用了拼音作为"拐棍"，受此启发，文字改革没有采取提倡者吴玉章所主张的激进的汉字拉丁化的建议，而是把拼音只作为一种辅助学习汉字的工具。事实证明，拼音的引入确实给扫盲带来了新的活力。②

文字改革委员会为了推行拼音和便于阅读，将文字排版方式由原有竖排改为由左至右的横排。出版总署规定，今后报纸和教科书一律改为横排。自1955年开始至1956年，《光明日报》《文汇报》《人民日报》先后改为横排。

在文字改革过程中，不少人把它与秦始皇的"书同文"相提并论。文字改革不仅是书写方式的便利化，它本身还是政治权力的宣传。"新"文字象征着"新"的国家权力，使用全新的文字和排版方式，就是对现有政权权力的认可，对"旧"文化及其所依附的制度的否定。文字作为国家权力的载体，进入每个普通人的生活，要求他们为政权的正当性背书。

通过扫盲运动脱盲的大量基层干部和群众（1953年是295万人，1956年是743万，1958年是1000万）成为列宁所说的"处于政治之内的人"，他们成为大众媒体宣传的潜在受众。扫盲和颇具争议的文字改革还带来了一个更具有深远意义的结果，这些一开始就学习简化字，接受横排版式，阅读新字体的国民几乎没有能力阅读共和国成立前的文字资料，更不必提更早用文言文写作的古籍。无形之中，"新"中国制造了一个文化上的断裂，对于居于人口绝大多数的民众来说，他们能够接触和阅读的只是在1949年

---

① 皇甫瑾、许洁如等编：《民校识字课本（三册）》，北京，人民教育出版社，1950，第5–6页。

② 王爱云：《中国共产党与新中国文字改革（1949—1958）》，《党史研究与教学》，2009（6）。

之后生产的文本。[①] 这些措施为政治宣传制造了一批理想的受众。

尽管新中国成立后政府对新闻出版机构进行了登记和接管，然而 1949 年前的出版物毕竟还无法一夜之间完全消失。对群众宣传威胁最大的是个人经营的租书店和流动摊贩仍然在继续租售通俗读物和连环画。据文化部 1955 年的统计，当时省会以上城市约有租赁书籍和连环画的店铺、摊子和流动摊贩一万个以上，其中八大城市就占了约七千个左右。在这一万个铺摊中，只有百分之十左右出租旧小说，其余都是出租连环画。估计全国租书铺摊共有图书二万种以上，一千万册左右，读者每天达一百五十万人次左右。[②] 这些旧出版物的存在是政治宣传工作的重要障碍，因为它们争夺了中下层民众的注意力。

从 1955 年开始，政府对租书摊铺进行了整顿。管理者们意识到这是一个系统工程："几年来的事实证明：只取缔或收换反动、淫秽、荒诞图书，而不改造租书铺摊和其他有关行业，或者只注意取缔或收换坏的图书，而不同时输送新的适宜于水平低的读者阅读的有益无害的图书，那都是效果不大的。"[③]

整顿工作首先是对书刊进行处理。对于"极端反动和极端淫秽的"予以查禁，这类图书的例子有《我的奋斗》《中国之命运》《蒋先生奋斗史》《请看今日之华北》《苗疆风云》《科学原子弹》《第一号勋章》《性史》《淫妇性史》等。对于"淫秽的色情小说和荒诞的武侠图书"则进行收换。这类图书有《云破月圆》《红杏出墙记》《蜀山剑侠传》《青光剑侠》等。收换的比例基本是二比一的比价，即一元新书换取二元旧书。

予以保留的图书包括：（1）"五四"以前出版的图书（但将古典文学中的淫秽文字编辑成书如《金瓶梅补遗》等不在保护之列）；（2）"五四"以后的一般新文艺作品，如郁达夫、沈从文等人的作品；（3）鸳鸯蝴蝶派作家所写的一般谈情说爱的"言情小说"，如张恨水的《啼笑因缘》；（4）虽

---

① Jacques Ellul. *Propaganda: the Formation of Men's Attitude*，translated by Konrad Kellen and Jean Lerner. New York，NY: Alfred A. Knopf，1965. p.109.

② 《文化部党组关于处理反动的、淫秽的、荒诞的书刊图画问题的请示报告》(1955 年 3 月 4 日)，《中国共产党宣传工作文献选编（1949—1956）》，中共中央宣传部办公厅、中央档案馆编研部编，北京，学习出版社，1996，第 946 页。

③ 同上。

有一些色情描写但以暴露旧社会黑暗为主的书，如《如此人家》；（5）一般的侦探小说；（6）神话、童话及由此而改编的连环画；（7）真正讲生理卫生知识的科学书。

其次对于书铺和书摊进行登记和营业执照的领取，同时文化部门和街道办事处要经常召集书铺书摊人员座谈，对其进行思想教育和业务指导，并且进行经常性的检查。

再次是对上游的私营印刷、出版、发行和照相业加强领导和改造工作。

最后是对以青少年为主的群体进行社会主义教育，增加文化产品的生产，开展丰富多彩的文娱活动，对他们进行引导。

通过这一系列"综合治理"，加之对媒体与出版机构的接管与改造，50年代的信息环境实现了"一元化"的目标。之前不少远离政治的普通人也第一次被政治包围。为了进一步对青少年进行塑造，新中国在学校中开始设立政治课。

于光远认为新中国政治课的发明者是陆定一。早在1948年，陆定一就提出要对人数多，可塑性大的中学生开设政治课，并把它作为正式学校课程。[①] 在中宣部的推动之下，新中国第一批政治课教材《中国革命读本》《政治常识读本》《经济建设常识读本》《社会科学基本知识读本》和《新民主主义革命史》问世，并开始系统地培养高等、中等学校的马列主义理论师资。[②] 政治教育不只体现在政治课上，而是渗透于所有人文学科之中。因此在"三反"运动中，让高等、中等学校的教师挨个"下水""洗澡"和"过关"，政治立场和思想不合格的教师调离人文课程只教技术课程甚至开除教职。[③]

通过这一系列政治社会化的措施，政治成为人们生活、学习和工作中

---

① 于光远：《我的编年故事（1945—1949）》，郑州，大象出版社，2005，第195-204页。

② 《中央关于培养高等、中等学校马克思列宁主义理论师资的指示》（1952年9月1日），《中国共产党宣传工作文献选编（1949—1956）》，中共中央宣传部办公厅、中央档案馆编研部编，北京，学习出版社，1996，第406页。

③ 《中央关于在高等学校中进行"三反"运动的指示》（1952年3月13日），《中央转发川北区党委宣传部关于寒假集中大中学教职员进行思想改造与清理组织的报告》（1952年4月17日），《中国共产党宣传工作文献选编（1949—1956）》，中共中央宣传部办公厅、中央档案馆编研部编，北京，学习出版社，1996，第335页、第350页。

不可缺少的部分。整个社会变成了一个大学校。这一观念在毛泽东“文化大革命”前夕发布的《五七指示》中发展到极端。《人民日报》在经毛泽东审定过的社论中这样诠释这一指示的核心思想：

> 毛泽东同志提出的各行各业都要办成亦工亦农，亦文亦武的革命化大学思想，就是我们的纲领。……按照毛泽东同志说的去做，我国七亿人民就都会成为旧世界的批判者，新世界的建设者和保卫者。他们拿起锤子就能做工，拿起锄头犁耙就能种田，拿起枪杆子就能打敌人，拿起笔杆子就能写文章。这样，全国就都是毛泽东思想的大学校，都是共产主义的大学校。①

政府通过一系列社会政治化的措施，对新中国的信息环境进行了根本性的整顿，初步实现了一元化的目标。渗透在日常生活中的政治使得个人的思想无时无刻不处在被他人与自我监控的状态。同时政治学习和思想改造制造了大量标准化的个体，从清末开始的“唤醒民众”的工作到此才真正实现。这些被政治化了的大众成为宣传的理想受众。但是为了让大众有统一的反应，仅仅有一体化的信息环境还不够，还必须让他们具有相似的感情与反应，这主要通过制造象征来完成。

制造象征

美国历史学家林·亨特在研究法国大革命中的权力诗学时，曾专门探讨过革命的象征和意象。她借用吉尔兹的理论，总结了那些能够让革命政治权威具有正当性的“文化架构”或“主导性虚构”（master fictions）。这些与特定文化，甚至与更普遍化的文化产生共鸣的象征符号最终将建构起民众对于权力代理人的认同。②

---

① 王年一：《大动乱的年代》，郑州，河南人民出版社，1988，第4–5页。

② ［美］林·亨特：《法国大革命中的政治、文化和阶级》，汪珍珠译，上海，华东师范大学出版社，2011，第107页。［美］克利福德·吉尔兹：《地方性知识——阐释人类学论文集》，王海龙、张家瑄译，北京，中央编译出版社，2000，第159–197页。

近现代中国的宣传也制造了大量这类象征或意象，来自西方革命传统的旗帜、进行曲、纹章、图像、服装、词语和修辞等在 20 世纪大量涌现。50 年代是这些象征符号产生的一个高峰。尽管与更早的延安时期和表面上更繁荣的"文化大革命"时期相比，这个时期似乎平淡无奇，但它却是一个承上启下的关键时期。在这个时期，延安时期制造的象征和意象被重新定义和规范，并为后一时期的象征符号泛滥奠定语法规则。

在新中国的象征符号中，最重要的莫过于毛泽东的形象。在近现代的革命中，领袖人物本身往往成为政权的象征。早在 20 世纪 30 年代就已经出现对毛泽东视觉形象的制造。[①] 而延安时期当毛泽东的领导地位逐渐确立之时，毛泽东形象的象征便大量增殖。赵超构在 1944 年访问延安时就注意到这一现象：

> 共产党的朋友虽然不屑提倡英雄主义，他们对于毛氏却用尽了英雄主义的方式来宣传拥护。凡有三人以上的公众场所，总有"毛主席"的像，所有的工厂学校，都有毛氏的题字。今年春节，延安书店所发售的要人图像中，毛氏的图像不仅超过其他要人的图像，而且是两三倍的超过。[②]

以陕北民歌改编的《东方红》《高楼万丈平地起》等革命歌曲将毛泽东的形象与太阳联系起来，将原始宗教中太阳图腾的集体记忆与革命领袖的形象勾连在一起。但那个时期的毛泽东形象还缺乏统一管理，处于自发状态，与其他形象的关系也未清晰地定义。比如当时八路军驻西安办事处的墙上就既有马克思和列宁的肖像，也有蒋介石和毛泽东、朱德的肖像。[③] 在中共七大的会场上，毛泽东像与朱德的侧面头像也并列出现。毛泽东的形象在延安时期已经开始成为党的象征，但并未获得绝对的地位。

1949 年后，毛泽东并没有统一的形象。1950 年初，国家新闻总署副署长兼新闻摄影局局长萨空了看到美国一家报纸在报道毛泽东访问苏联的消

---

① 黄继谦：《延安时期的毛泽东视觉形象制造》，毛泽东时代美术（1942—1976）研究会论文，2005.（http: //www.gdmoa.org/zhanlan/zhanlandangan/dangan_2_5/21/01/10991.jsp）。

② 赵超构：《延安一月》，上海，上海书店出版社，1992，第 66 页。

③ 江文汉：《参拜延安圣地》，《众说纷纭话延安》，朱鸿召编，广州，广东人民出版社，2001。

息时，所刊登的毛泽东照片还是在延安时期拍的，和身着大元帅服的斯大林相比，相形见绌。于是萨空了便建议为毛泽东拍摄一张标准像，迅速向国内外发行。此事也得到了毛泽东的同意。于是有了第一张毛泽东的标准像，据说仅 1951 年，这张标准照便印制了 2000 多万张。其后 1951 年、1959 年、1964 年中央又先后公布了其他三张毛泽东的标准照。[①] 延安时期斯诺和斯诺夫人所拍摄的毛泽东像更为延安以外地区的人们所熟悉，在斯诺夫妇的镜头中，毛泽东是一个不修边幅，稍显柔弱的文人形象。[②] 在标准像中，毛泽东则成为一个端庄、慈祥、从容的政治领袖形象，身着得体的中山装，不再是松松垮垮的粗布军装。这些标准照随着《毛泽东选集》、宣传画、大会、游行等活动进入民众日常生活。

表现毛泽东形象的雕塑与浮雕则标准化程序稍逊，除了具有权威性的王朝闻的作品外，大量毛主席像章的制作均由不知名的作者完成。据估计，毛主席像章品种在一万种以上，数量在 28 亿枚以上。大量不知名的作者一起共同制造了毛泽东的象征符。[③]

毛泽东的形象具有强烈的政治寓意。当毛泽东对“文化大革命”时期各地纷纷建造自己的大型雕像表示不满时，中共中央 1967 年 7 月 13 日的指示明确表示，塑像就是政治：“建造毛主席的塑像是一个严肃的政治问题，每一座塑像都应当保障政治上、艺术上的高质量，传之千秋万代。这只能由中央统一规划，在适当时机、适当地点建造，才可能做好。现在某些群众组织那种匆匆忙忙的做法，不仅会造成经济上的损失，而且会造成政治上的损失。”[④] 毛泽东形象具有政治象征不仅是制造者有意塑造的，接受者也不断地生产自己的意义。在公布第三张标准照之后，便有群众认为半侧面像只突出一只耳朵，且左眼珠偏上，似乎毛泽东在“偏听偏信”。于是便有了 1964 年公布的第四张正面露出双耳的标准照。[⑤]

---

① 陈石林：《我加工、制作毛泽东标准像的点滴回忆》，《党的文献》，2000（3）。

② 斯诺对毛泽东的描述是：“面容瘦削，看上去很像林肯的人物，个子高出一般的中国人，背有些驼，一头浓密的黑发留得很长，双眼炯炯有神，鼻梁很高，颧骨突出。”

③ 谭天：《毛泽东时代美术中的浮雕毛泽东像章》，毛泽东时代美术（1942—1976）研究会论文，2005.（http: //www.gdmoa.org/zhanlan/zhanlandangan/dangan_2_5/21/01/10989.jsp）。

④ 孙振华：《毛泽东时代雕塑中的身体政治》，《艺术探索》，2005（2）。

⑤ 陈石林：《我加工、制作毛泽东标准像的点滴回忆》，《党的文献》，2000（3）。

将毛泽东身体的神圣化本身也产生了另一个意想不到的结果：当作为普通的身体与象征符号的身体产生矛盾时，整个符号宇宙的正当性也会受到威胁。例如不止一人在回忆“文化大革命”时提到当意识到毛泽东也可能死亡、排便或者育有后代时，他们的整个信仰体系便面临着崩溃的危险。[①]下面这个故事更展示出了凡人的肉身和政治身体之间的冲突：

> 1977年，一群雕塑家在北京为毛主席纪念堂塑像。毛泽东身体姿势的选择，让这些雕塑家争执不休。在供选择的两个方案中，一种姿势是坐在沙发上的毛泽东双腿分开；另一种姿势则是两腿叠起。在两种姿势中选择一个，这个看起来简单的问题却让身负重大政治责任的雕塑家们深感焦虑。当他们初步确定采用更为庄重的双腿分开姿势的时候，一种反对的意见让他们为难：由于塑像高度的关系，前来凭吊的人其头部视线正好对着双腿分开的毛泽东的裆部！踌躇再三，雕塑家们最后选择了第二种方案。[②]

形成鲜明对照的是美国林肯纪念堂的林肯坐像。林肯的坐姿正是被中国的艺术家们所回避的那种“不雅”的姿态。当然，让美国人觉得尴尬的可能是另一尊被他们悄悄放置在华盛顿的历史博物馆角落的华盛顿像。这尊全身像把华盛顿塑造成了不伦不类的古希腊神祇的模样。毛泽东形象的神圣性是国家权力正当性的象征，这一点连他自己也意识到了。他屡屡在关键场合，用亲自出场力挽狂澜。最典型的便是“文化大革命”期间八次亲自在天安门城楼接见上百万的全国青年。

围绕着毛泽东的形象与身体所形成的丰富的象征话语资源并不是自发形成，这一象征的运用在50年代被小心谨慎地规划过，以期将它模糊的含义变得更加清晰。例如一到重大节庆和纪念日，中共中央就会详细地规定应该挂什么人的像，次序如何安排等。比如对1950年国庆节中共中央就作如下规定：

---

① 徐友渔：《自由的言说》，长春，长春出版社，1999，第148–149页。

② 孙振华：《毛泽东时代雕塑中的身体政治》，《艺术探索》，2005（2）。

> 在庆祝仪式会场上只挂毛主席像（用八月一日登报的面略向左平视的像[①]，该像已由新华书店大量印制，过去各地所挂开口相片及仰视像均取消不得再挂），但游行群众则应抬孙中山、毛泽东、刘少奇、朱德、周恩来五人的像。[②]

第二年（1951）国庆，会场仍然只挂毛泽东像，但对游行时抬像的规定更加具体，第一排面向自左至右为毛泽东、孙中山；第二排为周恩来、刘少奇、朱德，第三排为马克思、恩格斯、列宁、斯大林；以下是各国人民领袖像。[③]而1954年国庆的抬像又有新的变化。第一排自左至右为毛泽东、刘少奇、周恩来、朱德、陈云；第二排为孙中山；第三排为马恩列斯。[④]这里并不想再探讨上述排列变化背后的政治意义，那已经超出本书的主题，这里想说明的是宣传部门对于象征资源的使用规定得十分细致，试图建立起一个标准的、各地完全一致的象征。还有一个例子可以证明这一点。

1952年五一庆祝活动时，规定游行时所抬画像安排为：第一排马恩列斯，第二排毛刘周朱，以下各国领袖。但十天后中央便对这个顺序进行了调整，改为第一排自左至右孙中山、毛泽东，第二排刘周朱，第三排马恩列斯。[⑤]这种精致的象征符号语法慢慢建立起一种特殊的形式美学和政治学，以至于排名、形象本身成为宣传系统中象征政治权力的重要部分。

除了通过领袖的个人形象建构新的权力体系正当性外，其他符号也被加以创造性地转化，比如当天安门广场的空间进行重新设计规划之后，天安门的意义被转化为领袖居高临下检阅群众的场所，天安门与领袖的这种关系使它同时具有了象征权力正当性的功能。除了建筑和空间外，一些事件也成为象征资源，其中最典型的是长征。通过50年代的叙事转换，长征的意义逐渐由宣传红军的革命英雄主义和艰苦卓绝的精神，向总结革命的

---

① 即上文所说的毛泽东的第一张政治标准像。

② 《中央关于庆祝八一挂领袖像的规定》（1950年9月8日），《中国共产党宣传工作文献选编（1949—1956）》，中共中央宣传部办公厅、中央档案馆编研部编，北京，学习出版社，1996，第116页。

③ 《中央关于庆祝国庆节办法若干事项的补充通知》（1951年9月25日），同上引，第294页。

④ 《中央关于今年国庆节游行时抬像办法的通知》（1954年9月22日），同上引，第836页。

⑤ 《中央关于"五一"节宣传要点和纪念办法的通知》（1952年4月17日），《中央关于"五一"游行时领袖像排列顺序的补充通知》（1952年4月27日），同上引。

历史经验、颂扬领袖丰功伟绩和党内两条路线斗争的方向转移，成为政治正当性的主要来源之一。[①] 长征以及相关的象征性意象在1964年的大型音乐舞蹈史诗《东方红》中被形象化和固定化。

并不是所有与权力正当性有关的象征都可能被认可，对于一些缺乏改造可能的象征或具有固定含义的象征，则被否定。这些不在场的符号也为新政权的革命性提供了注脚。例如1961年中宣部就发布了不要用龙来象征中国的通知：

> 帝国主义者常常利用龙的形象，和传说中龙的可怕，影射和污蔑中国。长时期中，龙是中国封建统治的象征。它的形象也很难看。因此，今后在文字、图画和其他形式的宣传品中，在对外宣传中，在展览会的布置和装饰中，在各种庆祝活动中，一律不要再用龙来象征中国和中国人民。[②]

除了象征性符号外，新的修辞方式也逐渐成为"新中国"的名片。从延安整风时期开始，"文风"问题便是改造的对象之一。毛泽东在《反对党八股》中将五四以来的白话文运动分成两个潮流，一是继承了五四的科学和民主的精神，并在马克思主义的基础上加以改造的潮流，另一个则是走到资产阶级的道路上，是形式主义向右的发展，即要批判的"洋八股"的潮流。他号召学习"人民的语言"，将外国语言和古人的语言化为群众能够听得懂的通俗语言。

1951年6月6日《人民日报》发表《正确使用祖国语言，为语言的纯洁和健康而斗争！》。文章指出："这种语言混乱现象的继续存在，在政治上是对于人民利益的损害，对于祖国的语言也是一种不可容忍的破坏。每一个人都有责任纠正这种现象，以建立正确地运用语言的严肃的文风。"纯洁语言运动首先是词汇的改变。大量抽象的马克思主义哲学、经济学和政治学词汇进入普通人的生活，其中一些还作为标签和社会分类规定人的身份。

---

① 高华：《红军长征的历史叙述是怎样形成的？》，《革命年代》，广州，广东人民出版社，2010。

② 《中央宣传部关于不要用龙来象征中国的通知》（1961年11月18日），《党的宣传工作文件选编（1949—1966）》，中央宣传部办公厅编，北京，中共中央党校出版社，1994，第425页。

此外，类似“三反”“五反”“大跃进”“放卫星”“反右”等大量新的政治词汇被创造出来。有研究者还发现这些词汇本身成为一种具有魔力的象征，比如毛泽东的“冒进”，刘少奇、周恩来等人的“反冒进”，再到毛泽东反击提出的反“反冒进”[①]，以及像“左”与“右”的界定（如毛泽东“文化大革命”初期批评刘少奇的“形左实右”）等都展示了语词本身所具有的强大政治力量。

除了词汇外，风格也是革命修辞中的重要构成。作为党八股的最早提出者，毛泽东的文章成为学习的范本。他的文章确立了一种气势磅礴、嬉笑怒骂、极富战斗性的新的修辞风格。这一风格在与苏联论战的《九评苏共中央的公开信》中达到炉火纯青，并开创了“文化大革命”时期批判文章的先河。其次，以《人民日报》和新华社为代表的党的信息发布机构也成为革命文风的样板。由左派知识分子陈伯达、胡乔木、周扬、胡绳、于光远等知识分子模仿毛泽东的写作方式，形成了所谓“新华体”，通过大众媒体的扩散也影响深远。另外经过最高权威确定的一些文本，如《雷锋日记》、政治课教材、文艺和政治批判以及后来的《毛主席语录》等一起确立了一种以马克思主义哲学、经济学、政治学理论和词汇为核心观念，以毛泽东思想作为依据，以战斗为隐喻、批判为风格的全新的语言形式。正如沃尔夫—萨匹尔假设所提出的那样，一直到今天，这种语言都在塑造着中国人的思维方式，甚至是身份认同。

报纸批评的兴与衰

“在一切公开场合”的批评

中华人民共和国建国之初的宣传观念调整除了体现在群众宣传领域外，针对大众媒体和新闻报道的宣传观念也进行了一次重大调整。这主要体现在政治精英和党内外新闻专业工作者对新闻媒体功能的大讨论之中。

---

① 许静：《大跃进运动中的政治传播》，香港，香港社会科学出版有限公司，2004，第 103-111 页。

毛泽东的宣传观念（见第九章）是中国共产党宣传观念的重要组成部分，但不是全部。20世纪40年代以来，中国共产党党内对于大众媒体宣传功能上的判断，在整体一致中也存在着细微的分歧。在西柏坡对华北记者团的讲话中，刘少奇就提出了与毛泽东略微有所不同的宣传观念。毛泽东强调宣传的一元化和大众媒体的党性原则，媒体的思想教育功能；而刘少奇则更加强调大众媒体是党联系群众的桥梁，记者既要宣传，同时也要表达群众的意见。[①]

1949年之后，毛泽东强调要谦虚谨慎，戒骄戒躁，中共的宣传观念也有所调整，突出了大众传媒的批评监督作用。1950年党中央发布了《中共中央关于在报纸刊物上展开批评和自我批评的决定》，刘少奇直接领导了这个文件的起草，并逐字逐句作了修改。研究者认为，这个文件几乎可以算作刘少奇本人的著作。[②] 该决定指出：

> 因为今天大陆上的战争已经结束，我们的党已经领导着全国的政权，我们工作中的缺点和错误很容易危害广大人民的利益，而由于政权领导者的地位、**领导者威信的提高，就容易产生骄傲情绪**，在党内党外拒绝批评、压制批评。……**由于这样的原因，中共中央特决定：在一切公开的场合，在人民群众中，特别在报纸刊物上展开对于我们工作中一切错误和缺点的批评与自我批评**。（黑体字部分为刘少奇加入的修改）[③]

刘少奇在修改中增加了“党外”批评部分，把被批评对象也由党政领导机关，扩大到“经济机构和群众团体”，并且通过“一切公开场合”和“一切错误和缺点”，显示了推动媒体批评的决心。

为了保证批评和自我批评的开展，该决定提出：“报纸刊物的人员对于

---

① 刘少奇：《对华北记者团的讲话》，《中国共产党新闻工作文件汇编》（下），北京，新华出版社，1980，第248–263页。

② 陈力丹：《马克思主义新闻观思想体系》，北京，中国人民大学出版社，2006，第672页。另见《建国以来刘少奇文稿》（第2册），北京，中央文献出版社，2005，第45–47页。

③《中共中央关于在报纸刊物上展开批评和自我批评的决定》，《中国共产党新闻工作文件汇编》（中），北京，新华出版社，1980，第5页。

自己不能决定真伪的批评仍然可以而且应当征求有关部门的意见，但是只要报纸刊物确认这种批评在基本上是正确的，即令并未征求或并未征得被批评者的同意，仍然应当负责加以发表。”同时还规定：“批评在报纸刊物上发表后，如完全属实，被批评者应即在同一报纸刊物上声明接受并公布改正错误的结果。”

这个决定确立了大众媒体独立负责的批评原则。即只要内容属实，可以不经被批评对象的同意，自行发表。虽然在实际操作中，“即令并未征求或并未征得被批评者的同意，仍然应当负责加以发表”一条很难实行。但是新闻工作者仍然形成了一个共识：实际未征求而批评错了的是极少数。[①]这个规定试图改变大众媒体单向的宣传功能，赋予其独立监督的角色，这在中国共产党的宣传话语中，尚属首次。这种调整反映了党内开明派在建国后锐意进取的新气象，但另一方面，这个规定与既有政治体制中组织原则存在根本性冲突。后面将看到，在批评实践开展之后，这些冲突将反过来导致批评的举步维艰。

尽管如此，该决定的颁布在短期内还是促进了50年代报纸的批评监督，一时间出现了生机勃勃的民主局面。1950年3月，就在《决定》发布同时，《人民日报》批评了“濮阳运粮事件”。由于领导失职，运粮人车拥挤，造成人员四死，牲畜一百多头死亡的重大事故。《人民日报》批评了濮阳地委、专署，同时指出“平原省人民政府和平原省委”也要负一定责任，批评直指省一级干部。在“三反”“五反”中，大众媒体发挥了更大的批评监督作用。1951年12月，《人民日报》对华东军政委员会交通部部长黄逸峰压制批评，欺骗上级，打击批评群众，拒绝纪律检查部门的检查和处理进行了集中报道。在这一时期，类似的批评层出不穷。[②]

“在党委领导下批评”

然而不久，大众媒体的批评就遇到困难。《人民日报》发生了有关批评

① 李庄：《人民日报风雨四十年》，北京，人民日报出版社，1993，第155页。

② 见童兵：《主体与喉舌》，郑州，河南人民出版社，1994，第16–19页。

的“八大案件”。这些“案件”的主要原因是中央党报派驻地方的记者直接批评地方政府，被认为“干预”了当地工作，脱离了地方党委的领导。理想化的报刊批评原则与党的一元化组织原则相互冲突。《人民日报》批评报道的“八大案件”中有一个典型的事例。1950 年，《人民日报》记者于明批评安徽省委在农业技术改革中强迫命令。记者虽然将稿件送交省委分管文教的省委书记审查过，但是刊登后还是遭到了其他省委书记的抵制。地方领导通过党中央，要求《人民日报》更正。对于一个没有事实错误的 600 字的报道，“更正”无从谈起，报社工作人员只好折衷处理，在《来电照登》栏刊登了 1600 字的说明。[①]

因为这样的事件较多，破坏了党的组织原则，影响了中央党报与地方党委的关系，1953 年 7 月发布的《中共中央关于新华社记者采写内部参考资料的规定》中，对新华社记者和地方党委的关系进行了如下调整：

> 新华社的各地记者必须在总社领导下同时在各级党委的监督下进行工作。必须注意防止任何不尊重党委意见的现象发生。……为了工作的便利，兹规定：新华社记者反映地委以下工作中的情况和问题的资料，可直接发给新华社总社；反映省市一级工作中的问题的资料，要送给省市委负责人阅后发给新华社总社；如省市委对资料提出不同意见而记者认为仍应向中央反映时，应将省市委意见一并报告新华总社。……中央分局和省委报纸的记者在反映地一级工作的问题时，应该送地委负责人阅后发报社，如地委提出不同意见而记者仍认为应向分局和省委反映时，应将地委意见一并报告报社。市委报纸记者与区委关系同。[②]

按照内外有别的原则，内部参考的批评尺度要大于公开出版的报刊。上述规定，事实上废除了 1950 年《中共中央关于在报纸刊物上展开批评和自我批评的决定》中“即令并未征求或并未征得被批评者的同意，仍然应当

① 于明：《记者生活中的是与非》，《人民日报回忆录》，北京，人民日报出版社，1988。

② 《中共中央关于新华社记者采写内部参考资料的规定》（1953 年 7 月），《中国共产党新闻工作文献汇编》（中），北京，新华出版社，1980，第 251–252 页。

负责加以发表”的原则。

1953年的“宜山农民报事件”标志着50年代初中共党内宣传观念调整的受挫。1952年3月底，在广西宜山县的复查干部运动中，基层干部对地委书记祖某的个人婚姻和生活作风问题提出批评，主要问题集中在祖某因与刁某谈恋爱，和原妻张某闹离婚的事情上。干部们认为这违反了《婚姻法》，而且认为地委无原则，互相包庇，互相批准对方离婚。祖某和地委组织部长秦某对提出批评的基层干部进行了打击报复。《宜山农民报》记者杨炎对此事进行了调查，写出了长篇报道《对前中共象县县委书记祖 ×× 的离婚和因而产生的种种事件的调查报告》，在主持报社工作的副社长刘国正的要求下，报社又邀请祖某的前妻写了《祖 ×× 为什么和我离婚？》，配发了《把不能见天的事情拉到太阳底下来》的社论。上述文章在征得了代理地委日常工作的王升阶的同意后发表。这些调查和评论言辞比较激烈，如说“县委形成了一个黑暗的小集团，你帮我离婚，我帮你离婚，互相包庇，互为打手”等。地委宣传部认为报社错误地理解了《婚姻法》的精神，又批评了同级的党委，便向省委宣传部请示，省委宣传部向中央宣传部请示。[①]1953年中宣部作了《关于党报不得批评同级党委问题给广西省委宣传部的复示》：

> 关于《宜山农民报》在报纸上批评宜山地委一事，我们认为广西省委宣传部的意见是正确的。党报是党委会的机关报，党报编辑部无权以报纸与党委会对立。党报编辑部如有不同的意见，它可以在自己的权限内向党委会提出，必要时并可向上级党委、上级党报直至中央提出，但不经请示不能擅自在报纸上批评党委会，或利用报纸来进行自己与党委会的争论，这是一种脱离党委领导的做法，也是一种严重的无组织无纪律的现象。党委会如犯了错误，应当由党委会用自己名义在报纸上进行自我批评。……[②]

---

① 靖鸣：《“党报不得批评同级党委”——1953年广西〈宜山农民报〉批评中共宜山地委事件及其争论的前前后后》，《新闻与传播研究》，2004（3）。

② 《中宣部关于党报不得批评同级党委问题给广西省委宣传部的复示》（1953年3月），《中国共产党新闻工作文献汇编》（中），北京，新华出版社，1980，第279页。

50年代初期，部分领导中共宣传的干部试图把宣传与新闻报道分开，但在实践中与党的组织原则发生了冲突。到50年代中期之后，这些探索被重新强调纪律所代替。

1954年4月，毛泽东向《人民日报》提出，报纸上的批评要实行“开、好、管”的方针。其中的“好”指的是“批评要正确，要对人民有利不能乱批一阵”。“管”指的是：“要把这件事管起来。这是根本的关键。党委不管，批评就开展不起来，开也开不好。”①

1954年5月，中央召开第三次全国宣传工作会议，陆定一在会上对《关于改进报纸工作的决议》（草案）进行了说明，他强调，批评报道必须要满足四个条件：一，事实要完全正确，而不是基本正确；二，批评要有利于实际工作，有利于团结，要对党、对国家、对人民，以至于对被批评者都有帮助，反对破坏性批评；三，批评的态度要正确；四，批评发表的时间要请示党委，解决问题在先，自我批评在后。他还强调，批评与自我批评也必须在党委的领导下进行：

> 需要自我批评，并不是为了减弱领导，而是为了加强领导，为了把纸上的和没有威信的领导变成有生命的和真正有威信的领导。所以，批评和自我批评一定要有领导。谁领导？党委领导。报社要不要独立负责？要独立负责。这个独立负责是在党委领导下面的独立负责，而不是脱离党委领导的独立负责。脱离党委的独立负责，就是闹独立性，那是不对的。②

50年代初期中共部分领导人从增强执政能力和建设社会主义民主的角度出发，对延安时期军事化的单向传播模式进行了尝试性调整。这一调整与既有的政治体制产生了冲突，最终以失败告终。在中华人民共和国宣传观念的发展中，50年代的调整具有重大意义。这是一次在政治环境发生改变时的改革尝试。这场改革的失败，再次确认了延安时期建立的一元化宣

---

① 毛泽东：《报纸上的批评要实行“开、好、管”的方针》，《毛泽东新闻工作文选》，北京，新华出版社，1983，第177页。

② 陆定一：《关于报纸工作的几个问题》，《陆定一新闻文选》，北京，新华出版社，1987，第41页。

传模式的统治地位。

此外，从国际关系的角度来看，50年代是中苏关系的蜜月期。在全面学习苏联的过程中，从大众传播管理体制到教育体制都照搬了苏联的模式，再加之复杂的国际形势，也没有为宣传观念的调整提供足够的条件。

从“党的报纸”到“人民的报纸”

除了在中央宣传部门的文件中可以看到50年代初期宣传观念的调整之外，以《人民日报》为代表的新闻媒体也进行了调整，其指导思想是强调新闻报道的独立性，摆脱单一的宣传角色。

随着中华人民共和国的建立，原华北局的机关报《人民日报》升格为中共中央党报，报道的受众和内容都有了巨大变化。人员不足与工作方式落后使50年代初的报社工作捉襟见肘。[①]《人民日报》的班底是从平津地区城市来到解放区的青年新闻工作者、青年学生、地下党。进入北京后，又补充了不少原在大城市的进步新闻工作者和革命学生。1952年至1953年，全国撤销大行政区一级建制，原大行政区几家党报有的终刊，有的转为省报。《人民日报》利用此机会调进120多位优秀干部。这些人员包括当时负责报社工作的领导，年纪都在三十上下。不少人认为建立中华人民共和国之后，新闻工作要改变过去解放区的地方经验，由过去的组织传播转变为大众传播。

进城之后，原有的通讯员网络不复存在，由于不熟悉全国情况，《人民日报》的工作人员感觉孤立无助。记者整天忙于开会，报道政治新闻过多，缺乏关于公众的报道。社长范长江号召进行“大转变”，雄心勃勃要重新建立联系群众的通讯网络。虽然响应这一号召在各地建立了记者站，但是通讯员的稿件用处不大。现有版面既不能容纳，而且通讯员稿件的处理费时费力，实际并没有达到联系群众的目的，这一工作遂放松。[②] 延安时期的经验无法适应新的环境，报社工作人员开始寻找新的解决方案。

---

① 李庄：《人民日报风雨四十年》，北京，人民日报出版社，1993。

② 燕凌：《“大转变”的两年》，《人民日报回忆录》，北京，人民日报出版社，1988。

50年代初学习苏联经验，使报纸的版面和内容都变得暮气沉沉。[①]在“反对教条主义”和“百花齐放、百家争鸣”方针的影响之下，《人民日报》在邓拓的推动下，开展了1956年改版。经过了长达半年的调查研究和准备，《人民日报》提出了改版报告。这次改版由中宣部副部长胡乔木主管，改版报告得到了刘少奇、周恩来和邓小平的同意。在改版报告的修改过程中，有一些重要的修改就是对过去的宣传观念进行了修正。其中胡绩伟加入了两条重要的修改。一处是：

采用适当方式对读者表示：报纸上的文字，除了党中央少数负责人的文章和少数社论以外，可以不代表党中央的意见，也可以不代表编辑部的意见，因此，都有讨论的余地，就是中央负责人的文章和社论，也不是不允许提出不同意见，只要这种意见是正确的，也可以发表。[②]

另一处修改是：

在读者来信中有对于报纸上发表的文章意见不同的，或者对某些党组织和政府机关的个别措施有意见的，这种意见虽不一定完全正确，但有值得注意的可以讨论的地方，也准备酌情选择发表。重要的发表全文，次要的发表摘要。发表这种来信并不表示编辑部同意他们的意见，所以一般不拟征得被批评者同意。对于这些来信所提的批评意见，一部分必须答复（编者答复或被批评者答复），有的也可以不答复，让一般读者自己去判断。[③]

胡乔木也在报社起草的改版报告中加入了一些内容，其中有两则比较引人注意。一是在报告原文“在国际宣传方面，对资本主义国家和亚洲各

① 王英秀：《谈谈学习苏联办报的经验》，《人民日报回忆录》，北京，人民日报出版社，1988。李庄：《人民日报风雨四十年》。

② 钱江：《〈人民日报〉1956年的改版》，《新闻研究资料》第42辑，1988，第16页。

③ 钱江：《〈人民日报〉1956年的改版》，《新闻研究资料》第42辑，1988，第16页。

国的情况报道很少”之后，加上了“新闻限制过严，致使国内外许多重要消息在报纸上缺少反映，报喜不报忧的倾向比较浓厚”。二是在报告原文“增加新闻和通讯……努力使新闻生动、有色彩、有感情”之后，加上了“对于国内外重要消息逐步扩大报道范围，国内工作的缺点适当地多报道一些，资本主义国家新闻多发表一些，对于现在的参考消息和内部材料选择一部分应公开登报”①。

在胡乔木执笔的改版社论《致读者》的开头和结尾中，明确提出：“人民日报是党的报纸，也是人民的报纸，从它创刊到现在，一直是为党和人民的利益服务的……我们的报纸名字叫作‘人民日报’，意思就是说它是人民的公共的武器，公共的财产。人民群众是它的主人。”②社论还指出：

> 报纸是社会的言论机关。在任何一个社会里，社会的成员不可能对于任何一个具体问题都抱有同一种见解。党的和人民的报纸有责任把社会的见解引向正确的道路，但是为了达到这个目的，不应该采取简单的、勉强的方法。首先，报纸的编辑部无论凭着什么名义，总不能设想自己是全知全能的，或者故意摆出这样一副神气，活像对于任何问题可以随时做出绝对正确的结论。不是的，事实决不是如此。有许多问题需要在群众性的讨论中逐渐得到答案。有一部分问题甚至在一个时期的讨论以后暂时也还不能得到确定的答案。有许多问题，虽然已经有了正确的答案，应该在群众中加以广泛的宣传，但是这种宣传也并不排斥适当的有益的讨论。相反，这种讨论可以更好地帮助人们认识答案的正确性。而且就是正确的答案，也经常需要在群众的实践中加以补充和修正。……为了便于开展自由讨论，我们希望读者注意：在我们的报纸上发表的文章，虽然是经过编辑部选择的，但是并不一定都代表编辑部的意见——这不是说代表编辑部的意见就不可以讨论，而是说，我们发表的某些文章的某些观点跟编辑部的有所不同，这些文章的作者的观点彼此也不同，这种情形希望读者认为是正常的。③

---

① 钱江：《〈人民日报〉1956年的改版》，《新闻研究资料》第42辑，1988，第17–18页。
② 《致读者》，1956年7月1日《人民日报》一版头条。
③ 《致读者》，1956年7月1日《人民日报》一版头条。

以上两个文件，加上中央对《人民日报》改版的批示，都对延安时期形成的强调党性和纪律的宣传观念进行了修正。具体地说，是将宣传与新闻工作区分开来，通过确立报纸相对独立的地位，完成由“党的报纸”向“人民的报纸”的角色转换。在话语使用上，《人民日报》并没有突出这种独立性，通过“人民的报纸”的话语，不再把自己单纯定位于宣传某一意识形态之党报，而是中立的“公众论坛”。当然，这一独立性并不是要完全脱离党的组织原则，因为它没有改变“将社会见解引入正确道路”的宣传观念，其出发点是群众路线和民主集中制原则，希望通过大众媒体的监督，纠正共产党在工作中的错误。

这一立场也反映了新闻专业主义意识形态中保护媒体自身利益的一面。媒体一旦不代表党中央的声音，就不必像50年代学习《真理报》时提出“没有错误的报纸”的目标给自己背上沉重的包袱，也不必因为做不到“全面真实”和“本质真实”，而放弃正当的报道和监督。因此，《人民日报》1956的改版可以被视为党内的新闻专业主义与中国共产党宣传观念的一次协商。党报希望借着转换角色，不再承担追求模糊的“真实”的任务，而是作为党内一个相对独立的监督者帮助党达成国家富强的目标。这种党内的新闻专业主义话语，并不是要否定宣传本身，而是希望通过另一种更为灵活的方式，使党的领导更加稳固，最终促进国家的发展。这种宣传观念与之前提到的潘光旦的自由主义的反宣传话语不同，它并不是站在个体主义和自由主义的立场批评传统宣传观念，而是赞同群体利益大于个体利益的原则，只不过希望在具体操作中，不必事事强调一元性。

这种立场将1950年《关于在报纸刊物上展开批评和自我批评的决定》中未隐含的前提用更加清晰的话语表述出来，并无根本性的突破。关于批评与自我批评的决定最后在实践中无法落实，《人民日报》所提出的改版计划最后也成为一纸空文。在1957年反右运动前，胡乔木和邓拓因为基于自己的判断，消极执行中央“引蛇出洞”的策略，再加之以前在党内经济发展政策的分歧中赞成刘少奇和周恩来的稳健路线，邓拓因此被毛泽东面斥为“书生办报”和“死人办报”。随着邓拓的离职，1956年的《人民日报》改革半途而废。

新闻专业主义与一元化宣传观念的冲突

“苍蝇”还是“蜜蜂”？

如果说《人民日报》1956年的改革是党内知识分子对一元化的宣传观念表示怀疑的话，那么1957年春发生的左叶事件及其讨论和第一次全国新闻工作座谈会，则在反右前夕这一极其特殊的语境下，将上述疑问发展成了质问。①20世纪20年代至40年代末中国逐渐形成的新闻专业主义与一元化宣传观念出现了激烈的碰撞。

所谓新闻专业主义，是在长期的新闻工作中，新闻工作者建构的一套调整新闻工作与社会其他部分之间关系的固定规则。这些自律性的规则在新闻活动与其他社会活动的协商中形成。专业主义也可以被视为是一种不断变化的话语或体制，它既约束了新闻工作者的行为，同时也保证了新闻报道本身的正当性。对于新闻工作者来说，专业主义为他们行为的合理性提供了理论的和历史的论据，它说明了新闻工作“应该如何”。但对于新闻专业主义的批判者来说，它又代表着一种意识形态或神话。它将新闻工作神秘化，并与其他社会实践区别开，掩盖了新闻业的自身利益，从而使新闻工作的正当性不被公众质疑。

以美国为代表的西方新闻专业主义发展比较成熟，也是新闻专业主义的典型代表，它具有如下一些基本原则：（1）传媒具有社会公器的职能，新闻工作必须服务于公众利益，而不仅限于服务政治或经济利益集团；（2）新闻从业者是社会的观察者、事实的报道者，而不是某一利益集团的宣传员；（3）他们是信息流通的“把关人”，把关的标准是以中产阶级为主体的主流社会的价值观念，而不是政治、经济利益冲突的参与者或鼓动者；（4）他们以实证科学的理性标准评判事实的真伪，服从于事实这一最高权威，而不是臣服于任何政治权力或经济势力；（5）他们受制于建立在上述原则之上的专业规范，接受专业共同体的自律，而不接受在此之外的任何权力或

---

① 高粮：《左叶事件影响所及》，《人民日报回忆录》，北京，人民日报出版社，1988；《新闻界反右派斗争资料汇编》第一辑，中共中央宣传部图书资料室编印，内部发行，1957。

权威的控制。①

近年来对新闻专业主义最全面的表述当属科瓦齐和罗森斯蒂尔（Bill Kovach and Tom Ronsenstiel）的总结。他们将新闻专业主义归结为以下十个特征：

（1）新闻工作首先必须做到对真相负责。

（2）新闻工作首先必须忠于公民。

（3）新闻工作的本质是用核实加以约束。

（4）新闻从业人员必须独立于被报道对象。

（5）新闻必须成为权力的独立监督者。

（6）新闻必须成为公众批评和妥协的论坛。

（7）新闻必须努力使重要的信息有趣并且和公众息息相关。

（8）新闻必须做到全面均衡。

（9）新闻从业人员有义务根据个人良心行事。

（10）公民对新闻也享有权利和承担义务。②

上述新闻专业主义是在西方（尤其是美国）的语境中逐渐形成的。中国近代以来的新闻在独特的政治场域与经济场域中也形成了自己的新闻专业主义话语，比如《大公报》的“不党、不卖、不私、不盲”的四不方针就是新闻专业主义的一种中国式的表述，这种表述与实践也为西方同行承认。美国的密苏里新闻学院曾将 1941 年“密苏里新闻事业杰出贡献荣誉奖章”（Missouri Honor Medal for Distinguished Service in Journalism）授予《大公报》。在反抗日本侵略和国民党战后独裁的民主运动中，中国的新闻专业主义逐渐成熟，在各种政治力量的夹缝中，涌现出了不少坚持新闻理想和操守的著名报纸和著名报人。中国 20 世纪 40 年代的新闻专业主义话语和西方的新闻专业主义话语一样，在媒体商业化的基础上形成，具有鲜明的自由主义色彩，主张新闻媒体的独立自治，与一元化宣传观念不可避免地产生了冲突。

① 陆晔、潘忠党：《成名的想像》，台北，《新闻学研究》，2002（4）。

② ［美］比尔·科瓦齐、汤姆·罗森斯蒂尔：《新闻的十大基本原则》，刘海龙、连晓东译，北京，北京大学出版社，2011。

随着社会主义改造的完成，私营报纸逐渐变成国家所有或停办，不少在1949年前从事新闻工作的资深报人离开新闻行业。领导新闻工作的共产党干部年纪都不大，普遍缺乏专业训练和经验，多数人还把宣传理解为简单地上传下达。各级领导普遍轻视新闻工作，记者和编辑在采访中经常遭遇困难，新闻工作者积蓄了一定程度的不满。1957年的左叶事件成为这一冲突爆发的导火索。

1957年4月17日，苏联最高苏维埃主席团主席伏罗希洛夫在刘少奇的陪同下参观农业展览会，农业部部长助理左叶一直挡在记者的镜头前，引起记者们的不满。新闻电影制片厂的摄影师韩德福拉了左叶一把，示意其给记者方便。据记者报道，左叶转过脸来大声呵斥记者说："你重要还是我重要？你们给我滚出去！"接下来外交部新闻司的官员也批评了记者。在当时知识界大鸣大放的社会背景下，《中国青年报》记者洪克发表了一篇名为《部长助理和摄影师》的文章，以此事说明"近来记者们在采访活动中受到的无理的限制、阻碍是很不少的，这几乎已成为北京新闻界的一种苦恼"。[①]

左叶事件立刻引起全国新闻界的强烈反响。5月8日，上海《文汇报》发表北京专电《新闻记者的苦闷》报道左叶事件，同时配发社论《尊重新闻记者》。9日《工人日报》发表了车工的评论《"辛苦了"和"滚出去"》。5月10日《人民日报》副刊上也有了此事的反应，其中包括袁水拍的讽刺诗《官僚架子滚开》，梁汝怀的杂文《要学会尊重人》和方成的漫画。5月11日，首都各单位记者在《北京日报》编辑部就记者在采访活动中遇到的人为困难进行座谈。第二天，《北京日报》发表《要求尊重记者　反对无理干涉》，《光明日报》发表《首都新闻界座谈工作中遭遇的阻难》《重视记者的呼声》。这些报道和评论集中反映了新闻工作者对宣传制度中官员和秘书不尊重记者、按报纸级别、党员与非党员划分记者级别、政府信息不透明、缺乏新闻报道自由等问题的不满。[②]

从反右运动开始后，左叶事件就成为"罗生门"。5月21日，《中国青年报》刊登了张直刚写的《对"部长助理和摄影师"一文的意见》，批评林

---

① 洪克：《部长助理和摄影师》，《中国青年报》，1957年5月7日。

② 见《新闻工作座谈会发言纪录》第一辑，中华全国新闻工作者协会研究部编印，内部发行，1957。

克文章以偏概全，指出根本问题出在记者扰乱了现场秩序。[①]6月初反右正式开始后，7月13日新闻工作者协会在会长邓拓主持下开会调查和分析此事之后，宣布原来报道失实。左叶在会上检讨了自己当时态度急躁，说话的口气也不妥当。他承认他说了“你的工作重要，还是我的工作重要？”而不承认说了“再挤就叫你们滚出去”这句话。8月14日《人民日报》就此事发表社论《对新闻工作者的一个教训》，将“左叶事件”定性为是右派进攻全国新闻界所使用的武器之一。

不论左叶事件的真相是什么，在反右前夕的大鸣大放的特殊语境中，它客观上充当了记者们表达不满的符号。在记者们看来，“你重要还是我重要”这句话集中体现了政府官员对记者和新闻工作的轻视和官僚主义作风。在大鸣大放中，北京、上海、广州、重庆等地记者纷纷举行座谈会，揭露了大量类似的问题，记者们点名批评了总理办公厅副主任张彦、北京市人民委员会副秘书长李续纲，甚至上海市市长陈毅也被批评不尊重记者。《文汇报》在社论中写道：

> 我们可以下这样一条定律：当一个政权反人民的时候，它是排斥记者、怀疑记者的。国民党在重庆、南京的年代时常封锁新闻，设新闻检查机构，甚至殴打、逮捕、处死新闻记者。记得采访“国民参政会”新闻，记者们也曾受过搜身以及参政员走大门、新闻记者走旁门的伤害人权的污辱……八年以来，新闻记者们所遇见的官僚主义、宗派主义、主观主义也是特别多的，因为这项行业是有特殊性：接触面广。这倒也是新闻工作者应该不平则鸣的时候了。[②]

1956年10月1日复刊的《文汇报》和1957年4月1日完全交给民主党派管理的《光明日报》在一批老报人的领导下，想扮演一个独立的党外监督者的角色，恢复1949年之前的新闻专业主义。《光明日报》总编辑储安平提出要把报纸办得和共产党的报纸不一样。他认为《光明日报》的任

---

① 张直刚：《对“部长助理和摄影师”一文的意见》，《中国青年报》，1957年5月21日。

② 《尊重新闻记者》，《文汇报》，1957年5月8日。

务是揭露，分析和解决问题是共产党的事。报纸和党、政府存在根本矛盾。只要是事实，什么新闻都可以登。储安平还在报社内提出要向解放前的旧报纸学习，报纸不要像过去八年一样只写歌功颂德的或教条主义的社论，要有独立的意识。①

《文汇报》的总编辑徐铸成则提出要拆掉各种看不见的“墙”，请求宣传管理者不要歧视民主党派的报纸，同时改善党对报纸的领导方式，不一定要由不熟悉新闻业务的党员来直接管理。他认为“作为一个非党的同志，对党的拥护，不在于对个别党员的顺从依附，而是对人民事业的忠诚”。②他还提出要重视中国报纸的传统，发扬文人办报的传统。这种传统就是“敢说敢言”。“报纸被封闭后，再办；办报的人被抓了，再办。报纸的主张上受到限制，就办副刊。……他们办报不是为了赚钱，而是为了发表自己的政治主张，对国家有所贡献。这就是中国报纸的优良传统。”③

徐铸成、浦熙修在《文汇报》的编辑方针和储安平在《光明日报》的改革，从行动上挑战了延安时期形成的一元化的宣传体制，在党报之外独辟蹊径，尝试不同的报道视角与风格。他们试图在不反对党的领导和社会制度的前提下，恢复文人办报、同人办报的传统以及新闻工作者的主体意识，主张在党报体制之外独立地报道和监督。但是随着反右运动的开展，这些探索被迫终止。

新闻工作座谈会

如果说左叶事件和《文汇报》《光明日报》的改革是通过新闻实践对八年来的一元化宣传观念的质疑的话，那么 1957 年 5 月 16 日至 18 日在“引蛇出洞”的新闻工作座谈会上，新闻工作者则从理论上对宣传观念和体制进

---

① 光明日报编辑部：《光明日报在章伯钧、储安平篡改政治方向期间所犯错误的检查》，《光明日报》，1957 年 7 月 15 日。同时见中华全国新闻工作者协会研究部、中国人民大学新闻系合编：《批判光明日报参考资料》，北京，内部发行，1957。

② 徐铸成：《“墙”是能够拆掉的》，《文汇报》，1957 年 5 月 19 日。

③ 徐铸成：《中国报纸的传统：1957 年 1 月 8 日在上海“解放日报”业务学习座谈会上的讲话》，《右派分子徐铸成的言论作品选》，中华全国新闻工作者协会研究部、中国人民大学新闻系合编，北京，内部发行，1957 年 10 月。

行了深入的反思与批判。第一次新闻工作座谈会由北京大学新闻专业、人民大学新闻系和复旦大学新闻系联合召开。来自全国各地新闻教育界和实践界的二百多人参加了会议。

三天会议中，发言者中既有顾执中、王芸生、陈铭德、邓季惺、张友鸾、毛健吾等老报人，也有新闻工作一线的编辑、记者如张黎群（《中国青年报》社长兼总编）、郑白涛（中国新闻社记者）、邹震（新华社记者）、杨重野（《文汇报》记者）、萧离（《大公报》记者）、范四夫（《人民铁道》副总编）、赵琪（《人民航运报》记者），此外还有新闻研究和教育工作者，如复旦大学的王中、中国人民大学的莫如俭、北京大学的陈诗经等。[①] 因为处于“大鸣大放”的氛围之中，发言者们畅所欲言，宣泄了对当时新闻宣传体制的不满。他们的意见主要集中在一元化的宣传体制上。

一些发言者提出要实现新闻自由，形成党报与非党报并存的格局。新华社记者邹震（前《益世报》总编）提出：“新闻工作的鸣放问题，就是彻底实现新闻自由、言论自由和出版自由的问题。过去，这三大自由，被官僚主义、宗派主义和教条主义给限制在极狭窄的范围里去。我们的自由被‘三害’给剥夺了。”他认为应该提倡“民主办社”和“民主办报”，使中国出现更多的非党的报纸和通讯社，出现更多的民主党派和无党派的或民营的报纸和通讯社。邹震在其后发表的《民主办社此其时矣，广开贤路不亦宜乎》一文中，呼吁新华社让内行、专家、懂新闻的人管理，由最高领导开始，打破“既得利益集团”，广开贤路，为民主办社扫除障碍。《新民报》的创办人陈铭德，以及邓季惺、赵琪也提出，非党报纸太少，可以允许更多同人报纸和非党报纸存在，执行监督作用。

新闻工作者对集中化、一元化的宣传体制表示了不满。张黎群以《中国青年报》为例，说明现在报纸缺乏主动性，只能亦步亦趋地跟在宣传机构发布的文件、指示、发言后面，做“留声机”和“翻版书”，没有反映日新月异的生活。他认为造成这一问题的主要原因是没有厘清报纸的责任问题。张黎群认为由于没有给予报纸新闻工作人员以应有的足够的独立负责的权

---

① 下文所引内容见《新闻工作座谈会发言纪录》第一辑，中华全国新闻工作者协会研究部编印，内部发行，1957。

力，目前新闻工作和新闻工作人员的从属性比较大，这就引起了某些编辑人员的独立负责精神的减弱和衰退。《文汇报》记者杨重野认为新华社统一发稿，使得各报记者没有办法创新，新闻的写法也变得非常僵化。

新闻工作者对宣传部门以宣传代替新闻报道，不尊重新闻规律提出了批评。顾执中认为报纸的内容过于教条，宣传部门不懂得尊重新闻的特殊规律，把鲜活的新闻变成干巴巴的宣传材料，尤其是新闻的时效性完全不受重视。他总结说："从解放以来的七年，来鸟瞰地看一看中国的新闻事业，显然可见，中央宣传部不但不懂得什么是报纸，连宣传也似乎并不熟悉。"复旦大学新闻系主任王中认为党委忽视了报纸的特点，或者仍习惯于抗战时期和阶级斗争时期的做法，对新形势下报纸应起的作用认识不足。报社如按着党委的旧习惯去办报，便会造成报纸脱离群众。他以《文汇报》复刊后销量增加为例，提出党委不仅对报社要放手，而且要积极领导报社，使党报办成为群众所喜爱的读物。

有的人重申了政府应该重视和尊重新闻工作。资深报人张友鸾则借左叶事件，说明记者"是蜜蜂，不是苍蝇"。他说，有些人之所以讨厌蜜蜂，只是因为蜜蜂有刺。记者不讨厌，不是好记者；报馆不闯祸，不是好报馆。

从事新闻教育的与会者提出新闻研究和新闻教育过于教条，滞后于实践。曾创办民治新闻专科学校的新闻教育家顾执中提出要摆脱苏联轻视新闻教育的影响。王中还在会上对党性与真实性的矛盾，报纸除了阶级性之外还具有商品性等理论问题提出了不同的看法，成为会议上理论论争的焦点。中国人民大学新闻系的莫如俭认为列宁对于报纸的定义（集体的宣传者、鼓动者和组织者）是在特定条件下做出的，已经不适合中国当前的实际。为了解决报纸与读者的矛盾，应该改变过去报纸单一的领导功能，提倡服务功能，这样政治性和商品性、党性和人民性就可以统一起来。

尽管新闻座谈会上的不少言论带有一些情绪，但是这些发言还是反映了当时新闻工作者和研究者一些共同的看法。他们对 1949 年后过于僵化和教条的宣传管理方式提出了质疑，强调不同领域的特殊性，用专业主义的话语，对抗教条的政治宣传。客观地讲，他们并不想否定共产党的领导，只是想实现新闻专业独立、自由报道新闻的权利。

但随着 1957 年夏季反右运动的开始，这些言论便被定义为对社会主义的“恶毒攻击”而受到批判。毛泽东在6月12日将一篇题为《事情正在起变化》的文章印发党内，对上述言论作了严厉批判：

> 他们否认报纸的党性和阶级性，他们混同无产阶级新闻事业与资产阶级新闻事业的原则区别，他们混同反映社会主义国家集体经济的新闻事业与反映资本主义国家无政府状态和集团竞争的经济的新闻事业。他们欣赏资产阶级自由主义，反对党的领导。他们赞成民主，反对集中。他们反对为了实现计划经济所必需的对于文化教育事业（包括新闻事业在内的）必要的但不是过分集中的领导、计划和控制。他们跟社会上的右翼知识分子互相呼应，联成一起，亲如弟兄。①

6月24日到7月3日，中华记协、中国人民大学新闻系、北大新闻专业、复旦新闻系联合举行了第二次新闻工作座谈会。第一次座谈会上发言的顾执中、王中、邹震、莫如俭、陈德铭等人成为批判对象，同时储安平、浦熙修、徐铸成等人的办报思想和实践也成为被讨伐的对象。毛泽东总结说：

> 新闻记者协会开了两次会，一次否定，一次否定之否定，时间不过一个多月，反映了中国时局变化之速。会是开得好的，第一次黑云压城城欲摧，摆出了反动的资产阶级新闻路线。近日开的第二次会，空气变了，右派仍然顽抗，多数人算是有了正确方向。②

以毛泽东为代表的党中央错误地估计了形势，从反右开始，中国近代形成的新闻专业主义被当作资产阶级新闻路线，受到批判，导致新闻媒体监督批评的声音越来越小。对新闻报道中何为“本质真实”的判断经常受

① 毛泽东：《事情正在起变化》，《毛泽东选集》（第5卷），北京，人民出版社，1977，第424页。本文正式发表时将写作时间定为1957年5月15日。

② 毛泽东：《文汇报的资产阶级方向应当批判》，《毛泽东选集》（第5卷），北京，人民出版社，1977，第435–436页。

到管理者主观愿望的左右，现实中的问题被视为“一个指头”和“现象真实”加以否定。新闻工作者产生了这样的疑问：“当时流行逻辑：凡是好的，就是‘九个指头’、‘主流’，不管它是不是真的，就认为是代表了多数地方的情况。‘支流’就与群众疾苦、革命事业无关吗？”[①] 敢于揭露真实情况的记者被批斗，新闻工作者的独立思考能力受到压制。[②]

在 50 年代两种宣传观念的冲突中，一元化的宣传观念，即苏联的总体宣传观念占了上风。结果导致从群众宣传到知识分子宣传，都建立了一种自上而下的统一、单向的体制。这套体制以信息垄断为基础，以压制思考、制造象征、反复灌输为手段，渗透到日常生活的方方面面。从短期效果看，这种宣传体制十分高效，保证了建国初的抗美援朝战争、社会主义改造和各项运动的顺利开展，对巩固新政权起到了一定作用。但是随着社会走向稳定，本应以更多元化的宣传观念代替这种僵化的宣传观念，然而受毛泽东的影响，这种宣传观念和体制不但继续存在，甚至变本加厉。在“文化大革命”一开始，他就通过打倒“彭罗陆扬”集团，解散了中宣部。表面上看起来，这似乎意味着原有宣传体制的崩溃，但实际上这只是宣传权力更加集中，并且摆脱了机构的制约，哪怕这个机构是为党服务的。

50 年代建立了党报用一个声音统一舆论的局面，大众媒体成为领袖的化身和来自中南海的声音，越过党政机器直接领导群众运动。后来，这种在一元化观念主导下畸形发展的宣传体制走上极端，在“大跃进”和“文化大革命”中产生了巨大的破坏作用。

---

① 宋铮：《两次下乡记》，《人民日报回忆录》，北京，人民日报出版社，1988，第 179 页。

② 林里：《狂热的年代》，聂眉初：《头脑发热的日子》，李克林：《记忆最深的三年》，均载《人民日报回忆录》，北京，人民日报出版社，1988。

第十一章 从一元化的反“精神污染”到科学的危机管理：中国改革开放时代宣传观念的转型

“党性”与“人民性”讨论与“文化大革命”后的宣传话语

延安时期形成的一元化的宣传观念在中华人民共和国成立后不断被强化，是“文化大革命”爆发并延续十年的重要原因之一。虽然看上去“文化大革命”中混乱的局面与延安时期纪律严明的局面相差甚远，但是就宣传观念来讲，二者一脉相承。当所有决策仅由少数上层领导决定，并且通过宣传令民众被动接受，这就增加了政治的风险。如果决策者能够头脑清醒，尚能够保证国家平稳运行，如果决策者头脑发热，就会出现失控局面。

陈佩华通过深度访谈的形式，对“文化大革命”时期的青少年的思想与生活方式进行了研究。她的发现印证了埃吕尔的看法，在“一切传播皆宣传”观念的指导下建立起来的整合式宣传，塑造了青少年的思维方式和威权人格，使他们失去了独立思考与判断的能力。① 同样地，这种宣传模式也令记者不敢独立思考。在“文化大革命”结束之后，不少知识分子和新闻工作者对过去党的宣传观念和“喉舌论”进行了反思。他们提出了这样的疑问：“如

① ［美］阿妮达·陈（陈佩华）：《毛泽东的孩子们——红卫兵一代的成长与经历》，史继平等译，天津，渤海湾出版公司，1988。

果中央内部有分歧，记者该如何选择？是见风使舵还是以对人民负责的态度自己动脑筋？当错误路线或野心家企图控制党报时，是当驯服工具，还是进行抵制？”[①]

部分新闻工作者把问题归结为“党性”与“人民性”的对立，即党报应该对党负责，还是对人民负责的问题。这个问题早在50年代就曾提出过。1957年3月在全国宣传工作会议期间，中宣部办公厅印发了一个《有关思想工作的一些问题的汇集》中就提到：“报纸的党性和人民性应该如何统一？如何理解？”毛泽东的批注是“这个问题值得研究”。[②]可见在50年代党内高层对此问题还没有一个标准的答案。

虽然这两个概念并不是新概念，问题也不新，但是在“文革”后提出，尤其具有深意。这表明党内新闻工作者对传统宣传体制弊病开始新一轮反思。时任《人民日报》社长的胡绩伟在1979年3月的全国新闻工作座谈会上公开提出了这个问题。他说：“党报是党的报纸，是党的喉舌，是在党委的领导下工作的。我们党除了人民的利益，没有另外其他的利益，因此，党委又要领导党报成为人民的报纸，成为人民的喉舌，党报是在广大人民群众的支持、帮助和监督下工作的，是全党办的、全民办的报纸。……对党负责和对人民负责是一致的。”他提到，在“文革”期间，四人帮篡夺了《人民日报》的领导权，不代表人民的声音，党报变成了帮报。“文革”得出的一个教训就是党委应当领导党报把人民的利益看得高于一切。

胡绩伟尽管强调了党性与人民性的一致，但是把这两个概念区分开，本身就对传统宣传的正当性提出了质疑。因此，他的这一观点遭到了当时主管宣传工作的胡乔木的批评，同时在新闻理论界激起了一场大讨论。讨论以党中央提出这对概念不可能对立，使用“党性即人民性”，“党性和人民性是一致的，因为党除了人民的根本利益外，没有自己的私利”的修辞策略而终止。[③]

① 王若水：《从批“左”到批右的转折》，《人民日报回忆录》，北京，人民日报出版社，1988，第196页。

② 《在中宣部印发的〈有关思想工作的一些问题的汇集〉上的批注》《建国以来毛泽东文稿》第6册，北京，中央文献出版社，1992，第410–411页。

③ 童兵、陈杰：《围绕“五论”的六十年争论》，《中国地质大学学报（社会科学版）》，2009（6）。

“人民性与党性冲突”的问题表面上看是一个报纸的服务对象的问题，但实际上只是一个由语词概念引起的无解的语言学问题。“人民性”和“党性”一样，也是抽象概念。它想说明的是党如果不能及时反映人民的利益，有可能脱离正确的道路，新闻媒体应该缩小党的认识与人民的认识。如果新闻媒体能够自由、全面地反映人民的声音，党依据这些信息和意见，就可以作出正确的决策。因为所使用的话语过于抽象，而且采用了一个已经包含价值判断的二分法（人民大于党），这个表述方式实际并没有清晰地表达宣传体制中包含的真正矛盾。“人民性”这个概念的问题在于它把全体公民看作一个整体，并且认为新闻工作者可以通过某种直接的方式，发现人民的共同意见。实际上，“人民”这个概念的源头可以追溯到卢梭所使用的“公众”概念，它是一个想象出来的，只存在于理念之中的客体。

卢梭所谓的“公众”（公民的共同体），是一个特殊的集合体。他认为，国家建立在全民公约的基础之上。当公民一起建立一个保证每个人的人身与财富的共同体，这种结合就使每一个与全体结合的个人只不过是在服从其本人，并不损害其原有的自由。每个结合者的一切权利由这个共同体行使，这一道德和集体的共同体可以代替订约的个人（它甚至可以“强迫个人自由”）。这个共同体就成为公共的大我，即公众。这个共同体的意志，即为公意（Volonté générale，即 general will）。因为公意的特殊性，它永远是一致的、公正的，符合每个人的利益。[①]

和抽象且永远正确的公意不同，具体个人意见的简单相加只能被称为“众意”（will of all）。公意着眼于公共的利益，而众意则着眼于私人的利益，众意只是个别意志的总和。但是个别意志正负相抵后，仍然会得出符合所有人利益的公意。如果公民无法进行自由和充分的沟通，或者存在党派或小集团，众意就会偏离公意。

因此，卢梭所说的“公众”并没有一个现实的载体，也无法通过操作性

---

① 卢梭这种对公众和公意的定义，存在着走向启蒙对立面的危险。见［英］以赛亚·伯林：《两种自由概念》，载《自由论》，胡传胜译，南京，译林出版社，2003。朱学勤：《道德理想国的覆灭》，上海，上海三联书店，2003。［美］苏珊·邓恩：《姊妹革命：美国革命与法国革命启示录》，杨小刚译，上海，上海文艺出版社，2003。［美］汉娜·阿伦特：《论革命》，陈周旺译，南京，译林出版社，2007。

的方法加以界定。相反，它是一个至高无上，但又虚无缥缈的存在。因此，无法通过经验方法来了解公意，只能通过抽象概念的推理来完成它的正当性建构。按照哲学家维特根斯坦的看法，这样的问题完全是由语言的抽象性造成的，属于典型的无正解、无意义问题。“人民”概念也类似，由于缺乏现实的载体，可以赋予“人民”以任何意义。从符号学的观点看，漂浮的能指造成了意义的过剩，论证者可以将任何一种他认为正确的概念和“人民”联系在一起，这为宣传的正当性论证提供了灵活自由的话语空间。

从列宁主义来看，党中央最后的这个“党性”即“人民性”结论是最合乎逻辑的回答。在列宁的组织理论中，作为先锋队的党本身既代表着工人阶级，同时也在思想上领导着工人阶级。工人的阶级意识是由党从外面灌输进去的。在这种领导与被领导的关系下，党的意志就是人民的意志，人民不可能与党对立，当然人民性也就不可能与党性对立。提出“人民性”与“党性”存在矛盾，就等于对列宁经典的政党理论提出了质疑，意味着党仅仅代表着人民，而不领导人民。这个“党”的概念已经不再是列宁所说的政党的概念。因此，要实现所谓“人民性”，就意味着必须从根本上改变现有体制的前提假设。然而遗憾的是，“人民性”观念本身并没有提供一套完备的、可操作的整体解决方案来代替原有体制。所以尽管“人民性”与“党性”关系的讨论在“文化大革命”后引起各方关注，却并没有超越1956年《人民日报》改版时的话语结构，只是用一种新的修辞策略把它重新表达出来而已。因为使用了与反对者完全相同的前提假设和话语结构，“人民性”缺乏现实基础，根本不可能跳出原有的政治话语框架，提出真正有价值的理论，被原有的话语体系收编并否定，实属必然。

反“精神污染”及正统宣传观念的强化

伴随着党性与人民性的讨论，以《人民日报》为首的各级报纸对“文化大革命”与现有制度之间的关系进行了反思。70年代末真理标准的大讨论给了人们独立思考的契机，这种思想解放迅速地由批判左倾思想，扩展到反思体制和观念。除了新闻界“人民性”与“党性”的讨论以外，文艺界和理论界也通过各种形式对“人道主义”、社会主义的“异化”问题进行讨论。尽管这些讨论只是在马克思主义的话语框架内进行的概念之争，但仍然触及了现有宣传制度的一些根本前提假设。

邓小平在这个时期，一方面积极推进解放思想，进行改革，另一方面也密切关注知识分子和党的干部中进行的这些讨论。他提出了“四项基本原则”“两手抓”等指导精神文明建设，其中与宣传直接相关的是提出了“精神污染”的概念。尽管“精神污染”一词的最早提出者不是邓小平[①]，但是他在1983年10月12日十二届二中全会的讲话中用了相当大的篇幅重点谈这个问题。邓小平指出，“思想战线上的战士，都应当是人类灵魂的工程师”，在思想教育方面责任重大。但是，并不是每个“思想战线上的战士”都是合格的。

> 一些人却同时代和人民对他们的要求背道而驰，用他们不健康思想、不健康作品、不健康表演，来污染人们的灵魂。精神污染的实质是散布形形色色的资产阶级和其他剥削阶级腐朽没落的思想，散布对于社会主义、共产主义事业和对于共产党领导的不信任情绪。[②]

“精神污染”概念使用了环境和生理的暗喻，即不同的言论会恶化环境，进而影响人的“精神健康”。这个比喻很像前面提到的毛泽东所说的“扫除”的比喻，也是一个体现现代性的观念。在这两个暗喻的背后，隐藏着一个关于肮脏与洁净的话语结构。按照人类学家道格拉斯的解释，人类文化中的肮脏不是一个绝对的概念，它取决于秩序和空间的分布。一双擦得再干净的鞋如果拿到餐桌上就是肮脏；碗里的食物干净到可以食用，但是如果倒在衣服上就是肮脏。因此，洁净是一种社会分类体系以及对秩序的一种定义。当一个客体所处的位置符合某种认可的社会秩序与规则，就是洁净，

---

① 邓力群1983年6月4日在中央党校批评人道主义和异化问题的讲话中就使用过“精神污染”这个概念。

② 邓小平：《思想战线不能搞精神污染》（1983年10月12日），《建设有中国特色的社会主义》，北京，人民出版社，1987。

反之则是肮脏。[①]

乌托邦对秩序有一种特别的崇尚，视“污秽”和不确定为危险。[②] 作为社会工程的共产主义也具有这种特征，比如在经济方面，计划经济反对表面无序的自由竞争，追求社会资源的有序配置；在社会方面表现为对理想的“社会主义新人”的塑造。这样一种对秩序和确定性的追求也转移到言论环境上。

道格拉斯还敏锐地观察到，在原始宗教中，污秽与神圣经常相伴而生。污秽化与神圣化的共同功能是制造社会禁忌。某一事物在被神圣化的同时，也可能导致它在另一场合被认为肮脏不堪。在思想领域也存在这样的特征。当资产阶级思想被认为是污秽的同时，马列主义毛泽东思想则具有了神圣的不可冒犯的特征。这两种看似矛盾的力量使得对上述两种思想进行深入研究都成为禁忌，最终导致独立思考本身成为禁忌。在反思“文革”错误时，许多新闻工作者都不约而同地提到这一点。

精神污染的概念使用自然环境比拟意见环境，忽略了两者的根本差异。纯净的环境是一种理想状态，污染是对理想状态的破坏。然而意见环境与自然环境不同，言论生态的理想状态并不是意见一律而是多样化。意见一律只会导致所有社会成员思想僵化，止步不前，把当前的某一种认识当成绝对真理，丧失了自我发展与社会发展的机会。因此言论环境的单一并不比多样更“纯净”，反而有更大危害。

这个暗喻背后的宣传观念与毛泽东“舆论一律”的宣传观念非常一致，即“思想战线”是一个清理人们头脑中错误思想的组织，要把宣传者认为的最“纯净”的思想灌输到人们的脑中，清除那些与之不同的观念，建立起符合一定秩序的“纯净”环境。

邓小平进一步提出，这些不同的观念，或者说“污染”的源头，是改革开放以来“一切向钱看”所导致的“资产阶级自由化”。邓小平并没有对“资产阶级自由化”作出明确的定义，但是在谈到“精神污染”的危害时，他提到：“它在人民中混淆是非界限，造成消极涣散、离心离德的情绪，腐蚀人们的

---

① ［英］玛丽·道格拉斯：《洁净与危险》，黄剑波等译，北京，民族出版社，2008。

② 马少华：《想得很美：乌托邦的细节设计》，北京，中国青年出版社，2011。

灵魂和意志，助长形形色色的个人主义思想泛滥，助长一部分人当中怀疑以至否定社会主义和党的领导的思潮。”而这种污染的根本原因在于改革开放之后“一切向钱看”，把“精神产品商品化”。这种解释沿袭了毛泽东关于资产阶级与非社会主义意识形态关系的论断，将对社会秩序的威胁归结为社会主义国家内部资产阶级及其经济基础。

因此，邓小平强调“物质文明”与“精神文明”要“两手抓”，在改革开放的同时，又要对“精神污染”保持警惕。改革开放会引入资本主义的生产方式，就会带来“资产阶级的意识形态”。因此，以“精神文明”为核心的社会主义宣传就成为抵御“资本主义生产方式”的最后一道防火墙。社会主义内部的矛盾与斗争使意识形态宣传不但没有过时，反而在改革开放时期具有了更特殊的意义。

新闻＝宣传？

和“文革”后新闻实践界积极反思宣传弊端形成鲜明对比的是学术界对宣传的肯定。前者针对的是中国的宣传实践，后者针对的是纯粹的宣传理念。这其中比较有代表性的是复旦大学的王中和中国人民大学的甘惜分，他们均在80年代对新闻和宣传作了重新界定。虽然他们的观点略有分歧，但都从学理上肯定了正当的宣传存在的必要性，其论证方式一直影响到今天的新闻与宣传之别的争论。

王中认为，报纸有供给新闻和进行宣传两大职能。这两者虽然交织在一起，但还是必须区别开，因为它们是两种不同的社会现象。政党宣传必须要有一定的政治纲领和明确的目的，而新闻虽然不能摆脱倾向性，但毕竟不能等于同一系统的思想宣传。

> 宣传的目的在于使你产生一种信仰，接受我的政治主张，跟着我走，而不是裹胁入伙。新闻并不使人深刻理解到政党的主义，新闻发布人提供事实，即令加上自己的观点立场，还是不能完全控制每个

人的行动的。[①]

王中认为，新闻和宣传虽然有所联系，但并不能等同。新闻并不全是政治宣传，不是所有新闻都为政党的政治目的服务。比如报道天气、疾病、奇闻轶事、人体特异功能等新闻，跟“主义”并无多大关系，纯粹是为了满足读者某一方面的需要。

甘惜分的看法则和王中相反，他认为新闻与宣传的区别十分可疑。一般认为新闻是报道事实或传递信息，宣传是传播思想，是用一种思想去影响别人的思想，但是在他看来，这两者并无截然区别——所有的新闻都是宣传。他认为现在对宣传的否定是因为十年“文革”导致人们对新闻中的宣传十分反感，但是如果从现实出发而不是从愿望出发看问题，就必须承认新闻具有宣传的特征。[②]

甘惜分认为，所有中外新闻机构，都是舆论工具，都具有特定的政治立场，是为了影响舆论和宣传的需要才办起来的。所有的新闻报道都不是随意为之，有闻必录不是好的新闻记者。对新闻的选择就意味着主观判断与意图，因此每个记者都是宣传家。只不过有的杰出，有的比较笨拙而已。新闻与赤裸裸的宣传的区别只在于前者是通过客观报道的形式透露出一种思想，让读者在接受事实的同时不知不觉地接受一种思想的熏陶。资产阶级的新闻虽然表现上客观中立，自诩不是宣传，但这只不过是他们更善于用客观中立的报道进行宣传而已。

> 客观报道也可以同时进行宣传。所谓客观报道，无非是指忠于事实，不造谣，不捏造，不虚构，这就是客观性。但在选择事实和解释事实时，机构和新闻记者就难免带有倾向性，这种倾向性是这一新闻机构的政治立场和新闻记者的世界观所决定的。这种倾向性就是不同程度的宣传。……新闻的客观性和宣传性不是不相容的。问题是为谁宣传，宣传什么，宣传得好不好。[③]

① 王中：《论宣传》，《新闻大学》总第3期，1982年5月。
② 甘惜分：《谈新闻与宣传》，《新闻论争三十年》，北京，新华出版社，1988。
③ 同上。

甘惜分进一步发挥了毛泽东所说的“任何人只要他对别人讲话，他就在宣传”的看法，认为只要是有意图的传播就是宣传。“细细想起来，任何人对别人讲话（更不用说对广大群众讲话了），总是有什么事要告诉人家，甚至要说服人家，这不是宣传是什么？”[①]

将宣传与有意图的传播画上等号，这是一种泛宣传的概念，这种观念将宣传无限放大到等同于所有人类传播。在甘惜分的解释中，只要人进行传播，就涉及选择，选择就意味着存在意图，意图就意味着宣传。暂且不论这里面可能存在的逻辑学上的滑坡谬误（slippery slope）[②]，如果将传播意图简单理解为影响他人意图，首先忽略了传播行为丰富的内涵。[③]其次，如果把所有传播等于有意图的宣传，从概念科学性的角度看，当一个概念无所不包，内涵与其他概念缺乏差异时，外延就可以任意伸缩，这个概念也就具有了波普尔所说的不可证伪性。这个概念就失去了其存在价值，仅具有诡辩的功能。作为符号，“宣传”应该有对立面——非宣传。非宣传也是传播。这在逻辑上就出现了自相矛盾。

“所有新闻（传播）皆宣传”的观念还混淆了事物的特征与基本特征。比如我有一顶黑色的帽子，黑板是黑色的，并不能得出“帽子就是黑板”的结论。新闻具有许多特征，宣传或者传播者的意图可能是其中一些新闻所具有的局部特征，但不是新闻最核心的特征。如果把新闻的意图性这一非基本的特征当作新闻第一位的特征，那么在逻辑上就会造成更大的混乱。例如新闻除了意图性这一非基本特征外，还可能具有艺术性、文学性、娱乐性等特征，但如果因此便得出“新闻就是艺术”、“新闻就是文学”与“新闻就是娱乐”，那便是以偏概全，无法对新闻作准确界定了。

王中的看法没有像甘惜分那么绝对。他认为：“不能把宣传概念推广到无边无际。过去流行一种说法：‘说话’、‘写文章’都是宣传。这太夸张了。‘说话’可能是问一个问题，也可能是训斥别人，命令别人，当然也可能是

---

① 甘惜分：《谈新闻与宣传》，《新闻论争三十年》，北京，新华出版社，1988。

② 逻辑谬误的一种，即不合理地使用连串的因果关系，将“可能性”转化为“必然性”，以达到某种意欲之结论。

③ 见刘海龙：《传播的六种话语》，《大众传播理论：范式与流派》，北京，中国人民大学出版社，2008。

宣传。'写文章'也类此。'文化大革命'中，把'说话'、'写文章'统统归入宣传一类，'不是宣传无产阶级思想，就是宣传资产阶级思想'，不但许多人挨了整，更多的人不敢开口说话，不敢动手撰文。这实在是整人的口实。"[①] 他承认媒体内容中也存在没有明确宣传意图的新闻，同时也认为报纸新闻中不同作者的意图是分散的，它们加在一起并不一定具有明确的政治意图。相反，真正的宣传必须要有明确的纲领和统一的行动。值得注意的是，这意味着王中除了考察传播者的意图外，还将传播的后果纳入宣传的定义之中。但是王中对宣传与新闻关系的论述没有像甘惜分那样深入，虽然提出新闻与宣传不同，但并未真正回答甘惜分提出的质疑。

王中认为新闻与宣传有联系但也有区别，是交集关系；甘惜分则认为新闻隶属于宣传，二者是包含关系。但是二人均认为宣传普遍存在，并且并不一般地排斥宣传。在他们看来，宣传本身并没有过错，关键是谁在宣传、宣传什么、如何宣传。为了真理或社会主义宣传，使用事实进行宣传，就是正当的。

因为预设了社会主义宣传具有正当性的前提，两位学者均把宣传视作一种中性的传播行为，没有完全采取否定态度。王中甚至提出林彪、"四人帮"集团使得人们对宣传产生了反感，把宣传和吹牛混为一谈，亵渎了宣传这个字眼，需要通过努力，重树宣传的声誉。他还曾专门以莎士比亚戏剧中的演讲为例，研究了"宣传艺术"（今天看来这属于修辞研究）。[②] 对宣传持宽容态度在中国的学者中相当普遍。马克思主义教育中提倡的知识和真理具有阶级性，这对中国现代宣传观念的影响十分巨大。大部分人将宣传与特定群体联系在一起，更关注谁在宣传，以及为了什么目的而宣传，而很少单独地思考宣传这种传播行为本身对个人和社会的影响。两位学者将宣传视为中性的工具，于是只要使用者和目的正当，它便具有了理所当然的正当性。

将新闻等同于宣传，除了将传播意图简单化外，更危险的后果是导致不少人跨越了实然与应然的界线，使用"事实如此"来证明"应该如此"，

---

① 王中：《宣传艺术的魅力——读莎士比亚的〈裘力斯·凯撒〉》，《新闻大学》总第 3 期，1982 年 5 月。

② 同上。

影响新闻实践的独立性和专业性。存在不等于合理，传播者在传播时有意无意地掺入意图，或者产生了某种有利于传播者的后果，并不能证明这种做法一定合理。在“所有新闻皆宣传”的判断中还蕴含着一个两难推理（false dilemma）的逻辑谬误，将新闻报道放在一个要么绝对客观，要么宣传的二元选择中，忽略了中间状态。新闻做不到绝对客观，并不意味着不可能接近这个理想，更不意味着在伦理上就应该放弃这一追求。通过不同媒体自由地报道，可以逐渐地展示事物的多个侧面，反映“动态的真相”。如果放弃了这一理想目标，新闻业的立身之本就不复存在。这就是新闻在“应然”层面应该坚持客观性的依据。

由于接受了一切传播皆宣传的观念，在中国的新闻报道中一直以来流行着“用事实说话”的传统。这一传统认为所有传播内容皆是有意图地在发表意见，只不过有的比较讲究技巧，有的比较拙劣。好的报道（宣传）就是善于用客观事实来证明观点的新闻报道。

尽管这种报道方式相比于过去的“假大空”的报道有所进步（中央电视台的新闻评论节目《焦点访谈》就以“用事实说话”作为口号），但作为一个偏正短语，这个观念优先考虑的仍是“说话”而不是“事实”。[①]21 世纪初新闻学界围绕“用事实说话”是否是新闻规律曾展开过争论。支持这种观念的人认为，既然所有记者在报道时都有意图（但这里未区分什么意图），那么“用事实说话”就天经地义。[②]这种论证方式与甘惜分曾经提出的“新闻就是宣传”的观点遥相呼应。

这里不打算探讨新闻理论问题，只是想通过对新闻理论在宣传与新闻问题上的零星讨论，展现新闻研究者们心目中的宣传观念。与西方的新闻学者不同，有相当一部分中国新闻学者对宣传并没有采取断然否定的态度。他们试图说明它们与新闻之间的联系，并肯定其积极作用。这一差异反映出中国宣传观念与西方宣传观念的不同。由于近代以来中国长期处于革命与救亡运动之中，实用理性占主导，宣传一直以正面形象出现，几乎未对宣传

---

① 陈力丹：《用事实说话不是新闻写作规律》，《采与编》，2002（4）。

② 何光珽：《论“用事实说话”——与陈力丹等同志商榷》，《新闻记者》，2003（2）。关于反对观点，见陈力丹：《用事实说话不是新闻写作规律》，《采与编》，2002（4）；尹连根：《用事实说话不是新闻写作规律》，《新闻传播》，1999（3）。

作过深刻的反思与批判。更重要的是，由于民族国家团结的诉求压倒了个人自由的诉求，再加之意识形态的控制与教育，知识分子很少有机会或理论资源对宣传观念进行深入反思。在这些因素的影响之下，现代中国的宣传概念具有中性甚至正面的意义。然而随着改革开放之后市场经济的引入，中国的宣传观念开始发生新的分化与转型。

传播学的引进与宣传话语的转型

中国共产党的宣传观念，除了受到中国大一统思想和儒家教化传统的影响外，主体部分来自苏联。延安时期形成的中国共产党的宣传观念，主要用马列主义的话语资源表述。无论是50年代新闻工作者与党的宣传观念的协商，还是80年代新闻工作者对传统宣传观念的质疑，所使用的话语体系与党的宣传话语体系同宗同源。语言学中的沃尔夫—萨丕尔假设认为，语言决定世界观，因此，谈论宣传的话语结构，影响着宣传的观念。从前面“人民性”和“党性”的争论中，便可看到语言和概念对于讨论内容的影响。在同一个话语体系中，尽管不乏深刻的思考，但都堕入同样的怪圈，原地打转。

从这个意义上讲，传播学的引进对于中国宣传话语和宣传观念的转型起着重要作用。用新的话语谈论同样的对象，引入了新的观念和行为。传播学的引进，从改变宣传话语开始，引发了一次宣传观念的革新。最明显的，就是在中国充满意识形态和阶级斗争内涵的“宣传”这个概念逐渐被中性的“传播”所替代，“信息”“媒介”“受众”“公关”“危机”等概念替代了“宣传”“宣传工具”“人民群众”“教育”“阶级斗争”等概念。

例如传播学中的“信息”概念引入新闻学，便引发了宣传观念转变的连锁反应：

> 信息概念的引进立刻和老的传统观念发生了冲突。我国新闻界历来把新闻媒介当作宣传工具，甚至断言“从第一版到第四版，每篇文章都必须体现、宣传党的方针政策”。……信息概念的引进，在学术上

表现为新闻与宣传关系的全国性争论；而在新闻实践上是对新闻功能的重新定位：中国的新闻媒介是否应该承担传播信息的功能？进而是一个更尖锐的问题：新闻媒介究竟以传播信息为第一功能还是以宣传为第一功能？[①]

传播学起源于美国，1978年传播学的引进意味着20世纪50年代西方的宣传观念被彻底清除之后，时隔30年又重新进入中国，并有替代苏联宣传话语的趋势。所以有必要对传播学在中国的引进及其对宣传话语的冲击进行考察。

传播学在美国正式被整合为一门学科，是在20世纪40年代。然而中国知识分子对宣传研究的关注却可以追溯到30年代，在第八章所提到的季达、梁士纯、高觉敷等人的著作中，已经对拉斯维尔、李普曼的观点多有提及。但是由于1949年之后中美关系恶化，1955年高等学校院系改革之后教育体制和内容照搬苏联，以意识形态划分人文社会学科的内容，产生于西方的传播学在引进过程中困难重重，一波三折。

早期中国的传播学研究主要在新闻学界展开，主要以翻译介绍为主。一般认为，早在20世纪50年代，复旦大学的郑北渭等人就已经偶然地介绍了美国传播研究的个别概念（当时将mass communication翻译成“群众思想交通”）。[②]但当时只是零星概念的无意引进，还谈不上系统地引介。随着学术研究日益政治化，传播学的引进被迫中断。

到20世纪70年代末，美国的传播研究作为一个学科已经被体制化。中国的一些新闻学（主要是外国新闻事业及新闻史领域）研究者开始注意到这个新兴学科。

1981年12月，复旦大学教授郑北渭在全国新闻研究工作座谈会上的发言中介绍了西方的传播学，引起了与会新闻研究者的兴趣。于是郑北渭在会上对许多新闻学者作了传播学的启蒙。[③]这次传播学在新闻学者面前的公

① 李良荣：《十五年来新闻改革的回顾与展望》，《新闻大学》，1995（1）。

② 见郑北渭译：《美国报纸的职能》，载《新闻学译丛》，1957（2）。刘同舜译：《拆穿自由、独立报纸的西洋镜》，载《新闻学译丛》，1956（3）。

③ 郑北渭：《关于传学的若干问题》，《新闻学会通讯》，1982年7月1日（第13期）。

开亮相成为传播研究引进中国的最重要的预热。会场上听众积极的反应让中国社科院的一些学者产生了策划一次传播学座谈会的念头。

1982 年 5 月初，传播学的奠基人韦尔伯·施拉姆访问了北京、上海、广州三地的大学与新闻研究机构。这次访问对中国内地的传播学引进影响深远。施拉姆访问时的演讲以及由他撰写，余也鲁译述的《传学概论：传媒、信息与人》（1978）成为中国早期研究者想象“传播学”的主要参照。

1982 年 11 月 23—25 日，在中国社会科学院新闻研究所的倡议下，于北京举行了我国第一次有关西方传播学研究座谈会。[①] 这个座谈会的召开标志着传播学正式引入中国并为新闻学研究界接受。会议不仅肯定了传播学的价值，而且决定翻译介绍一批传播学书籍，有条件的学校开设传播学课程。从此，“传播”“受众”“信息”等概念，大众传播的 5W，大众传播的功能成为当时研究者经常提及的问题。

早期中国传播学者接受的“传播学”主要是施拉姆的理论体系。他所建立的“传播科学”与之前中国新闻和宣传研究的话语迥然不同，它有着新颖的概念系统，明晰的传播过程模式，社会科学的客观表述。

中国研究者愿意成为传播学的热情接受者，还有另一个相当重要的隐含动机——借引进传播学实现新闻学研究的独立，摆脱政治宣传话语对新闻研究的禁锢。1957 年开始，中国新闻理论在经历了一系列政治运动之后，延安时期总结出的新闻理论和实践逐渐成为教条，一旦偏离被划定的范围，就会面临政治风险。重复已有定论的东西使整个新闻研究领域呈现一种万马齐喑的乏味状态，亟须进行理论革新。刚刚经历了新闻学研究政治挂帅时代的学人都心知肚明，贸然否定原有的“定论”非常危险。但是中国从近代以来唯科学主义就与社会主义结盟[②]，“文革”后拨乱反正，科学话语的风险最小。而新引入的“传播学”具有去政治化的特征，用中立的眼光和客观的数据来描述和解释现实。因此，借助传播学的“科学性”，通过词汇的转换抛弃僵化的旧理论，阻力就小得多。在那个过度政治化的语境里，追求学术自由便通过追求科学曲折地得以实现。这种索绪尔所说的词汇域

① 徐耀魁、黄林：《西方传播学研究座谈会综述》，《国际新闻界》，1982（4）。

② 郭颖颐：《中国现代思想中的唯科学主义（1900—1950）》，雷颐译，南京，江苏人民出版社，2005。

（paradigms）的转换所引发的观念革命在陈力丹的一段回忆中有形象的描述。1978年他听了日本新闻学者内川芳美的讲座，“不到一小时的讲演，现在看起来内容极为浅显的平常[①]，可是当时竟有一半译不过来。然而，他写在黑板上的‘Mass Communication’这个概念已足以使新一年轮的新闻学研究者激动起来，他们第一次知道了世界上除了我们那套几十年一贯制的新闻学理论外，还有另外的天地”。[②]

但是以今天的眼光来看，这些用曲折的方式寻求学术自由的研究者们那时却没有意识到，传播研究的去政治化本身也是一种意识形态。这种科学至上的思维方式在后来成为另一种有待摆脱的束缚。

行动者主观意图与实际后果常常相违背。在传播研究的扩散过程中，存在着传播者心目中理想观众与实际观众的错位。早期传播研究的引进者们带有很强的功利性，[③]他们不仅想借助传播学的词汇改变学术表达的语法，更重要的是他们都接受了延安整风时确立的“理论联系实际”的观念，试图通过传播学的引进，改进中国“新闻宣传工作”的方式。

在修辞方式上，早期的传播研究者经常把传播与宣传并列。除了自我保护的动机外，更重要的是想将宣传工作者转变成传播学的新听众。比如郑北渭在上面提到的那次讲座中，就把西方的传播学与中国共产党的宣传进行了对照，认为二者存在许多相似之处（见表11-1）。尽管今天看来这种类比显得十分牵强，但体现了作者争取宣传管理者认同的良苦用心。

---

① 可以参考内川芳美：《日本公众传播研究的历史和现状——1978年10月21日在复旦大学新闻系的讲话》，复旦大学：《外国新闻事业资料》，1979（1）。

② 陈力丹：《新闻学：从传统意识到现代意识》，中国社会科学院新闻研究所编，《新闻学研究10年：1978—1988》，北京：人民出版社，1989，第25页。

③ 胡翼青：《播种与孕育：重述中国传播学的第一个10年》，《河北大学学报（哲学社会科学版）》，2009（1）。

表 11–1 郑北渭列出的西方传播研究与中国共产党宣传经验的共同之处[①]

西方传播学观点	我国的宣传报道观点
1. 传播是社会信息的流通；人际的信息交往	教育群众，发动群众，对群众进行宣传（坚持辩证唯物主义与历史唯物主义观点）
2. 传播的模式和过程	从群众中来，到群众中去，往复循环
3. 传播媒介	阶级舆论工具
4. 传播职能：互通信息，顺从引导舆论，提供教育、娱乐	互通信息，顺从引导舆论，提供教育、娱乐
5. 传播的“有限效果”论	政策需要宣传、贯彻，但从根本上说，威力在于政策本身，宣传自身的效果是有限的
6. 传播学中的“意见领袖”或“两级或多级传播”	往往通过代表性人物、领导人、干部、先进分子、积极分子、民主党派负责人发表意见，影响群众
7. 传播学中的回馈学说	小组讲座吸收意见，开调查会、座谈会；来信来访，意见调查，征求意见，群众反映

甚至还有传播学者更进一步提出：传播学就是宣传学。因为二者都“围绕着信息的传输和效应展开研究，而且研究的方法和目的也完全一致……二者是一码事，根本不存在属种关系，如果说传播学是穿衣戴帽的‘个人’，那么宣传学就是脱去衣帽的同一‘个人’”。[②] 从美国传播学科的起源来看，宣传研究确实起到了关键作用，近年来的不少传播研究史学者不断地发掘新的材料证明早期的传播研究与美国政府、军方和情报部门之间的千丝万缕的联系。[③] 但是将传播学与宣传学完全等同，现在看来有些以偏概全，错在将管理学派的效果研究当成了传播学的全部内容。在传播学引进初期的

---

① 郑北渭：《关于传学的若干问题》，《新闻学会通讯》，1982 年 7 月 1 日（第 13 期）。

② 李彬：《传播学即宣传学——兼论传播学在我国的发展方向》，《郑州大学学报（哲学社会科学版）》1990（3）。

③ 例如 Christopher Simpson. *Science of Coercion: Communication Research and Psychological Warfare, 1945-1960*. New York，NY: Oxford University Press，1994.

语境中，这种看法想以近譬远，通过解构西方传播学（准确地说是美国传播研究中的管理学派）中立、科学的神话，让中国的听众更容易用熟悉的宣传学知识去理解和接受神秘的传播学。但是这也从另一个侧面反映出当时中国学者在接受传播学时，把主要的注意力放在了如何提高传播效果上，努力想向掌权者证明这个学科的价值和合理性。

传播学可以被宣传所用的看法得到了新闻宣传机构中少数开明干部的接受。当时《人民日报》副总编、中国社会科学院新闻研究所所长安岗就主张使用传播学的方法研究读者。[①]20 世纪 80 年代初期，他赴美参加亚洲太平洋地区关于国际政治大众传播的学术会议期间注意到国外媒体对受众调查和传播效果的重视，意识到中国的报纸必须向西方同行看齐，通过数据深入了解读者。他发表了《研究我们的读者》的讲话，主张系统、科学地进行受众调查。[②]在他的支持下，社科院新闻所的陈崇山等人 1982 年进行了中国第一次受众调查。虽然这是以党报群众路线为指导的媒介市场调查，但还是引起了中央宣传部门的警觉——“民意测验”在当时被作为资产阶级的思想加以批判。因为党领导、代表人民的根本利益，再去调查“民意”，就显得别有用心。后来也是由于这个禁忌，1986 年 10 月中国人民大学新闻系成立民意研究机构时便换用了“舆论研究”代替“民意测验”。

20 世纪 80 年代，传播研究者心中理想的目标听众是宣传部门的管理者，但在这个阶段，官员们不但没有接受传播学，反而将传播研究视为“资产阶级自由化”的表现。1989 年春夏之交政治风波后，吴冷西发表文章，严厉斥责传播学以中性的媒介概念代替了具有阶级性的新闻工具概念。[③]吴冷西认为，新闻界在 1989 年搞自由化有两个特点：一是多元化，二是中性化。其中的“中性化”就不点名地批评了传播学：

> 他们极力宣扬一种理论，给新闻事业定出一个既不是酸性，也不

---

① 安岗：《我们要有向读者听众观众调查的浓厚空气》，《北京读者听众观众调查》，北京新闻学会调查组编，北京，工人出版社，1985。

② 安岗：《研究我们的读者》《中国新闻年鉴（1982 年版）》，中国社会科学院新闻研究所编，北京，中国社会科学出版社，1982。

③ 吴冷西：《新闻舆论界的作用令人深思》，《人民政协报》，1989 年 7 月 18 日。

> 是碱性，而是中性的定义。具体说，把报纸、通讯社、广播电台、电视台通通叫做传播媒介。你不能说他们不是传播媒介，这是各种不同阶级或不同利益集团都可以接受的，但这四个字能解决什么问题呢？这等于说报纸是新闻纸一样。它只能说明，这个中性定义是为了回避新闻工具的阶级性或政治倾向性。因为问题的实质在于传播什么、为谁传播、由谁传播、怎样传播。这里不可避免地因倾向不同而不同，因阶级、阶层、社会集团的不同而不同。那些传播媒介的鼓吹者，就是这样虚伪地掩盖他们的目的，就这样以所谓“真实”、“客观”、“公正”来欺骗群众的。①

虽然以传播学为代表的科学式宣传观念在政治领域受挫，但是新兴的市场经济却迅速地接受了这种新的宣传观念。以广告和公共关系为代表的宣传观念很快就在中国普及并扎根。

市场经济与宣传观念的转型

早期积极推广传播学的学者中，有不少也是公共关系的积极引介者。例如中国社会科学院新闻研究所不仅是最早介绍和研究传播学的机构，也是最早研究公共关系的机构。在中国公共关系的正当化过程中起到重要作用的是 1984 年 12 月 26 日《经济日报》刊登的通讯《如虎添翼》和配发的社论《认真研究社会主义公共关系》。这两篇文章均是该所的明安香撰写的。② 明安香还主编了中国第一本公关书籍《塑造形象的艺术——公关学概论》(1986)。

虽然公共关系是传播学的一个分支，但二者在中国的命运却迥异。与传播学引进时的小心谨慎相比，公共关系的引介工作显得理直气壮得多。《经济日报》的社论《认真研究社会主义公共关系》一文中，甚至都没有“政治正确”地对来自“西方”的公共关系进行例行公事的批判，就直接热情接纳。③

---

① 吴冷西：《新闻舆论界的作用令人深思》,《人民政协报》, 1989 年 7 月 18 日。

② 明安香：《如虎添翼：记广州白云山制药厂的公共关系工作》,《经济日报》1984 年 12 月 26 日。

③ 《社论：认真研究社会主义公共关系》,《经济日报》1984 年 12 月 26 日。

明安香回忆说：

> 我最初接受组织给的开展公共关系研究的任务是1984年秋天。当时中共十一届四中全会发表了关于经济体制改革的决定，要求加快改革的步伐。新闻研究所领导感到新闻研究有必要与体制改革、与经济建设结合起来，结合点在哪里？所长商恺和副所长东生认为，公共关系的研究，是个很好的结合点，通过这方面的研究，可以促使新闻传播媒介研究机构为经济体制改革服务。①

20世纪初公共关系在美国诞生时，曾因帮助资本家平息丑闻，与公众利益冲突而引起很大争议（参见第二章）。但在20世纪80年代的中国，被抽象化和理想化的公共关系却被当成一剂促进企业经营和提高消费者服务质量的良药，以致本来应该恪守专业主义与公共关系保持距离的新闻媒体反而成为公共关系的积极倡导者。以《经济日报》为首，《经济参考报》《光明日报》《工人日报》《文汇报》《北京日报》等各级报纸纷纷发表相关的介绍文章，但未有一家提到公关与新闻工作之间可能存在的冲突。中国内地第一家本土公关公司环球公关公司（1985年）是国家通讯社新华社的中国新闻发展公司创办的，并且代理博雅公司及其客户在中国的业务。②

导致这一矛盾现象的主要原因有三个：首先，20世纪80年代中国媒体的专业化意识和本体意识尚弱。当时认为中国企业（主要是国有企业）的发展等于中国经济的发展，中国经济的发展也就是中国的发展。所以为国家服务的新闻工作者自认为肩负着指导和教育企业转变观念、促进经济体制改革的职责，顺理成章地成为公共关系的鼓吹者。他们积极帮助企业出谋划策，为其提供服务，根本未能意识到新闻报道与公共关系之间的冲突。

其次，公共关系理论把媒体看成实现目标的手段，这与党的媒体工具论的宣传观念没有任何冲突。长期以来在党的宣传观念下工作的新闻工作者出于习惯，很难认识到公关对新闻的威胁，再加之当时市场经济尚未完

① 沈纯：《辛勤耕耘结佳果：明安香先生访问记》，《公关世界》，1997（12）。

② 余明阳编：《中国公共关系史（1978—2007）》，上海，上海交通大学出版社，2007，第20页。

全建立，二者的冲突还未完全显现，于是专业主义与宣传之间的潜在矛盾成为房间里的大象。

最后，传统的宣传观念是单向传播观念，而公共关系的宣传观念重视受众，强调双向沟通。与新闻记者反感的指令式宣传，这种观念显得更“进步”。新闻界传播界甚至还期待借助公共关系理念的引入，逐步改进政治的运行方式。例如当时积极推动公关教育的居延安撰文提出，公共关系追求信息透明，所以对中国政治体制改革也具有促进作用。①尽管从今天来看，这一看法可能犯了倒因为果的错误，但是在改革开放刚刚开始的具体语境下，这种看法并不为怪。其实直到今天，仍有不少学者持这种看法。这反映了中国知识分子（包括新闻工作者）希望改变一体化宣传方式的急切心情。在病急乱投医的情况下，丢掉了反思精神，对公关宣传理念作了一厢情愿的误读。

总之，上述因素加在一起，导致20世纪80年代的中国出现了一个其他国家不多见的现象：本应该对公共关系充满警惕的新闻媒体和知识分子反而成为公共关系的积极推动者。其实这并不值得诧异。追溯历史可以发现，中国的公共关系自20世纪30年代引入开始，就一直受到新闻界的青睐。现在可考的第一个开设公共关系课程和撰写公共关系教材的中国人是燕京大学新闻学系主任梁士纯，他当时没有使用“公共关系”这个词，而是使用了伯内斯所说的“宣传”一词。②他把公共关系看成中性的工具，甚至在抗战时期还大力提倡通过公关宣传救国。③在民族主义的影响下，公共关系（宣传）被赋予了建构国民身份、共同争取民族独立的功能（见第八章）。尽管与80年代的语境略有不同，但国家至上的基本前提没有发生变化。正是在这个共同的前提下，新闻界与公共关系从业者结成了联盟。公共关系业希望拉拢新闻界为自己服务，而新闻界则想借公共关系扩大影响，为国家服务。

美国学者詹姆士·凯瑞对公关、广告等课程进入新闻教育表示反对。他

① 居延安：《公共关系与改革》，《世界经济导报》，1986年11月3日。

② 伯内斯早期并不区别“宣传”与“公共关系”两个概念（见 Edward L. Bernays: *Propaganda*，New York: N.Y. Horace Liveright. 1928），这导致了受其影响的梁士纯直接以“宣传”指代公共关系。不过这一混用无意中揭示了公共关系与宣传的亲缘关系。

③ 梁士纯：《战时的舆论及其统制》，无出版机构，中国人民大学学院资料室收藏，1936。

认为新闻是公民自治和民主的重要前提，是一个服务公众的职业。但是为委托人服务的公关、广告从根本上背离了新闻业的职业精神，正侵蚀着它的理想。[①]凯瑞的犀利看法代表了相当一部分学者的观点。但是大部分中国新闻学者却对公共关系对新闻职业的威胁视而不见，甚至积极倡导后者。这不能不归结为中国特殊的语境和新闻工作者独特的宣传观念。

对于企业经营者来说，公共关系代表了先进的经营管理方式。他们把公关看作一项投入不多的时尚，愿意尝试。80年代健力宝、太阳神、三株等产品凭借着强大的广告公关攻势，迅速崛起，这让许多刚刚进入或正在进入市场的企业意识到商业宣传的威力。[②]1989年一部红遍大江南北的电视剧《公关小姐》与何阳、王力等一批点子大王对公关效果的渲染，让这一行业具有一种神秘的色彩。公共关系所提倡的“双向互惠”理念，在中国也被放到改善服务态度和服务质量的框架下加以肯定和传播。

意识形态的管理者尽管对公关理念在行政管理中的应用并不太感兴趣，但由于当时提倡的公共关系仅仅局限在经济领域，从国家的角度来说，科学管理和为消费者服务却值得鼓励。从实质内容来看，80年代传播研究的提倡者和公共关系的提倡者所持的宣传理念几乎完全相同，但是其命运却迥异。公关的宣传理念没有像传播学那样遭遇怀疑与批判，很快得到普及。

然而近年来，随着消费者权利意识的提高，公共关系在进入中国之初所具有的正面形象正在逐渐消失。媒体、消费者和公司三者之间利益出现了分化，过去完全为公司服务的媒体有时为了自己的利益会和消费者站在一起维权，有时又会和公司站在一个阵线对付消费者的质疑。近年来随着三鹿奶粉的公关事件、“网络水军”等不规范的公共关系丑闻频频被媒体曝光，公关的宣传伦理问题成为关注焦点。在普通公众心目中，公共关系一词的正面色彩在逐渐消失，甚至它本身也面临着正当性危机。

---

① James W. Carey. Some Personal Notes on US Journalism Education. *Journalism*, 1(1), 2000.

② 见吴晓波：《激荡三十年：中国企业1978—2008》，北京，中信出版社，2007。

从“妖魔化中国”到国家形象工程

20世纪90年代之后，共产主义意识形态处于低谷，民族主义便成为团结中国民众的最重要思想资源。以至于有研究者认为中国的民族主义是党派精英为了维持自己的政权正当性刻意宣传、培植的产物。[①]然而这一精英主导论忽略了中国民族主义情感的民间传统。由于传统文化和教育的影响，在官方民族主义、精英民族主义之外，中国的草根民族主义一直作为执拗的低音存在。尽管草根民族主义表面上经常与官方民族主义步调一致，但前者并不是后者的影子，有时可能还会与国家外交政策产生分歧。另外，从政治经济的角度来看，这一看法也忽视了90年代以来媒体市场化背景下媒体生产者为了盈利而有意煽动的民族主义情绪。[②]

20世纪末以来民族主义的宣传话语重新出现，还与中国的崛起和国际秩序的重组有关。[③]新的民族主义宣传话语从现实主义的国家利益角度，对全球化过程中，西方国际传播中的宣传进行批判。其中比较有代表性的，就是西方媒体“妖魔化中国”的理论。

李希光、刘康等人提出，美国政府一直没有放弃冷战思维，蓄意通过宣传手段，妖魔化中国形象。[④]他们认为，美国媒体妖魔化中国的核心原因与美国大资产阶级的国家利益有密切的关系，美国大资产阶级的国家利益就是美国对外扩张的霸权主义倾向和美国必须保持世界上唯一超级大国的地位。美国媒体从国家利益出发，真正有系统、有组织、有计划地妖魔化中国，实际上始于1992年，即克林顿当选后。

他们以美国媒体1996年前后的几篇报道为例，把美国媒体妖魔化中国的新闻手段归结为以下七种：

> （1）用大量的虚假信息拼命地制造一堵不透风的“石幕”。

---

① Zhao Suisheng. Chinese nationalism and its international orientations. *Political Science Quarterly*, 115（1），2000.

② 黄煜、李金铨：《90年代中国大陆民族主义的媒体建构》，《台湾社会研究季刊》，2003年第50期。

③ Zheng Yongnian. *Discovering Chinese Nationalism in China*, Cambridge, UK: Cambridge University Press, 1999.

④ 李希光、刘康等：《妖魔化中国的背后》，北京，中国社会科学出版社，1996。

（2）大胆编造假数字，重复一千遍，灌输给公众，使之成为人们认定的真理。

（3）美国记者常常是不作任何实证调查的。

（4）大量引用或发表政治上有明显倾向性的新闻来源和评论。

（5）大量使用带有倾向性的动词、副词甚至形容词，暗示他们的政治倾向，掩饰他们的政治偏见。

（6）片面地引用采访对象的话或不全面地引用数字。

（7）老谋深算，充分发挥“先声夺人，先入为主”的作用。①

尽管上述观点在冷战时期并不新鲜，但是通过学院话语重新包装之后，还是在国内外学术界引起了热烈的争论。有不少学者指出，这种观点的论证本身存在着不严密和过于感性的缺陷，指责他人宣传的研究看上去本身也像是另一种形式的宣传。尽管美国有计划、有预谋地“妖魔化中国”是否存在可以见仁见智，但是围绕着这个观点的争论，倒是给学界提出了一个值得思索的问题：学术研究与政治宣传之间究竟有没有界线，如何保证学术研究的科学性？

“妖魔化中国”的理论，还反映了宣传话语与民族主义话语、左派批判话语的重新结合，这一话语一反“新宣传”理论，强调了国家在宣传中仍然占据主导地位，并通过阴谋论的逻辑，建构了美国政府与大众媒体之间的合谋关系。中国不少民众对“妖魔化中国”理论、“文化帝国主义”理论的支持，说明“旧宣传”的概念仍未消失，国际传播中的宣传话语仍将占据主导。同时，这种“反宣传”的话语，并没有摆脱它所指责的宣传话语的结构，“民族主义”也成为西方证明中国的传统宣传依然有效的证据。因此，如何寻找更理想的话语来谈论宣传现象，把宣传现象与其他现象区分开，是国际传播与全球传播中仍需要进一步探讨的问题。

由于有了这样的前提，于是中国在开放过程中遇到的种种国际关系问题和贸易纠纷，从人权问题到抵制中国的产品，都被归因为一个根本“症

① 李希光：《妖魔化中国之内幕》，载李希光、刘康等《妖魔化中国的背后》，北京，中国社会科学出版社，1996。

结”，那就是中国的国家形象建设落后于实体的经济建设，即文化误解给中国的崛起制造了障碍。

如果说指责西方媒体“妖魔化中国”是一种消极的宣传的话，那么近年来的国家形象工程则是一种积极的宣传。面对多元化的国际社会，中国原有的一元化的宣传内容和方法已经很难奏效。事实上，国家形象的倡导者认为，传统的一元化宣传其实是造成中国没有成功地“向世界说明中国”的主要原因。成功地对外宣传，必须考虑到受众的习惯与文化，灵活地用对方能够理解的方式传达对自己有利的信息。这就迫使中国的对外宣传转变观念，向西方学习公共外交与公共关系的宣传规律。“信息”“传播”取代了“宣传”，“国家形象”“公共外交”“软实力”“新闻发言人制度”等成为政府文件、报告、国家级科研课题中的热门词汇。

从宣传观念和宣传话语上看，一个比较重要的变化是将汉语中的“宣传”与英语的“propaganda”切割开。官方文件中“宣传”的翻译也逐渐被英文中的 publicity，public diplomacy，communication，information 等类似概念所替代。1998 年，中共中央宣传部的英文名由 Central Propaganda Department 改成了 Central Publicity Department，汉语名称仍然保持原貌。“对外宣传”也不再使用，而代之以“对外传播”。①

全国政协委员赵启正在两会新闻发布会上回答《中华合作时报》记者提出的“是否可以将新华社的 CNC，《环球时报》的英文版称为外宣媒体”时说：“第一，现在我们不大用外宣这个词，你找一本英文字典来解释的话，它是强词夺理的意思，在中文里没有问题，但是编字典的人，历史上就编错了，你现在没有办法改回来，所以我们是对外传播。在写成外文的时候不要写成对外宣传。”②

在国家形象建设的旗号下，奥运会、世界博览会、孔子学院、官方媒体的外文版、国家形象宣传片、中国制造“走出去”、援建非洲、拉美等发展中国家等措施层出不穷，西方甚至以“魅力攻势”来称呼中国的这些

① Anne-Marie Brady. *Marketing Dictatorship: Propaganda and Thought Work in Contemporary China.* New York，NY: Rowan & Littlefield，Publishers，Inc. 2008，p.73.

② 人民网文字直播：http://live.people.com.cn/note.php?id=858110304081532_ctdzb_003。

策略。[1]

中国这些形象工程建设的实际效果究竟如何，还需要长期的观察和仔细评估。除了积极的一面外，有些做法还因与西方政治规则不符或与反宣传传统不符而受到怀疑，比如孔子学院在海外就不乏争议。此外，在这样一个众声喧哗的时代里，如果不能深入洞察接受者，传播并不一定会产生效果。比如 2010 年中国在美国时报广场和电视台播放的中国形象宣传片，其表现方式和传播效果也引来了不少质疑之声。[2] 如果将其看作一场做戏的宣传，那么其真正影响的观众也许不是西方大众，而是中国国内的民众。

新的国家形象宣传从形式上开始与国际接轨，但在技术和手法上还有待提高。从另一方面来看，就如同在国内使用“危机管理”来重新建构宣传观念一样，注重国家形象传播意味着中国的对外宣传观念开始转型，从单向的灌输开始走向对话式的“说明”，社会科学式的宣传正在补充一元化的宣传。

新闻专业主义与宣传观念的转型

“文化大革命”之后中国的新闻界一边反思党性与人民性关系的问题，另一方面严峻的经济困难使得他们不得不试图从市场找到解决办法。1978 年以人民日报为首的首都八家媒体向财政部提出申请，要求在保持事业化管理的前提条件下，允许媒体进行企业化经营。由于“文化大革命”后国家财政困难，百废待兴，为了摆脱经济负担，这一要求很快得到批准。由此形成了中国媒体企业化经营、事业化管理的双轨制。[3] 这种体制赋予了媒体一定的经营自由权，在媒体运行中引入市场与资本，让其有了摆脱国家的严格束缚，追求独立的冲动，但另一方面，事业化管理又给这种追求自由

---

① Joshua Kurlantzick. *Charm Offensive: How China's Soft Power Is Transforming the World*. New Haven, CT: Yale University Press，2007.

② 见《解码中国形象》，《南都周刊》，2011（7）。

③ 李良荣：《论中国新闻媒体的双轨制——再论中国新闻媒体的双重性》，《现代传播》，2003（4）:1–4。

的冲动套上了一条无形的枷锁，令其在透明的天花板面前频频碰壁。[①] 中国的新闻专业主义就是在国家与市场这两种力量的紧张状态下逐渐展开，并呈现碎片化状态。但是当技术和威权政治中不可预测的偶然性打破这种平衡时，脆弱的市场化新闻专业主义便面临着夭折的危险。

从 20 世纪 90 年代中期开始的国企改革浪潮，也要求媒体走向市场，自负盈亏，这使得新闻媒体由自愿进入市场转变成被迫全部进入市场，告别财政拨款的时代。在中国加入 WTO 之后，为了准备对抗国外媒体集团可能出现的入侵，政府又鼓励原来以宣传为主要功能的媒体市场化。从 1996 年《广州日报》报业集团成立开始，各类媒体集团纷纷组建。以地方市场为主要目标的都市报在 90 年代中期迅速崛起，地方省级卫星电视台也开始对一家独大的中央电视台构成威胁。

新兴的市场媒体不再把喉舌式的宣传作为主要目标，而是更看重发行量、收视率、广告费、发行费等市场表现，原来单一的宣传型媒体出现分化。正如经济体制改革的突破总是出现在边缘、落后地区一样，在党报、主流频道、主流宣传节目之外，那些影响较小的地方性媒体或非黄金时段的电视节目开始出现不同风格的内容。这类媒体空间原来的影响力有限，风险小，成为新闻体制改革的试验田。其中的代表是 90 年代中期的《中华工商时报》、中央电视台的《东方时空》与《北京青年报》以及《中国青年报》的《冰点》特刊、《南方周末》等。

如果把媒体空间看成一个法国社会学家布迪厄所说的由复杂的关系构成的媒介场域，媒体的市场化，对传统的媒介场结构产生了巨大的影响。中国的媒介场存在三个关键资本：政治资本、经济资本和文化资本。[②] 政治资本指的是党对于媒体正当性的认可程度，一般来说党报具有的政治资本最多，而以市场为取向且政治立场比较激进的媒体（比如 90 年代中后期的《南方周末》与都市报）政治资本较低。媒介场中的经济资本指的是媒体在市场上获取经济利益的能力。一些较早实行市场化且具有现代新闻理念的媒体市场占有率大，广告收入多，具有较高的经济资本。文化资本则是媒体所体

① Yuezhi Zhao. From Commercialization to Conglomeration: the Transformation of the Chinese Press within the Orbit of the Party State, *Journal of Communication*, 50（2）, 2000: 3–26.

② 刘海龙：《当代媒介场研究导论》，《国际新闻界》，2005（2）。

现的文化水准和专业能力。在改革开放之前的中国媒介场，政治资本是唯一的资源，只要具有政治正当性，媒体就可以从政府的财政中获得经济资本，文化资本只是一个附属资源。但是媒体市场化改革之后，政治资本不再是唯一的可分配资源，尤其是当媒体需要自负盈亏，进行产业化经营之后，经济资本对政治资本构成了挑战。像西方媒介场中所显示的规律一样，在市场化过程中，文化资本进一步被边缘化，与80年代相比，文化低俗化的倾向比较明显。

在媒介场资本重新配置的过程中，三种资本之间也建立了复杂的互动关系。在还未实现完全市场化的媒介场中，政治资本与经济资本形成此消彼长的零和博弈关系，当一个媒体具有较多的政治资本时，在市场中掌握的经济资本则会下降；反之，当媒体经济资本不断积累的同时，其政治正当性就会面临危机。一些缺乏政治资本的新兴媒体为了进入媒介场的中心位置，不得不铤而走险，或挑战现有政治体制，或寻找政治体制的薄弱之处进行突破，90年代初期的央视《东方时空》、中国青年报的《冰点》与《南方周末》《北京青年报》是这类媒体的代表。但是当政治资本量减少到威胁到自身生存的时候，这些媒体又会放弃一部分经济资本，以交换政治资本。大部分媒体不得不在这两种资本量之间选择一个比较平衡的位置。

随着媒体专业主义观念和西方政治意识形态的引入，更重要的是消费领域的阶层分化越来越明显，文化资本逐渐取代政治资本，成为衡量媒体质量的主要标准。当这种衡量标准一旦被市场接受，文化资本便与经济资本结成同盟。自1957年以来一直处于被批判状态的媒体专业主义被从西方重新引入。不过新的媒体专业主义宣传话语，并没有像50年代的专业话语那么激进，它是以体制内“语态改革”的形式展开。这种宣传观念试图在现有政治体制的框架内，改变僵化的宣传式的话语方式，贴近事实，贴近受众，即1956年和80年代所说的“为人民服务”，在一定范围内重建媒体专业主义的标准，渐进式地实现传播内容的革命。①

曾研究过90年代大陆媒体改革的学者潘忠党用“象征资源的替换”来

① 参见孙玉胜《十年：从改变电视的语态开始》，北京，生活·读书·新知三联书店，2003。李大同：《冰点故事》，桂林，广西师范大学出版社，2005。

指称上述过程。[①] 由于中国政府吸取了1989年政治风波的教训，强化了对媒体的控制和管理权，所以这样的边缘突破式改革只能在不动摇媒体管理体制的前提下，以一系列“非常规”的临时行为实现。这类不被既有宣传话语承认的灰色地带必须通过象征资源的转换，通过诠释和建构，获得正当性，才有希望被承认和成为新的规则。这就在新闻专业主义中产生了一种新的话语形态。这类话语把传统的宣传话语与市场经济、西方的新闻专业主义话语勾连在一起。像“舆论监督”与“反腐倡廉”“加强党风建设”的联系；“新闻商品性”与加强社会主义媒体竞争力、弘扬中华文化、塑造中国形象的联系；将“老干部”与“老百姓”“二老”满意作为新闻报道的标准；用媒体在市场上的表现作为衡量媒体是否具有“社会效益”和“舆论引导”能力的标志；用新闻表现手段和技术升级来代替新闻内容的革新；用信息的数量来代替信息的质量等。党的机关报的一位负责人的话颇有代表性：

> 党报也面临着其他报纸的竞争。我们现在是享受一些政策上的优惠，但是，如果我们不走上市场，我们就没有动力推动我们提高报纸质量，我们的发行就上不去，我们的广告收入就上不去。发行上不去，你怎么说它是一份有影响的党的机关报呢？[②]

这种新型的宣传话语常常以自我矛盾的方式来调和以宣传为目的的媒体管理体制和市场条件下媒体专业主义之间的冲突。在媒体的管理者和一线的新闻工作者在寻找双方都能够接受的“说法”和合理的解释的过程中，中国新闻专业主义的“临场发挥”获得了施展的空间。

以后知之明看，90年代的新闻改革仍然带有自上而下的色彩。这里所说的自上而下有两层含义。一是这场新闻改革是以由中央媒体和北京、广州这样的一线城市首先发起，基层和地方媒体模仿跟进为主要特征；二是这场新闻改革的主体是国有媒体的文化精英，他们以“舆论监督”为象征话语资源，代表政府权力对下级政府机构进行监督。监督的主体不是公民，

---

① 潘忠党：《大陆新闻改革过程中象征资源之替换形态》，《新闻学研究》第54集（1997年1月）。
② 同上。

而是分享着政府权力的文化精英。不少新闻工作者具有强烈的新闻理想，试图通过新闻报道，伸张正义，同时获得同行及公众的认同，实现“成名的想象”。

一些研究者认为这种市场类媒体从单纯的“宣传喉舌”转向“党的舆论公司”，实际上扮演着为其承担宣传任务的母报输送资本的作用。[①]一些党报通过借用煽情主义传达典型宣传题材、扩展报道领域，同时实现官方宣传和商业成功，以一种更加微妙的方式履行自身的意识形态任务。虽然内容细节注重公众与市场的需求，但整体框架亦未突破宣传的思路，从整体上看反而强化了传统宣传型媒体对舆论的控制能力。[②]甚至还有的学者认为，媒体商业化减轻了政府宣传部门的财政负担，还提高了政府所有的媒体的公信力，取得更理想的宣传效果；同时，商业媒体反映了部分民意，使权力部分能够更好地回应公众要求，简直就是可销售的宣传（propaganda for sale）。[③]

以西方新闻业为榜样的“新闻专业主义”话语正是在这个时期被引入中国，一方面强调新闻报道要遵守客观公正、服务公众等被普遍承认的价值观，另一方面则逐渐疏远党性第一、事实为观点服务的宣传价值体系，追求新闻业的自治，成为新兴市场媒体区别于宣传型媒体的市场标签，促进了中国新闻业的进步。但是这种理想化的“新闻专业主义”并不能在中国新闻界取得共识，不仅不被官方认可，在现实操作中也难以贯彻。首先资本的力量对其时有干预，致使媒体为了市场效益常常忽略了操作的规范化与专业化，其次这种新闻专业主义并未完全以现代的民主价值观为鹄的，掺杂了中国传统儒家士大夫知识分子的“敢为天下师”的精英启蒙观念。正如研究者发现，这种新闻专业主义观念动摇了以宣传为导向的党报新闻专业主义观念的垄断地位，但亦未得到广泛承认，因此中国的新闻专业主义

---

① Chin Chuan Lee，He Zhou，and Huang Yu. "'Chinese Party Publicity Inc.' conglomerated: the case of, the Shenzhen Press Group." *Media Culture & Society* 28.4（2006）:581–602.

② Yuezhi Zhao. Toward a propaganda/commercial model of journalism in China? The case of the Beijing Youth New. *International Communication Gazette*，58（3），1997，143–157.

③ Daniela Stockman. *Media Commercialization and Authoritarian Rule in China*. Cambridge University Press，2012.

观念与话语呈现碎片化的特征。①

进一步观察可以发现，市场类媒体的新闻专业主义内部也存在分歧。其中比较有代表性的是以《南方周末》为代表的参与型的新闻专业主义和以《财经》杂志（2010 年之后转移至《新世纪》周刊，2011 年改名为《财新周刊》）为代表的观察型的新闻专业主义。前者以创造历史为己任，注重可读性的故事，读者面广，文字热情，意见常常掺杂其中，带有启蒙大众，改变现实的责任感。而后者则以记载历史为己任，更注重事实的呈现，常常因为过于理性专业而导致可读性不高，读者局限于精英阶层，文字相对冷静，对观点和事实的区分有明确的规范，将大众看成是有判断力的个体，以为他们提供准确的事实为己任。② 当然，该区分仅仅是大致的理想类型的划分，实际上因题材和作者而异，亦会有重叠。然而这种读者可以明显感觉到的差异，说明“新闻专业主义”观念在中国还处在分裂的状态。

即使是这种碎片化的新闻专业主义也面临着威胁。一方面是来自政治上的影响，另一方面是来自技术—资本联合体的冲击。

中国市场媒体的新闻专业主义是在国家与资本夹缝之间形成的一套角色规范，其中国家的影响力最大。2014 年南方报系旗下《21 世纪经济报道》因管理层负责人新闻敲诈被查处，次年报纸被行政处罚并加以整顿。这一事件让“南方系”元气大伤，其报道风格渐趋平庸保守，影响力大不如从前。

另一个对市场媒体专业主义影响较大的因素是媒体技术。近年来世界范围内新媒体技术，尤其是手机、社交媒体、视频网站对传统媒体造成了很大的冲击，传统媒体收入锐减，媒体工作人员纷纷转投新媒体企业或利用新媒体平台创业。2016 年 12 月，曾经最早实行集团化经营并且市场表现最好的党报《广州日报》重新获得政府 3.5 亿元的财政补贴。这一年 1—9 月，广东广州日报传媒股份有限公司净亏损 2.4 亿元。③ 这一事件无疑具有标志性，大多数传统媒体都面临着类似的由盛转衰的困境。失去了经济保障重

---

① 陆晔、潘忠党：《成名的想像：中国社会转型过程中新闻从业者的专业主义话语建构》，《新闻学研究》，第 71 期（2002），第 17–59 页。

② 陈阳：《新闻专业主义在当下中国的两种表现形态之比较》，《国际新闻界》，2008（8）。

③ 欧阳李宁：《广州日报收到 3.5 亿元财政补贴，系支持党报媒体发展资金》，澎湃新闻，2016 年 12 月 15 日，http://www.thepaper.cn/newsDetail_forward_1580747，访问时间 2017/12/28。

新接受政府财政补贴的新闻媒体很难再为新闻专业主义提供生存场所。

在市场占有率上取而代之的新媒体多为互联网技术企业，而非传统的媒体公司，它们更强调经济效益至上。如果说过去的媒体工作者的理想是写出一篇脍炙人口、影响中国进程的新闻报道的话，那么新媒体工作者的理想则是获得一笔巨额的风险投资或者写出一篇点击量超过十万以上的网络“爆款文”。为了追求点击量，一些来自传统媒体的工作者放弃了原来的新闻专业主义，采取强烈而偏激的情感诉求而非扎实的事实或论证，诞生了类似咪蒙这样极具争议的网红媒体人。一些研究者把这种现象称之为“商业主义统合新闻专业主义”，认为在技术—商业逻辑的挤压下，市场媒体所培育的新闻专业主义已经全面溃败。①

尽管传媒市场化并不意味着自由，但是在现行体制下传媒市场的萎缩总是伴随着自由空间的日渐局促。90年代以来形成的不同于传统宣传观念的新闻专业主义观念正面临解体危机。新闻工作者对现实的不满以集体怀旧的形式宣泄出来，他们将90年代至21世纪初的新闻业称为“黄金时代”，将充满理想主义和专业主义的中央电视台《东方时空》和《南方周末》等媒体建构成辉煌的新闻改革胜地。②从这些离职告白和历史的叙述中，反映了一个旧的新闻专业主义时代的结束和一个新的宣传加商业时代的开始。

从危机事件到危机管理

1989年之后，传播学被作为“资产阶级自由化”在学术领域的代表而受到批判。然而由于政治环境的变化，到了21世纪初，传播学原理却成为国家维持社会稳定，重建政治正当性，进行“舆论引导”的指导思想。有许多偶然因素导致了这一戏剧性的转变，其中有两个事件最具典型性：一是2003年的SARS疫情，二是2008年的贵州瓮安爆发的“群体性事件”。

2003年的SARS危机中，中国政府的宣传遭遇前所未有的危机。从

---

① 李艳红、陈鹏：《“商业主义”统合与“专业主义”离场：数字化背景下中国新闻业转型的话语形构及其构成作用》，《国际新闻界》，2016（9）：135–153。

② 李红涛：《“点燃理想的日子”——新闻怀旧中的“黄金时代”神话》，《国际新闻界》，2016（5）。

2002年11月广东河源发生疫情、2003年春节后广州发生大规模恐慌，一直到4月20日之前，大众媒体都被要求回避报道相关疫情，避免产生全国性恐慌。中央电视台的《焦点访谈》等权威媒体将SARS称为“非典型性肺炎”，认为其没有危害性，只是病原不明，而且并没有爆发大规模的传染。但是不久以后，疫情的扩散便无法控制。流言盛行，民众恐慌，政府及大众媒体的公信力降至最低点。上任不久的中国政府领导人于4月20日之后将有关官员免职，改变宣传策略，实行疫情信息透明，民心才开始稳定，疫情与恐慌得到控制。

地方政府并未从SARS疫情中汲取教训，2005年黑龙江松花江污染事件中，哈尔滨市政府对灾情的封锁再次引发大规模的恐慌。类似事件的一再重演，使得政府开始重视危机事件中的信息披露问题。尽管1981年中国政府的外交部就设立了新闻发言人，但是直到2003年SARS的疫情后，从中央各部委开始，各级地方政府才纷纷正式建立起新闻发言人制度。2007年1月国务院通过《中华人民共和国政府信息公开条例》，该条例自2008年5月1日起正式施行。此条例规定政府机关应该主动公布涉及公民、法人或者其他组织切身利益的信息，需要社会公众广泛知晓或者参与的信息，反映本行政机关机构设置、职能、办事程序等情况的信息，其他依照法律、法规和国家有关规定应当主动公开的信息。

SARS疫情作为中国政府宣传观念的一个转折点，建立了三个新的政治规则：（1）导致政府启动信息公开和透明的改革，对涉及人民群众的重大灾害、疫情不再瞒报，同时建立起新闻发言人制度。（2）以危机管理的概念，替代传统的自上而下的命令式的粗暴管理模式，开始注重科学地利用媒体进行社会控制。这标志着政府开始重视其自身的正当性问题，重视民意的走向。（3）新媒体的出现使得民意的可见度和表达方式均发生变化，这直接导致政府体制中出现新的行为模式：面临较大的民意压力时，中央政府会选择妥协甚至让步的策略。这一点在SARS危机中初现端倪，到2008年的瓮安事件，这一行为模式则体现得更加明显。

2008年6月22日贵州瓮安县女学生李树芬溺水身亡，由于死者家属和群众对尸检结果不满，流言滋生，导致民众6月28日举行游行，并对县政府和县委大楼进行了打砸抢烧。有调查者认为，瓮安事件中政府领导人丢掉了“现场第一”的原则，回避矛盾，导致一个刑事案件最后发展成了恶性“群体性事件”。[①]

2009年的湖北石首事件，几乎沿袭了瓮安事件的模式。青年厨师的非正常死亡，引起家属怀疑此事件与其服务的宾馆有直接关系。因为政府网站只说这是一个“非正常死亡”事件，语焉不详，民众中和互联网上出现大量流言与推测。石首警方试图强行搬走尸体的行为导致家属和数万群众因护尸而发生警民间的大规模冲突，聚集的群众一度达到七万。

中国社会科学院社会学研究所所长李培林认为这两件影响颇大的群体性事件背后具有相同的逻辑，他把这类事件中的冲突称之为“非阶层性的、无直接利益的群体性冲突”。非阶层性的是说参加的人群来自社会各个方面，无直接利益的是参加群体性事件的人和事件本身没有关系。由于基层财政的薄弱，特别是改革开放的进程中，在加速发展和转型时，积累了很多历史上的矛盾和问题。比如企业改制、房屋拆迁、土地征用、集资等，都向群众欠了很多债，这些问题得不到及时解决，造成民怨太深。所以一旦突发事件产生以后，就造成了所谓的非阶层性的、无直接利益性的群体冲突。[②]于建嵘则将此类事件称之为“社会泄愤事件”，其主要特征是事件的参与者与诱发事件并“无直接利益关系”，主要是一种“泄愤性冲突”。[③]

从所谓的“群体性事件”这个概念的产生发展过程，可以看出中国政府对这类事件的态度的转变。自1949年以来，这类事件的标签经历了“群众闹事”（50—70年代）、“治安事件”（80年代）、“突发事件”（80年代末至90年代初）、“紧急治安事件”（90年代）及“群体性治安事件”（90年代末至21世纪初）等称谓。2004年11月8日，中共中央办公厅、国务院办公厅转发的《关于积极妥善处理群体性事件的工作意见》中明确提出了“群体性事件”名称。有研究者认为，这些标签经历了由非法向肯定弱势群体维权合理性的转变。2005年7月7日，中共中央组织部副部长李景田在新

---

① 刘子富：《新群体事件观：瓮安“6.28”事件的启示》，北京，新华出版社，2009。

② 中国网：《中国社科院：2009年群体性事件多发源于民怨太深》，http://www.china.com.cn/policy/txt/2009-12/21/content_19106337.htm，访问时间2010年2月10日。

③ 于建嵘：《社会泄愤事件中群体心理研究——对“瓮安事件”发生机制的一种解释》，《北京行政学院学报》，2009（1）。于建嵘：《当前我国群体性事件的主要类型及其基本特征》，《中国政法大学学报》，2009（6）。

闻发布会上特别纠正了国外记者所谓“骚乱”这一说法，而代之以“群体性事件”。[①]

“群体性事件”概念的产生，意味着管理者已经不再像过去那样简单粗暴地定性为群众闹事，但是群体性事件这个标签本身仍然将公民的形象简化为勒庞式的乌合之众（crowd），感性盖过理性，过于冲动，诉诸暴力。群体性事件的模糊之处在于把正常的民主活动（游行、“散步”）与轻微违法的治安事件与触犯刑法的犯罪混淆在一起。此外，“群体性事件”的标签更容易指向政府和媒体更重视解决外在的、冲突性的矛盾，而忽略了理性的、冷静、合乎程序的公民表达。政府和媒体的这种“选择性注意”在客观上助长了公民的暴力倾向，长此以往，容易形成恶性循环。

尽管如此，“群体性事件”的出现还是意味着执政者思维的转变。2009年7月28日新华社发表了一篇题为《群体性事件中少用“不明真相”》的评论，其中指出：“指责参与群体性事件的群众‘不明真相’，无异于就说老百姓没有分辨是非的能力，这与事实不符……把群体性事件说成是少数人教唆‘不明真相’群众引发的，还有推卸自己的责任的嫌疑。”

循着上述逻辑，在处理群体性事件的过程中，信息传播在这类事件中的作用逐渐被关注和强调。在上述两个典型事件中，互联网均扮演了重要的角色。它不仅使该事件被广泛传播，而且通过传播各类相关信息、评论和情绪，影响着事件的发展。在瓮安事件中，2008年7月1日，在瓮安6.28事件的新闻发布会上，贵州省政府新闻办对溺水少女李树芬的死亡过程的描述中将其自杀与朋友刘某在桥上“做俯卧撑”并列在一起[②]，引发了网民的戏仿与狂欢，使此事件立刻成为网络热点。同样，石首事件的教训则被归结为“信息披露不及时”。《人民日报》的评论中这样总结：

---

① 郑卫菊：《浅析群体性事件的命名》，《广州市公安管理干部学院学报》，2009（1）；万川：《群体性事件的研究的回顾与前瞻》，《北京人民警察学院学报》，2005（2）。

② 新闻发布会上的实录原文如下：“现已查明：2008年6月21日20时许，李树芬与女友王某一起邀约出去玩，同李树芬的男朋友陈某及陈的朋友刘某等吃过晚饭后，步行到西门河边大堰桥处闲谈。李树芬在与刘某闲谈时，突然说：“跳河死了算了，如果死不成就好好活下去。”刘见状急忙拉住李树芬，制止其跳河行为。约十分钟后，陈某提出要先离开，当陈走后，刘见李树芬心情平静下来，便开始在桥上做俯卧撑。当刘做到第三个俯卧撑的时候，听到李树芬大声说“我走了”，便跳下河中。……”见中国新闻网：《贵州通报瓮安“6.28”打砸抢烧事件真相（全文）》，http://www.chinanews.com.cn/gn/news/2008/07-01/1299094.shtml，访问时间2009年9月1日。

> 在网络时代，每个人都可能成为信息渠道，都可能成为意见表达的主体。有个形象的比喻，就是每个人面前都有一个麦克风。这对舆论引导提出了更高要求。面对突发事件，政府和主流新闻媒体仅仅发布信息还不够，还必须迅速了解和把握网上各种新型信息载体的脉搏，迅速回应公众疑问，这需要政府尤其是宣传部门具有快捷准确的舆情搜集和研判能力。如果在突发事件和敏感问题上缺席、失语、妄语，甚至想要遏制网上的“众声喧哗”，则既不能缓和事态、化解矛盾，也不符合十七大提出的保障人民知情权、参与权、表达权、监督权的精神。①

在冲突原因的总结中，类似的“群体性事件”被转化为“危机中的传播”问题。“危机管理”骤然间成为政府加强执政能力建设的重要环节。危机中的信息发布、网络舆情监控等成为新兴的研究课题，一个关于危机的知识系统和话语系统被迅速地建立起来。

在对“危机”话语的建构中，最有趣的是对“危机”这个词的解释。今天无论是中国的学者，还是外国的学者，都认为中文的“危机”一词具有英文 crisis 不具有的意义。从字面上看，“危机”既意味着“危”，同时也包含着“机”（机会）。② 但是查阅古文的辞典，却找不到“机会”这个含义。比如《辞源》里将危机解释为“潜伏的祸端”，并举《文选》晋陆士衡（机）《豪士赋序》中“众心日陊，危机将发”和唐刘禹锡《刘梦得文集》（二）《题欹器图》中“秦国功成思税驾，晋臣名遂叹危机”为例。在这两个语境里，“机”都不作抽象的“机会”（opportunity）解，而是作为具体的“机关”解。

中文中对“危机”概念的解释与其说来自于中国的传统观念，不如说是西方“危机”概念的借尸还魂。根据哈贝马斯的解释，危机（crisis）一词源于一个医学概念，“危机状态是指当所有疾病发展到一个转折点的时候，由这个转折点，有的疾病转为致命，有的转为康复；而其他则转为需要另

---

① 陆侠：《政府如何应对“麦克风时代”》，《人民日报》，2009 年 6 月 24 日，第 5 版。

② 孙永红等：《直面危机：世界经典案例剖析》，北京，中信出版社，2004，第 ix 页。Ulmer, R.R.，Sellnow，T.L. & Seeger，M.W. (2006). *Effective Crisis Communication: Moving from Crisis to Opportunity*. Sage Publication.

行诊断定义的疾病”。[①] 显然，在目前的流行解释中，尤其是研究者的话语中，“危机”被理想化为一个重建形象的舞台，如果管理者长袖善舞，反而可以利用公众的关注，把坏事变成好事。在公关教材中，证明这一原则的最典型案例莫过于泰诺制药公司通过危机改变企业形象的神话。

尽管存在社会制度和文化差异，新兴的危机管理及危机传播还是以美国的危机传播研究为模板，用科学的话语将危机建构成为一个中性的概念，把危机管理转变为一种抽象的治理技术。这一话语认为可以通过对公众意见（舆情）的科学调查和对公众认知、态度、行为规律的研究，用恰当的信息输入，改变公众的态度与行为。在社会科学的话语中，对危机的管理不会损害任何人的利益，相反会减少雇主的风险，让受害者得到公正补偿，达到双赢——甚至如危机定义中所说的，让危机成为一个改善政府、企业和公众之间关系的机会。用公共关系理论奠基人爱德华·伯奈斯的话来说，就是降低混乱的世界的复杂性（chaos），为其寻找秩序。[②]

与此同时，信息技术革命和消费者权利意识的提高，使消费者有能力聚集起来对抗企业的不法行为，并在媒体的支持下形成公司的“管理危机”。因此，中国的大中型企业也把危机管理作为新任务。各级政府和企业为了应对形形色色的危机，纷纷设立危机公关部门，开展新闻发言人培训，制订应急手册。危机传播迅速成为一个繁荣的新兴产业，并且与行政权力结合在一起。

谁之危机，何种危机？

进入 21 世纪之后，传播学的研究，尤其是实证研究成为社会科学的宣传观念的代表，它一方面暗中消解了共产党的传统宣传话语，另一方面却为更有效的宣传提供了工具。埃吕尔曾经提出，现代宣传产生的一个重要

---

① ［德］哈贝马斯：《合法化危机》，刘北成、曹卫东译，上海，上海人民出版社，2000，第 3 页。

② Bernays，E.L.(1928). *Propaganda*，New York，NY: Horace Liveright，p.39.

条件是社会研究的科学化。[①] 社会学、社会心理学、政治学的发展，为控制大众提供了更理想的工具。

从传播学的产生发展历程中，可以看到现代社会科学与宣传之间的复杂关系。传播学孕育于宣传研究之中，诞生于冷战宣传的氛围之中[②]，甚至早期的传播研究有不少是直接为军方服务。[③] 通过实证的“科学研究”，早期的传播研究者为权力机构更有效地控制民意与大众提供了新的工具。

危机管理的话语将传统的宣传话语转换成了一个技术话语，用传播效果、公共管理等去政治化的社会科学话语，代替了意识形态的教育，在某种程度上是中国民主政治改革的一个巨大进步。它同时标志中国的宣传观念正在由一元化的宣传观念向社会科学的宣传观念的过渡。这两种宣传观念表面上看相互冲突，但是在现实中却有结合的可能。

但是，一些人本主义者质疑：这种崇尚技术、崇尚效率的管理方式将把社会带向何方？值得关注的是，一种以技术话语出现的管理思想，试图将一切社会现象中性化、操作化。这种观念的背后隐藏着何种意识形态，谁来设定管理目标、谁来操作、谁来评估管理结果……这些问题都不是中性化的技术话语所能承载的。[④] 福柯曾揭示知识与权力的复杂关系，权力可以制造出大量的知识，用循环论证的方式，证明自己的合理性，掩盖背后的权力关系。危机管理等社会科学的话语，表面上看可以通过中性的方式悬置政治选择，实际上却强化了传统宣传话语中的权力。如果不能真正尊重个人的选择权利与自由，解决既有体制中遗留下来的不民主的根源，仅依靠这种新的宣传观念引入，并不能从根本上解决社会的矛盾。

危机管理的话语从公共关系的理论中引入了“双向沟通”和“平等对话”的理念，并且希望通过改变现有的政府的表达方式（语态）来改善执政方式。

---

① Jacques Ellul. *Propaganda: the Formation of Men's Attitude*. translated by Konrad Kellen and Jean Lerner，New York，NY: Alfred A. Knopf，1965.

② Timothy Glander. *Origins of mass communications research during the American cold war: Educational effects and contemporary implications*. Mahwah，NJ: Lawrence Erlbaum Association.2000.

③ Christopher Simpson. *Science of Coercion: Communication Research and Psychological Warfare，1945-1960*. New York，NY: Oxford University Press，1994.

④ Jacques Ellul. *The Technological Society*，trans lated by J. Wilkinson. New York，NY: Vingtage Books，1965.［美］尼尔·波斯曼：《技术垄断：文化向技术投降》，何道宽译，北京，北京大学出版社，2007。

这种做法的出发点是好的，认为可以通过引入“对话”的观念，促进政治民主，但是却把因果关系弄颠倒了。究竟对话是民主的基础，还是民主是对话的基础？

受到杜威、哈贝马斯等哲学家倡导交往理性的影响，中国的传播学界也把对话的观念抽象地移植到中国，但忽略了其前提条件。美国社会学家迈克尔·舒德森针对这一误读提出过一个观点：交谈（conversation）并不是民主的灵魂。舒德森认为，交谈以关系为导向，其目标是交流主体的身份平等以及关系的和谐，这种交流缺乏明确的约束性规则。而以解决问题为导向的民主制度下的交流应该有规范约束，它不一定是完全平等的，也不追求传受双方关系的和谐，甚至不是一团和气的，大多数时候是具有对抗性的。它经常不会令人快乐，反而令人痛苦，典型的例子就是议会中的辩论。因此，谈话或对话并不是实现民主的充分条件。相反，交谈能够顺利进行的前提是民主制度。[①]

处在西方现代民主语境中的人们忽略了民主对于对话规则的潜移默化的改善，却倒因为果地误认为是对话催生了民主。在西方的语境下，即使有这种误读，后果并不严重。因为他们所关注的是如何从日常对话中吸取积极因素，改进民主交流的问题。但是部分中国传播研究者却忽略了这个语境，把对话理念移植到中国。在民主政治尚有许多不完善的条件下，把希望寄托在交流的方式上，不仅有可能达不到预想的目标，更糟糕的还会阻碍民主化进程。

风险社会理论的提出者贝克发现，现代社会消除危机有两种方式，一是从危机本身入手，从源头上消除危机隐患；二是让原因保持隐晦并允许将错误和问题转换成市场的繁荣。[②]当传播研究对自身的知识生产缺乏反思性并将这种问题变成产业时，危机管理的成功或许意味着政府正当化危机的进一步加剧。各类组织学会如何与媒体与公众打交道并没有从根本上消除危机。一个好政府的目标不是能够妥善的处理危机，而是减少危机的发生。而今天提供知识的危机管理专家们显然把自己事业的繁荣建立在了相反的目标上。

---

① Michael Schudson. (1997). Why Conversation is Not the Soul of Democracy. *Critical Studies in Mass Communication*, Vol. 14 (4).

② ［德］乌尔里希·贝克：《风险社会》，何博闻译，南京，译林出版社，2004年，第217页。

第十二章　从宣传 1.0 到宣传 3.0：中国宣传观念的数字化升级

从舆论引导到舆情管理

“舆情”是网络时代产生的最具中国特色的宣传话语。中国的政治理论和政治体制一直以来缺乏“民意调查”的生存空间。党是人民的代表，党性与人民性是统一的，党通过“群众路线”了解民众的真正利益和真实想法（见第八章）。按照这一理论，民意测验只是人民意志的表面化的甚至可能是错误的反映。就像卢梭对“众意”（majority will）和公意（general will）的区别一样，党所代表的是超越经验层面的代表人民真正利益和意志的“公意”，而不是数量占优势的“众意”。如果民意测验与政治决策不一致，会造成不良影响，破坏党群关系。正因为如此，当 1982 年社科院陈崇山主持第一次首都地区受众调查时，就遭到了“搞西方资产阶级民意测验”的质疑。[①] 中国人民大学甘惜分教授创办的舆论研究所 1986 年以来进行的有关国家政策的舆论调查也因为这个原因在 1989 年后不得不暂停。[②]

在中国共产党的宣传话语中，“舆论”并不简单等于西方的“公众意见”

---

① 陈崇山：《我为什么选择研究受众？》，《中国传播学 30 年》，王怡红、胡翼青主编，北京：中国大百科全书出版社，2010。

② 甘惜分：《一个新闻学者的自白》，香港，未名出版社，2005，第 128–142 页。

（public opinion）。原因之一是中国缺乏杜威或哈贝马斯所说的“公众”。由于缺乏足够透明的信息和充分的讨论协商的机制，中国的舆论只是私人意见（private opinion）的简单集合，而不是协商后的理性共识。因此，具有高度可见度和一致性的大众传媒的意见就成为意见气候的表征。① 在这个意义上，中国官方口中的舆论概念常常与大众媒体上的意见是同义词。控制了大众媒体，也就顺利地拥有舆论。所以“舆论引导”就成为大众媒体的主要职责。

> 舆论导向正确，是党和人民之福；舆论导向错误，是党和人民之祸。……党的新闻事业与党休戚与共，是党的生命的一部分。可以说，舆论工作就是思想政治工作，是党和国家的前途和命运所系的工作。②

但是一部分走市场路线的媒体，以“群众路线”为旗号，提出了“舆论监督”的概念。1998 年朱镕基总理视察中央电视台《焦点访谈》栏目时题词“舆论监督，群众喉舌，政府镜鉴，改革尖兵”，肯定了“舆论监督”的正当性。“舆论监督”中的“舆论”概念仍然主要指大众媒体，虽未摆脱“舆论引导”中的定义，但是却赋予了媒体以一定的自主性，可以在代表政府进行“舆论引导”和代表公众进行“舆论监督”之间进行选择。媒体监督政府的权力在 2003 年的孙志刚案中达到了顶峰。广州的《南方都市报》揭露了警方把来广州找工作的大学生当作三无人员关押在收容人员救治站并殴打致死的新闻，许多媒体还报道了类似的事件，引起了媒体及网民的愤怒，最终导致中央政府废除了 1982 年实施的《城市流浪乞讨人员收容遣送办法》，出台新的《城市生活无着的流浪乞讨人员救助管理办法》。

由于信息技术的发展和网络社区的崛起，2003 年 SARS 事件之后，网络民意逐渐独立于党报、国家通讯社与国家电视台等构成的“舆论”，以都市报及网络为载体的民意和以官方大众媒体为载体的官方舆论形成了“两

① ［德］伊丽莎白·诺尔－诺依曼：《沉默的螺旋：舆论——我们的社会皮肤》，董璐译，北京，北京大学出版社，2013。

② 江泽民：《舆论导向正确是党和人民之福》（1996），《江泽民文选》第 1 卷，北京，人民出版社，2006。

个舆论场”，并且影响越来越大。①2008 年 6 月 20 日胡锦涛总书记与人民网强国论坛网友的交流和 2009 年温家宝总理通过中国政府网和新华网与网民进行交流，相当于认可了网络民意的合理性。这一变化引起了学术界的关注。从中国期刊网的论文分析中发现，2003 年后，“舆情”概念开始大量出现并呈加速上升之势。2007 年以来，山西黑砖窑②、华南虎照③等事件通过网络民意不断升温，最终演变为重大的公共事件。社交媒体的兴起使得政府部门经常会因为来自网络的举报、批评事件等陷于危机之中，影响政权的稳定和权力的正当性。这些新现象也引起了宣传部门和管理部门的重视，为了监测和回应这个新的政治空间，一个不同于传统“舆论”概念的“舆情”概念应运而生。④

“舆情”从字面上看是“舆论”加“情报”两个概念的缩写。最初它被当成管理者，尤其是领导干部了解“民间舆论场”的手段，带有情报监控的意味。2007 年以后，人民网、新华网等纷纷建立了舆情监测部门，利用方正等公司提供的技术对网络社区、社交媒体进行监测，定期向管理部门提供舆情参考报告。随着社交媒体的影响逐渐增大，这种需求从政府高级部门向基层组织扩散，企业和其他社会组织也产生了监控网络言论环境的普遍需求。于是以软件技术公司、数据调查公司、高校研究机构、新闻媒体网络平台等为主的一个规模巨大的“帮领导干部读网”的舆情产业应运而生。⑤

在实际操作中，舆情公司不仅参与情报监测，同时还积极地提供解决

---

① 祝华新：《“两个舆论场”的由来与融通之道》，《南方传媒研究》，2012（38）。《南方传媒研究》这一期的其他文章也从不同角度探讨了“两个舆论场”的问题。

② 是指发生在 2007 年前后，山西一些砖窑厂非法拘禁并强迫农民工、智障人员从事危重劳动、非法收买和使用被拐骗儿童从事每天 14—16 小时不付酬劳的高强度工作的恶性事件。此事因为天涯论坛的转发而引起社会广泛关注，并使被困儿童得到解救。

③ 2007 年 10 月 12 日，陕西林业厅公布猎人周正龙用数码相机和胶片相机拍摄到已经灭绝的野生华南虎照片。随后，照片真实性受到来自部分网友、华南虎专家和中科院专家等方面的质疑。导致支持与反对两种意见的冲突，在网上引发争论，并引发全国性关注。11 月一网友称“华南虎”的原型实为自家墙上年画。同时，义乌年画厂证实确曾生产过老虎年画。2008 年 2 月 4 日，陕西省林业厅就“草率发布发现华南虎的重大信息”发出《向社会公众的致歉信》。11 月 17 日，陕西省安康市中级人民法院在旬阳县法院大审判庭对“华南虎照”造假者周正龙案进行公开开庭审理。安康市中院二审判决被告人周正龙犯诈骗罪。

④ 胡泳、陈秋心：《舆情：本土概念与本土实践》，《传播与社会学刊》，总第 40 期，2017. 33–74。

⑤ 张育群、杜修琪：《舆情买卖：“帮领导干部读网”的大生意》，《南方周末》，2013 年 8 月 29 日。

方案与应对。2016 年 12 月 17 日，从事舆情调查的清博大数据公司副总裁傅文仁在微信群中指责《中国教育报》两名因采访被殴打的记者，并给当地官方支着儿："让社会、网民跟记者和报社撕"，"猛批一下这个记者，把火引到记者身上"。群聊截图一经流出，引起网民的批评，同时也引起了新闻界和学术界对于舆情公司所扮演的角色与职业伦理的讨论。

除了被动地监控舆情外，各政府机构与企业还在此基础上进行舆情的控制。2013 年 8 月 19 日习近平总书记在全国宣传思想工作会议上发表讲话，强调坚持党管媒体的原则不动摇，并且要求宣传部门"必须守土有责、守土负责、守土尽责"。① 在此之后宣传部门采取了一系列措施，开展净网行动，治理网络言论，审判了一批造谣传谣的微博意见领袖（俗称"大 V"），与此同时加强对新闻腐败的查处，使得以网络为主要载体的"民间舆论场"的影响下降，民间的"舆情"得到了有效管理，实现了习近平提出的"治理网络舆论不能只针对网络内容，还要从线上发展到对线下人员管理"的指示。

除了对线下的人员进行管理外，各级宣传部门亦未放弃对线上信息的管理。从中央到地方纷纷成立网络信息办公室，并与传统的宣传部门合并，对不利于政府及社会稳定的网络言论进行管理。与此同时，还建立了网评员制度，招募专职人员，在新闻下面跟帖发表正面评论，并在网络社区和社交媒体发帖、评论，传达官方的价值观。宣传机构将网络空间视为舆论争夺的阵地：如果官方不去占领，就会被敌对势力支持的意见代理人占领。② 在这样一种战争思维的指导下，网络舆论环境被看成政府宣传工作的晴雨表，甚至被列入官员考核的政绩之一。这反过来促进了宣传部门对网络舆情管理的加强。

然而自相矛盾的是，当大量意见领袖发言与参与欲望降低，立场"不正确"的发言被删除，网评员的声音充斥网络之后，舆情监控的对象变得越来越接近宣传部门制造的有序、稳定、舆论高度一致的"人工环境"。舆情管理变成了消灭网络舆论，舆情监控就逐渐失去了解民意的本来意图，新

---

① 习近平：《习近平在全国宣传思想工作会议上的讲话（节选）》，《人民日报》，2013 年 8 月 21 日。

② 马利：《习近平同志：做好网上舆论工作的时代指引》，《人民日报》，2013 年 11 月 27 日；曹征海：《一定要增强阵地意识——深入学习贯彻习近平同志在全国宣传思想工作会议上的重要讲话精神》，《人民日报》，2013 年 11 月 9 日。

媒体形成的政治信息反馈渠道又被堵塞。

另一方面，也有许多研究者指出，从研究方法上看，目前的网络舆情监控其实很难达到了解民情的目的。[①] 据中国互联网信息中心（CNNIC）2019 年 6 月统计，中国上网的人口超过 8.5 亿，但是与总人口相比，仍然有接近一半左右的人没有机会接触网络。在网络空间上能够表达，并引起多数网民注意的意见则更稀少。这部分能够清晰表达自己观点的网民在个人特征上也并不具有代表性，往往居住城市，具有较高学历，尤其在知识分子、新闻工作者、娱乐明星等人群中比较集中。而且在现实操作中，舆情分析虽然采用了部分软件自动抓取被分析内容，但关键词的确定、信息源的选择、权重的分配，乃至分析指标和统计方式的设置都具有极高的主观性。因此，舆情的测量离科学性的要求还相距甚远。

既然舆论调查和民意测验已经有了较成熟的方法与指标，而中国的舆情调查为何要放弃世界通行的做法而另起炉灶呢？除了前述的与党的代表理论相冲突的原因之外，更重要的原因是舆情调查的不科学与主观性，为操纵数据与满足客户需要提供了空间。随着舆情从早期的监测功能、控制功能转向政绩表征功能，舆情调查本身变成了一种可供操纵的象征符号。[②] 政府一方面通过删帖和网评系统制造虚假舆情，另一方面再通过不科学的舆情调查反映这种人工环境，舆情调查系统成了鲁迅所说的“做戏的宣传”。这种宣传追求的不是传播的效果，而是双方愿意按照一定剧本表演的行为效果。这样的行为宣传将宣传与宣传和行为效果融为一体，要比仅仅被动接受宣传信息效果更好。

和政府一样，为了预防危机，企业也开始把舆情作为消费者公共关系的重点，但是由于企业不掌握行政资源，便催生了一个针对企业的灰色舆情产业。这个产业有两个组成部分，一是网站的删帖工作与竞价排名，二是网络水军的积极引导。

企业组织为了消灭网络空间里对自己品牌不利的信息，经常利用有偿

---

① 郑雯、桂勇：《网络舆情不等于网络民意——基于“中国网络社会心态调查（2014）”的思考》，《新闻记者》，2014（12）：10–15。

② 对于美国的民意测验，研究者也有类似的批评。见 Susan Herbst. *Numbered voices: How opinion polling has shaped American politics*. Chieago，IL: University of Chicago Press，1993.

删帖的方式达到目的。在 2015 年 1 月国家互联网信息办公室宣布，国家网信办、工业和信息化部、公安部、国家新闻出版广电总局联合启动的“网络敲诈和有偿删帖”专项整治工作中，大量的网站或论坛的负责人因为暗中操作被追查，使得这一灰色地带浮出水面。[①] 甚至在一些个案中，公安或宣传机构的政府官员也利用职权指示网站删帖。[②]

另一种更公开的方式是网站的竞价排名，这是百度公司在其搜索引擎业务中引入的一种新型的广告类型。当用户输入搜索关键词之后，与百度有广告合作的网站会排在搜索结果更靠前的位置。这一收入类型因为混淆了搜索结果的相关性与企业的广告，使得搜索结果的公正性受到影响，侵犯了消费者的利益，引起了网民的不满。2016 年，正在大学就读的消费者魏则西因为相信非正规医院的治疗方法而贻误治疗时机死亡。在去世前夕，魏则西在网上公布了其治疗过程，其中提到通过百度搜索错误地选择了医院及治疗方法，而他选择的武警二院正是通过在百度竞价排名而被列在搜索的显著位置，百度的这一做法遭到了媒体的谴责和公众的质疑。中国互联网公司为了利益罔顾公众利益的宣传行为被曝光。

除了通过网站直接干预传播内容进行宣传外，企业组织还经常通过第三方公司——通常为公关或营销公司——招募普通网民伪装成中立的消费者或网民发表评论，提高网店或商品的评分。这些为了一定利益发表虚假评价的网民通常被称为“水军”。水军使用了与明星代言同样的逻辑，收取微薄的“代言费”后为某个并未使用过的商品提供虚假评价。为了逃避网站的监管，网络水军组织还建立起了一个集虚假销售、支付、物流的产业链。[③] 这种新型营销宣传方式利用了网络信息发布具有分散性、难于控制的特点，挑战了原有的传统媒体统一监管的规则。与政府和企业的舆情管理一样，该宣传方式改变了传统宣传的集中式信息分发方式，构造了一个网络式的虚假信息发布机制，使得自发的网民意见与被操控的舆情的边界变得模糊，从而达到对真正的网络舆情进行操纵的目的。

---

① 中国网信网：国家网信办公布“网络敲诈和有偿删帖”十大典型案例，http://www.cac.gov.cn/2015-01/26/c_1114134178.htm。

② 《网警贿赂网警：替领导删帖》，《南方周末》，2014 年 4 月 17 日。

③ 《起底“刷单工厂”：组团给电商销量注水》，《新京报》，2016 年 5 月 30 日。

信息技术导致了许多传统行为边界的模糊，具有强大适应性的宣传与时俱进，焕发新的生机，也给传播伦理带来了挑战，其中最突出的莫过于中国电子商务中出现的水军现象。

公共空间的私人化：网络水军的宣传观念及其正当化[①]

“网络水军”是新媒体技术条件下，商业宣传的一次转型，它挑战了现有的管理规则，也展示了中国宣传观念中独特的“公共”与“私人”观念的冲突。

近年来利用社交机器人和软件在社交媒体上自动点赞、评论、转发的手法已经成为一种新型的宣传——计算宣传（computational propaganda）。[②]与其他国家主要依赖人工智能和社交机器人的计算宣传不同，中国的社交媒体宣传主要通过低科技的数字劳工完成，这些去中心化的网络宣传者也被称为“网络水军”。

所谓“网络水军”，西方媒体称之为“有偿评论”（paid reviews）、“声誉管理”（reputation management）、“虚假评论”（fake reviews）、“欺骗性评论”（deceptive comments）、“人工草皮”（astroturfing）等。中国网民俗称为“水军”，强调其“灌水”和人数众多之意。早期论坛阶段也被称为“马甲”“网托”，针对政府的网络宣传员，又称“五毛”，意思是每评论一帖可获得五毛钱工资。在商家那里就有了一些更具有“专业性”的称呼，如病毒传播、口碑维护、声誉管理、社会化营销、网络营销、舆情引导、互动营销、草根营销、炒作等。

在这里，网络水军指以非真实身份（一般以消费者名义）发布的为推广企业品牌、产品或服务内容的职业网络内容发布者。其具体表现有如下三种：

---

① 本节的访谈材料，如无特殊说明，均来自笔者与所指导的研究生合作者的研究，见张娟：《隐身的宣传者：企业使用“水军”原因初探》，中国人民大学硕士学位论文，2014。

② Samuel C. Woolley and Philip N. Howard ed. *Computational Propaganda: Political Parties, Politicians, and Political Manipulation*. New York, NY: Oxford University Press, 2019.

（1）为了应付企业的数据要求而进行的数据作假（如刷榜、刷钻、刷回复）。这是水军最典型的做法。

（2）以普通消费者身份发帖，并使用不同身份回复，以制造关注。其中有一些引发真实围观，或者成为被媒体报道的假事件。严格来说，恶意炒作不全是水军所为，但是其中可能会涉及水军的造势。

（3）为了维护企业网络形象而进行的删帖或对搜索引擎排序的管理。前者通过非法途径，贿赂管理者删帖。后者是合法行为，不是直接针对网民发布的内容，而是通过大量发布正面内容并评论，骗过搜索引擎的算法，将负面内容排挤到搜索结果的几页以后。

在2015年"网络敲诈和有偿删帖"专项整治工作之后，直接通过非法删帖的方式进行网络形象管理的做法越来越少，大量的水军转向了现有法规比较模糊的灰色地带。其主要策略是化整为零，招募普通网民使用虚假身份或虚假交易进行数据作假或虚假评论。

在对公关公司、广告公司、舆情监测公司工作人员的深度访谈中，我们发现使用网络水军的做法十分普遍，几乎每个网络营销案例都会使用，甚至企业还可以在公开场合讨论水军，指责对方使用水军。在电影的营销中，这已经成为一个公开的秘密。网络营销人员认为，这种宣传投入少，即使没有效果，至少也可以"制造氛围"。

网络水军的数据造假不仅是公关公司或营销公司（乙方）为了兑现合同要求的业绩的单方面行为，在很多时候，企业（甲方）的营销部门也鼓励或默许这种行为，因为这也可以提升营销部门在企业中的业绩或位置。许多访谈对象提到企业营销部会主动要求用水军，用他们的话来说："有时候你都能见着这样的情况：甲方看着数据反馈少，跟你急，太少了。'你就哄哄我，不行么？'就像女朋友跟男朋友说的话一样。"甚至论坛、微博等网络平台也会默许甚至助长水军的行为，因为这种人为的高点击量也会拉高平台的人气，让他们得利。但是，平台在这个问题上的立场是比较矛盾的，当它需要提高知名度和影响力时，会默许或鼓励水军存在，但是当其要提高平台的公信力的时候，又会对其进行打压和控制。我们在研究中还发现有个别平台借此收取网络营销公司和公关公司在其地盘活动的"保护费"。

商业水军宣传体系的出现，是企业、营销公司、平台三方共谋的结果，是中国特色的“做戏的宣传”的集中体现。各方第一位考虑的并不是实际宣传效果，而是可测量的、让上级满意的数字业绩。

和传统的利用大众媒体自上而下的宣传不同，网络水军宣传把每个普通网民变成宣传者，以普通消费者的身份进行水平传播。这是网络技术去中心化、平等开放等特征在宣传中的应用。

网络技术使得个人身份具有了流动性，模糊了职业宣传者与普通人之间的界线。在大众媒体时代，明星可以将个人形象使用权售卖给广告商，获取代言费。在今天，人人都可以传播的时代，普通消费者也可以通过同样的机制，获取代言费。网络还使得普通个人的身份也具有流动性，人们可以使用和现实中完全不同的虚拟身份进行交往，甚至可以达成和现实交往相同的亲密程度。[①] 因此，出现了“职业消费者”，即扮演不同身份消费者的普通网民。他们和传统媒体上扮演消费者的明星之间没有什么本质不同。如果说有差异，那就是普通网民具有匿名性，逃避了责任与监管。而且这些职业消费者也未必完全说谎，他们甚至会去体验消费过程，再将其写成攻略或评论，以普通消费者的身份发布出去。他们和扮演粉丝的职业粉丝、为招聘网站服务的职业应聘者、为征婚网站工作的职业征婚者从事着相似的职业，都源于流动的现代性这一特征。

现代性的理性化，是导致网络水军出现的另一个原因，它也体现了宣传与现代性的必然关系。理性化的极致是数字化管理。传统商业宣传的效果很难度量，只能大概估计，比如阅读率、收视率均做不到精确到个人。但是网络接触的行为可以精确计量，数字考核使得水军应运而生。正如一位被访者所说：“网络广告可监测，可精确测量，所以是可刷的。”企业管理层要求营销行为可以用数字度量，这种压力被转移到网络营销机构，最后成为水军的刷单行为。“刚开始，一层层骗，后来所有人都被裹挟着，停不下来。”

为了将其宣传行为正当化，水军采取了不同的策略。第一是专业化的策

---

① Joseph B. Walther. Interpersonal Effects in Computer-Mediated Interaction: A Relational Perspective. *Communication Research*. 19 (1) : 52 - 90. Joseph B. Walther. Social Information Processing Theory (CMC) . Timothy R. Levine. ed. *The International Encyclopedia of Interpersonal Communication*. John Wiley & Sons，Inc. 2015.

略。他们强调网络营销过程中的策划、创意、文案的作用，认为网络水军只是一个外围策略，并不是影响效果的核心因素。

其二是类比的策略。他们将水军与传统的营销方式（广告、公关）类比，认为只是主体由明星变成了普通人。他们还将水军与线下活动相类比，比如与职业粉丝、职业相亲者、职业招聘者相提并论。同时被提及的还有国家宣传："国家也使用这种手段啊，先是个什么领导人讲话，然后专家出来说，各路人出来讨论，一层层贯彻，给你洗脑。思路上都一样的。"

第三个策略是诉诸中国特殊国情。他们认为当对手使用水军攻击时，必须使用相同手段回应或淹没。同时还认为中国的企业过于急功近利："外国客户不用保证发稿篇数，为策略和创意买单，中国客户需要承诺这些"，"企业将公关看作市场活动一部分，恨不得保证销量。"最后，他们还将水军归结为中国网民素质低下。认为国外的消费者单纯，中国的消费者已经不接受政党的宣传，必须出奇招，重口味。而且他们认为由于中国人从众，这么做往往比较有效，假水军会带来真围观。中国的网民还有一个特点是容忍度高，即使穿帮，造成的名誉损失也不大。

从宣传观念的角度看，中国的水军现象还体现了中国人独特的"公"与"私"的概念。研究者观察到，中国人的"公"的概念与西方有很大不同，它要么代表着"官方"，要么代表着一种"平均分配"，并不包含西方文化中"共同拥有或使用"的公共概念。[①] 当平均分配的观念缺乏节制时，"公"就会演变成可以容纳"私"的概念。换句话来说，当一个公共空间属于每一个人的时候，那它也就可以被私有化，即是属于我的。这种容纳了"私"的"公共"观念导致水军的宣传观念很容易获得正当性。既然网络空间每个人都可以使用，那么我就可以据为己有，肆意妄为。用被访问的水军的话来说："个人有表达自由，水军内容只要对大众无害，便是正当的。"

---

① ［日］沟口雄三：《中国的公与私·公私》，郑静译，北京，生活·读书·新知三联书店，2011。

信息技术与宣传观念的变迁

2009 年 5 月 19 日，工业和信息化部下发了《关于计算机预装绿色上网过滤软件的通知》，要求 2009 年 7 月 1 日之后在中华人民共和国境内生产销售的个人计算机出厂时应预装最新版本的"绿坝—花季护航"。据称这款软件具有拦截色情内容、过滤不良网站、控制上网时间、查看上网记录等功能。在此之前，教育部等已发出通知，要求 5 月底之前全国中小学能上网的电脑都安装该软件。

这一行政命令立刻引起了网民的热议。除了指责该软件在兼容性、识别技术上存在问题，会造成错误拦截和电脑运行故障外，还有一些技术人员破解了绿坝中列出的屏蔽网站名单，发现其中还有许多非色情内容的网站和关键词，其过滤内容远不止软件所宣称的色情信息。由于屏蔽黑名单是由远程服务器上的数据库控制，使用者无法确切知道哪些网站被列入黑名单，不少人担心这一举措强化了互联网控制、限制信息流动。

有网民对该软件的制作公司进行了调查，发现是两个并不知名的软件公司，而政府一年期的软件使用采购价格却高达四千多万元。不少网友发现，这款软件在技术上存在不少问题，与其投入并不相称。[①]

与此同时，互联网上掀起了一系列抗议活动。绿坝在图片识别上的漏洞和缺陷成为网民调侃的对象。熟悉日本动漫的年轻网民甚至戏谑地将"绿坝"拟人化为"绿坝娘"，并将其外形设定为一个怀里抱着几只兔子（绿坝软件的吉祥物）的勇士（crusader），戴着河蟹帽，持着封印着魔物的瓶子，携带被和谐的黑名单，身上佩戴一些诸如钥匙、风纪袖章的装饰物。[②]

由于强大的反对浪潮，2009 年 6 月 30 日晚间，工信部称由于"一些企业提出工作量大、时间仓促、准备不足，根据实际情况，可以推迟预装绿坝软件"。于是强制安装绿坝软件事件不了了之。到 2010 年，政府已经不再向此项目拨款。

对于宣传观念的变迁而言，绿坝事件是近年来的一个典型事件。绿坝的

---

① 崔西：《360 称绿坝存在安全漏洞面临多重风险》。新浪网，2009-06-12，http://tech.sina.com.cn/i/2009-06-12/18163175340.shtml，访问时间 2017/12/28。

② 百度百科：《绿坝娘》，http://baike.baidu.com/view/2531732.htm，访问时间 2017/12/28。

指导思想是一元化的宣传观念，希望通过自上而下、整齐划一的方式，控制互联网上流动的不利于国家或者青少年的信息。网民的反应和结果令传统的一元化的宣传观念受到挑战。互联网的使用者不仅拥有更多的表达方式和抗议方式，更重要的是他们已经习惯了信息的自由流动，对控制具有天然的反感。甚至可以说表达自由是互联网的意识形态之一。

绿坝事件意味着在政府与网民的博弈中管理者开始响应网络民意，以妥协的方式解决彼此之间的争端。在其后的一系列事件，如 2009 年的宜黄拆迁案、2010 年的甬温线动车事故、2010 年底的乌坎事件中，网民利用微博等社交媒体表达自己的声音，政府亦对网络民意予以一定的重视与尊重，在宣传上已经不再以传统的信息封锁或粗暴定调为主要手段，而是在现行体制可接受的范围内公布信息，并允许公众在互联网上进行讨论。社会运动领域的研究者也观察到互联网制造了新的空间，容纳部分非政治性的公民社会运动。从结果看，技术赋予了公民以新的力量。[①]

信息技术的变革用外力动摇了原有的固化规则与体制，为宣传观念的变革引入了可能性。我们可以观察到一个现象，国家的政策规制总是暂时落后于技术变革，这给新宣传观念的出现提供了一个相对自由的真空期。像论坛、博客、微博、视频网站、微信在刚出现的几年之间，都会经历一个蓬勃发展、“野蛮生长”的自由时期，然后才被纳入原有的管理体制内，活跃度下降。不过因为不断有新的技术出现，所以这种对新技术的适应形成了某种有中国特色的“以技术换自由”的现象。

但另一方面，任何技术都不能直接改变社会，而是作为雷蒙·威廉斯所说的“文化形式”（form of culture）嵌入社会需求之中，与更大的社会环境产生互动。[②] 作为一个技术—文化复合体，传播技术总是先要被赋予一定的社会意义后，才能够被作为一个驯化了（domesticated）的物（thing）进入我们的生活世界。中国的民间社会改革者们总是倾向于把新技术看成社会民主化和进步的机会，赋予了中国的新媒体强烈的为公民提供自由的政治意义。因此相对于西方而言，以社交媒体为代表的商业化 web 2.0 技术被公民

① Guobin Yang. *The power of the Internet in China: Citizen activism online*. New York，NY: Columbia University Press，2009.

② ［英］雷蒙·威廉士：《电视：科技与文化形式》，冯健三译，台北，远流出版公司，1994。

和政府都看成一个重要的政治媒介。在政府的表述中，将互联网隐喻为“舆论斗争的主战场”，事关“社会主义国家政权安全”，必须加强“阵地意识”。

隐喻影响着人对世界的理解[①]，在战争隐喻的话语影响下，2003 年后趋于平和的国家宣传机构的宣传观念 2013 年后有了明显变化。我们可以把这些隐喻分成三个维度。

一是“亮剑”的隐喻。“亮剑”出自一部表现军人的热播电视剧的名字，它字面的意思是“态度坚决表明立场”“敢于出手”。这意味着通过明确和强硬的方式，向互联网上的敌人宣战。[②] 习近平在 2013 的全国宣传工作会议上和 2016 的党的新闻舆论工作座谈会上都提出宣传工作者不能做“骑墙派”和“看风派”，要对各类妄议谣言、错误言论、有害思想等敢于交锋、敢于亮剑，针砭时弊、激浊扬清。[③]

二是运动战、游击战隐喻。习近平在 2013 年全国宣传工作会议上的讲话（8 · 19 讲话）中首次提出了这个隐喻：

> 网上斗争是一种新的舆论斗争形态，必须讲究战略战术。对方打运动战、游击战，我们不能只打正规战、阵地战，要主动设置议题，要机动灵活应对，有的可以针锋相对，有的可以迂回侧击，有的主要以礼取胜，有的主要以例证和数据服人。[④]

在这样一种游击战思路的指导下，宣传部门放下身段，甚至以普通人的身份在社交媒体上开设自媒体，运用网络的另类表达方式表达宣传性信息。比如微博上的“@ 学习粉丝团”以普通人身份注册，发布大量时效性强且独家的习近平活动信息、照片及言论。习近平到北京小吃庆丰包子就

---

① ［美］乔治 · 莱考夫、马克 · 约翰逊：《我们赖以生存的隐喻》，何文忠译，杭州，浙江大学出版社，2015。

② 人民日报评论部：《关键时刻敢于“亮剑”——创新我们的宣传思想工作之四》，2013 年 9 月 2 日。

③ 王跃岭：《增强旗帜自觉性　履行好职责与使命》，新华网，http://news.xinhuanet.com/politics/2017-02/28/c_1120536432.htm，2017 年 12 月 29 日访问。

④ 这个讲话是个内部文件，全文从未公开发表，公众看到的只有片断及根据其内容进行的阐释。阚道远：《提高网络时代的政治鉴别力》，《红旗文稿》，2016（16）：9-11。

餐的新闻和照片最早也是由微博上的普通注册用户发布出来。[1] 共青团中央的新媒体宣传最为活跃，不仅开设了活跃的微博账号，而且还在网络问答社区“知乎”、青少年聚集的二次元动漫视频网站 www.Bilibili.com 开始官方账号，发布二次元风格的宣传视频。这些举措完全颠覆了人们对传统宣传的刻板印象，甚至引起许多质疑者的关注。

第三是阵地隐喻。习近平在 2013 年 8·19 讲话中将互联网看成舆论战的主要阵地，并在 2014 年 8 月 18 日中央全面深化改革领导小组第四次会议上提出了强化互联网思维，推动传统媒体和新兴媒体在内容、渠道、平台、经营、管理等方面的深度融合，着力打造一批形态多样、手段先进、具有竞争力的新型主流媒体的目标。

为了达到这一目标，传统以宣传为导向的党报不仅大力开展新媒体拓展，建设“两微一端”，而且在宣传方式上也向市场类专业主义媒体学习。一方面吸纳其专业主义的操作手法，强调媒体的信息传递与解释分析功能，塑造专业理性的形象，另一方面学习其煽情的表达方式，要么以呼吁的方式质问地方政府，要么以亲民、温情、个人的方式传递“正能量”，引起下层民众的共鸣。[2] 这些策略均取得了相当成功，微博“@ 人民日报”的粉丝超过了 5000 万，人民日报海外版旗下的微信公众号“侠客岛”粉丝也超过了 60 万，这些成绩即使在商业媒体里也毫不逊色。

无论在中国官方还是民众的宣传观念里，信息技术及网络空间都被赋予了高度政治化的意义。微博、微信这样的社交媒体，远不止是社交的工具，它的政治潜力同时被双方重视。例如 2010—2011 年的北非突尼斯的茉莉花革命、2011 年埃及骚乱都被中国官方和民间解读为社交媒体引发的革命，这强化了社交媒体的政治意义。

中国的网络内容过去由国务院新闻办的下属机构管理，而其中又涉及中宣部、工信部、新闻出版总署、广电总局、文化部、公安部、工商局等多个部委的管辖内容，功能互相重叠、互相牵制，常被称之为“九龙治水”。

---

① 一些网民通过路径追踪发现这个最早发布现场照片的“@ 四海微传播”并不一定是普通用户，而可能是专业的宣传人员。

② 龙强、李艳红：《从宣传到霸权：社交媒体时代“新党媒”的传播模式》，《国际新闻界》，2017（2）：52–65。

为了改变这一局面，2011 年 5 月，国家专门成立了互联网信息办公室，主要职责包括落实互联网信息传播方针政策和推动互联网信息传播法制建设，指导、协调、督促有关部门加强互联网信息内容管理，依法查处违法违规网站等。这标志着网络的管理已经纳入了传统的宣传范畴。

2014 年 2 月 27 日，中央网络安全和信息化领导小组成立。由中共中央总书记、国家主席、中央军委主席习近平亲自担任组长；政府总理李克强、中央书记处书记刘云山任副组长。其主要职能是研究制定网络安全和信息化发展战略、宏观规划和重大政策，推动国家网络安全和信息化法治建设，不断增强安全保障能力。这一举措把网络安全上升到国家安全的地位，表明了中国的高层对网络宣传的重视。

因此，信息技术对于中国宣传观念的影响是复杂的，既动摇了传统的一体化宣传观念的垄断地位，又促进了宣传观念的进化与升级。所以整体上来看，宣传的放松并不是宣传消失的迹象，而是宣传结构转型的结果。新的宣传观念 3.0 追求的是更务实的现实效果。

宣传观念 3.0

如果用软件的迭代来比喻宣传观念的变迁，那么国家控制所有渠道进行整体宣传的一体化宣传观念可称之为宣传观念 1.0，在一体化宣传基础上转型而成的科学的宣传观念可称之为宣传观念 2.0。后者是一体化宣传遭到强烈反对之后，通过更加隐蔽曲折的方式进行的思想操纵，也是当今大多数西方民主国家的主流宣传观念。中国当下的宣传观念则集中了上述两种宣传技术。它建立于苏联等一体化宣传的技术之上，结合了中国传统文化中特有的大一统、教化观念，同时在苏联解体之后吸取教训，为了维护政权稳定性，灵活地适应全球化与信息技术的新环境，将科学式的宣传与原有的一体化宣传与中国国情创造性地结合在一起。布莱迪（Anne-Marie Brady）将其描述为亲市场的、科学的、高科技的、弱化政治的新型宣传（market-friendly，scientific，high tech，and politics-lite new propaganda）。这里把这种将一体化宣传观念和科学的宣传观念在新信息技术条件下结合在一起形成的宣传观念可称为宣传观念 3.0。

宣传观念 3.0 是中国共产党宣传观念对新的宣传环境的创造性的主动适应。它既保持了国家对于整个社会生活的全面控制，同时又适应新环境，将不能控制的部分纳入科学式宣传的管辖范围，二者不是相互排斥，而是优势互补，构成了升级版的一体化宣传。

宣传观念的变化，也折射出国家治理方式的变化。即不再以全面控制所有社会成员的思想行为为目标，而是在坚持对政治、军事全面控制的基础上，放松对社会部分的控制，通过弹性灵活的方式对其进行治理。这种微妙的变化表现在官方在用词上，开始从"管理""控制"概念转向"治理"的概念。这种方式融合了西方民主制度的许多元素，包括对民意（目前主要是网络舆情）的关注，在坚持党的领导的前提下，对民意做出反馈，争取公众的支持。

宣传观念 3.0 追求的是政权的稳定性，因此与传统的意识形态宣传相比，更注重行为效果。甚至我们可以观察到，很多时候其有效性并不建立在传播内容本身的说服效果，而在于接受者对于传播（宣传）元话语的承认与遵从。

宣传 3.0 无疑取得了相当成功，其中最典型的是近年来爱国"小粉红"群体的出现。这一群体是网络民族主义的一部分，是青少年通过网络的使用自发形成的在线爱国社群。他们自觉维护国家的形象，反对对中国不利的言行，并且在网络上频繁"出征"，几十万人到敌对者的社交媒体主页或官方网站发表"正义的"内容，或者对"卖国"的个人或言论进行讨伐，宣扬"正能量"。之所以称他们"小粉红"，是因为他们并不是传统意义上的"红"，即接受官方的爱国主义宣传，把国家和民族身份看成崇高的客体，但也不是传统意义上的"白"，即忽略国家和民族身份，缺乏爱国热情。和之前大家对于网络暴力的主体是盲目的乌合之众的印象不同，这个群体并不是非理性的盲目沙文主义者，他们中许多人是留学生。他们一方面熟悉西方的民主理论及其制度，甚至对其有过亲身接触，另一方面接受中国官方对于西方政治与社会弊端的批判，有的还能熟练使用西方的左派批判话语。他们对于西方公共外交的"和平演变"有着清醒的认识，那种接触真相和事实就可以解除宣传洗脑效果的策略对他们完全不起作用，他们将一切价值观和制度看作相对的，对西方制度的弊病有所认识，会用西方媒体的"妖魔化中国"消解对中国不利的报道。

小粉红抛弃了传统爱国主义中将国家视为父母或其他崇高客体的正统观念，将国家视为娱乐消费文化中的偶像，希望参与到偶像的建构与养成过程，这种民族主义可称之为"粉丝民族主义"。[①] 作为带有反叛精神的青少年，他们厌恶中国主流社会的道德功利主义与犬儒主义，希望通过自己的爱国行为，重塑英雄主义和理想主义的自我身份。[②] 他们的行为并不受国家直接操纵，而是利用粉丝团或网络游戏的自组织方式，临时招募成员，统一行动。就像网络快闪一样，迅速而精确地打击目标。尽管草根的小粉红们对国家的理解与官方的宣传有一定距离，但是与官方的行为预期基本一致。互联网络不仅没有造成开放的心态，反而培养了民族主义观念。他们通过网络传播民族主义（比如在网上热播的自制动画系列片《那年那兔》），并且在网络的使用中激发了民族主义情绪（比如在网络社群的争论中强化民族身份）。这从一个侧面证明了宣传 3.0 的成功：信息技术的自组织功能和使用者生产的内容（UGC）本身可以成为更高效的宣传。

宣传 3.0 与"粉丝民族主义"

中国网络民族主义的研究者很早就注意到，互联网为中国民族主义者提供了动员、组织和实施的平台。[③] 在以帝吧出征为代表的网络民族主义行动中，互联网的作用表现得非常明显。

所谓"帝吧"，最初是百度贴吧中的中国足球前锋李毅的球迷社区，但是在 2005 年中国足球表现不佳，李毅发表争议言论及行为引发批评后（李毅自夸"护球像亨利"，被网民讽刺为"亨利大帝""李毅大帝"，"帝吧"

① 刘海龙：《像爱护爱豆一样爱国：新媒体与"粉丝民族主义"的诞生》，《现代传播》，2017（4）：27-36。

② 杨国斌：《英雄的民族主义粉丝》，《国际新闻界》，2016（11）：25-32。

③ Xu Wu. *Chinese Cyber Nationalism: Evolution, Characteristics, and Implications*. New York: Lexington Books, 2007.

之名由此而来），变成了一个网民恶搞李毅及中国足球，发泄不满情绪的空间，并逐渐由体育社区演化为中国用户数量最多的网友俱乐部（关注用户 2600 多万，发帖 9.4 亿多），形成了独特的戏谑与反讽亚文化。2016 年初，针对台湾演员周子瑜的"台独言论"争议升级，再加之民进党蔡英文在大选中获胜，进一步引起了帝吧用户的愤怒，1 月 20 日他们号召网民远征 Facebook，在蔡英文以及三立新闻、苹果日报、自由时报等主页下留言洗版。这一引起广泛关注的网络运动建立了一种新的民族主义运动的模式，其后出现了一系列针对"台独"及其他反华言论的"出征"。①

按照传播学者约书亚·梅洛维茨的观点，传播技术是形构情境的空间机制。他认为电视的出现，打破了印刷媒体建构的空间感，导致原有行为情境边界的融合，不同群体的行为因而发生变化（如儿童的成人化），甚至引发社会变革（如人权运动与女性主义运动）。②

梅洛维茨讨论的媒介主要限于电视。然而从更长时段来看，电视与印刷媒体都是大众媒体，所不同的只是消费门槛的高低。而网络的出现则不仅打破了大众媒体所营造的空间感，而且将信息获取、娱乐、商品消费、教育学习、社会交往、组织管理、政治动员等过去由不同的社会机制完成的功能都整合到一个平台上。如果说 60 后、70 后还只是将网络整合进已有的生活方式的话，那么作为网络原住民的 80 后、90 后的生活方式则完全由网络塑造。他们的学习、社交、游戏、新闻获取、消费、情感交流等诸多功能都通过网络完成。如果对于他们的前辈来说政治是现实的、严肃的话，在他们看来，政治与追星、游戏等娱乐活动就是一回事。游戏与追星中会遭遇民族身份的问题，反过来政治问题也可以通过游戏与粉丝群体的表达与行为方式加以解决。最终，粉丝团的行为逻辑与网络游戏的行为逻辑自然而然地与民族主义的逻辑在一个屏幕上被勾连和整合在一起，构成梅洛维茨所说的"中间领域"的行为。

传播技术与民族主义之间的关系不是简单的影响与被影响的关系，而

---

① 刘海龙：《像爱护爱豆一样爱国：新媒体与"粉丝民族主义"的诞生》，《现代传播》，2017（4）：27–36。

② ［美］约书亚·梅洛维茨：《消失的地域：电子媒介对社会行为的影响》，肖志军译，北京，清华大学出版社，2002。

是一种双向的驯化。媒介既不是民族主义的工具，也没有简单地决定了民族主义的形态。使用者们把网络看成日常生活展开的空间，是他们想象这个世界和与这个世界发生关系的界面，就像空气和水一样理所当然。因此，网络中介或建构了新一代的网络用户的民族想象。反过来，使用者对新媒体的意义赋予，也影响了媒介本身。作为一个具有乌托邦气质，超越地理空间和文化、去中心的平等的传播机制，网络在帝吧出征中意想不到地扮演了相反的角色，它成为培育民族主义的沃土。青少年网络用户在网络空间的行动中体会到民族意识，又通过网络行动进一步确认民族身份。民族主义和网络构成了相互依赖的关系。新一代网络民族主义者对网络新技术的成功驯化体现在空间、时间和语言三个维度上。

在空间维度上，帝吧出征的小粉红之中不少人是第一次翻墙，他们违规越过象征国家网络空间主权边界的防火墙，进入陌生的异域——Facebook。他们抱怨 Facebook 用不习惯，或用户体验不如国内网站。就像安德森和卡尔霍恩所观察到的那样，19 世纪以来地图在建构民族想象的过程中曾经起到过重要作用。与日常经验迥异的上帝视角、被精确勾画的国家边界、象征不同国家的色块，这些“科学”发明让民族的观念得以建立或强化。[①] 帝吧出征中的青年跨越网络空间，第一次被“引导”到陌生的“绿营”脸书主页，留下自己的痕迹。这种异域空间的体验甚至历险反过来深化了参与者的民族意识。

帝吧出征之所以被隐喻为“出征”，视觉效果体现在集中于某个时间的洗版，甚至造成服务器不堪重负。与此同时，参加者利用刚刚兴起的网络直播平台，直播整个出征过程，将其进一步具象化。这种被具象的共时的集体行动唤起了集群（crowd）中特有的身体聚集的记忆。QQ 群和贴吧的行动前动员、同一时间的集体留言建立起了安德森所说的对于陌生人的“共同体的想象”。有研究者把它视为柯林斯笔下令人集体兴奋的“仪式互动链”，通过参与，激发了更深的情感体验。[②] 正因为如此，不少参与者事后回忆，

---

① ［英］本尼迪克特・安德森：《想象的共同体：民族主义的起源与散布》，吴叡人译，上海，上海世纪出版集团，2003，第 195–202 页。Craig Calhoun. *Nationalism*. Minneapolis，MN: University of Minnesota Press，1997，p.12–18.

② 刘国强：《作为仪式互动的网络空间集体行动》，《国际新闻界》，2016（11）：114–128。

正是这次出征，让他们变得更加爱国了。[①]

语言的同一与差异是形成共同体想象的重要线索，翻墙到台湾媒体及其 Facebook 主页的小粉红们使用着统一的表情包与帝吧特有的恶搞语言，让对方一头雾水。这种自我表演强化了作为亚文化群体的身份认同。对方反应的笨拙和不合乎大陆网络表达规则，又成为出征者嘲笑的目标。这让行动者产生“打击成功”的幻觉，预言得以自我实现。

粉丝民族主义的出现，也说明了信息技术在宣传观念的变化中起着复杂的作用，它一方面会带来开放、平等、分享的价值观，削弱传统宣传的影响，但是另一方面，当宣传者找到宣传的逻辑与信息技术的逻辑的联结点，成功地驯化信息技术，也可以成功地让信息技术为自己服务。建立在新技术基础上的宣传观念 3.0 将传统一体化宣传观念与科学宣传观念结合在一起，吸收了信息技术的逻辑，构建起一个表层宽松，底层严密控制的新型宣传模式。宣传不是随着时代的发展而消亡，反而与时俱进不断自我调整，适应了新的技术环境。其背后的现代性逻辑，将在结语部分进一步讨论。

---

① 王喆：《“今晚我们都是帝吧人”：作为情感化游戏的网络民族主义》，《国际新闻界》，2016（11）：75–90。

结语　牧羊人的困境

凡有地牧民者，务在四时，守在仓廪。国多财，则远者来，地辟举，则民留处；仓廪实，则知礼节；衣食足，则知荣辱；上服度，则六亲固。四维[①]张，则君令行。故省刑之要，在禁文巧，守国之度，在饰四维，顺民之经，在明鬼神，祗山川，敬宗庙，恭祖旧。不务天时，则财不生；不务地利，则仓廪不盈；野芜旷，则民乃菅，上无量，则民乃妄。文巧不禁，则民乃淫，不璋两原，则刑乃繁。不明鬼神，则陋民不悟；不祗山川，则威令不闻；不敬宗庙，则民乃上校；不恭祖旧，则孝悌不备；四维不张，国乃灭亡。

——《管子·牧民》

我们把政治家理解为唯一有资格被称作“民众的牧者”的人，并认为他们像牧人喂养他们的牛羊一样喂养人类……我现在认为神圣牧者的形象是如此高尚，没有任何国王能像他那样杰出。当今时代统治我们这些国家的更像是他们的下属，在训练和哺育方面与神圣的牧者更加接近。

——柏拉图《对话录·政治家篇 275B-C》

① 即礼、义、廉、耻。

> 我实实在在地告诉你们，人进羊圈，不从门进去，倒从别处爬进去，那人就是贼，就是强盗。从门进去的，才是羊的牧人。看门的就给他开门。羊也听他的声音。他按着名叫自己的羊，把羊领出来。既放出自己的羊来，就在前头走，羊也跟着他，因为认得他的声音。羊不跟着生人，因为不认得他的声音。必要逃跑。……我实实在在地告诉你们，我就是羊的门，凡在我以先来的，都是贼，是强盗。羊却不听他们。我就是门。凡从我进来的，必然得救，并且出入得草吃。盗贼来，无非要偷窃，杀害，毁坏。我来了，是要叫羊（或作“人”）得生命，并且得的更丰盛。我是好牧人，好牧人为羊舍命。……我认识我的羊，我的羊也认识我。正如父认识我，我也认识父一样。并且我为羊舍命。我另外有羊，不是这圈里的。我必须领他们来，他们也要听我的声音。并且要合成一群，归一个牧人了。
>
> ——《新约·约翰福音 10：1-16》

宣传与现代性

通过考察 20 世纪以来的宣传观念的变迁，可以得出以下三个结论。首先，宣传观念是现代性的产物，是现代社会治理术观念的一部分。

将民众看作羊群，将管理者看作牧人，是宣传观念及其正当性的重要前提。按照福柯的看法，古罗马时期的治理术表现为对领土和城邦等有形资源的占有，对人的治理还不是统治的重点。而基督教开创的牧领制度则把注意力从领土转移到每个个体。要从内而外地界定和塑造个体的精神世界与道德世界——牧羊人对每只羊都负有引导的责任。道德的理想国最终应该扎根于每个臣民的心中。[①] 强迫和说服是这种治理术的两翼，宣传应运而生。

随着民主的普及、大众传媒和公众意见的形成，现代宣传诞生。两次世界大战及长达半世纪的冷战为宣传注入了新的动力，以国家为主体的宣传出现而且不断发展，逐渐升级到更微妙的新宣传。

---

① ［法］米歇尔·福柯：《安全、领土与人口》，钱翰、陈晓径译，上海，上海人民出版社，2010。

无论宣传的形态有何变化，有一个基本观念是始终如一的。那就是把社会分成三个部分，牧人、羊群（或者用李普曼的表述——演员和观众）和盗贼（敌人）。牧人先知先觉，冷静理性，洞悉天下大势，甚至会自认为悲天悯人、勇于牺牲，担负解放苍生的大任。羊则被认为是后知后觉，缺乏理性、莽撞冲动、浅薄短视、自私自利，等待着正确答案或领袖的指引。盗贼则是宣传的对立面，邪恶的使者，会诱惑羊群走上歧途，必须用宣传纠正其错误影响。上述区分为宣传提供了正当性。牧人必须统治，羊不得不被统治，盗贼的影响必须被彻底清除。

20 世纪初的精神分析学家和社会心理学家对于人性的揭示是宣传观念的一次革命。社会心理学家认为，作为个体的人有可能是理性的，但是一旦他们聚集成集群（或聚众，crowd），便会失去个体的特性，表现出某种统一的、非理性的特征。精神分析学家则更进一步深入到个体心灵的深处，提出个体在本质上受性、死亡、自卑等非理性因素的支配，个体并不能作为理性的主体控制潜意识的冲动。这些发现对于宣传观念的发展产生了两个重要的影响：首先，当非理性作为个人的天性被发现之后，对大众负有管理责任的牧羊人放弃了把塑造理想道德个体作为宣传的根本目标。当治理者面临的是一群冥顽不化的乌合之众时，他的首要任务便不是关怀他们的心灵，而是驯服他们的身体。

这种由内而外的视角转换自然而然地产生了第二个影响，即新型宣传的关键是如何利用这一新发现的人性的弱点，人为设置社会条件，达到输出理想的大众行动的效果。这一观念将个人行为视为一系列外在社会条件的组合，而非多样的、自由的个人意志的选择。福柯观察到，欧洲社会层面的治理术转型发生在 16、17 世纪之交，代表着财富和军队的“人口”成为新的治理对象，这一转型是知识的产物，得益于近代经济理论和政治理论的发展。宣传观念的转型遵循了相似的路径。由于现代心理学和社会学知识的革命发生于 19、20 世纪之交，宣传观念的转型晚于社会治理的转型。到 20 世纪前半期，宣传观念中的道德取向才逐渐被技术工程取向所替代。这一转型在世界的分布并不均匀，中国宣传观念的转型直到 20 世纪末才开始。

新的宣传观念反映了现代性所特有的工具理性的筹划。这一观念不再把人视为有独立判断能力的主体，而是作为整体的人口的一部分，完成其他目标的手段，可以控制的简单对象。心理学和社会学研究的最新成果为这种控制提供了依据和操作方法。于是为了革命、战争、民族独立、经济发展、特定群体的利益进行宣传动员已经成为20世纪最司空见惯的现象之一。

在宣传被理性化的过程中，传播伦理问题被制度的安排消解掉了。社会科学的研究者从人类的整体知识生产中分离出来，成为一个独特的工种——社会工程师。在这种分工体系所分配的角色中，他们不需要考虑自己行为的后果，只需要把研究看作一个孤立的环节，把它想象成实验室里生产纯粹知识的过程。伦理责任全在应用者身上，他们只是中立的科学家。作为知识的应用者，社会精英也无须考虑宣传的后果。在他们看来，只要经过了社会工程师的背书，宣传就变成了一种精确而科学的社会手术，文明而道德。他们只是在专家指导下完成一项不会给任何人造成危害的社会控制或社会治理（这些概念本身就显示出一种技术至上的意识形态）。因此，工具理性和知识的分工把宣传变成了一个谁也不必负责的科学程序。人本主义者和自由主义者的批评是无的放矢的牢骚，根本无法动摇现代社会的宣传体制，因为在整个体制中，并没有真正负责任的道德主体。这一困境向我们揭示了这样一个真相：宣传是现代性的影子，只要后者存在，宣传就如影随形。

从知识社会学的观点来看，宣传同时又是一种极为特殊的知识。20世纪以来，围绕着宣传产生了两类知识：一是关于宣传正当性的知识，二是关于宣传技术的知识。前者讨论宣传存在的必要性，后者研究宣传和说服的技巧。宣传观念的扩散，就是这两类知识的扩散。需要说明的是，这里所说的知识并不专指肯定宣传的知识，也包括反对与否定宣传的知识。它们与肯定宣传的知识一起，构成了一个充满张力的宣传话语场域。在其中正反双方均不断完善。最为典型的便是二战之后美国围绕着宣传产生的争论。在这一争论中，形成了目前占据主导的社会科学式宣传的雏形，“民主与宣传可以共存”的观念被社会接受。当然，宣传话语场域并不完全自洽，同时又会受到其他权力的左右。一个典型的例子便是中国20世纪50年代关于宣传观念的讨论被国家机器终止。

本书选择了美国（英国）、苏联、中国、纳粹德国四条主线索，梳理了

20世纪以来宣传观念的谱系。这一谱系可以用下图来表示。需要说明的是，这张图并不完整，只是粗略地表示了宣传知识变迁的大致历史轨迹。

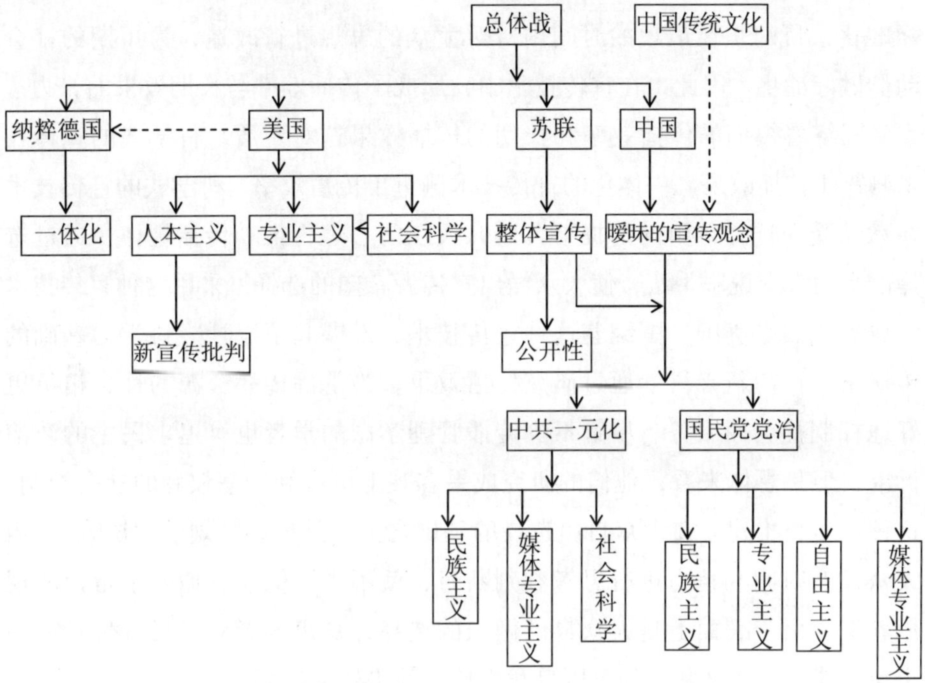

20世纪宣传观念及宣传话语变迁示意图

两种宣传技术

从20世纪宣传观念的考察中，我们得出的第二个结论是：存在着两种宣传技术："一体化"宣传术与"科学的"宣传术，前者以塑造理想的个体为目标，后者以输出理想的大众行动为目标。从发展趋势来看，"一体化"的宣传观念和模式逐渐被"科学的"宣传观念和宣传模式所代替。

思想控制是一种古老的社会控制方式，存在意见分歧，就有了思想控制。但是把思想控制作为一种技术进行研究，并且大规模地应用于社会，始于20世纪。从时间维度上看，宣传是一项需要极大耐心的社会系统工程。正如普列汉诺夫所区分的，宣传不是鼓动，鼓动是通过诉诸感情，在短时间内动员社会成员投入某种行动之中。宣传希望通过潜移默化的传播，用各种形式改变人的思维方式。但和中国传统上采用的用礼教和缓慢的思想渗透进行的思维控制不同，20世纪的思想控制技术追求传播效率和程序的标准化，目的是在最短的时间内，对大众的思想进行改造，为短期的社会动员做好铺垫。因此，在宣传技术中，形成了传播效率与长期效果的张力。

围绕着短期的传播效率和长期的传播效果这对矛盾，科学式的宣传技术侧重于传播效果，一体化的宣传技术侧重于传播效率。科学式的宣传技术在承认受众选择自由的前提下，研究大众的心理特征和传播规律，通过选择恰当的大众说服手法，使大众做出宣传者希望的选择。采用这种宣传技术的典型代表是美国。围绕着这种宣传技术，发展起了以社会科学为基础的传播学。这门新兴科学通过研究传播效果，为掌握传播资源的社会精英更好地控制社会而服务。尽管不少传播管理学派的学者也有追求民主的政治诉求，但是总体来看，他们的研究成果客观上更有利于掌权者的社会控制。这种宣传技术建立在大众自由选择的基础之上，是精心策划的“诱惑”。当大众没有时间和精力进行思考和判断时，就不得不依靠看似合乎常识的现成答案。由于表面上是大众自己做出的选择，被影响者对于反宣传具有一定免疫能力，态度和行为可以自我维持，效果较为稳固。

一体化的宣传技术通过垄断控制整个社会的信息系统，使用大众传播、教育、社会组织、政治运动、文化艺术等方式，营造一个相对封闭的虚拟环境，将某种意识形态“强行”灌输到大众头脑中。采用这种宣传技术的典型代表是苏联。和科学的宣传技术相比，一体化宣传不太重视精确研究受众的心理，而是把重点放在营造一个信息单一、内容纯粹、具有一体化的社会环境系统。这种宣传技术给予大众的自由选择机会有限，在一定程度上剥夺了成员的表达自由。同时还通过群体成员之间的相互压力，使个体屈服于群体目标。由于缺乏其他信息的竞争，这种宣传技术具有极高的效率。但是它也具有明显的弱点：所有的宣传都联成一体，令出一家，一荣俱荣，一损俱损。必须维持整个符号宇宙的正当性，局部的宣传才能达到效果；每个局部必须整齐划一，才能保证整个符号宇宙的权威性。如果局部的矛盾无法得到合理解释，就可能导致动员效果下降，甚至宣传所营造的整个符号系统的崩溃。因此这种宣传技术虽然效率惊人，但维持成本很高，风险巨大，与现代信息技术所主张的开放、自由、平等的精神冲突，其效果乃至效率正在受到很大挑战。

在一体化的宣传技术中，统治者对传播短期效果异常敏感。如果保证传播渠道的垄断、人际传播、组织传播等渠道的强化，这一宣传确实具有非常高的效率。具有讽刺意味的是，宣传具有强大的传播效果，针对这种宣传的局部反抗也被赋予了同样的威力。因为一体化的宣传效果取决于整体符号宇宙的统一性，任何局部的不和谐都会被视为对整个体制的威胁。因此这一技术表现出两个特征：一是强调传播强效果理论，不放过任何一个潜在的威胁；二是无所不包，无限扩张，能够影响到个人思想及心灵的任何传播行为，都被监控，尤其是那些能够影响个人道德观念的传播活动。

一体化宣传与科学的宣传在根本目标上存在很大分歧。一体化的宣传更关注塑造理想的标准个体。只有每个个体从内到外地成为一个道德模范，整个社会的善治才会实现。而随着现代政治逐渐退出个人的道德领域，科学的宣传也不再把注意力放在个体可以自由选择的内在世界，而诉诸可见的社会行动。社会行动是社会条件的产物，它或许可以反过来影响个人的思想，但这只是宣传的额外收益。

当然，这两种宣传技术只是两种理想型，它们之间并非泾渭分明，其差异只是侧重点不同，彼此之间常有重合。科学式的宣传为了保证信息环境的一体化，也需要最大限度地寻找宣传内容与公众常识之间的勾连之处（articulation），建立起葛兰西所说的意识形态“霸权”。同样，一体化的宣传技术也需要对受众进行研究，用大众容易接受的方式进行传播。

从20世纪20年代开始，这两种宣传技术便在世界范围同台竞赛。美国和苏联分别是这两种宣传技术的典型。经过近一百年的竞争，一体化的宣传技术正在逐渐被社会科学式的宣传技术所代替。后者在个人自由选择与社会传播效率之间作出妥协，以获得宣传存在的正当性；同时放弃眼前的利益，保证长远的宣传效果。这一代替并不是简单的否定，而是某种融合。正如批判学者对新宣传的研究中发现，社会科学式的宣传将一体化宣传或整合宣传的做法进行了升级和改进。表面上它并不阻止反宣传，但是会通过手中掌握的符号资源放大宣传的声音，将不同的声音边缘化；更隐蔽的是，科学式的新宣传甚至会转而支持反宣传，将其收编入现有的体制之中，从而把它限制在有限的空间之内，与大众绝缘。在特定条件下，科学式宣传还会将一体化宣传的技术吸纳进来，构成更强大的宣传 3.0，比如第十二章提到的中国宣传观念在新媒体时代的转型就可看到这种新趋势。宣传技术类型的划分只是为了方便描述而进行的概念建构，但对于宣传来说，最重要的是结果，而不是原则。宣传观念的转型只是为了适应环境，其目的首先是争取宣传在现代政治中生存下来。这就是本书要考察的第三个问题——宣传的正当性问题。

效率与自由

本书在回顾 20 世纪宣传观念的变迁时，重点考察了宣传的正当性问题，第三个结论便涉及这个话题：现代宣传是否具有正当性取决于是否能在传播效率（或社会团结）与公民个人自由之间实现合理的平衡。

首先，这个平衡是动态的，并不存在一个标准的尺度，是宣传者与被宣传者之间协商的结果。归根结底，是一个社会的制度与公众对自由的渴望程度决定了宣传在社会空间中的覆盖范围和强度的大小。

其次，之所以要把传播效率与公民自由作为矛盾对立面，原因在于宣传不同于武力强制，它是通过改变被宣传者的认知乃至态度，在其自愿的基础上，作出符合宣传者要求的行为选择。这是现代社会发展起来的一种高级的规训（discipline）技术。

在《规训与惩罚》中，福柯借用了英国哲学家边沁的全景敞视监狱，说明现代社会的规训方式。边沁设计的监狱是一个圆形的建筑物，囚室分布在四周，中间是监狱看守的监视塔。看守可以从塔中看到囚室中犯人的一举一动，但是囚犯看不到塔里的情况。囚犯们只知道自己的所有行为皆暴露在监视之下，却无法知道自己何时被注意。这就意味着他们时刻处于弥散而又无处不在的监视中，他们必须随时当作看守者在场的状态规矩行事。①

在福柯所说的全景敞视监狱中，被监视者是信息的发出者，监视者的

---

① ［法］米歇尔·福柯：《规训与惩罚》，刘北成、杨远婴译，北京，生活·读书·新知三联书店，1999。

特权在于不发出任何暴露自己行踪的信息。在这种传播过程中，传受双方的地位是不平等的。被监视者只能发出信息，却不能获得信息；掌握权力的一方只接受信息，却不发出信息。在宣传过程中，表面上看起来刚好相反：宣传者发出信息，大众接收信息。但实际上宣传者同样处于监视塔中，宣传者与被宣传者在信息的权利上仍处于全景监狱的不平等状态。

这一不平等首先表现在宣传者将宣传伪装成一般的信息，大众很难区分什么是有意图的宣传，什么是一般的信息，即使他们对交流中的不平等产生怀疑，他们也很难判断宣传信息来自哪里、宣传者的真实意图是什么。

起到决定作用的不平等是宣传者能够利用现代社会科学技术，有效地获取关于大众（人口）的统计学数据。这些信息不全是隐私信息，因为在获得这些信息时，被访问者是匿名的。比如通过问卷获得的信息、互联网用户使用搜索引擎或访问网站时留下的信息、在超市或网上电子商务购物的信息、由手机、互联网的地理位置产生的信息等。当这些半公开的数据经过统计技术处理分析之后，便成为揭示大众心理和行为“机密”信息。普通人则因为缺乏收集和加工宣传者信息的资源，处于信息并不对称状态。这些加工过的信息便成为搭建社会监视塔和囚室的坚固材料。而社交媒体则引诱大众暴露自己隐私，主动为“大数据”提供原始数据，形成互相监控，甚至自我监控。[①]宣传者是全景监狱中央高塔中的监视者，普通民众则成为居住在透明监狱中的囚犯，不断地向宣传者提供泄露自己隐私的人口统计学数据。宣传者对民众的行为洞若观火，而民众对宣传者却几乎一无所知。

统治者利用这些信息及背后的专业技术人员，建立起广泛渗透的宣传体制。按照维纳所提出的控制论原则，这些信息便成为控制民众行为的重要手段。根据它们，宣传者可以观察宣传的结果，调整宣传的策略，选择恰当的宣传手段。知识在这里再次成为权力的重要组成部分。

埃吕尔所说的整合宣传，揭示了现代宣传所具有的全景监狱的第三个特征。整合宣传把一切信息传播乃至社会活动都变成宣传的一部分，它的目的不是产生即刻可见的外在行动，而是改变被宣传者的思维方式和情感认

---

① ［德］韩炳哲：《精神政治学》，关玉红译，北京，中信出版集团，2019。

同，令他们即使在没有外在干预的情况下，也能做出有利于宣传者的决策。被影响者甚至会以为这是自由选择，不是他人的操纵。①

宣传给“自由”概念提出了一个难题：这些被欺骗的或者被诱惑的大众是否享有自由？或者换句话来说，现代社会是否能够实现完全摆脱宣传的自由？

英国哲学家以赛亚·伯林（Jsaiah Berlin）在一篇著名的论文中区分了消极自由与积极自由。②消极的自由是最基本的自由。个体在决策和行动时，只要没有受到外界的干预和强制，就可以认为他或她是自由的。但是有一些人提出，虽然行动者表面上可以自由选择，实际上他们有可能受到欺骗。他们误以为自己很自由，但是这种自由是虚假的，因为他们虽然享有自由选择的可能性，却无法实现这种自由；或者是他们自以为可以自由选择，但实际上他们的选择受到了他人的操纵，他们所做的并不是对自己“真正”有利的选择。因此，这些人提出，真正的自由除了要享有“免于被干预”（free…from）的自由外，还有享有“可以做”（free…to）的自由。

在伯林看来，消极的自由虽然存在这样那样的缺陷，但是它的危害是最小的。积极自由虽然给了我们一个美好的目标，却要通过宏大的社会工程才能实现。人为设计的社会工程是理性而非经验的产物，具有很大风险。因为社会的复杂性，任何措施的后果都很难得到完全预测，因此在实施的过程中常常带来巨大的灾难。20世纪以来历史的发展确实证明了他的观点。

同样地，在对宣传中的自由观念进行讨论的时候，也要小心不要走入积极自由所误入的唯理论的歧路。从经验的角度看，在近现代历史上，并不存在一个完全杜绝宣传的国家。群体和个人都希望他人认同自己的看法，进行说服和准宣传。这是人性使然。作为国家或群体的管理者，自然也希望相关人员一致行动，实现计划目标。前面讨论过，作为现代性的影子，现代已经不可能完全建立起一个没有宣传的国家。我们只有在这个前提条件下，来谈论宣传中的自由。

关于自由，社会学家鲍曼的一个观点值得重视。他指出，自由并不会被

---

① Jacques Ellul. *Propaganda: the Formation of Men's Attitude*，translated by Konrad Kellen and Jean Lerner，New York，NY: Alfred A. Knopf，1965.

② ［英］以赛亚·伯林：《自由论》，胡传胜译，南京，译林出版社，2003。

社会的所有成员均匀地享有。从起源上看，自由是一种不对称的社会关系，是一种特权或豁免权。一个社会存在自由的个体，就一定会相应地存在不自由的个体。失去了对比，自由也就失去了意义。[①]同样，在宣传中既存在能够识破宣传并置身事外的自由者，就会存在不知身在此山中或身不由己的不自由者。在宣传中能实现多少自由，取决于有多少宣传的接收者能够觉醒并反抗。总之，宣传中的自由的实现不在于人们是否能够完全摆脱所有宣传的存在，而在于宣传者和被宣传者是否能够在博弈中达成妥协——在社会动员的效率和个体自由之间获得某种平衡。

我们还可以通过宣传的目标来观察宣传与自由的关系。国家宣传的目标是巩固统治者地位。在现代社会，统治地位的稳定既取决于国内民众的认同，也取决于对外是否有能力保卫这一政权。宣传从属于这两个目标。当过度的宣传威胁到上述目标时，宣传就需要适当地受到节制。

一个通过一体化宣传体制管理的社会可能具有高效的社会传播和动员机制，但是却牺牲了社会成员的选择自由，最终削弱了国内的支持与国家实力。改革开放之前的中国就是这样一个社会。长期的宣传和教育，使大众的思维方式高度一致，可以轻易地发动一次又一次的群众运动。虽然可以带来国家经济在短期内的高速发展（如五年计划、“大跃进”），却因为剥夺公民的表达自由而使社会丧失自我纠错能力，造成了社会浩劫。苏联也是在列宁批判资本主义言论自由是“虚假自由”、要实现“积极的出版自由”的口号下，建立起了高度统一的宣传体制，由于长期压抑民意，造成社会矛盾激化，以致在言论初步解禁之后，人民的不满突然爆发，使改革失去了转圜的机会。

任何群体除了自发的行动外，还需要通过宣传建立认同感，协调行动。除了要保护个体的自由外，还要实现群体共同的目标。公众和管理者必须在个体自由和群体动员之间权衡，这个结果很可能是不断变化的并且因文化而异。如果这个协商过程具有法律保护并且公正，即使社会成员实际上受到了宣传的左右，我们也可以说他们是自由的。比如在中国抗日战争和解放时期，大部分知识分子都接受宣传的观念，他们放弃了自己的自由，愿意

① ［英］泽格蒙特·鲍曼：《自由》，杨光、蒋焕新译，长春，吉林人民出版社，2005。

接受宣传的影响甚至积极参加宣传活动，这是他们自由的选择。即使我们现在看来，他们受到了意识形态宣传的影响，他们仍然是自由的。从这个角度来看，尽管"科学的"宣传观念并不理想，但至少在尊重个人自由方面，还是优于"一体化"的宣传观念。

这种带有实用主义色彩的自由观并不是主张相对主义或倒向民粹主义。恰好相反，这种观点认为宣传是现代社会的必然产物，是一个复杂的现象，无法一劳永逸地简单取消它，必须更加耐心和细心地关注当今的思想控制技术对公民自由的威胁，将其危害降低到可接受的程度。

宣传的传播伦理

本书讨论了两种不同的宣传技术的形成和围绕着它们所产生的一系列争论。不论这些宣传话语的立场如何，都隐含着传播伦理的焦虑。不同宣传观念的冲突，归根结底是不同传播伦理的冲突。

在传播伦理问题上，一直以来存在着功利论和义务论两种截然不同的观念。功利论的传播伦理认为，只要通过传播行为促进更大范围的群体的利益，这个传播行为就是善的。按照这种观点，如果能够通过宣传，实现国家或某个群体的更大的目标，那么不论宣传的内容和形式如何，它都是符合道德的。在中国，从改良派开始，就逐渐以现代的国家（民族）观念，代替了朦胧的"天下"观念，每个公民被赋予了实现民族国家独立和富强的义务。这种国家（民族）主义观念对中国近代以来的宣传观念影响深远，为了实现中国独立、富强的目标，人们设计了各种政治方案。在实现这些方案的过程中，不断地进行中国历史上前所未有的大规模意识形态宣传。从改良派传统与现代方法相结合的自发性的变法宣传，到孙中山、毛泽东的革命宣传，为了实现最有效的大众动员，中国的革命者们最后选择了一体化的宣传技术，并初步实现了目标。

义务论的传播伦理则将真诚、平等、公开、双向等原则看作人的本能冲动，以及每个人心中先验的道德律令。不论传播的结果如何，传受双方都不得破坏这些原则。康德的义务论诉诸单个人的内心自省，罗尔斯的义务论则在理论上为传播行为的选择提供了一个可操作的模型——无知之幕。[①]

仿照罗尔斯的方法，可以假设一些普通公民，他们不知道自己是宣传者还是宣传的受众，同时也不能确定自己的具体身份，也无法知道自己是否会从宣传中得益或受害。在无知之幕后面，他们会选择什么样的宣传观念？

按照罗尔斯式的推理，可以得出两条宣传原则：第一，传受双方应该地位平等，共享双方已知的信息；第二，如果不得不隐瞒或歪曲某种信息的话，这种信息交流的不平等，要满足以下两个条件：首先不能侵犯传受双方任何一方的基本权利，其次要使处于不利一方的损失比其他选择更小。同时，罗尔斯的正义原则并非放之四海而皆准，他还附加了一个先决条件：社会已经是一个真正尊重公民自由权利的法治社会。换句话说，以上仿照罗尔斯正义原则所得出的传播伦理，也应该在不侵犯一般公认的公民自由权利的基础之上加以实施。比如战争时期的新闻控制和检查行为，虽然妨碍了公众获知的部分权利，但是它保护了国家利益和本国参战人员的人身安全，如果一个人无法确定自己是参战人员还是普通民众，他会理性地选择牺牲部分公民知晓权，保护参战人员。同时，对信息的审查与控制要在法律的范围内进行，要有机构对其进行监督，使其普通公民的自由损失降到最小。

当然，这两种传播伦理的判断标准，都存在诸多问题，人类至今也未寻找到一个理想的普遍伦理原则。不论是功利论还是义务论，都只是指导思想，真正应用时仍然会遇到许多难题，比如利益的大小如何比较，公民的基本权利究竟包括哪些，等等。这些伦理原则都有一个共同前提——法治。无论是宣传部门的设立还是宣传政策的制定，首先要在公民所创立的法律的框架内实施。在满足了这个基本条件之后，我们才能更有保障地讨论传播伦理的应用问题。

就像伦理和法治之间的一般关系一样，传播伦理的讨论，也会影响传播法的基本原则。不同宣传话语之间的争论，除了迫使我们更加关注制度建设之外，也促使人们反思传播伦理的指导原则。近代以来，中国的传播伦理观念之中，功利主义一直占据主导，缺少其他的声音。在本研究所考

---

① ［美］约翰·罗尔斯：《正义论》，何怀宏等译，北京，中国社会科学出版社，2001。

察的宣传观念之中，西方从20世纪初即有人对功利主义的宣传观念对个人权利的侵犯提出了质疑，这一传统一直延续到现在。现代西方批判学者对新宣传的批判，都渗透着对单一传播伦理的反思。中国近现代的宣传观念争鸣中，除了以潘光旦、储安平等为代表的自由知识分子发出过微弱的声音之外，即使是50年代和80年代党内知识分子对于宣传观念的反思，也没有摆脱功利主义的话语。这种一面倒的现象，有着复杂的社会原因，其中最主要的是中国近代以来所处的半殖民和落后状态所导致的焦虑。但是随着国家独立和富强的目标基本完成，中国正在逐渐成为一个现代化的担负国际责任的大国，需要具有更开放的心态，对传播伦理有更深入的讨论和反思，重新评估宣传效率与个人自由之间的关系。通过历史的考察，可以预测，在这个过程中，由"一体化"的宣传观念和宣传体制向"科学的"宣传观念和宣传体制的过渡，将是大势所趋。

被欺骗的和被诱惑的

由于篇幅的关系，本书把关注点放在了宣传者的观念上，没有论及被宣传者的反应。思想控制是一个猫和老鼠的游戏，传受双方的能力都在互动中不断提高。由于受众的成熟，作为传统意义上的"牧羊人"，国家管理者的观念也在不断地调整，思想控制的技术不得不进化得更加精致。即便如此，任务的难度也变得越来越大。"牧羊人"的困境从一个侧面反映了被宣传者抵抗宣传的能力的提高。

传统的社会控制方式主要依靠强制，随着现代民主制度的建立，这些控制方式逐渐被约束在法律的范围之内。统治者为了实现自己的意图，不得不使用宣传。早期的宣传受众，扮演的是"被欺骗者"的角色。宣传者利用各种传播技巧，为宣传者营造一个拟态环境，让他们对自己所生活的世界做出有利于宣传者的想象。但让他们失望的是，这种手法逐渐被宣传研究者和公众识破。在信息技术高度发达，传播渠道多元化的今天，仍然有不少政治和经济精英想利用公众认识能力的缺陷，一手遮天，但是其成功的可能性已经越来越低。此外，这种手法风险很大，一旦被揭穿，宣传者的可信性将荡然无存。宣传家们很早就发现，宣传中最重要的不是事实，而是宣传者的可信性。如果宣传者的可信性受到怀疑，即使是真实的信息也不会得到大众认可。例如在 2003 年 SARS 危机和 2005 年哈尔滨水污染危机中，政府的欺骗行为就使得其形象受到极大损害。

为了适应逐渐成熟的受众，现代的宣传者不再把他们看成"被欺骗者"，而是"被诱惑者"。正如艾德尔斯坦所说，新宣传的特征是民主的、参与的，以流行文化作为特征，具有娱乐性。受众不是被动的接受者，而是主动的消费者。以广告为例，受众有时甚至把广告当成可以欣赏的艺术品，主动收看。新宣传给人带来快乐，这与令人厌烦的传统宣传完全相反。传统宣传也注重娱乐性内容，但是它们只把它作为一种点缀，从总体上看，宣传的内容仍是严肃的。而新宣传则以快乐和自由作为诉求，诱惑大众的参与，即使受众识破了宣传，依然乐意上钩。[①] 现代社会科学对人性弱点的把握，由此可见一斑。

随着受众素质的提高、传播技术导致的社会透明度的增加，和 20 世纪初相比，宣传本身的说服力已经不是那么令人担心。反而是普通民众对政治的冷漠和对真相的不在乎，成为新宣传中对社会危害最大的部分。中国文化中固有的面子与做戏的传统就是其中最有代表性的态度，甚至可以说它是中国的宣传无法真正消失的重要原因之一。大量的假大空的套话或者宣传仪式，都是在这种做戏的状态下完成。不论是宣传者还是受众，都已经意识到宣传的乏味或者虚假，但是为了面子和关系，均不愿意戳破这层窗户纸，到达彼岸。他们宁愿给彼此留下退路，将就敷衍下去。尽管就某一次宣传来说，它似乎是无效的，但是反讽的是，整体而言正是由于大众的配合，即大众的言语行为（speech act），使得整个宣传体制得以维持。宣传所要达到的行为后果，均得到了实现。长此以往，民众形成对真相冷漠（"知道了事实又能怎么样呢？"）的思维惯性和犬儒主义行为。

这一现象让人联想到斯拉沃热·齐泽克（Slavoj Žižek）对意识形态的定义。在某种意义上来讲，意识形态概念和宣传概念属于同一观念家族。意

---

① Alex S. Edelstein. *Total Propaganda: From Mass Culture to Popular Culture*. Mahwah, NJ: Lawrence Erlbaum, 1997.

识形态既可以是宣传的一种形态，也可以是宣传的结果，因为它也要制造关于现实的认知与态度。在马克思的经典论述中，将意识形态作为对现实的一种误认和虚假意识。用马克思在《资本论》里的话表述就是："他们虽然对之一无所知，却在勤勉为之。"但是显然这种看法对于今天的现实，已经越来越不适用。德国哲学家彼得·斯劳特戴克（Peter Sloterdijk）提出了作为犬儒主义的意识形态理论，将马克思提出的意识形态概念修改为："他们对自己的所作所为一清二楚，但他们依然坦然为之。"人们不再是因为被欺骗而接受意识形态，而是为了特定利益，即使知道意识形态的虚假性，仍然无法断绝自己与它的关系。但是正如阿尔图塞指出的那样，意识形态的核心并非是欺骗行为，而是主体信以为真的现实。齐泽克在这个意义上将意识形态视为一种建构我们的社会现实的（无意识）幻象，而不是简单的掩饰事实真实状态的幻觉。他将斯洛特戴克的定义改写为："他们知道，在他们的行为中，他们在追寻着幻觉，但他们依然我行我素。"[①] 人们不是被欺骗，而是选择将幻象当成社会现实，并按照这种现实做出判断并付诸行动。宣传的有效性不是建立在压迫与欺骗上，而是建立在普通主体自我制造的幻觉上。为了避免认知与行为出现矛盾，产生认知不协调，他们甚至把宣传内化为自己所看到的社会现实。从某种意义上，这种宣传要比压迫与欺骗式的宣传更有效果，因为它是接受者主动建构的结果。它会造就一群冷漠而麻木的公民，他们也许并不真正相信什么，但是他们为了某种现实的利益，选择接受某种幻觉的现实，并认为这种选择与其他选择并无本质不同。

因此，今天对实现传播自由的真正威胁可能是在接受者方：如何使这些被诱惑的或入戏过深的公众重新意识到公民的责任。

尽管我们前面提到了在法治的基础上，尊重受众自由选择的原则作为判断自由与否的标准，但是这并不意味着新宣传因为形式的变化就具有了正当性。正如早期美国的宣传研究者所建议的那样，只有提高民众的媒介素养，才能造就合格的公民。除了用传播伦理约束宣传者外，宣传的接受

---

① ［斯洛文尼亚］斯拉沃热·齐泽克：《意识形态崇高客体》，季广茂译，北京，中央编译出版社，2002，第 39–45 页。

者也要在传播过程中履行自己的义务，理性思考，谨慎判断。

因此，对宣传观念的回顾，不只是出于探本究原的历史兴趣，它也是新宣传影响下公众自我反思和自我教育的一种有效途径。批判的宣传研究，是提高公民素质，减少宣传危害的解决方案之一。“宣传”概念不断提醒我们，传播可用于沟通，也可用于遮蔽；传播不仅是一个共享行为，还是一种复杂的政治。我们是否严肃而理性地对待它，将决定自己和社会的命运。

主题词索引

F

G

R

S

T

W

X

Y

Z